北京市社会科学基金规划项目"北京'两区'建设下境外仲裁"（21FXC014）的阶段性研究成果

北京更高水平对外开放的涉外法治保障研究

——以国际商事仲裁为中心

RESEARCH ON FOREIGN-RELATED LEGAL GUARANTEE OF BEIJING'S HIGHER LEVEL OPENING TO THE OUTSIDE WORLD
——TAKING INTERNATIONAL COMMERCIAL ARBITRATION AS THE CENTER

张建 ◎ 著

首都经济贸易大学出版社
Capital University of Economics and Business Press

·北京·

图书在版编目（CIP）数据

北京更高水平对外开放的涉外法治保障研究：以国际商事仲裁为中心／张建著．－－北京：首都经济贸易大学出版社，2023.12

ISBN 978-7-5638-3569-0

Ⅰ．①北… Ⅱ．①张… Ⅲ．①涉外经济法—研究—中国②国际商事仲裁—研究 Ⅳ．①D922.295.4②D997.4

中国国家版本馆 CIP 数据核字（2023）第 153555 号

北京更高水平对外开放的涉外法治保障研究
——以国际商事仲裁为中心
张　建　著
BEIJING GENGGAO SHUIPING DUIWAI KAIFANG DE
SHEWAI FAZHI BAOZHANG YANJIU
——YI GUOJI SHANGSHI ZHONGCAI WEI ZHONGXIN

责任编辑	佟周红　彭伽佳
封面设计	砚祥志远·激光照排　TEL：010-65976003
出版发行	首都经济贸易大学出版社
地　　址	北京市朝阳区红庙（邮编100026）
电　　话	（010）65976483　65065761　65071505（传真）
网　　址	http://www.sjmcb.com
E-mail	publish@cueb.edu.cn
经　　销	全国新华书店
照　　排	北京砚祥志远激光照排技术有限公司
印　　刷	北京九州迅驰传媒文化有限公司
成品尺寸	170 毫米×240 毫米　1/16
字　　数	409 千字
印　　张	25
版　　次	2023 年 12 月第 1 版　2023 年 12 月第 1 次印刷
书　　号	ISBN 978-7-5638-3569-0
定　　价	86.00 元

图书印装若有质量问题，本社负责调换
版权所有　侵权必究

序　言

　　法治是一种基本的思维方式和工作方式，是国家治理体系和治理能力的重要依托，是国家核心竞争力的重要内容，是人类文明的重要成果之一。"一带一路"作为当今深受世界欢迎的国际公共产品和国际合作平台，其法治保障不可或缺，意义举足轻重。在共建"一带一路"的进程中，国际商事仲裁对于妥当化解国际商事纠纷、维护中国公民的海外利益起到了不可忽视的法治保障作用。2020年11月16日，在中央全面依法治国工作会议上，习近平总书记重点指出："要引导企业、公民在走出去过程中更加自觉地遵守当地法律法规和风俗习惯，运用法治和规则维护自身合法权益。要注重培育一批国际一流的仲裁机构、律师事务所，把涉外法治保障和服务工作做得更有成效。"2022年9月6日，中国仲裁高峰论坛暨第二届贸仲全球仲裁员大会在北京召开。司法部副部长熊选国出席该论坛并致辞称，要认真贯彻落实习近平总书记关于仲裁工作的重要指示精神，要统筹推进国际商事仲裁中心建设试点工作，努力将我国建设成为国际仲裁新目的地[①]。

　　作为中国的首都，北京被视为首善之区，在坚持"四个中心"城市战略定位的同时，北京围绕推进"两区"建设、融入"一带一路"、构建国际交往中心等重要议题，初步形成了全方位、多领域、高层次的对外开放新格局。法律服务业是北京市建设国家服务业扩大开放综合示范区和中国（北京）自由贸易试验区的重要领域，在北京市"两区"建设重大战略机遇下，北京市法律服务业发展空间十分广阔。为进一步促进北京市法律服务业专业化高端化国际化发展，北京制定并发布了《北京市关于改革优化法律服务业发展环境若干措施》，其中特别提及北京将打造国际商事仲裁中心，这既关系到目标的定位，又关系到具体举措与提升路径，意义重大。

---

① 杨翠婷："推进国际商事仲裁中心建设，努力将我国建设成为国际仲裁新目的地"，载司法部官网，http://www.moj.gov.cn/pub/sfbgw/gwxw/xwyw/202209/t20220906_463103.html，最后访问日期：2023年7月12日。

仲裁作为现代高端法律服务业，不仅自身可以创造价值，还可以带动相关法律服务的发展，具有较强带动效应。大力支持境外知名仲裁机构在北京设立业务机构，开展民商事争议领域的涉外仲裁业务，将有效提升我国在全世界商事仲裁领域的影响力。

中国仲裁事业在最近三十年来得到了长足的发展，据我国司法部统计数据显示：《仲裁法》实施的第一年，即1995年全年，全国只有7家仲裁委员会，共受理案件1 048件，受理案件标的总额仅为42亿元；2022年，全国已有277家仲裁机构，各仲裁机构在该年度合计办理各类仲裁案件47万余件，其中包括传统商事仲裁案件32万余件和网上仲裁案件15万余件，涉外仲裁案件当事人涵盖100多个国家和地区。

统筹推进国际商事仲裁中心建设试点工作，是新时期大力加强涉外法律服务工作的战略性任务，具体来讲，试点包括以下重点内容：推动将北京市打造成为服务国际科技创新中心与国际交往中心建设的国际商事仲裁中心，将上海市打造成为面向全球的亚太仲裁中心，将广东省广州市和深圳市打造成为联动香港和澳门服务粤港澳大湾区建设、面向全球的国际商事法律及争议解决服务中心，将海南省打造成为服务海南自由贸易港、面向太平洋和印度洋的国际商事仲裁中心，努力将我国建设成为国际仲裁新目的地。目前，发展国际商事仲裁中心已经成为我国统筹推进国内法治与涉外法治的重要抓手。

作为全国的政治经济中心，在新形势下，北京应当充分发挥国家战略汇集、涉外人才集聚的区位优势，主动承担仲裁发展先行者的使命，将健全的法律制度、友善的司法环境、完备的政策支持作为国际仲裁中心建设的重要指标，协同仲裁资源，统筹推进国际一流争端解决机构建设和北京国际仲裁中心建设，为北京更高水平对外开放提供坚实且有力的法治保障。

仲裁的形成有其特定的规律，它是作为私人之间的纠纷解决方法出现的，这既是仲裁的最初面貌，也是仲裁延续至今的主要形态。自有人类社会以来，由于利益的冲突和对抗，各类矛盾、纠纷、争议、争端时有发生。为了解决不可避免的各类纷争，人类探索了多种解决方法，其中包括但不限于神明裁判、协商、谈判、调停、斡旋、仲裁、诉讼等。仲裁自古以来就是人类社会的一种重要的争议解决手段。一般认为，法律意义上的仲裁起源于奴隶制的古希腊和古罗马时期。古罗马的《十二表法》中就有多处关于仲裁的记载。

现代商事仲裁的雏形发轫于地中海沿岸，中世纪时，地中海的商人们就已将商事仲裁运用得淋漓尽致。随着对外开放的深入，国际商事交往日益频繁，由此衍生了诸多的国际商事争议。与其他的国际商事争议解决方式相比，国际商事仲裁因具备充分尊重当事人意思自治，仲裁员独立、公正且专业，仲裁程序较为灵活，庭审及裁决较为高效，司法高度支持等多重优势，逐步成为解决国际商事争议的一种有效方式。

自20世纪80年代以来，全球仲裁立法经历了深刻的变革。在这场超过一百个国家或法域对其仲裁程序立法进行改革的过程中，有七十多个国家借鉴或纳入了《联合国国际贸易法委员会国际商事仲裁示范法》（以下简称《国际商事仲裁示范法》）。全球仲裁立法的改革彰显出自治性与司法审查兼备、国际化与本土化并存的趋势。无论是仲裁形成初期抑或在仲裁的发展进程中，自治性的观念都起到了基础性的作用。具言之，国际商事仲裁是由商人群体自发创立的一种解决商贸纠纷的手段，其初衷是摆脱国家的控制，在国家法院体制之外由商人自行组建的仲裁庭适用商事法（lex mercatoria）对争议予以裁断。与此同时，各国又在不同程度上保留了对仲裁的司法审查与司法干预。国家权力的作用正是通过法院对仲裁的司法干预实现的。这里常涉及一个两难问题：国家既要保证对仲裁的控制从而维持司法公信力和仲裁公信力，又要将监督和控制限定在合理和适度的范围内，避免对仲裁的自治性造成破坏。如今，自治性的发展趋势表现为各国仲裁法普遍强化对私人间意思自治的尊重，缩小法院对仲裁的司法监督范围，适度放松对仲裁的法律管制，扩大对仲裁的支持与协助。与自治性相比，仲裁的国际化趋势表现为各国的商事仲裁立法日趋协调和统一。特别是《国际商事仲裁示范法》确立的"国际标准"，对各国仲裁立法的现代化起到了示范性的指引效应。同时，各国的仲裁法律制度与实践也要充分考虑到本国的国情，在采纳和借鉴国际通行规则的同时，需要对域外的制度和经验进行必要地修改和补充，对其加以调试，使之能够适应本国情况。由此可见，现代国际商事仲裁立法常常需要在国际化与本土化之间寻求必要的平衡：一方面，仲裁是真正的"万民法"，忽视其国际性而追求国别特色，与仲裁的精神是背道而驰的；另一方面，由于仲裁是以解决个案纠纷为目标的程序性机制，具有较强的实践性，若与本国的法治实践和商业环境相脱节而去研究仲裁，这无异于是缘木求鱼。

基于以上考虑，本书选择以北京更高水平对外开放为出发点，就其中所需要的涉外法治保障问题展开探讨。首先，就国际商事仲裁在多元化争议解决机制中的定位进行阐释，明确仲裁的优势，指出这一纠纷解决机制具有充分的发展潜力和广阔的应用前景，从而证立国际商事仲裁程序之所以要实现程序自治，主要是为了回应现代商业社会对商人自治的尊重，并更加灵活地实现技术与法律的充分融合。需要注意的是，国际商事仲裁程序中虽然高度重视当事人意思自治，但基于合理信赖原则、诚实信用原则等理念，此种意思自治并非绝对的。在特定情况下，如果当事人不及时行使权利或不当地采取了某些诉讼行为，可能会产生异议权放弃的效果。此时，仲裁庭就成为国际商事仲裁程序自治的关键推手，而构建完善的仲裁员职业道德体系，保障仲裁员的独立性与公正性，是落实程序自治的重要条件。鉴于国际商事仲裁程序中涉及方方面面的细节问题，本书不能对每一个问题均加以详述，而是具体选择了合并仲裁、临时措施及禁诉令、破产与仲裁程序交叉这三个颇具争议性的命题，透过规范与实证的处理，从微观问题的分析中折射出司法与仲裁的博弈、自治与干预的协调，为国际商事仲裁中程序自治的实现提供范本。

张建

2023 年 11 月 30 日

目 录

绪论 ·· 1

第一章　北京更高水平对外开放中国内法的域外适用 ············· 14
 第一节　新发展格局下竞争法的域外适用及其限制问题 ············· 15
 第二节　证券法的域外适用：美国经验及其启示 ······················ 36
 第三节　跨境反垄断诉讼的域外取证：冲突与协助 ··················· 57
 第四节　对外国法律与措施的不当域外适用的阻断机制 ············· 75

第二章　北京更高水平对外开放与国际商事仲裁中心建设 ······· 95
 第一节　全方位对外开放新格局与北京国际仲裁中心建设 ·········· 96
 第二节　在线争议解决机制的现状与未来 ······························ 100
 第三节　国际商事仲裁中的快速程序规则 ······························ 115
 第四节　国际商事仲裁中的弃权规则及其适用 ························ 124

第三章　北京更高水平对外开放中的外国法查明 ·················· 143
 第一节　涉外民商事审判中的外国法查明问题 ························ 143
 第二节　"一带一路"建设下解决外国法查明问题的新思考 ······· 161

第四章　北京更高水平对外开放的仲裁员职业道德建设 ········· 183
 第一节　仲裁员职业道德的界定与遵循 ································· 184

第二节　仲裁员披露义务的适用范围与界限 …………………… 195

第五章　北京更高水平对外开放中的合并仲裁问题 ……………… 217
　　第一节　合并仲裁问题的源起 ………………………………… 219
　　第二节　合并仲裁的理念与实践困境及其弥合 ……………… 227
　　第三节　合并仲裁的实现路径问题 …………………………… 236
　　第四节　仲裁合并实务操作问题探究 ………………………… 247

第六章　北京更高水平对外开放中的仲裁程序优化及协调 …… 267
　　第一节　国际商事仲裁中的临时措施 ………………………… 268
　　第二节　国际商事仲裁中的禁诉令 …………………………… 283
　　第三节　国际商事仲裁与破产程序的冲突及协调 …………… 305

第七章　北京更高水平对外开放中的国际经贸争端解决机制 … 333
　　第一节　RCEP 的国际贸易争端解决机制 …………………… 334
　　第二节　CPTPP 的国际投资争端解决机制 ………………… 354

结语 ………………………………………………………………… 373

参考文献 …………………………………………………………… 376

后记 ………………………………………………………………… 389

绪 论

一、问题缘起

2020年9月，在中国国际服务贸易交易会全球服务贸易峰会上，习近平主席郑重宣布："为更好发挥北京在中国服务业开放中的引领作用，将支持北京打造国家服务业扩大开放综合示范区，加大先行先试力度，探索更多可复制可推广经验；设立以科技创新、服务业开放、数字经济为主要特征的自由贸易试验区，构建京津冀协同发展的高水平开放平台，带动形成更高层次改革开放新格局。"自此，旨在"到2035年率先基本实现社会主义现代化，努力建设好伟大社会主义祖国的首都、迈向中华民族伟大复兴的大国首都、国际一流的和谐宜居之都"的北京迎来了"两区"建设历史性发展机遇。

以"两区"建设为抓手，北京不断改革创新、锐意进取，先后推出了一系列扩大开放的新举措，开启了高质量发展、高水平开放的新篇章。从战略高度来看，北京"两区"建设与北京建设国际科技创新中心、全球数字经济标杆城市、国际消费中心城市、京津冀协同发展同频共振、相互促进，形成了"五子联动"的新局面，产生了积极的叠加效应。

北京肩负起建设国家服务业扩大开放综合示范区、自由贸易试验区的重任，"两区"建设是中央支持北京开放发展的重大政策，也是构建新发展格局中赋予北京的重大机遇。从长远来看，推动北京更高水平对外开放，不仅是中国的机遇，更是世界的机遇。站在"两个一百年"奋斗目标的历史交汇点上，首都北京正在努力践行重大国家战略，致力建设改革开放新高地。通过观察"北京样本"，可在扩大服务业对外开放、建设更高水平开放型经济新体制方面探索、总结出更多可复制可推广的经验，为全国提供示范引领。

从统筹推进21个自贸试验区建设，到"建立健全跨境服务贸易负面清单管理制度""继续放宽服务业市场准入"，中国更加注重建立开放型经济新体制，加快实施自由贸易区战略，推出深化服务业开放合作的新举措新主张，新一轮高水平开放浪潮奔涌。北京自贸区具有科技创新带动能力强、数字经济优势显著、服务业发展优势独特等三大特点，提供了更多改革开放试验场景，在有效带动全国自贸区建设、推动全国数字经济发展、推进我国服务业开放发展方面发挥了探索作用。

法治是最好的营商环境，开放是发展的必由之路。社会主义市场经济本质上是法治经济，扩大高水平对外开放离不开健全的法治保障。党的十八大以来，我国不断拓展开放领域，优化开放布局，继续推动商品和要素流动型开放，更加注重规则等制度型开放。北京"两区"建设的不断深入以及北京推进更高水平的对外开放，既顺应经济全球化的发展大势，亦彰显了新时代中国坚定实行高水平的投资自由化、便利化政策的决心和信心，传递出中国开放的大门只会越开越大的鲜明信号。以开放促改革、以开放促发展、以合作谋共赢，稳步迈向高质量发展的中国，必将给世界带来更多机遇和红利，为不确定的世界注入更多确定性。

在2022年中国国际服务贸易交易会期间举行的第二届中国国际服务贸易法律论坛上，北京市司法局局长崔杨表示，北京正不断扩大开放力度，加强与境外法律服务机构的交流与合作，推动涉外法律服务高质量发展。

北京市先后建立涉外律师教育培养基地30余家，组建北京市涉外律师人才库；有涉外律师事务所400余家，其中28家获评全国涉外示范律师事务所；拥有涉外律师4 000余人，90余名律师在国际律师协会等国际组织任职，170名律师入选全国千名涉外律师人才库，21名律师入选全国律协"一带一路"跨境律师人才库；有24家公证机构均可办理涉外公证业务，有327名公证员具有涉外法律服务资格，方圆、长安两家公证处被司法部纳入全国海外远程视频公证试点。

在着力打造北京国际仲裁中心的过程中，北京市深化制度改革，先后印发《关于发展涉外法律服务业的若干措施》等一系列文件，涉外法律服务环境持续优化。为了给涉外纠纷解决提供更为优质、高效、便捷的司法服务，2021年1月，北京国际商事一站式多元解纷中心成立；2021年12月，北京国际商事法庭成立。涉外商事审判工作体制机制不断探索完善。由北京市政府组建的北京仲裁委员会（以下简称"北京仲裁委"）被最高人民法院纳入首批"一站式"国际商事纠纷多元化解决平台。目前，北京市仲裁委员会拥有来自28个国家和地区的692名仲裁员，可以为不同法域体系、多种文化背景的当事人提供优质高效的争议解决服务。

除此之外，近年来，北京市涉外法律服务的业务和客户类型呈现多样化，在国际案件中由从属关系转为牵头律师的项目越来越多，涉外法律服务能力和市场竞争力明显增强。在对外合作方面，北京市支持律师事务所通过出资设立、海外并购、联合经营等方式在境外设立分支机构，目前已在85个国家和地区共设立290个分支机构。北京仲裁委与新加坡等多个国家和地区的国际仲裁中心、调解中心开展战略合作，并发起"一带一路仲裁行动计划"，设立"中非联合仲裁中心—北京中心"。

2021年3月，最高人民法院发布《最高人民法院关于人民法院为北京市国家服务业扩大开放综合示范区、中国（北京）自由贸易试验区建设提供司法服务和保障的意见》（以下简称《意见》），该《意见》涵盖了为"两区"建设提供司法服务和保障的二十五条支持措施，为北京市改革开放提供"全覆盖"法治保障。其中，《意见》第一部分明确了人民法院服务保障北京"两区"建设的总体思路，强调从政治和全局高度深刻认识服务和保障北京"两区"建设的重大意义，精准把握北京"两区"建设的司法需求，助力北京建设既有中国特色，又符合首善之都定位，具有全球影响力的高水平自由贸易试验区，推动建立以贸易投资便利为重点，与国际高标准经贸规则相衔接的服务业开放体系。《意见》第二部分聚焦知识产权审判工作，服务保障科技创新，推动北京建设国际科技创新中心。《意见》第三部分助力北京服务业开放发展，保障服务业扩大开放综合示范区建设。《意见》第四部分支持数字经济发展，推动打造数字经济试验区。《意见》第五部分推进涉外审判体系和审判能力现代化建设，营造国际一流法治化营商环境。一是深入实施涉外商事审判精品战略，创新完善审判机制，提升涉外司法效能；二是加强国际商事纠纷解决机制建设，打造一流国际商事纠纷解决中心；三是充分发挥北京国际法学术研究资源集中的优势和涉外民商事案件类型丰富的特点，加强国际法理论和实务研究；四是完善涉外法治人才培养机制，加快培养一批复合型国际化司法人才；五是深化国际司法交流合作，推进北京国际交往中心功能建设。《意见》第六部分积极参与社会治理，推动区域协同开放。从推进审判工作信息化智能化、加强诉源治理、服务保障京津冀协同发展、健全风险防控体系等四个方面对人民法院参与北京社会治理体系和治理能力建设做出部署安排，为首善之都建设提供良好法治环境。

从北京更高水平对外开放的系统布局来看，"两区"建设是北京高水平对外开放两个有特色的标志性目标任务，而要完成好上述目标任务，不仅需要高水平的平台支撑，更需要高水平的涉外法治保障。

北京就平台支撑而言，国际服务贸易交易会、中关村论坛、金融街论坛、双枢纽机场开放这四大平台，从信息交流、政策解读、经验分享、人才汇集等不同角度进一步强化了"两区"建设的高水平落地。

就法治保障而言，北京是我国的国际交往中心，加强"两区"建设，形成对外开放新高地，尤其需要加强涉外法治工作。习近平总书记高度重视涉外法治建设，多次对涉外法治工作做出重要指示，强调要统筹推进国内法治和涉外法治，加快涉外法治工作战略布局，协调推进国内治理和国际治理，更好维护国家主权、安全、发展利益，为北京涉外法治建设指明了方向，提供了根本遵循。二十大报告特别指出："加强重点领域、新兴领域、涉外领域立法，统筹推进国内法治和涉外法治，以良法促进发展、保障善治。"在《关于国民经济和社会发展第十四个五年规划和2035年远景目标纲要》中，对构建新发展格局、推动共建"一带一路"高质量发展，积极参与全球经济治理体系改革等做出重要部署；其中明确提出"加强涉外法治体系建设，加强国际法运用，维护以联合国为核心的国际体系和以国际法为基础的国际秩序，共同应对全球性挑战"。具体来讲，就北京更高水平对外开放所需要的涉外法治保障而言，重点涵盖以下方面：

一是提升涉外商事审判专业化水平。结合北京"两区"建设需求，优化调整涉外商事案件集中管辖范围，完善案件归口集中办理机制，建设专业化审判团队，提升专业化审判能力，更好地服务保障贸易投资的自由化便利化。

二是进一步完善涉外商事审判机制。探索符合条件的港澳台居民担任人民陪审员参与案件审理。鼓励外籍调解员和港澳台调解员参与纠纷化解，发挥他们熟悉其当地法律、习俗、交易习惯等优势，妥善化解纠纷。探索根据当事人申请做出简易裁判文书的机制，稳妥推进简化域外证据的公证认证要求，提升涉外司法效能，减轻涉外案件当事人诉累。

三是加强国际商事纠纷解决机制建设。随着北京"两区"建设的深入推进和贸易投资自由化便利化政策的实施，各类国际商事主体的纠纷解决需求将会随之增长。北京市应当加强国际商事纠纷一站式多元解纷中心建设，探索引入国内外知名国际商事仲裁机构、国际商事调解组织，学习借鉴国际一流纠纷解决规则和纠纷解决机构管理经验，打造一流国际商事纠纷解决中心。北京应支持境外知名仲裁及争议解决机构在自由贸易试验区内设立业务机构，就国际商事、投资等领域民商事争议开展仲裁业务；支持国际商事争端预防与解决组织落地运营。

四是加强国际法研究和运用。北京高等院校、研究机构集中，外企集中，国际贸易活动频繁。北京市要充分发挥北京国际法学术研究资源集中的优势和涉外民商事案件类型丰富的特点，加强国际法理论和实务研究，推动国内法治与涉外法治的衔接，为我国涉外法治建设做出更大贡献。

五是加强涉外法治人才培养。为政之要，莫先于用人。涉外法治人才培养在涉外法治建设中具有基础性、战略性、先导性的地位和作用。北京市的仲裁、司法、行政机关尤其要加强与相关高校、研究机构合作，建立挂职学者、法律研修学者和法律实习生制度，积极探索涉外法治人才培养新路径。要建立健全与北京"两区"建设特别是自由贸易试验区建设相适应的涉外法治人才培养、引进和交流机制，结合"两区"建设需求，加大贸易、投资、金融、税务、信息数据等领域高层次法治人才的培养力度。

值得一提的是，推进北京更高水平对外开放需要全方位的法治保障，限于篇幅，本书不对其中所有的问题加以展开详述，重点聚焦于国际商事仲裁这一部分。作为首都，北京被视为首善之区，在坚持"四个中心"城市战略定位的同时，北京围绕推进"两区"建设、融入"一带一路"、构建国际交往中心等重要议题，初步形成了全方位、多领域、高层次的对外开放新格局。

法律服务业是北京市建设国家服务业扩大开放综合示范区和中国（北京）自由贸易试验区的重要领域。在北京"两区"建设重大战略机遇下，北京市法律服务业发展的空间十分广阔。为进一步促进北京市法律服务业专业化、高端化、国际化发展，北京制定并发布了《北京市关于改革优化法律服务业发展环境若干措施》，其中特别提及北京将打造国际商事仲裁中心，这既关系到目标的定位，又关系到具体举措与提升路径，意义重大。

仲裁作为现代高端法律服务业，不仅自身可以创造价值，还可以带动相关法律服务的发展，具有较强带动效应。大力支持境外知名仲裁机构在北京设立业务机构，开展民商事争议领域的涉外仲裁业务，将有效提升我国在全球商事仲裁领域的影响力。

作为全国的政治经济中心，北京在新形势下应当充分发挥国家战略汇集、涉外人才集聚的区位优势，主动承担仲裁发展先行者的使命，将健全的法律制度、友善的司法环境、完备的政策支持作为国际仲裁中心建设的重要指标，协同仲裁资源，统筹推进国际一流争端解决机构建设和北京国际仲裁中心建设，为北京"两区"建设提供有力的法治服务和保障。

具体来看，在仲裁领域，北京拥有得天独厚的资源优势，具备打造国际商事仲裁中心的重要条件。有效地利用现有仲裁资源，精心筹划，通力协作，可更好地发挥合力。当前，北京既有市属仲裁机构（北京仲裁委），也有国家级的仲裁机构——中国贸促会所属的中国海事仲裁委员会和中国国际经济贸易仲裁委员会，还有国际商事争端预防与解决组织（ICDPASO）。此外，北京现已正式出台政策，积极引进境外仲裁机构和国际仲裁机构。

在完善现有仲裁机构的基础上，积极引进外部仲裁机构到境内仲裁，目的是聚集优势仲裁资源，形成合力，产生聚集效应。建设国际仲裁中心要有抓手，要有体现的形式和发力的路径。有境外机构入驻不一定就表明北京已经成为国际仲裁中心了，但是如果中国仲裁市场采取保守立场，对境外机构一概予以排除，显然无益于国际仲裁中心建设与评估。与诉讼不同，仲裁实行协议管辖，要靠中外当事人约定选择。有比较，才有选择，有选择，才有竞争，有竞争，才有品质和发展，有发展，才有影响力并形成国际中心。多家知名机构汇聚于此，其优质仲裁资源随之而来，案件国际水平将显著提升；境外当事人、律师、仲裁员，甚至专家证人、事实证人、鉴定评估机构将纷至沓来，直接带动北京法律服务业的国际化发展，整体推动首都法律服务业高质量发展。为此，必须协同好在京仲裁机构，制定公平合理、有利于仲裁健康发展的政策，积极引导、指导在京机构优势互补，公平有序，良性竞争，协同发展，同向发力。

二、选题意义

（一）理论意义

涉外法治工作是全面依法治国的重要组成部分，也是统筹国内国际两个大局在法治领域的具体体现。改革开放以来，我国涉外法治工作不断发展，在促进对外开放、维护国家利益方面发挥了重要作用。习近平总书记在中央全面依法治国工作会议上强调："要坚持统筹推进国内法治和涉外法治。"在新发展阶段，我们要加快涉外法治工作战略布局，协调推进国内治理和国际治理，更好地维护国家主权、安全、发展利益，维护国际法治秩序。具体来讲，本书的理论意义体现在两方面。

第一，拓展涉外法治研究的视野，提升国际法学研究的品质。北京更高水平对外开放以及北京"两区"建设是研究涉外法治的重要窗口。首都北京作为我国的国际交往中心，在国际仲裁的智力资源、机构资源等方面具备许多有利条件，拥有建设国际仲裁中心的天然优势。法治是最好的营商环境，近年来，关于涉外法治的研究成果越来越多，且质量有了显著提升，对北京更高水平对外开放中的涉外法治问题及其处理，既是检验已有研究的"试金石"，也是提升国际法学研究品质的绝佳契机。

第二，开辟国际商事仲裁研究的新领域，丰富仲裁法治研究的内涵。法治护航背景下的北京"两区"建设，是新时代继续深化改革开放的重要举措，也是彰显新形势下坚定不移扩大开放信心和决心的重要窗口。构建一个涵盖立法、执法与司法的全方位法治保障体系，无疑是"两区"建设能够行稳致远的重要前提。在立法方面，《中华人民共和国民事诉讼法》（以下简称《民事诉讼法》）于2023年9月1日修订并于2024年1月1日生效，《中华人民共和国仲裁法》（以下简称《仲裁法》）的修订已经正式列入立法规划，且司法部拟定的征求意见稿也已向社会发布；在执法层面，北京各个仲裁机构在打造国际商事仲裁中心的机遇下正蓄势待发，以北京市司法局为代表的执法机关为此提供了多重保障措施；在司法层面，北京国际商事法庭的成立和仲裁司法审查案件的归口办理、集中管辖，为全面提升仲裁司法协助和支持提供了完善的机制。对这些问题展开研究，无疑将丰富仲裁理论研究的素材。

(二) 实践意义

从国际商事仲裁视角探讨北京更高水平对外开放的法治保障问题，无论是对中国仲裁行业的国际化而言，还是对涉外法治建设而言，都具有重要的实践意义。

第一，对北京构建国际商事仲裁中心提供可供借鉴的建议，促进北京"两区"建设的法治化。建设国际仲裁中心是新时期我国涉外法治工作和对外开放战略的重要环节。仲裁是一项国际通用的商事争议解决方式，随着经济贸易全球化发展的不断深入，国际仲裁的地位和作用在各国得到前所未有的重视。近年来，发展国际仲裁事业、打造具有影响力的国际仲裁中心，已成为我国涉外法治工作和对外开放战略的重要环节。

第二，为统筹推进国内法治与涉外法治，探索国内自贸试验区接轨国际经贸规则特别是为国际经贸争端解决机制提供方案。高水平的仲裁服务是优化营商环境的重要保障。良好的营商环境需要健全的法治体系，尤其是公正、便捷、高效的纠纷解决机制，能够为商事主体的合理权益提供充分保障。高度发达的仲裁业和完善的仲裁机制，可以为仲裁机构所在地发展成为全球性的金融、商务、物流、贸易中心提供强有力的保障。

第三，仲裁业带动法律服务行业整体发展，吸引国际人才汇聚。仲裁业是一项知识含量高且具有全球竞争性质的高端法律服务业，不仅自身可以产生经济价值，还可以充分辐射和带动律师、翻译、公证、咨询等其他法律服务行业以及酒店、商旅等相关服务产业的发展。国际仲裁服务水平与影响力也是衡量一个国家国际影响力的重要标志。世界一流城市均设立有国际性的商事仲裁中心，吸引大量国际商业、法律人才汇聚交往。国际仲裁服务业的发展将为北京市服务业的扩大开放、国际交往中心建设提供有力支持。

第四，提升国际仲裁水平，增强对国际经贸规则的话语权。仲裁机构对商事争议进行裁判的过程，实际上亦是对案件所适用的法律以及经贸规则进行解释的过程。建设国际仲裁中心，有助于我国增强对国际经贸通行规则的话语权，服务国家对外开放战略，更深层次地参与塑造国际经贸体系。

三、研究现状

(一) 国外研究现状

在世界各国扩大对外开放及强化法治保障的过程中，国际商事仲裁扮演了不可或缺的重要角色。针对如何强化涉外法治保障、如何打造国际商事仲裁中心，国内外学者从不同层面展开了学术研究，取得了初步的成果。

有学者采取实证研究方法，以中国、新加坡、哈萨克斯坦等为例，对法治在国际交往中的功能进行了探讨，并着重分析了构造新兴法治中心与国际商事争议解决之间的关系[1]。有学者在深入剖析美国对外关系法和欧盟对外关系法的基础上，指出中国应当及时制定一部符合对外开放需求的对外关系法，并对中国对外关系法的结构、目标、效果等进行了初步的探索[2]。

有学者提出，中国在打造国际仲裁中心方面具有独特优势，这不仅体现在仲裁案件、仲裁机构的数量上，更体现在中国古代法制史上存在已久的"以和为贵""息讼"等文化理念上，利用仲裁方式解决纠纷可以尽量避免在国内法院进行诉讼时所产生的激烈对抗，从而维持良好的商业合作关系[3]。但与西方国家相比，中国的仲裁立法起步较晚，在制度设计、仲裁程序、仲裁司法审查方面还存在若干有待改进之处，对制度的完善离不开文化上的支撑[4]。

值得一提的是涉外法治涵盖诸多具体的法律问题，其中部分问题是北京当前打造国际交往中心过程中所迫切需要解决的，譬如国内法域外适用、外国法查明、国际商事仲裁中心建设、对标高标准国际经贸规则等。这些问题，国外学者已有诸多研究[5]。遗憾的是这些研究成果尚未聚焦于北京"两区"

---

[1] Matthew S. Erie, The New Legal Hubs: The Emergent Landscape of International Commercial Dispute Resolution, in *Virginia Journal of International Law*, Vol. 60, No. 2, 2020, p. 225.

[2] Congyan Cai, Chinese Foreign Relations Law, in *American Journal of International Law*, Vol. 111, 2017, p. 336.

[3] Beiping Chu and Wei Wang, Building an International Arbitration Hub: China's Competitiveness and Direction, in *Frontiers in Marine Science*, Vol. 9, Issue 3, 2022, p. 2.

[4] Kun Fan, *Arbitration in China: A Legal and Cultural Analysis*, Oxford: Hart Publishing Ltd, 2013, p. 100.

[5] Yujun Guo, Legislation and Practice on Proof of Foreign Law in China, in *Yearbook of Private International Law*, Vol. 14, 2013, p. 289.

建设的特殊情形。

(二) 国内研究现状

相比国外学者，国内学者对于北京的涉外法治建设和国际商事仲裁中心建设更为关注。北京作为中国的首都，在涉外法治建设中具有重要的示范效应。尤其是在打造国际商事仲裁中心方面，北京具有得天独厚的优势。国内学者对此展开了更有针对性的研究，取得了丰硕的研究成果。有学者注意到，伦敦、巴黎、新加坡、中国香港特别行政区等地，既拥有国际仲裁中心，也拥有国际商事法院，仲裁机构与司法机关相互配合、共同发展，对提升所在地法域的全球吸引力起到了关键作用①。有学者提出，国际仲裁中心不是指作为机构名称的国际仲裁中心，而是一个内涵更为广泛且可以包含仲裁机构的概念②。在某种程度上，它更接近于以具有全球性或区域性影响力的仲裁机构为核心、仲裁和法律服务受当事人欢迎的仲裁地。针对中国的情况，以自由贸易试验区作为创新纠纷解决机制的突破口，有助于创造更多机遇，形成更多宝贵经验，带动我国其他地区法治，更好地完善涉外法治保障③。将北京打造为国际仲裁中心，意味着在特定法域内，以一个或多个城市向外辐射的区域为基础，以仲裁机构为引擎，聚合其他上下游法律服务机构或组织，为国内外市场主体预防和解决纠纷，提供仲裁及相关法律服务的具有国际影响力的优质生态系统。

目前，发展国际商事仲裁中心已经成为我国统筹推进国内法治与涉外法治的重要抓手。从域外的发展来看，国际商事仲裁中心的打造并非只有单一路径，也无须将某一模式奉为圭臬，关键是要依据本土优势，因循国际仲裁发展的基本逻辑，走出特色之路。有学者专门针对英国伦敦打造国际仲裁中心、促进涉外法治建设的经验进行了总结，指出：在英国，仲裁业被视为与经济建设同步而行的法律服务产业。也正是这种产业化的经营理念，促进了英国国际商事仲裁的蓬勃发展④。还有学者对瑞士日内瓦在对外开放中如何提

---

① 沈伟：《什么因素促成国际仲裁中心：基于六要素说的相关性分析》，《仲裁与法律》，2022 年第 148 辑，第 17 页。
② 毛晓飞等：《国际仲裁中心发展与中国路径研究》，中国社会科学出版社 2023 年版，第 10 页。
③ 陈磊：《自贸区纠纷解决机制创新与临时仲裁的制度构建》，法律出版社 2023 年版，第 1 页。
④ 漆彤：《伦敦国际仲裁院及其启示》，《人民法院报》，2017 年 7 月 21 日，第 8 版。

供涉外法治保障进行了探讨，并认为，日内瓦之所以能够成为广受认可的国际商事仲裁中心，与瑞士作为中立国的优势密不可分。由于瑞士可以在国际事务中保持独立立场，不受大国政治左右，有利于其在国际争端解决领域中维持独立、公正的良好形象①。

有学者指出，国际性是国际仲裁中心的突出特征之一，也是建设国际仲裁中心的内在需求。因此，以国际化程度较高的产业做牵引对国际仲裁中心的形成有促进作用②。对北京而言，法律服务市场的对外开放是北京"两区"建设过程中完善法治保障的重要环节。当前，北京市法律服务市场具有进一步提升开放水平的必要性。有学者强调，中国在国际经贸条约（如CPTPP、RCEP）中的开放承诺是北京市法律服务市场开放的最低标准；中国国内法的相关制度改革又为北京市法律服务市场开放创造了新的政策空间③。

有学者指出，北京在涉外法治建设方面，仍然面临诸多挑战，譬如：改革与法治的紧张关系需要进一步调和、适应创新发展的知识产权全链条保护制度尚不健全、营商环境需要进一步优化、数字经济的法治保障尚不完善等。为此，需要通过提升地方立法规范性、构建全链条知识产权保护体系、强化公平竞争审查、创新数字经济监管模式等方式加以进一步完善④。

四、研究思路与方法

（一）研究思路

"无法治则无善政"，遵循法治化进路是北京更高水平对外开放的必然要求。本书选取了北京更高水平对外开放中相对重要的几项涉外法律问题，具体包括国内法的域外适用、国际商事仲裁中心建设、外国法查明、国际商事

---

① 毛晓飞：《域外国际商事仲裁中心发展的路径模式》，《光明日报》，2022年11月24日，第5版。
② 司玉琢、王伟：《国际仲裁中心是形成的》，李虎：《中国海事商事仲裁评论（2021）：新时代中国海事商事仲裁的创新发展》，北京大学出版社2022年版，第221页。
③ 靳也：《"两区"建设背景下北京市法律服务市场的对外开放》，《北京社会科学》2022年第6期，第25页。
④ 成协中、王杰：《北京"两区"建设的法治保障：现状、挑战与完善建议》，中国政法大学法治政府研究院：《法治政府蓝皮书：中国法治政府发展报告（2021）》，社会科学文献出版社2022年版，第382页。

北京更高水平对外开放的涉外法治保障研究——以国际商事仲裁为中心

仲裁程序优化、国际经贸争端解决机制等问题,逐项加以探讨。

(二) 研究方法

本书采取的研究方法是:

第一,规范研究与实证研究相结合的方法。在北京"两区"建设中,高度重视政策创新,结合产业发展与法治建设推出了一系列具体的改革方案,这些既需要通过法律制度的方法加以明确化,同时也需要关注法院和仲裁机构的涉外争议解决实践,通过法律解释和法律适用让规范落实到具体事务中。

第二,法学与经济学相结合的研究方法。法律规范的创建和法律制度的实施关系到营商环境的优化,从而对高水平对外开放产生影响。因此,通过经济学分析的方法,有助于扩大研究的视野。将法学与经济学相结合,有利于深入探讨国内法域外适用、外国法查明、国际商事仲裁中心建设、国际商事仲裁程序优化、国际经贸争端解决当中存在的问题并寻求解决对策。

第三,历史分析与比较分析相融合的方法。涉外法治建设是一个集立法、司法、执法于一体的系统性工程,在中国的演进经过了长期的历史发展过程,而外国在涉外法治方面已经形成了可供借鉴和参考的有益做法。故而本书通过收集、分析并比较其他国家的典型做法来为北京更高水平对外开放中的涉外法治问题建言献策。

第四,国际法与国内法并重的研究方法。国际法与国内法是相互补充、相互协作的,二者共同服务于中国的涉外法治建设和北京更高水平对外开放。本书除了立足中国视角对外国法查明、国际商事仲裁中心建设、国内法域外适用、仲裁程序优化等展开讨论外,还特别探讨了国际经贸协定中的争端解决机制,指出北京市要对标国际上的最新规则,争取国际规则制定话语权的同时,优化自身的涉外法治状况。

五、研究的创新点

作为北京探索构建新发展格局的一个发力点、重头戏,"两区"建设将推动北京以更高水平开放,引领更高质量发展。建设国家服务业扩大开放综合示范区和中国(北京)自由贸易试验区(北京"两区"),是习近平总书记宣布支持北京的两项重大开放决策,不仅成为北京经济高质量发展、高水平开放的指路明灯,更是党中央、国务院实施更加积极主动的开放战略、构建全方位对外开放格局的重要一环。自 2021 年 3 月以来，北京主动对接高水平国际经贸规则，推出上百项首创性或突破性政策，110 多个标志性项目和功能性平台落地，形成了十项向全国复制推广的最佳实践案例，实现了"两区"建设的良好开局。进入新时代，通过深入学习领会并贯彻落实习近平总书记关于北京工作的一系列重要指示和要求，北京在高水平对外开放方面不断展现新作为。通过设计规划并以高标准推进国家服务业扩大开放综合示范区、中国（北京）自由贸易试验区，创建国际服务贸易交易会等平台，立足数字经济和数字贸易等九大着力点，形成了有特色有优势的北京高水平对外开放新格局。面向未来，要坚持问题导向，关注国际发展格局的变化，坚持以新发展格局为引领，扩大北京的对内开放；聚焦"一带一路"倡议，扩大北京对外开放的影响力；吃透用好《区域全面经济伙伴关系协定》，精准推进北京对外开放；以世界的标准加强人才培养和引进，不断夯实北京对外开放的基础。

第一章
北京更高水平对外开放中国内法的域外适用

本 章 提 要

　　经济全球化是当今世界经济社会发展的重要特征，对外开放是各个国家融入世界经济社会发展不可逆转的大趋势。如何面对世界经济社会发展的新变化，如何充分发挥北京的区位优势、历史优势和现实优势，统筹国际国内两个市场、两种资源，精准设定北京对外开放的新定位，这对于北京更高水平对外开放意义重大。在新发展格局的引领下，积极推进北京的对外开放，应紧密聚焦"一带一路"建设，不断增强北京对外开放的影响力。"一带一路"是新时代我国面对全球经济社会发展的变化而做出的一项重大决策，对于推进经济全球化，解决全球经济社会不平衡、不充分等问题具有重要意义。近年来，美国不断扩张其国内法的域外适用范围，对涉中国事项滥用"长臂管辖权"，给我国产业发展带来不利影响。为有效维护我国企业、个人的合法权益，中央全面依法治国委员会明确提出，要加快推进中国法域外适用体系建设，保障和服务高水平对外开放。构建中国法域外适用体系是一项系统工程，涉及中国法域外效力的确定规则、域外适用制度、支撑措施等环节。北京高水平对外开放，为探讨国内法域外适用及反制外国法不当域外适用提供了平台。在我国当前加快构建以国内大循环为主体、国内国际双循环相互促进的新发展格局的背景下，深入探讨国内经贸立法尤其是竞争法的域外适用问题，具有迫切的现实意义。经济全球化的发展使竞争活动跨国化，引起了剧烈的法律冲突，亟待国际私法予以调整。作为最早推行本国竞争法域外适用的国家，美国在域外适用的标准方面经历了从严格属地主义到国籍原则、效果原则再到合理管辖原则的演变。为了抵制美国单方面扩张其竞争法的域外适用，部分国家出台了阻断立法，为本国国家利益及公民利益构筑"保护伞"。我国在国内法域外适用法律体系构建方面要确立攻防并举的双重思路，既要在内外一致的基础上适当拓宽本国法的域外效力，又要对他国法律的不合理域外适用予以阻断。国际礼让观念的完善对缓和相应的竞争法律冲突颇有裨益。本章以北京更高水平对外开放为契机，重点探讨国内法域外适用中的法律问题。

第一节 新发展格局下竞争法的域外适用及其限制问题

一、问题的提出

(一) 构建国内法域外适用体系的现实意义

当今世界正处于百年未有之大变局，我国发展的外部环境日趋复杂。随着"走出去"战略和"一带一路"倡议的深入推进，我国与世界各国的经济联系日益紧密，海外利益在国家利益中的占比越来越突出。在全球化不断深化的背景下，如何有效维护国家利益尤其是日益庞大的海外利益，是时代提出的重要命题，对这一问题展开研究具有深刻的理论与现实意义[1]。"法者，治之端也。"在法治轨道上推进国家治理体系和治理能力现代化，通过国际法治推进全球治理体制向更加公正、更加合理的方向发展，是顺应时代潮流、符合各国利益的必然选择。正如习近平总书记所言，强化法治思维，运用法治方式，可以有效应对挑战、防范风险，坚决维护国家主权、尊严和核心利益[2]。作为全面依法治国的重要组成部分，坚持统筹推进国内法治和涉外法治

---

[1] 漆彤：《加强国内法域外适用法律体系建设和法理研究》，《人民法院报》，2021年2月22日，第2版。

[2] 李林：《坚持在法治轨道上推进国家治理体系和治理能力现代化》，《暨南学报（哲学社会科学版）》，2021年第1期，第1页。

已成为当下我国法治现代化建设的重要方向①。具言之,在国际层面,要积极融入国际规则的制定,提高中国在国际规则制定中的话语权和参与度,为全球治理提出更多的中国方案。在国内层面,要加快建设我国国内法域外适用的法律体系,梳理现有立法,从实体和程序两方面完善我国国内法域外适用的立法。尤其是在涉外经贸、投资等领域,我国国内法的域外适用体系亟待健全和完善。为此,党的十九届四中全会通过的《中共中央关于坚持和完善中国特色社会主义制度、推进国家治理体系和治理能力现代化若干重大问题的决定》明确指出,要加快推进我国国内法域外适用的体系建设,健全现行法律域外适用的标准和程序,这对强化涉外执法实践、提升我国司法实践的国际影响力具有重要意义。

(二) 国内法域外适用的理论意义

所谓国内法的域外适用,是相对于国内法的域内适用而言的。概言之,任何法律,无论是国际法抑或国内法、公法抑或私法,均具有特定的适用范围,包括时间、空间、主体、客体、行为等各个方面。划分域内效力与域外效力时,应以被规制的行为发生地与立法者所属国家的关系为标准②。国内法的地域效力范围,亦即空间效力范围,特指该法律在什么空间领域内使用③。所谓域内效力,其据以立足的根基是法律的属地主义,指的是各国将其本国制定的法律仅适用于本国领土范围之内的人、物和行为。与此相对,域外效力立足属人主义,指的是国家将具有域外效力的法律适用于管辖范围之外的人和行为。历史上,人类的文明进步与对外贸易的演进在一定程度上昭示了法律(尤其是私法)由属地主义转向属人主义,由封闭迈向开放的过程。例如,荷兰学者胡伯所提出的国际礼让说一方面述明主权国家制定的法律仅在其境内有效并且约束其领土上的一切臣民,另一方面又允许国家基于礼让原则维持外国法的效力,直观地印证了法律属地主义与属人主义在早期的张弛关系④。

---

① 沈德咏、刘静坤:《加强涉外法治工作》,《人民日报》,2021年2月19日,第9版。
② 霍政欣:《国内法的域外效力:美国机制、学理解构与中国路径》,《政法论坛》,2020年第2期,第173页。
③ 黄薇:《中华人民共和国民法典总则编释义》,法律出版社2020年版,第39页。
④ 方杰:《国际私法学说史》,中国法制出版社2017年版,第97页。

在国际经贸领域，因各国国内法的域外效力系由本国立法者自我划定，故而常常存在虽然不同国家的法律规定不同，但均主张适用同一跨境交易的问题，从而导致在法律适用上互有抵触的现象。作为独立的部门法，国际私法旨在协调此类法律冲突现象，为处理法律选择问题提供了一套可供遵循的准则。就其运作而言，法官在审理及裁断某一涉外经贸争议时，通常需要根据国际私法中冲突规范的指引，确定案件实体纠纷应当适用的准据法。就国际私法的适用结果而言，其结果要么指引法官导向法院地国内法的适用，要么指引法官导向某一外国法律或其他非国内法的适用。如果受理涉外案件的法官根据国际私法的指引最终适用了法院地法，此种情形属于法院地国内法适用于域外事件；反言之，如果某一涉案案件与法院地及外国均有联系，而国际私法指引法官适用外国法作为准据法，则属于该外国法跨领域适用于我国，亦属于广义上的国内法域外适用。当然，前述两类情况属于国际上处理此类问题的常见方式，从法院地的视角审视，国内法的域外适用并不意味着主权上的让步，也并不意味着对他国法律在本国境内效力的无条件承认，而仍属适用国内法的结果（即适用国内法中冲突规范的结果）[①]。

事实上，由立法者赋予国内法以域外效力，并由司法者及行政部门适度进行国内法的域外适用，能够为海外中国公民和企业的合法权益提供完整的法律保护，构筑起我国海外利益的法律保障体系。鉴于部分国家动辄滥用长臂管辖权，毫不顾忌国际礼让及国际法上的合理性要求，运用单边主义对我国公民和企业实施经济制裁，并强行扩张其国内法的域外适用，客观上对我国的领土主权及正常的国际商事交易活动造成不利影响[②]。为阻却他国的不法干预并形成有效反制，适时扩充我国法律的域外效力，完善我国法律的域外适用体系，也是履行国际责任、维护国际法治的需要[③]。

正是基于上述背景，本节立足当前我国加快构建以国内大循环为主体、国内国际双循环相互促进的新发展格局这一现实背景，以竞争法的域外适用

[①] 罗昌发：《贸易与竞争之法律互动：国际经贸法研究（三）》，中国政法大学出版社 2003 年版，第 107 页。
[②] 肖永平：《"长臂管辖权"的法理分析与对策研究》，《中国法学》，2019 年第 6 期，第 39 页。
[③] 陈文婧：《加快推进我国法域外适用的法律体系建设》，《学习时报》，2020 年 7 月 1 日，第 2 版。

及其限制作为研究对象,结合贸易法与竞争法二者的互动,就国内法域外适用的动因、路径与边界进行探讨。

二、竞争法的发轫及其域外适用的内在理据

(一) 竞争法的产生背景

自由竞争是近代市场经济的基本精神,也是市场调节的前提与基础。但自由竞争在促进经济繁荣的同时,也通过优胜劣汰,导致经济实力的分化。少数竞争者逐步获得支配、控制市场的垄断地位,不仅限制和剥夺了中小经营者的竞争自由,客观上也损害了消费者的利益,造成社会经济结构的失调,严重者可能引发供需失衡、市场运行阻滞,进而扰乱正常的市场竞争秩序。为此,自19世纪末20世纪初以来,随着资本主义进入垄断阶段,国家与经济生活的关系发生了转变,已从过往自由放任的经济政策转变为市场竞争与国家调控相结合的二元体系,并导致了公法私法化现象的产生①。作为国家调控市场竞争的法律依据,竞争法应运而生。通常认为,竞争法是指用以规范市场竞争秩序的法律制度,广义上的竞争法包括反垄断法与反不正当竞争法,从而将所有可能影响一国之内或国际竞争条件或竞争环境的活动及行为均纳入调整对象②。就其适用范围而言,竞争法的规制对象重点针对垄断协议、滥用市场支配地位、具有或者可能具有排除及限制竞争效果的经营者集中或企业间联合、低价倾销、滥用知识产权排除或限制竞争以及其他有害于公平竞争的行为③。

(二) 竞争法域外适用的理据

在竞争法诞生之初,由于市场主体主要在本国市场内部与其他商人开展竞争,故而竞争法的适用仅限于制定者的领土范围内。相应地,竞争法对不公平竞争及垄断行为的调整也限于属地范围内,较少涉及域外适用问题。随着经济全球化的展开,一国生产商及销售商不仅可能与本国的商人开展竞争,

---

① 许光耀:《竞争法视角下的公法冲突》,《中国国际私法与比较法年刊》,2002年第5期,第95页。
② 王晓晔:《竞争法的基础理论问题》,《经济法论坛》,2004年第1期,第258页。
③ 王晓晔:《滥用知识产权限制竞争的法律问题》,《中国社会科学》,2007年第4期,第130页。

也可能与来自其他国家的厂商进行国际竞争，由此便引发了国际竞争的法律冲突及法律适用问题。厂商在竞争过程中既可能采取公平的竞争方法以获得优势地位，如技术创新、产品换代、拓宽市场、加大宣传等，也可能采取不公平竞争乃至限制竞争的方法增强自身的市场力量以谋求竞争优势，还可能通过滥用优势地位，不合理地抬高价格，从而排除新的市场主体进入。固然，针对本国市场主体在本国境内的行为，属于国内竞争法的域内适用范畴。但对于来自不同国家的市场主体间的跨国竞争行为，则涉及国内竞争法的域外适用乃至法律选择问题，由此便对国际私法提出了新的挑战[1]。

（三）竞争法与贸易法的二元互动

为了应对以上挑战，不能忽视对贸易法与竞争法二者之间关系的探讨。所谓国际贸易法，主要是为了促进及保证贸易自由化的实现要求各国削减乃至消除国际贸易障碍的法律。国际贸易法不仅包括以世界贸易组织（WTO）一系列文件为代表的多边贸易体制，也包括国家之间或经济体之间的区域性及双边自由贸易协定，还包括各国国内的贸易管制法[2]。传统上，贸易法与竞争法各有不同的调整范围，彼此间较少发生重叠。但随着国际贸易活动的持续增加及反垄断立法规制范围的扩张，跨国商事交易同时产生贸易法与竞争法适用竞合的问题逐渐受到重视，竞争法与贸易救济法的功能开始被重构[3]。对于同一事实或制度，贸易法与竞争法体系可能产生不同的法律评价。例如，以"两反一保"为核心的贸易救济制度旨在从消极角度保护竞争者免于遭受因外来进口引发的产业损害，但竞争法则以积极角度促进和鼓励竞争。再如，对于低价销售，由竞争法视角审视，若无掠夺性，则属正常的市场竞争手段而应予以容许，但贸易法却认为可通过征收反倾销税的方式予以反制。有鉴于此，以WTO为代表的多边贸易体制试图协调并统合各成员方的竞争政策，避免因各国奉行不同的竞争执法标准而对国际贸易自由化形成障碍或不合理

---

[1] 刘玉勉、姜发根：《私人反竞争行为的国际法规制》，《经济法论丛》，2014年第1期，第66页。
[2] 蔡高强等：《国际贸易争端解决诉讼机制研究》，哈尔滨工业大学出版社2012年版，第30页。
[3] 王晨竹：《竞争法与反倾销法的功能性冲突及协调路径》，《法学》，2020年第9期，第68页。

的限制，遗憾的是，这一构想始终未能如愿①。

事实上，贸易法与竞争法既有差异，又不乏交叉及重叠之处。一方面，国际贸易法以国家的贸易管制行为作为规范对象，如政府所实施的进口数量限制、征收关税、设置技术性贸易壁垒等，竞争法则以从事竞争活动的生产者、销售者等私人的行为作为规范对象，如价格联盟、滥用市场支配地位等，二者表面上似乎各有不同的适用范围。另一方面，当国际贸易法适用于一国之内并予以转化时，往往针对具体的私人贸易行为设定救济权利或者约束性措施，如规制倾销、补贴等行为，而随着竞争事务的跨国化，其便从单纯的国内交易演变为国际商务，以至于需要国家间协作应对有关事务。从制度的实际运行状况来看，开放对外贸易的国家往往可以借助竞争法的执行来影响自身的国际贸易地位。例如，国家若减弱竞争法的执行力度或在立法层面创设较多豁免及例外，则可创设相对宽松自由的营商环境，使外国贸易商有更为广泛而灵活的空间以制定并实施其竞争策略。反言之，国家如过度适用并严格执行竞争法，则有可能造成吓阻乃至遏制国际贸易交往（尤其是进口贸易）的效果②。由是观之，合理框定竞争法域外适用的边界，对于促进国际贸易交往的正常进行和国际商业活动稳步展开颇为重要。

三、美国竞争法域外适用的历史演进及其启示

（一）判例法视角下美国竞争法域外适用的演变

在国际法层面论及管辖权时，通常涵盖立法管辖权、司法管辖权、执行管辖权三个方面③。所谓立法管辖权，特指一国立法机关制定法律，以适用于特定的人、事物及行为；所谓司法管辖权，即一国将特定之人或行为引起的纠纷纳入其司法程序的权限；所谓执行管辖权，指一国利用政府之力量迫使其法律被遵守的权限。这种对管辖权的划分方式有助于理解竞争法的域外适用问题。一国国内制定的竞争法，在何种情形下可适用于域外，尤其是适用

---

① 聂孝红：《WTO框架内协调竞争政策的制约因素分析》，《经济法研究》，2019年第2期，第263页。

② 罗昌发：《贸易与竞争之法律互动：国际经贸法研究（三）》，中国政法大学出版社2003年版，第5页。

③ 霍政欣：《论全球治理体系中的国内法院》，《中国法学》，2018年第3期，第269页。

于外国人所从事的国际贸易行为，原则上应由立法者所设定，此即行使立法管辖权的结果，而立法管辖权的行使必须符合相关的国际法规范。竞争法的域外适用之所以令人尤为关切，原因在于部分国家对于垄断行为或不正当竞争行为并未予以必要的规制和执行，以至于贸易商可利用执法疏漏，在国内将产品价格提高，并以价格提升所获取的收益为基础，在外销时以低价倾销方式谋求市场扩张。为此，以美国为典型代表的进口国家便采取将本国竞争法扩张适用于域外的方式予以因应，借此缓解因出口国竞争执法不力所引发的不公平贸易现象。然而，此种将本国竞争法强行适用于域外的行为，对于行为发生地及商人的本国而言，颇具司法主权上的冒犯性。因此，如何从法律上对域外适用加以设限，必须审慎考量。

如前所述，原则上一国制定的法律仅能适用于其领土之内，但作为补充，国际法在属地管辖之外逐步发展了属人管辖、保护性管辖等原则。究其实质而言，竞争法的域外适用是对传统属地原则的突破，而这种突破建立在对另一种法益提供优先保护的基础之上。美国竞争法的域外适用旨在实现两大目的：其一，保护美国的国内竞争及美国消费者；其二，保护美国商人的出口计划及投资。为此，美国竞争法不仅可适用于美国境内的行为，还可适用于那些虽发生在领土之外但对美国消费者的福祉或出口机会具有消极影响的行为。实践中，美国竞争法的域外适用及其自我限制的标准是通过判例法确立起来并不断修正的（如表1-1所示）。

表1-1 美国竞争法域外适用的典型判例及其裁判要旨

判例名称	案号	裁判要旨	后续影响
American Banana Company v. United Fruit Co.	213 U.S. 347（1909）	该案采取领土标准，否定了《谢尔曼法》对外国当事人在美国领土之外实施的不正当竞争行为	美国竞争法对外国公司的适用严格限制其在美国领土内发生的行为
United States v. American Tobacco Company	221 U.S. 105（1911）	该案肯定了美国反托拉斯法的域外适用，判定美国公司与英国公司划分市场的协议违反《谢尔曼法》	美国竞争法能否适用于外国企业被视为一国司法权能的范畴，此种权能包括规定权与执行权

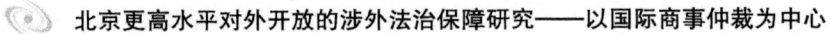

续表

判例名称	案号	裁判要旨	后续影响
United States v. Aluminum Company of America	148 F. 2d 416（1945）	该案采取效果原则，认定外国人在外国从事的商业行为，若其旨在损害美国商务活动，且实际已发生此类效果，美国法应予适用	美国竞争法适用于域外行为时，需考察该行为是否对美国商务产生直接且相当程度的影响或冲击，以限制效果原则的过度扩张
Timberlane Lumber Co. v. Bank of America	549 F. 2d 597（1977）	该案确立了合理管辖原则，也称利益衡量方法，要求法院审查美国与外国对案件的联系点及利益大小，以决定基于公平及礼让，可否合法管辖。美国竞争法的域外适用以被诉行为对美国商务产生影响为前提，且对美国商务的抑制或造成的负担大于对原告的损害，案件所涉的美国利益及关联强于其他国家	1982年美国《对外贸易反托拉斯改进法》对《谢尔曼法》和《联邦贸易委员会法》第5条做了修正，要求发生在领土之外的行为对美国国内商务产生"直接、实质、可合理预见的影响"，或对美国的出口商务造成此类影响时，美国法律方可以适用，由此对效果原则进行限制
Timberlane Lumber Company et al. v. Bank of America	749 F. 2d 1378（1984）	该案仍采取合理管辖原则，分析与案件有关的外国利益，认定在该案中适用美国反托拉斯法将与洪都拉斯的法律和政策产生潜在冲突，发生在境外的不法行为对美国产生的效果远小于在洪都拉斯产生的效果，合理的投资者不会预见该行为对美国进口商的微小效果，故拒绝管辖	因1982年美国《对外贸易反托拉斯改进法》并未否定1977年Timberlane案的观点，故此后仍有若干案例采纳利益衡量方法，并否定美国竞争法的域外适用
McElderry v. Cathay Pacific Airways. Ltd	678 F. Supp. 1071（1988）	该案涉及国泰航空公司超额收取自中国香港至中国台湾的行李费用，该收费标准与英国法及英国政策相符，但与美国的费用估算方式不符，法院基于对两政府政策的冲突分析拒绝管辖	美国竞争法的域外适用不及于并未在美国营业的外国当事人的境外行为

续表

判例名称	案号	裁判要旨	后续影响
O. N. E. Shipping Ltd. v. Flota Mercante Grancolombiana, S. A., Andino Chemical Shipping, Inc., and Maritima Transligra, S. A.	830 F. 2d 449（1987）	该案原告就哥伦比亚的载货保留法律提出挑战，指出该法赋予其本国船公司以优惠待遇，致使美国公司无法参与该国的航运贸易。法院认定哥伦比亚对制定保护主义立法具有国内利益，如对其行使管辖权，将对美国的外交关系产生负面影响，故拒绝管辖	美国竞争法的域外适用需考虑行为发生地国的法律是否具有特殊利益及政策，为避免美国法的过度域外适用对外交关系产生消极影响，应予合理限制
Laker Airways Ltd. v. Sabena, Belgian World Airlines	731 F. 2d 909（1984）	该案涉及英国与美国所签发的禁诉令冲突与协调问题，美国法院认定保护国内经济利益的立法可以合理延伸至发生在领土之外但意在领土内对被保护的利益造成损害的行为，只要对领土内的影响并非过于微不足道以至于低于国际法所设定的合理标准，即属合法的域外适用	在判定美国《谢尔曼法》及《克莱顿反托拉斯法》的域外适用时，法院拒绝采取合理管辖原则和利益衡量方法，只要行为的目的及其结果在美国有相当程度之影响，美国法律即可予以管辖
F. Hoffman-La Roche Ltd. v. Empagran S. A. et al.	542 U. S. 155（2004）	该案认为法院必须采取限制，使美国的管制仅针对那些严重影响美国利益的事务，减少美国与其他国家的贸易摩擦，最终拒绝管辖	该案将国际礼让原则确定为美国竞争法域外适用的重要基础，否定美国竞争法旨在管制整个世界市场，随着超国家行为体的兴起，法院应将礼让纳入域外适用的分析中，构筑互利合作的国际关系

（二）美国竞争法域外适用的理论依据

如表1-1中案例所示，美国司法实践对竞争法域外适用的态度经历了多重演变，从最初的保守立场到逐步认可，并不断拓展其外延，到晚近开始呈现出收缩与限制的趋势。这种转变背后隐含的是理论基础的变迁。具言之，美国竞争法域外适用的理论基础主要包括国籍原则、效果原则、合理管辖原则。

所谓国籍原则，是指内国的竞争法可以适用于发生在域外的本国自然人和法人的行为，其适用对象主要是本国在国外的公司。一般而言，各国之所以依照国籍原则赋予本国竞争法以域外效力，主要是为了防止本国公司或者其他组织（如银行）利用其在国外的分支机构在境外从事某些对本国不利的商业行为，如控制产品的价格或转移资金。此外，该原则还经常适用于一国对另一国实施经济制裁时，国家所颁布的法令对域外的本国人发生域外效力，例如，美国为了对伊朗和伊拉克实施制裁而颁布的《国际经济紧急权力法案》。此法案适用于美国境外的美国人，包括冻结在美国海外银行的伊朗和伊拉克的资产，以及禁止美国海外公司与伊朗和伊拉克的商务往来。随着属人原则的扩大，住所及经常居所等也成为一国扩张其本国法律域外适用的属人法连结点，这从美国经济制裁立法中所用的术语即可管窥。1917年美国《对敌贸易法》所适用的主体是"美国境内的人"，1941年《第一战争权力法》则采取"美国管辖下的人"这一表述，1979年《出口管制法》采用实际控制标准将域外适用的对象限定为"美国人"，但《古巴资产管制条例》则将"特别指定的国民"纳入规制范围①。由此可见，依托于属人原则实现竞争法域外适用的路径具有多元化，而其连结点的选取及其限定受到本国对外经济政策的深刻影响。

所谓效果原则，是指发生在一国域外的行为如果对本国经济产生影响，那么受影响国可据此对该行为行使管辖权。该原则由美国首创，当下已被诸多发达国家广泛接受为主张竞争法域外适用的主要理由。1982年美国《对外贸易反托拉斯改进法》第4条及第7条明文规定，反托拉斯法可以适用于美国域外的行为，只要该行为对美国的商业产生了"直接、实质和可合理预见的效果"。在美国提出效果原则之初，诸多国家对此表示反对，并公开抵制或拒绝此类情况的域外适用。但各国在颁布阻断立法反制美国法域外适用的同时，又相继采取了同样或类似的措施，以支持其本国竞争法的域外适用。目前，德国、法国、奥地利、瑞士、澳大利亚、瑞典、日本、希腊等国家都在本国竞争法立法中以效果原则作为域外适用的根据②。

---

① 杜涛：《国际经济制裁法律问题研究》，法律出版社2015年版，第109页。
② 林燕萍：《贸易与国际竞争法》，上海人民出版社2005年版，第110页。

相比之下，合理管辖原则是对效果原则主观判断的纠正，即在决定本国竞争法具有域外效力时以结果的合理与否作为判断标准。该原则最大的特点是考虑到本国利益与外国利益的平衡，如外国利益明显大于本国利益，则不宜予以域外适用。实践中，合理管辖原则在竞争法中的适用滥觞如前所述及的1977年Timberlane案。该案中，法院明确指出：仅仅依据效果原则确定竞争法的域外适用太过狭隘，确定重大影响是判定能否行使管辖权的最低要求，但法院在确定是否行使管辖权时，应当考虑礼让原则和其他国家的要求。具言之，应特别顾及：与外国法律和政策的冲突程度；案件当事人的国籍或企业法人的主营业地；判决的可执行性；与其他国家相比该行为对美国的影响及效果；该行为的目的是否明显损害美国商业及其程度；该种效果的可预见性；与美国境内违法行为相比，该行为被处分是否具有相对重要性[①]。

(三) 限制美国竞争法域外适用的考虑因素

通过判例的不断丰富与完善，美国关于竞争法域外适用的标准随着时代的变迁和对外交往的现实需要而得以适时调整。1988年，美国司法部发布的《国际经营反托拉斯执法指南》指出，只有在履行礼让分析并确证具有合理管辖权时，方可将美国竞争法适用于外国主体的域外不法行为。分析时，尤为重要的是平衡美国政府在确保竞争市场及保护美国消费者方面的利益同被影响的外国主权在促进其法律及政策方面的利益[②]。由此可见，美国司法部在审查与判定是否对发生在美国领土之外的个人及行为行使域外管辖时具有一定的裁量空间，而裁量权的行使重点围绕着以下因素而展开（详见图1-1）。

鉴于竞争法的域外适用可能对法院地国的外交关系产生影响，有必要将促进国际交往、维护国际秩序作为判定域外适用的目标之一。落实到实践当中，即使一国根据属地原则或国籍原则取得了管辖权，但如果该管辖权的行

---

① 黄勇：《国际竞争法研究：竞争法实施中的国际冲突与国际合作》，中国友谊出版公司2003年版，第11页。

② 2017年美国司法部《国际经营反托拉斯执法指南》延续了这一总体思路，总结了反垄断法域外效力中的效果原则与合理管辖原则的实践运用，并将反垄断法的域外效力问题解释为美国法院对案件的事项管辖权，即如果境外发生的垄断行为对美国境内产生直接、实质和可合理预期的影响，美国法院即拥有管辖权。See US Department of Justice and Federal Trade Commission, "Antitrust Enforcement Guidelines For International Operations 2017", https://www.justice.gov/atr/internationalguidelines/download, February 25th, 2021 last visited.

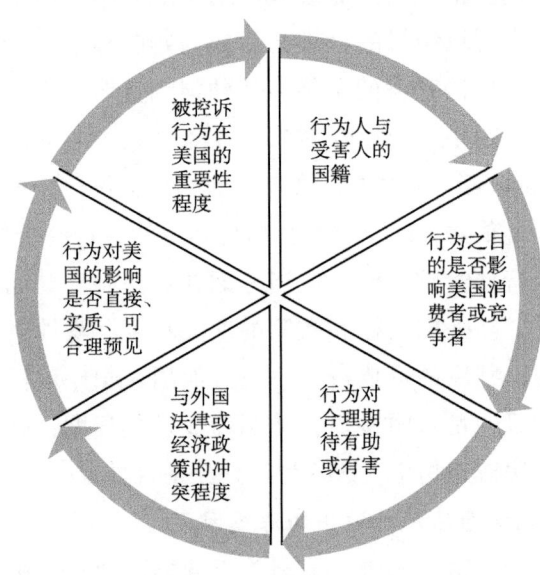

图 1-1　美国司法部在确定竞争法的域外适用是否合理时所考虑的主要因素

使涉及其他国家，且其他国家比法院地国具有更为密切的联系和更为关切之利益，则毫无顾忌地将本国竞争法扩张适用于域外并不合理。在确定合理域外适用与不合理域外适用的界限方面，1986年修订的美国《第三次对外关系法重述》提供了若干参考要素（详见图1-2）。

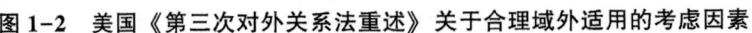

图 1-2　美国《第三次对外关系法重述》关于合理域外适用的考虑因素

四、对抗竞争法域外适用的阻断机制

事实上，除美国之外，欧盟、英国、德国、日本等也先后呈现出将其竞争法适用于域外行为的倾向。但正如前所述，美国竞争法域外适用的司法实践透露出效果原则存在弊端。竞争法的过度域外适用将强化国家间的管辖权冲突和法律冲突，也使企业徒增不合理的经济负担。根据国际普遍认可的原则，反垄断域外适用应以境外的限制竞争对境内产生"重大、直接和可合理预见"的效果为前提条件①。为此，美国、德国、欧洲法院、欧共体委员会均试图借鉴冲突法方法，尽可能采取具有真实联系的连结因素，从而就效果原则的适用设定若干限制，以避免单纯的效果原则所产生的扩大本国反垄断法适用的倾向②。与此同时，单纯依靠一国本身的自我约束对其竞争法的域外适用边界进行谦抑，显然不能从根本上解决问题，受到影响的国家有必要适时地予以对抗和抵御。因美国竞争法的域外适用对他国主权造成了一定的挑战和冲击，故而引起外国的反制。

总体来看，各国对美国竞争法扩张域外适用的应对策略，主要是制定相应的法律以阻止美国竞争法适用于本国境内的行为，此类立法常被称为阻断立法、阻却立法或障碍立法（blocking statutes），此类立法具有较强的报复性色彩，是国家之间开展法律战的重要盾牌③。例如，澳大利亚 1984 年的《外国诉讼程序（过度管辖）法》、加拿大 1985 年的《外国域外管辖措施法》、法国 1980 年的《关于经济、商务、产业、金融、技术等性质的文件及信息向外国自然人或法人披露法》、英国 1980 年的《贸易利益保护法》等。从内容上看，这些具有对抗性质的阻断立法主要包括四种形态：第一，禁止遵守或执行外国政府的命令，从而对抗外国的制裁命令和行政处罚；第二，禁止承认和执行外国法院的判决，从而与外国的司法实施相抗衡；第三，对本国公民施加保密义务，禁止本国当事人向外国法院提供证据或信息，从而反制外

---

① 王晓晔、吴倩兰：《国际卡特尔与我国反垄断法的域外适用》，《比较法研究》，2017 年第 3 期，第 132 页。
② 许光耀：《反垄断法的域外适用》，《时代法学》，2004 年第 3 期，第 99 页。
③ 李凤宁：《国内法域外适用的反制急先锋：法国阻断法研究及启示》，《国际经济法学刊》，2020 年第 3 期，第 97 页。

国法院或执法机构的取证命令;第四,对受到外国制裁的本国公司予以补偿,例如,当美国法院依据反托拉斯法判决某国当事人赔偿三倍损失时,该国当事人得向本国法院对美国的原告请求索偿三分之二的金额①。阻却立法最初即运用于反托拉斯领域,被一些国家用来对抗美国竞争法的域外适用,后来其适用范围逐步得到拓展。例如,英国《贸易利益保护法》不仅可用于外国反托拉斯法的域外适用,还可针对证券法的域外适用,甚至可适用于位于美国发布的针对伊朗企业存放在英国之美国银行分行的财产冻结令等。为了说明各国的阻断机制形成的鲜明特点,笔者特将典型的域外立法做了如下总结(如表1-2所示)。

表1-2 域外典型阻断立法的要点比较

国家或地区	颁行年份	立法名称	规范要旨
美国	1977年	《出口管制法修正案》	为抵制阿拉伯国家联盟针对域外的次级经济制裁,纳入"反抵制条款",禁止美国人遵守阿拉伯国家针对美国友邦的制裁法令,否则将给予民事和刑事处罚
	1996年	《赫尔姆斯—伯顿法》	为抵制古巴的征收行动,强化《古巴资产管制法》的域外效力,允许古巴革命后财产被征收的美国人向美国联邦法院起诉与征收行动有关的外国人,禁止与购买被征收财产等交易有关的外国人进入美国
	1996年	《达马托法》	为了对伊朗予以制裁,禁止任何人向伊朗和利比亚的石油领域投资超过4 000万美元,否则将受到处罚
英国	1980年	《保护贸易利益法》	该法命令英国公司不得遵守外国政府针对其境外的贸易行为所采取措施,只要该措施所针对的行为人在英国有经营业务且该措施有损于英国的贸易利益;该法授权国务大臣要求英国当事人不得遵守外国法院的取证命令,如果提供此类信息,将有损英国的主权、安全或外交关系;如英国当事人违反以上禁令将被处罚,而英国人应受外国惩罚性判决所遭遇的损失可在英国法院起诉索回

---

① 杜涛:《国际经济制裁法律问题研究》,法律出版社2015年版,第139页。

续表

国家或地区	颁行年份	立法名称	规范要旨
欧盟	1996年	《反对第三国立法域外适用的条例》	该条例适用于反制美国对伊朗和古巴的部分经济制裁，包括三项核心制度：阻断美国特定法律在欧盟境内的效力和执行、禁止相关主体遵守美国的特定法律和允许相关主体就美国特定法律给其带来的损失进行索赔①
加拿大	1985年	《外国域外管辖措施法》	该法最初针对美国反托拉斯诉讼中进行的域外调查取证行动以及美国反托拉斯判决作出的三倍惩罚性赔偿，授权加拿大总检察长发布命令阻止加拿大境内的人遵守对加拿大贸易利益有妨碍的外国贸易措施
澳大利亚	1984年	《外国诉讼程序（过度管辖）法》	该法起因于美国Westinghouse公司针对全球29家铀矿企业提起的反托拉斯诉讼，因涉及4家澳大利亚公司，澳大利亚政府颁布本法，反对美国政府的域外管辖，授权总检察长可以针对外国实施的影响澳大利亚的行为或作出的决定发布禁止执行的命令
墨西哥	1996年	《保护贸易和投资不受外国违反国际法的法律影响的法律》	为对抗美国《赫尔姆斯—伯顿法》和其他经济制裁法在墨西哥的域外适用，该法禁止本国当事人遵守此类具域外适用效力的外国立法，禁止承认外国法院依据此类法律作出的判决，赋予当事人求偿权以弥补因外国制裁法令遭受的损失
阿根廷	1997年	《外国立法法》	该法规定凡是直接或间接以限制或阻碍自由贸易和资本、货物或人员流通为目的而损害任何国家或国家集团的外国法律，在阿根廷领土内不得执行，亦无任何法律效力
南非	1987年	《商业保护法》	该法限制在南非领土内执行外国的特定判决、命令、指令、仲裁裁决及请求书；禁止南非当事人遵守此类诉讼程序或调查程序，不得据此向外国政府或法院提供相应的信息

---

① 叶研：《欧盟〈阻断法案〉述评与启示》，《太平洋学报》，2020年第3期，第50页；何波：《欧盟阻断法令情况及对中国的启示》，《国际贸易》，2019年第10期，第90页。

29

五、完善中国竞争法域外适用的若干建议

(一) 构建攻防并举的域外适用法制体系

有学者指出,中美贸易摩擦有明暗两条主线:明线即两国政府就贸易摩擦所涉议题展开的谈判和达成的协议,暗线即中美之间就制裁与反制裁、遏制与反遏制展开的法律战①。这一表述十分精准地把握了当下国际贸易争端解决的内核,在开展法律战的过程中,深入研究并有效构建国内法的域外适用体系,无疑具有重要的价值。尽管我国现行竞争法立法中已有域外适用条款,但明显存在域外效力不明确、域外适用效果难以保证等问题。我国《反垄断法》第二条规定,中华人民共和国境外的垄断行为,对境内市场竞争产生排除、限制影响的,也可适用本法。然而,这种概括式规定具有理解和适用上的不确定性,导致《反垄断法》的域外适用效力并不明确,也缩小了该法实际保护的范围。例如,从该法的域外条款解读,域外管辖是以效果影响为基础的。因此,《反垄断法》对进口贸易领域内的企业利益、消费者利益等不具有域外效力。为此,就制度构建而言,立法机关、司法机关、行政机关需要进一步汇聚合力、综合施策,在党的统一领导下各司其职,共同构建我国竞争法域外适用的法治体系。

(二) 合理扩张我国竞争法的域外适用范围

在对外开展法律战的过程中,竞争法的域外适用并非美国等西方国家所独有的权力,而是各国均可采用的"法律工具箱"中的一项武器,其对拓展本国的法律及政策,强化本国法律的实施效果,贯彻本国的法治精神具有重要功能。近年来,随着综合国力的增强,中国日益走向世界舞台中央,对全球治理体系改革及维护多边贸易体制发挥了应有的作用。当其他国家纷纷效仿美国,开始主张法律域外适用时,适用国内法处理跨国问题本身成为国际准则之一,单边的、广受争议的域外适用法律成为全球治理的重要组成部分②。

在公法私法化与私法公法化现象的交错影响下,已有学者提出公私法二

---

① 沈伟:《中美贸易摩擦中的法律战:从不可靠实体清单制度到阻断办法》,《比较法研究》,2021年第1期,第180页。

② 李秀娜:《制衡与对抗:美国法律域外适用的中国应对》,《国际法研究》,2020年第5期,第88页。

元划分体系之外存在第三法域的观点，其中尤以私法社会化理论、社会法理论等最具影响力[①]。为调整涉外民商事关系的国际私法也在一定程度上受到这一现象的影响，突出体现为直接适用的法理论的提出及其运用[②]。作为国际私法多元选法体系之一元，直接适用的法产生于20世纪50年代，由法国学者弗朗西斯卡基斯最先提出并予以系统的理论阐释。具言之，随着国家职能的改变和对社会经济生活干预的增强，国家希望其某些意志能够绝对地得到体现。为此，国家便赋予某些法律规范以强制适用的效力，尤其是在涉外民事关系中，这些法律可以无须通过冲突规范的援引而直接予以适用[③]。随着涉外民商事交往实践的拓展，"直接适用的法"已成为各国实践所广为采纳的一项制度，我国《涉外民事关系法律适用法》从立法角度确立了这一制度，并通过司法解释的方式予以界定和列举，其中明确将《反垄断法》列为强制性规定的主要类别[④]。然而，正如有学者所言，《反垄断法》的性质较为独特，其介乎于公法与私法之间，既关涉私人间的自由竞争秩序，又与国家对市场的调控密切相关，因而兼具公法与私法属性，素有"经济宪法"之称[⑤]。事实上，传统国际私法理论中有关公法不具有域外效力的主张，在经济法领域已经出现了一定的松动[⑥]。而在竞争法层面，尤其是在解决因跨国竞争活动所衍生的法律冲突难题时，已有学者提出并论证了引入冲突规范来实现国际协调并限制域外适用的必要性及可行性[⑦]。无论如何，以竞争法具备公法属性而全面否定其域外适用的主张似已难于立足。但是对我国而言，究竟如何构建及采纳何种竞争法域外适用的标准最适当，仍需要深入探究。

倡导多边合作的域外法适用标准，构建良性合作的全球治理体系，是未

[①] 赵红梅：《私法社会化的反思与批判：社会法学的视角》，《中国法学》，2008年第6期，第170页。
[②] 肖永平、龙威狄：《论中国国际私法中的强制性规范》，《中国社会科学》，2012年第10期，第107页。
[③] 徐冬根：《论"直接适用的法"与冲突规范的关系》，《中国法学》，1990年第3期，第84页。
[④] 刘仁山：《"直接适用的法"在我国的适用：兼评〈涉外民事关系法律适用法解释（一）〉第10条》，《法商研究》，2013年第3期，第74页。
[⑤] 魏婷婷：《反垄断法域外效力研究》，中国政法大学出版社2020年版，第50页。
[⑥] 杜涛：《经济冲突法：经济法的域外效力及其域外适用的理论研究》，《国际经济法论丛》，2003年第1期，第184页。
[⑦] 林燕萍：《冲突规范在竞争法域外适用中的作用及特点》，《法学》，2010年第10期，第65页。

来世界经济全球化发展的总体趋势。事实上，中国已经在若干案件中试图将本国竞争法适用于域外。例如，2013年初国家发展和改革委员会对液晶面板国际卡特尔的查处，再如，2013年广东省深圳市中级人民法院对华为技术有限公司诉美国交互数字技术公司一案的审理中已出现端倪。事实上，尽管立法并未明文限制效果原则的适用标准，但上述案件均起因于与我国国内市场或者我国企业的出口贸易有密切联系的交易，其对我国市场的影响是"重大、直接、且可以合理预期的"。但是为了提高我国反垄断执法的透明度，给反垄断执法机构提供明确的指导，立法者应当通过细则性规定或者发布相关指南，明确反垄断域外适用的案件应当与我国有着密切的地域联系，即这些案件对国内市场或者我国企业的出口有着重大、直接和可以合理预期的影响。为避免和减少《反垄断法》领域的管辖权冲突和法律冲突，竞争政策发达的国家和地区相互订立了很多双边合作协议。当前，在国际社会影响最大的是美国和欧盟1998年订立的《美国政府和欧共体委员会关于适用竞争法的协定》[①]。它除规定双方有向对方通报重大案情的义务、信息交流的义务、程序中合作和协调的义务等，还规定了一个避免反垄断程序冲突的原则，即"国际礼让"。出于跨国反垄断执法合作的需要，同时基于国际礼让的尊重，我国反垄断执法机关和很多外国相关机构签署了反垄断合作谅解备忘录，如《中美反托拉斯和反垄断合作谅解备忘录》。但是，与美国和欧盟之间的反垄断双方合作协定相比，我国与其他国家和地区的反垄断双边合作协定的实质性内容要少很多，大部分条款不明确、不具体，因没有可操作性而易流于形式。在未来，反垄断双边合作协定在修订和完善时有必要明确纳入"国际礼让"这一表述，以此作为处理竞争法域外适用的重要准则。

（三）废除出口垄断协议豁免以促进内外一致

当今世界各国都把反垄断法作为维护本国市场竞争秩序的法律武器，反垄断法一般都有域外适用的规定。然而，我国《反垄断法》关于域外效力的条款与其本身的立法定位和宗旨目标极不匹配。具言之，该法第十五条第六款明文规定，"为保障对外贸易和对外经济合作中的正当利益的"垄断协议，

---

① 该协定第六条规定：为避免法律冲突，缔约方除考虑自身的重大利益外，还应当在反垄断诉讼程序的各阶段，考虑缔约另一方的重大利益。

可以不适用该法第十三条和第十四条中的禁止性规定。这意味着我国《反垄断法》豁免本国出口企业订立垄断协议的行为。

固然，就其制度设计而言，《反垄断法》豁免出口企业的垄断协议不乏合理性：其一，反垄断法是以保护本国市场竞争为目的。因为出口垄断协议影响的并非国内市场，甚至对国内市场秩序并不影响，故而《反垄断法》没有理由适用于此类垄断行为，除非其对国内市场的竞争具有显著的排除或限制效果。其二，我国《反垄断法》豁免出口垄断协议是基于外国频繁启动贸易救济调查的现实情况，即我国出口企业在外国经常遭遇不公平的反倾销诉讼。因此，国内出口企业有必要合作共进，协调出口价格，以避免因相互间的价格战导致出口产品的价格过低。其三，迄今为止，世界上有相当一部分国家的竞争法立法对出口卡特尔采取豁免，如美国1976年修订后的《韦伯-波默林法》第2条规定，"仅仅为了出口和实际上仅从事出口的企业（联合体），或由出口企业签订的协议、从事的活动，如不限制国内贸易，也不限制其国内竞争者的出口，将不受《谢尔曼反托拉斯法》的制约。但该企业不得签订协议、承诺、共谋，在国内故意提高或压低其出口产品的价格，或实质性地减少国内竞争或者限制国内贸易"。然而，不管何种理由，一个国家的法律如果一方面豁免本国的出口卡特尔，另一方面又禁止外国的出口卡特尔，这本身就是一种法律的冲突，或者法律的不协调。"己所不欲，勿施于人"，这不仅是人与人之间的处世哲学，也应当是国与国之间的关系准则。

另外，一个不争的事实是，在其他国家的反垄断法与我国《反垄断法》一样具有域外适用效力的情况下，我国《反垄断法》豁免出口卡特尔的规定对出口企业事实上没有任何帮助。我国生产和出口维生素的四家制药企业2005年在美国遭遇了反托拉斯诉讼，被指控自2001年12月以来操纵出口到美国以及世界其他地区的维生素C的价格和数量，而且最近被美国一家地方法院开出了金额为1.62亿美元的罚单，主要是用于损害赔偿。不仅如此，我国《反垄断法》豁免出口卡特尔的规定还可能会误导我国出口企业，使其误认为经本国《反垄断法》豁免的卡特尔在外国同样也是合法的。因此，早已有学者主张，我国《反垄断法》应尽早废除第十五条关于豁免出口卡特尔的规定[1]。此种方案对于促进竞争法域外适用体系的平等化，从而缓和法律冲突和政策对立，构建进出口贸易国之间的互惠机制是有益的。

(四) 适时阻断外国竞争法的过度域外适用

通过之前论述可知，美国法院通过引入合理管辖原则、消极礼让原则等，在一定范围内限制了效果原则的无序扩张，限制了外国原告利用美国法就域外侵权寻求长臂管辖和惩罚性赔偿。然而，美国并未限制其行政部门的执法权和美国私人当事方的诉权。在竞争法领域，仍然不乏美国行政部门采取违背国际法和侵犯外国主权的方式在外国领土内进行执法。针对美国竞争法的域外管辖，加拿大、英国等国家以及欧盟等采取了一系列可资借鉴的反制措施。为回应美国域外管辖，这些反制措施对中国不无启发。据公开信息显示，我国四大维生素C制药企业华北制药集团下属的河北维尔康公司、华源集团下属的江苏江山制药公司、石药集团所属的维生药业公司、东北制药集团在美国联邦法院被两家美国企业动物科学制品公司（Animal Science Products, Inc.）以及拉尼斯公司（The Ranis Co., Inc.）提起反垄断诉讼，后又将华北制药集团追加为共同被告[2]。原告诉称，自2001年12月起，在中国医药保健品进出口商会的组织下，各被告共同形成卡特尔联盟，限产保价，操纵市场价格，使原告企业支付的售价高于加入"价格联盟"公司所给的售价。原告要求法院判决禁止被诉方正在实施的统一价格的行为，并判处被诉方3倍于损害数额的罚金等。其中，为了保留美国市场，江山制药、维生药业、东北制药三被告先后在陪审团裁决前与原告达成和解，支付了3400万美元的赔偿金。华北制药则据理力争，在2013年一审败诉后，华北制药组织相应的法律团队在深入研判美国竞争法的基础上寻求上诉，终于在2016年获得突破性进展。在二审环节，我国商务部曾以"法庭之友"身份以信函形式向美国受诉法院陈述意见。最终，美国第二巡回上诉法院判定：中国法律要求被告协商定价，削减维生素C出口数量，因为中国的法律体系与美国的反垄断法相冲

---

[1] 王晓晔：《我国〈反垄断法〉域外适用的理论与实践》，《价格理论与实践》，2014年第2期，第9页。

[2] Animal Science Products, Inc., et al., v. Hebei Welcome Pharmaceutical Co., Ltd., et al, 585 U.S. No. 16-1220 (2018).

突，这种冲突导致了被告的法律责任。根据国际礼让原则，判决撤销原一审判决，驳回原告起诉，发回原审法院并指令原审法院撤销案件①。该案对中国企业应对外国竞争法的域外适用提供了有益的启发，二审法院的裁判结果表明，采国际礼让原则判定美国竞争法的域外适用已得到美国法院的支持，其对依托效果原则扩张域外适用形成了一定的约束性效果。

2018年，美国联邦最高法院以9∶0的一致投票作出终审判决，根据《联邦民事诉讼规则》第44.1条判定联邦法院不受外国政府对本国法律陈述的拘束，对二审判决予以撤销。最高法院特别指出，尽管国际礼让原则要求联邦法院认真考虑外国政府的声明，但对外国政府是否就外国法律的适用意见予以适当尊重，仍然应当全面衡量多重因素。一旦完全遵从外国政府对其法律的声明，可能会有滥用的风险，外国政府可能会为了赢得判决而扭曲对法律的声明。所考虑的因素应当涵盖：外国声明的明确性、全面性、根据、背景和目的，与此前立场的一致性，法律体系的透明性以及提供声明的机构或官员的角色和权限等②。该案反映出，在应对外国竞争法的过度域外适用时，中国一方面应积极地谋求与其他国家政府间的国际合作，另一方面也应当协助中国企业和个人做好个案应对③。在立法层面，完善中国的涉外法治体系，特别是与对外关系相关的涉外管辖权立法、国际司法协助立法、阻却立法等配套制度，极为必要。

（五）重视国际礼让以便纾解竞争法域外适用引发的贸易摩擦

国际礼让说是荷兰国际私法学者胡伯等人在缓和国家主权原则与适用外国法的矛盾时所提出的一种解决方案。根据这一学说，对于已经在一国领域内取得的权利，基于礼让，其他国家亦应当保持其效力，只要这样做不致损害其他主权者自身或其公民的权利及利益④。运用到竞争法的域外适用领域，国际礼让说具有与合理管辖原则异曲同工之处，其均对效果原则的适用边界

---

① 蒋志增：《华北制药在美维C反垄断案对我国企业海外应诉的启示》，《中国集体经济》，2015年第6期，第80页。
② 张申：《从国际礼让到国际冲突：论美国法院对国家间法律适用冲突基本原则的适用》，《人民司法》，2020年第19期，第89页。
③ 李庆明：《论美国域外管辖：概念、实践及中国因应》，《国际法研究》，2019年第3期，第3页。
④ 霍政欣：《国际私法》，中国政法大学出版社2017年版，第42页。

作出了一定约束。然而，国际礼让说并无具体的法律规范作为依托，故难被强制执行，但仍无法否认其在判定域外反不正当竞争行为调查方面的重要意义①。就其实施而言，有学者以调查行为的实际影响为标准区分了积极礼让与消极礼让②。前者特指一国的竞争执法机构认定案涉不法行为对多国均有不利影响时，若其他国家更适合处理有关行为，则请求该另一国执法机关予以处理，同时予以积极地协助。后者则指虽然案涉不法行为属于本国竞争法的域外适用范围之内，但其他国家具有更高之利益，或所受消极影响的程度更深，则可以拒绝管辖案件，不再对其进行调查取证或判处罚款，以避免双方的利益冲突。事实上，积极礼让原则的合理运用可以较好地调和并纾解双边贸易摩擦，通过竞争执法的国际协作解决市场准入困境。

第二节 证券法的域外适用：美国经验及其启示

一、证券法域外适用的必要性分析

经济全球化是当今世界经济活动的主旋律，作为经济全球化重要组成部分的证券市场也日益国际化。证券市场的国际化使全球资本实现了跨国境的自由融通，同时也为不法行为人跨国开展证券违法活动提供了便利条件。针对跨境证券不法行为的规制，各国积极参与共建国际监管路径的同时，也相继从单边视角加强国内证券法的域外适用③。通常认为，证券法既涵盖了与证券募集、发行、交易、服务活动有关的法律制度，也囊括了对证券市场进行监督管理的法律规范，兼具公法与私法的双重属性。相应地，作为证券法调整对象的社会经济关系，既有平等主体之间的横向关系（如证券买卖关系、证券服务提供者与消费者的服务关系），又有不平等主体之间的纵向关系（如证券主管机关与证券经营机构间的管理关系、行使管理权的政府部门与证券市场参与者之间的监督关系），还兼涉刑事司法机关运用强制力对证券犯罪活

---

① 戴龙：《反垄断法域外适用制度》，中国人民大学出版社2015年版，第103页。
② 魏婷婷：《反垄断法域外效力研究》，中国政法大学出版社2020年版，第71页。
③ 邱润根：《证券跨境交易的监管模式研究》，《北方法学》，2006年第2期，第144页。

动进行处罚的刑事制裁关系。证券活动的复杂性决定了其法律调整方法的多元性。在证券领域，综合运用民商法、行政法、刑法多重体系进行全方位调整，是完善社会主义市场经济体系的内在要求①。

伴随证券市场国际化程度的不断深化，跨境证券发行和交易活动日渐频繁。因各国经济发展水平、对外开放程度、营商环境法治化指数各不相同，证券法律制度亦存在显著差异，加之与证券有关的跨国违法活动日益猖獗，而国际社会当前欠缺统一的监管立法和有力的执法体系，故国内证券法的域外适用成为经济全球化下保障国际商事交易交往有序运转的必然选择。然而，鉴于证券法兼具公法与私法的双重属性，各国国际私法立法与实践在解决跨境证券法律冲突方面存在明显差异，这在证券法反欺诈条款的域外适用问题上体现得尤为明显。

二、证券法域外效力与证券纠纷域外管辖的理论意涵

在对制度和实践展开论述之前，有必要对证券法的域外效力与国家机关的域外管辖这两项重要概念加以界定。首先，一国国内法的域外效力是针对某一法律发生效力的范围而言的。具言之，一部具体的立法在适用上有其特定范围，通常无法事无巨细地适用于各类主体在任何时间于世界各个角落实施的一切行为，而是有其特定的主体、客体、时间、空间适用范围。就空间维度而言，以立法者与受规制的行为所在地之间的关系为标准，可区分为域内效力与域外效力。概言之，证券法的域外效力，即一国证券法对发生在其所辖领域之外的行为所具有的拘束力。其次，管辖权这一概念是建立在主权观念基础上的一项国家基本权利②。事实上，每个主权国家都可以按照自己的政策和法律行使其根据属地和属人的优越权所具有的管辖权。《美国第三次对外关系法重述》将管辖权划分为立法管辖权、司法管辖权和执行管辖权。其中，立法管辖权也称规制管辖权，是指一国立法者制定法律的权能，即其通过颁行特定立法，将其法律适用于特定活动、法律关系或特定利益的权力③；

---

① 范健主编：《商法学》，高等教育出版社2019年版，第256页。
② 周鲠生：《国际法》，商务印书馆1976年版，第217页。
③ 江国青：《国际法中的立法管辖权与司法管辖权》，《比较法研究》，1989年第1期，第34页。

司法管辖权也称裁判管辖权，是指国家司法机关适用特定法律对案件进行管辖、审理并裁判的权力；执行管辖权也称执法管辖权，是指政府利用各类资源诱导或强制相关主体遵从法律的权力①。所谓域外管辖，囊括了一国国内立法、司法或执法机关将本国法律推行至域外主体、客体或行为的各种情形。

然而，域外管辖权的延伸并非无远弗届，而是受到国际法和国内法的双重约束。换言之，一国行使域外管辖权需要尊重国际法的基本准则，尤其是关于管辖权分配的国际条约及习惯国际法。通常认为，国际法上据以确立和分配管辖权的基础主要包括属地管辖原则、属人管辖原则、保护性管辖原则、普遍管辖原则等，其中涉及国内法域外适用的主要是前两者。实践中，属地管辖也称领土管辖权，根据这项原则，在不存在一项许可性国际法规则的情况下，一国不得在其边界以外行使管辖权。常设国际法院在1927年"荷花号"案判决中对属地原则进行了详尽地阐释，并指出这项原则存在客观适用和主观适用两个方面，前者允许一国对本国内开始而不在本国内完成的行为行使管辖权，后者则允许一国对非在本国内开始但在本国内完成的行为行使管辖权②。相比之下，属人管辖也称国籍管辖，包括主动属人与被动属人两种情况。其中，主动属人原则也称行为人国籍管辖，即由不法行为实施者的国籍国进行管辖；被动属人原则也称受害人国籍管辖，是根据受害人具有本国国籍的事实对外国人在外国实施的不法行为行使管辖权的一项原则③。

此外，国际礼让原则经常在跨境证券欺诈案件中被提及，意在使国家之间相互尊重各国立法、行政法规及司法裁判的效力，是法院用以判断法律域外效力的重要考虑因素。当证券发行商与投资者分属不同国家，或证券交易的各个环节发生于不同法域时，各国对于将其证券法适用于本国境内的欺诈行为具有国家监管层面的政策利益，而在相关主体的国籍及其行为地均处于境外时，国际礼让原则的适用便要求一国尊重并承认他国的法律和利益，从而预防并减少相应的冲突。

综上，国际法对国内法域外适用的限制主要是基于平衡公共利益与私人

---

① 李庆明：《论美国域外管辖：概念、实践及中国因应》，《国际法研究》，2019年第3期，第3页。
② 戴龙：《反垄断法域外适用制度》，中国人民大学出版社2015年版，第55页。
③ 马呈元：《论被动属人原则》，《公安研究》，2003年第6期，第93页。

利益的考虑，具体涵盖三个方面：其一，尽管一国立法者可以自行对其国内立法设定域外效力范围，但基于国家主权平等原则，在他国明确反对的情况下，一国不应将本国的国内法制强行施加于他国境内的主体和行为；其二，在判定国内法能否适用于域外时，各国之间需要兼顾对本国私人的保护，尤其是保障本国个人免遭不公正的、臆断的、不可预测的实体法的适用；其三，国内法的域外适用不应当对正常的国际商事交易秩序构成不合理的冲击，不应当阻碍正常国际商业活动的开展，国内法的域外适用需要以增加互惠、推进合作、加强互助为抓手，避免与其他国家产生法律冲突或激化外交矛盾。

三、美国证券法域外适用的法律规范演进

（一）1933年《证券法》第17条a款

作为全球范围内证券市场最为发达、证券监管法治最为严格的国家，美国的证券立法与司法实践相对较为成熟，证券法域外适用的理论与实践亦发轫于此。1933年，美国国会通过《证券法》，开启了美国证券立法进程。这部法律是在借鉴英国证券立法经验并吸纳美国各州"蓝天立法"的基础上起草的。就其历史意义而言，该法系美国第一部引入信息披露制度、切实保护金融消费者的联邦立法，也是美国第一部有效的公司融资监管法。1933年《证券法》第17条就证券欺诈行为作出了规定，其所规定的证券欺诈涵盖两种情形：第一，为欺诈或欺骗目的而利用州际商业。具言之，行为人在出售或要约出售任何证券或订立证券互换协议时，如果利用州际商业中的任何交通、通信手段或工具，或利用邮递直接或间接从事下列活动，均属违反：①使用任何手段、计谋或诡计实施欺诈；②通过对重大事实的不实陈述或有意遗漏而获取金钱或财产；③参与对购买人形成或可能形成欺诈或欺骗的任何交易、做法或业务过程。第二，为发售而利用州际商业。具言之，行为人利用州际商业中的交通、通信手段或工具，或者利用邮递来公布、宣传或传播任何通知、通告、广告、报纸、文章、信件、投资服务或通讯，该等活动即使并不旨在发售证券，但若说明该证券已经或将要直接或间接从发行人、承销商或交易商获得对价，却未充分披露过去或将来收取的该等对价及其金额，亦属违法。值得一提的是，1933年《证券法》第17条a款在适

用范围上仅限于证券销售者或要约方的活动，不适用于购买者实施的证券欺诈。此外，该条款仅规定可适用于州际证券欺诈行为，对跨国证券欺诈行为并未明确提及。

(二) 1934年《证券交易法》第10条b款及第30条b款

1934年，美国国会通过《证券交易法》，该法构筑了美国证券法律体系的基石。1934年《证券交易法》第10条为对利用操纵和欺诈手段的监管，该条b款对证券欺诈作出了专门规定，根据这一条款，在全国性证券交易所注册或未在证券交易所注册的任何证券或者以证券为基础的任何互换协议，任何人使用或利用任何操纵、欺诈手段或计谋，违反证券交易委员会制定的规则或条例的行为均属违法。从文义来看，1934年《证券交易法》第10条b款的规定较为理论，并不具有较强的可操作性，其实施有赖于联邦证券交易委员会制定实施细则。特别值得一提的是，1934年《证券交易法》第10条b款虽未就域外适用作出规定，但该法第30条b款规定了证券法适用的例外。具言之，如果个人进行的证券交易不在美国管辖范围内，且不违反证券交易委员会规定的对防止逃避为实施本章所制定的必要规章和条例，则不得适用本章或本章下的规则和条例。换言之，1934年《证券交易法》第30条b款实际上将美国管辖范围以外的证券交易排除在该法及相关实施细则的适用范围之外，除非有确凿的证据足以证明发生在美国领土之外的交易行为旨在规避美国证券交易委员会（SEC）的禁止性规定，或者规避行为可能隐藏或导致国内违法行为。

(三) 美国证券交易委员会10b-5规则

根据《证券交易法》的立法授权，美国于1934年成立了美国证券交易委员会（Securities and Exchange Commission, SEC）。为了保证美国证券法的贯彻与实施，SEC于1942年根据1933年《证券法》第17条a款和1934年《证券交易法》第10条b款制定了10b-5规则，以兜底条款的方式确立了反证券欺诈的一般规则。具言之，10b-5规则的标题为"操纵和欺诈手段的使用"，其规定："任何人，无论是直接抑或间接，通过州际商务通信手段、工具、邮件或全国性证券交易所的设施实施的以下行为均构成犯罪：a. 制订计划、密谋或设置圈套进行欺诈；b. 对于当时的情况的而言必须记录的重大情况，进行不真实的陈述或予以隐瞒；c. 从事任何对证券买卖构成或可能构成欺诈的行为、业务或者其他商务活动。"就规范要旨而言，10b-5 规则明令禁止买卖双方在证券交易过程中实施虚假陈述、隐瞒重要事实、内幕交易、操纵市场及其他各类欺诈行为。就适用效果而言，这一规则暗含着对私人诉权的确认，即在证券活动中遭受欺诈的私人有权就其所受损害向不法行为人提起诉讼索取赔偿，同时追究欺诈方的民事责任、刑事责任、行政责任。经过近 90 年的历史演进，10b-5 规则现已成为对证券欺诈集团诉讼的首选利器。

（四）2010 年《多德—弗兰克法》第 929P 条 b 款及第 929Y 条

2010 年《多德—弗兰克华尔街改革与消费者保护法》（Dodd-Frank Wall Street Reform and Consumer Protection Act，以下简称《多德—弗兰克法》）是美国遭遇金融危机背景下，为了防范系统性风险、重塑金融体系、适应金融发展所制定的一项重要的金融监管立法，其被称为美国自 1929 年至 1933 年"大萧条"以来最为严厉的金融改革法。就其内容而言，《多德—弗兰克法》第 929P 条 b 款和第 929Y 条是关于证券法域外效力的规定。其中，第 929P 条 b 款标题为"联邦证券法反欺诈条款的域外管辖"，其对 1933 年《证券法》、1934 年《证券交易法》、1940 年《投资顾问法》进行了修订，重点规范由 SEC 和美国政府机构提起的跨境证券欺诈诉讼。具言之，根据《多德—弗兰克法》第 929P 条 b 款，SEC 或美国政府机构就下列行为提起的证券欺诈诉讼，美国法院应当享有管辖权：①行为发生在美国境内并构成欺诈的实质性行为，即使证券交易在美国境外发生，并且整个欺诈活动仅涉及外国投资者；②行为发生在美国境外，但对美国产生可预见的实质性影响。

需要关注的是，尽管《多德—弗兰克法》第 929P 条 b 款明文规定"域外"一词，但是这一文字表述背后的立法意图并不是非常清晰，争论主要集中于这一条款究竟是关于美国法院域外管辖的规定抑或关于美国证券法域外效力的规定。对于《多德—弗兰克法》第 929P 条 b 款的立法意图，在学理上存在分歧，以文义解释的方法观之（如表 1-3 所示），这一条款可以从语法解释、逻辑解释、历史解释、体系解释四个层面加以分析。

表1-3 《多德—弗兰克法》第929P条b款立法意图的文义解释①

解释要素	解释方法核心内容	《多德—弗兰克法》第929P条b款的解释
语法解释	原则上应当首先依托于法条的字面含义和语法结构进行解释，只有字面含义不清或语法解释与立法意图严重背离时，才考虑其他方法	第929P条b款标题虽使用"联邦证券法反欺诈条款的域外管辖"，但"管辖权"一词并不必然仅限于法院的事项管辖权，该词在美国对外关系法语境下还包括立法管辖权、执行管辖权，故不能仅仅通过"管辖权"一词断定该条只涉及事项管辖权而不涉域外效力
逻辑解释	若某个法条的字面含义简单明确，应当按照字面含义解读，但如果这种解释与整部立法的宗旨和目的不符，则需要运用逻辑解释	凭据第929P条b款中的"管辖权"一词不能直接推知立法者的目的，国会制定这一条款的目的是赋予外国证券交易和外国投资者以事项管辖权，如果仅因不符合交易标准而拒绝管辖，逻辑上难以立足
历史解释	在解释法条的含义时，需要借助于特定的历史语境转换，综合立法之时法律规则确定的情况是否适合于当下的法律关系	第929P条b款在莫里森案判决之前起草，在该案判决之后颁布。莫里森案确立了反域外适用的推定，推翻了"效果与行为标准"，第929P条b款却重新确立"效果与行为标准"，尽管判决在立法通过前，但判决后立法草案并未作出改动，导致二者存在冲突。据此，第929P条b款的目的旨在推翻反域外效力的推定和交易标准
体系解释	在对特定法条进行解释时，需要与上下文保持体系上的内在一致，不应使法条中的任何语句、词汇归于无效或难以实施	鉴于第929P条b款的前款规定已经就SEC的事项管辖权作出安排，若将第929P条b款的立法意图仅仅解释为赋予美国法院对不符合本国交易标准的跨国证券案件以管辖权，将导致该条成为冗余规定。据此，将第929P条b款解释为实体法的域外适用范围，可避免与其他法律的重复

鉴于私人执行对美国证券法的实施具有重要的实践价值，但《多德—弗兰克法》929P条b款仅规定了SEC和美国政府部门对证券欺诈提起诉讼的管辖，对于私人能否就域外证券欺诈提起诉讼没有规定，《多德—弗兰克法》第929Y条a款要求SEC向与莫里森案不存在直接关联的第三方国家机构及个人征求意见，在此基础上就私人能否依据"效果与行为"标准就域外证券欺诈

---

① 舒艾琳：《美国证券法域外效力探析》，武汉大学2017年硕士学位论文，第23页。

提起诉讼出具研究报告。该研究报告重点探讨了四个方面的问题，特整理如下（如表 1-4 所示）：

表 1-4　1934 年《证券交易法》第 10 条 b 款下私人诉权跨境范围的研究报告

问题一	依据 1934 年《证券交易法》反欺诈条款，私人的证券诉权能否拓展至美国境外的证券交易欺诈，私人的范围是否仅限于机构投资者	调研报告结合受调查对象反馈的意见，对"效果与行为"标准及"交易标准"两类观点进行了梳理和总结，并就私人诉权拓展至域外证券欺诈的可行路径进行了分析，但未就美国投资者就其在境外遭遇的证券欺诈可否行使私人诉权进行论证。此外，报告中列举了若干私人行使跨境诉权对他国证券监管和国际礼让造成影响的案例
问题二	赋予私人证券诉权对国际礼让的积极和消极影响	
问题三	将私人证券诉权拓展至跨国证券欺诈的成本与收益分析	
问题四	在美国证券法反欺诈条款域外适用方面，应否采取比"效果与行为"标准更严格的"交易标准"	

由上述研究报告可知，如果否定私人就域外证券交易中的欺诈行为提起诉讼，则美国证券投资者的合法权益将难以得到有效救济。事实上，美国历来高度重视私人诉权，国会在 1995 年专门出台了《私人证券诉讼改革法》，美国联邦最高法院则将证券反欺诈的私人诉讼视为 SEC 和美国司法部提起的民事及刑事诉讼的重要补充。在美国证券法的域外适用方面，如果采取"效果与行为"标准，显然比"交易标准"更为宽松，更有利于支持投资者基于《证券交易法》第 10 条 b 款提起私人民事诉讼，从而纾解 SEC 进行域外监管执法的压力，最大限度地保障投资者在国内及海外的合法权益不受非法侵犯。

四、美国证券法域外适用的判例法变迁

（一）"效果与行为标准"在莫里森案之前的运用

通常认为，信息披露与反欺诈是美国证券法追求的两大目标，美国所有的证券立法均围绕这二者展开。就美国证券法的地域范围而言，在效果原则作为确定美国法院域外管辖的标准之前，美国法院的地域管辖范围奉行严格属地主义，即案件所涉当事人的行为发生在美国领土范围以外，即使该不法行为在美国境内产生了后果，美国法院亦不行使管辖权。此种绝对属地主义

的代表性判例是 1901 年的美国香蕉公司诉联合水果公司案①。在该案中，双方当事人均为美国公司，原告控诉被告在水果进口中以掠夺性定价方式维持不合理价格，致使原告被排挤出市场竞争，从而确立被告的独占目标。与此同时，原告通过在哥斯达黎加修筑铁路和购买果园等方式参与竞争，但被告唆使哥斯达黎加军方接管果园并阻止铁路修筑，原告依据《谢尔曼法》向法院提起反托拉斯民事诉讼，要求三倍损害赔偿。主审该案的美国联邦大法官霍姆斯在判决中对"反域外效力推定"进行了阐释，最终以涉案行为均发生在美国领土之外为由驳回起诉②。此后，美国法院在相当长的一段时期内以该案为圭臬，拒绝美国法的域外适用。1970 年前后，美国联邦最高法院在处理涉外证券诉讼的过程中，逐渐突破了严格属地主义的束缚。

在肖内鲍姆诉福斯特布鲁克案③中，美国联邦第二巡回法院首次提出"效果标准"，开创了以不法行为的效果作为判定发生在美国领土之外的证券活动是否受美国证券法约束的先河，标志着美国证券法域外适用的萌芽正式从理念走向实践④。在该案中，班夫石油公司系一家在美国 SEC 登记的加拿大公司，其在美国境内并无商业经营活动。原告系班夫公司的美国股东，三名被告分别是一家法国石油公司在加拿大设立的子公司、一家法国银行在美国特拉华州设立的子公司、班夫公司的董事。原告控诉称，三名被告在明知勘探石油后班夫公司股票将会大涨的情况下，蓄意隐瞒石油勘探结果，并在公开这一重要内幕信息前低价购入股票，而后高价抛售，严重损害了原告的利益，亦违反 1934 年《证券交易法》第 10 条 b 款及 SEC 的 10b-5 规则，并以此向纽约州南区法院起诉索赔。一审法院基于"反域外适用推定"认定美国证券法在该案中并不适用，故驳回原告的起诉。但联邦第二巡回法院则推翻了一审裁判，并指出：1934 年《证券交易法》第 30 条 b 款的例外规定并不能充分表明国会否定将该法其他条款适用于域外，鉴于该法旨在维护美国证券市场和美国证券投资者的利益，而被告在境外实施的证券交易行为对美国投资者

---

① American Banana Company v. United Fruit Co., 213 U.S. 347 (1909).
② 舒昕：《美国管辖权"效果标准"研究》，中南财经政法大学 2017 年硕士学位论文，第 23 页。
③ Schoenbaum v. Firstbrook, 405 F. 2d 200 (2d Cir. 1968).
④ 罗志亮：《美国联邦法院对证券法域外管辖权的实践及对中国的启示》，华东政法大学 2020 年硕士学位论文，第 11 页。

的利益造成减损，无疑对美国国内商业的正常进行和秩序维持产生了重大影响。鉴于此，美国证券法在该案中可适用于交易发生在境外但在美国国内具有重大影响的不法行为，联邦法院拥有管辖权。

在伯奇诉德雷克塞尔案中，关于美国证券法的域外适用问题，联邦第二巡回法院再次推翻了纽约州南区法院的一审判决①。该案是一起集团诉讼，原告系以美国公民霍华德·伯奇为代表的数千名外国公民，被告为包括六家证券承销商在内的安达信集团，其中两家承销商系美国银行，在美国与欧洲均有营业，而另外四家则是外国承销商，营业地位于美国领土之外。原告购买了被告承销发售的 IOS 公司的股票，IOS 公司是一家依据加拿大法律注册成立的金融公司，其主营业地位于瑞士。原告指控由于被告没有对 IOS 公司的招股说明书履行尽职调查职责，Andersen 会计师事务所也没有遵照公认的会计准则加以审计，导致财务报表存在虚假的误导性陈述，最终引发股价急剧下跌，投资者遭受严重经济损失，故依据美国证券法主张索赔。对此，联邦第二巡回法院审查后，总结了联邦证券法反欺诈条款适用的三大准则：其一，美国证券法适用于住所和国籍均在美国的公民因证券出售所受的损失，无论造成损失的证券不法行为发生在何地；其二，美国证券法适用于居住于外国的美国公民因出售证券所遭受的损失，但仅限于具有实质重要性的不法行为发生于美国领土之内，且该原因行为是引发损失的直接原因，此即"直接、实质、可合理预见"标准；其三，美国证券法原则上不适用于住所地在美国境内的外国人因出售证券所受损失，除非该证券不法行为发生在美国领土内并直接导致了损失的发生。鉴于此，考虑到该案当事人多为外国公民，且证券发售行为发生在美国境外，由此产生的一般效果不足以赋予外国公民依据美国证券法的反欺诈条款提起私人诉讼。简言之，该案判决对美国证券法域外适用的"效果标准"进一步加以明确，综合考虑证券投资者的国籍与居住地，兼顾导致损失且具有实质重要意义的行为是否发生在美国等情形加以判定。该案确立的规则具有较强的可操作性，因此在后续一系列案例中被法官援引。

---

① Bersch v. Drexel Firestone, Inc., 519 F. 2d 974, 993（2d Cir.）, cert. denied, 96 S. Ct. 453（1975）.

此外，美国证券法域外适用还有其他若干典型判例。在利斯科公司诉麦克斯韦案中，原告利斯科公司系一家美国公司，被告麦克斯韦系英国帕加马公司的控制人，为了促成利斯科公司与帕加马公司在欧洲共同设立合资公司开展投资合作，被告多次向原告提供虚假的年度报告和具有误导性的陈述。在双方签署合作协议后，利斯科公司在英国伦敦股票交易所购买帕加马公司的股票，随后利斯科公司在对帕加马公司进行调查时，发现了相关误导性陈述并拒绝进行要约收购。原告以被告违反 1934 年《证券交易法》第 10 条 b 款及 SEC 的 10b-5 规则，诱导原告以超出真实价值的价格购买股票为由提起诉讼。该案中，一审法院纽约州南区法院以 1934 年《证券交易法》第 10 条 b 款在措辞方面没有明确体现国会意图将该条款适用于域外为由，认定对该案缺乏事项管辖权并驳回起诉。然而，联邦第二巡回法院指出，尽管该案所涉及的证券交易行为并不在美国领土内，但第 10 条 b 款的模糊措辞可以体现国会有意对美国公司在境外的证券交易行为加以规制。此外，该案中被告的欺诈行为发生在美国境内，欺诈是诱导原告签署合作协议的主要原因，也是整个证券交易中具有实质重要性的关键环节，尽管在购买股票过程中实际支付价款的是利斯科公司的荷兰子公司，但各方均认可原告是该证券交易的真正主体。种种迹象表明，涉案证券欺诈行为对美国公司及该公司的股东产生了严重影响。简言之，该案确立了以地域为基础的"行为标准"，即只要证券欺诈活动中的重要行为发生在美国领土内，即使未对美国产生影响，其仍受美国证券法的支配，且美国司法机关亦对此享有管辖权[1]。不过，"行为标准"在实践中的运用具有不确定性，即并非每一项与证券欺诈有关的行为均具有支撑证券法域外适用的结论，而必须是对整个交易和欺诈具有实质重要性的行为，但是究竟如何鉴别某一具体行为与损害结果之间的关系是否符合实质重要性的标准，美国各联邦巡回法院之间不乏分歧[2]。

结合上述论述可知，尽管"效果标准"与"行为标准"最初是作为两项相对独立的确定美国法域外适用的原则，但随着实践的推进，越来越多的法

---

[1] Leasco Data Processing Equipment Corp. v. Maxwell, 319 F. Supp. 1256 (1970).
[2] 彭岳：《美国证券法域外管辖权的最新发展及其启示》，《现代法学》，2011 年第 6 期，第 142 页。

院注意到有必要将二者结合起来以适应裁判需求，由此便衍生了"效果与行为标准"。具言之，"效果与行为标准"指的是虽然运用某一标准单独无法满足域外管辖的要件，但二者相结合可以充分体现美国利益时，法院便可据此确立域外管辖权。在1995年的伊托巴公司诉乐普公司案中，法院认为没有必要将两项标准区分开来单独适用，将二者相结合可以更充分地展现美国有足够的介入理由，从而将域外管辖的正当性建立在行为地与效果地两项标准"二合一"的混同模式①。该案中，原告伊托巴公司是安达泰公司美国境外的离岸子公司，而安达泰是一家在纽约证券交易所上市的美国跨国公司，其总部位于百慕大群岛。被告乐普公司在英国伦敦拥有50家子公司，其所发行的普通股在英国注册，且证券交易场所亦在英国境内。后乐普公司在美国发行存托凭证，安达泰公司指令伊托巴公司购买了大量乐普公司的股份，试图收购该目标公司，股票交易行为发生在伦敦证券交易所。在收购即将完成之际，乐普公司披露一系列业务逆转信息，致使股价暴跌，安达泰公司为此遭受了1亿美元的损失，于是以被告违反1934年《证券交易法》第10条b款、第20条及SEC的规则10b-5，未能及时披露重大交易信息为由主张索赔。该案中，联邦第二巡回法院通过将"效果标准"与"行为标准"有机结合起来，实现了两项标准的优势互补，显著拓宽了美国证券法的域外适用范围②。不过，单纯凭无足轻重的个别行为和孱弱的法律效果，法院即可轻而易举地就域外管辖权予以裁量，这也在很大程度上渲染了美国法院"长臂管辖"的色彩，招致本国相关行业协会乃至世界上多数国家（包括英国、澳大利亚等）的强烈抵触和反对③。直至当下，"效果与行为标准"仍然未成为国际社会普遍接受的通行规则，其对传统的属地主义形成显著的冲击和挑战，考虑到推行美国对外政策的需要，美国法院对这一标准的适用也出现了转变，即著名的莫里森案。

（二）莫里森案确立的"交易标准"及反域外效力推定

由前述内容可知，在美国联邦最高法院2010年就莫里森诉澳大利亚国家

---

① Itoba Ltd. v. LEP GROUP PLC, 32 F. Supp. 2d 516（1995）.
② 罗晋航：《美国证券法域外管辖实践及对我国的启示》，华南理工大学2017年硕士学位论文，第23页。
③ 肖永平：《"长臂管辖权"的法理分析与对策研究》，《中国法学》，2019年第6期，第39页。

银行案作出判决之前，数十年间，基于"效果与行为标准"，美国各地法院已经受理了多起美国私人原告和美国政府根据美国联邦证券法对发生在美国境外的证券交易提起的域外索赔请求。这一标准主要考察在与被控诉的证券交易有关的各种行为中，是否有重要的不法行为发生在美国领土之内，或者被控诉的不法行为是否在美国领土内产生了实质效果。在对美国证券法的域外适用进行审查时，法院基本上将涉及域外证券交易的索赔视为事项管辖权问题[1]。2010年6月，美国联邦最高法院就莫里森案作出判决，其中，在判定美国证券法反欺诈条款的适用范围时，法院否定了"效果与行为标准"，同时引入了"交易标准"。法院在该案中认定，联邦证券法应当仅仅适用于那些在美国证券交易所上市的证券的购买或销售活动，或其他任何在美国境内发生的证券购买或销售活动，以及与此有关的误述或疏忽行为。法院特别强调，联邦证券法的适用范围问题并不是一项管辖权问题，而是证券成文法的实体适用问题，默认的预设应当是反对将美国法律适用于域外，除非在成文法上存在明示的立法指示[2]。

在该案判决作出之日起不到一个月，时任美国总统奥巴马于2010年7月签署了《多德—弗兰克法》。该法案长达850多页，其中有相当一部分篇幅试图就美国证券法的域外适用范围作出规定。特别是该法案第929P条b款在美国联邦《证券法》及《证券交易法》的基础上增加了关于域外适用的规定。具言之，联邦地区法院应当有权管辖由SEC或美国提起的任何主张违反证券法的诉讼或程序，其中涵盖两种情况：其一，当美国境内发生的行为构成违法指控的重要步骤，即使证券交易发生在美国之外且仅仅涉及外国投资者，亦受美国联邦法院管辖和美国证券法支配；其二，当行为发生在美国境外，但是在美国境内产生可预见的实质效果时，该案亦受美国联邦法院管辖和美

---

[1] 事项管辖权（subject matter jurisdiction），也称诉讼标的管辖权，是指法院审理和裁决某一类案件的权限范围。如美国对不同州籍公民间民事争议的管辖权、联邦问题管辖权、对海事和破产案件的管辖权等都属于联邦法院的事项管辖权。薛波：《元照英美法词典（缩印版）》，北京大学出版社2013年版，第1300页。

[2] Jennifer Wu, Morrison v. Dodd-Frank: Deciphering The Congressional Rebuttal to The Supreme Court's Ruling, *University of Pennsylvania Journal of Business Law*, Vol. 14, No. 1, p. 317.

国证券法支配①。

《多德—弗兰克法》被视为立法者重构并修复证券法域外管辖之"效果与行为标准"的努力。然而，即使在不久之前联邦最高法院才在莫里森案中阐明证券法的域外适用范围问题不是管辖权问题，《多德—弗兰克法》在规定相关问题时却仍然采用了"管辖权"这一表述。事实上，《多德—弗兰克法》并不旨在对《证券法》及《证券交易法》的实体法律责任问题做出任何修改，而仅仅是拓宽这两部法律对美国境外证券交易活动的域外适用。毋庸置疑的是，在莫里森案中，美国联邦最高法院首次试图澄清在跨境证券诉讼领域长期混淆的管辖权与法律适用问题，究其根源，主要在于证券法领域充斥着大量与证券违反行为监管相关的公法规范，而"公法禁忌"的传统否定了公法的域外适用②。

（三）《多德—弗兰克法》颁行后证券法域外适用判例法的新发展

在莫里森案中，联邦最高法院提出证券法的关注重心并不在于欺诈行为的起源地和效果地，而是在美国的证券交易，以此否决传统的域外适用标准，并确立了"交易标准"。

2010年颁布的《多德—弗兰克法》（Dodd-Frank Act）对莫里森案确立的"交易标准"再次加以修正，但是由于该法在域外适用方面存在语义表述模糊不清的问题，理论界与实务界对它的理解存在显著的分歧。在《多德—弗兰克法》颁行后，美国联邦法院关于证券法域外适用的实践又经历了新的发展。

就美国证券法域外适用的标准而言，美国联邦法院基本遵循了联邦最高法院在莫里森案中所确立的"交易标准"。就跨境证券诉讼的原告类型来看，由美国证券交易委员会（SEC）起诉的案件居多，且法院对SEC的诉求基本上

---

① 《多德—弗兰克法》第929P条b款原文规定：Extraterritorial Jurisdiction of the Antifraud Provisions of the Federal Securities Laws. — (1) Under the Securities Act of 1933. —Section 22 of the Securities Act of 1933 (15 U.S.C. 77v (a)) is amended by adding at the end the following new subsection: (c) Extraterritorial Jurisdiction. —The district courts of the United States and the United States courts of any Territory shall have jurisdiction of an action or proceeding brought or instituted by the Commission or the United States alleging a violation of section 17 (a) involving— (1) conduct within the United States that constitutes significant steps in furtherance of the violation, even if the securities transaction occurs outside the United States and involves only foreign investors; or (2) conduct occurring outside the United States that has a foreseeable substantial effect within the United States.

② 朱巧慧：《美国反域外适用推定规则》，苏州大学2019年硕士学位论文，第13页。

达到了"有求必应""凡诉必胜"的程度①；就标准而言，尽管"交易标准"获得了美国各级法院的普遍适用，但这些案例主要是在该标准提出后三年内作出判决的。"效果与行为标准"在短暂地消逝后，又逐步得以复活。

首先，联邦第二巡回法院在绝对度假发展有限公司诉菲西托案中提出了"承担不可撤销责任"理论，对"境内完成的交易"进行严格解释②。该案中，原告系一家注册成立于开曼群岛的基金公司，因受美国经纪商和投资经理的欺诈，原告购买了非美国上市公司的股票，而购买股票的真正目的是完成被告的股票抛售计划，原告为此遭受了1.95亿美元的损失。联邦第二巡回法院对"发生在美国境内的交易行为"解释为三方面要件：其一，当事人在美国境内产生购买或交付证券的不可撤销的责任；其二，所有权的转移行为在美国境内完成；其三，满足以上二者之一的要求。随后，联邦第二巡回法院将"不可撤销的责任"这项原则再次运用于旁蒂克公司诉瑞士联合银行案中③。在该案中，原告通过在美国境内发出指令，购买了在境外交易所上市的公司证券。法院指出，该案中，原告仅仅是在美国境内发出购入指令，并不能据此认定整个证券交易在美国境内完成，更无法产生不可撤销的责任，故无法满足"在美国境内交易"的条件，裁定驳回起诉。2018年，联邦第二巡回法院在吉安达诉丁曼公司案中进一步明确了不可撤销责任的认定④。在该案中，原告系美国投资者，其因听取被告丁曼公司的不实陈述而投资购买一家巴哈马公司的股票。在投资遭遇损失后，原告依据美国证券法中的反欺诈条款对被告提出索赔请求。联邦第二巡回法院认定，不可撤销责任自交易当事方无法随心所欲地撤回时产生，无论相关交易此后是否需要政府审批，都不影响责任认定。

其次，联邦第二巡回法院在中央花园诉保时捷股份公司案中确立了"交易的经济本质"理论，主要依据交易活动在本质上是否以发生在外国为主来判断域外适用，这实际上是在原有的"交易标准"基础上进一步细化，从而

---

① 罗志亮：《美国联邦法院对证券法域外管辖权的实践及对中国的启示》，华东政法大学2020年硕士学位论文，第25页。
② Absolute Activist Value Master Fund Ltd. v. Ficeto, 677 F. 3d 60 (2d Cir. 2012).
③ City of Pontiac Policemen's System v. UBS AG, 752 F. 3d 173 (2014).
④ Ryan Giunta, Erik H. Gordon v. James T. Dingman, Bahamex Ltd., 893 F. 3d 73 (2018).

对美国证券法的域外效力范围设定了更严格的限缩①。该案中，美国投资者购买了一份互换协议，协议收购的目标是在外国上市交易的大众汽车集团有限公司股票。而后股价暴跌，美国投资者遭受严重的经济损失，于是根据美国证券法的反欺诈条款提起诉讼要求赔偿。法院认定，美国证券法的反欺诈条款并不必然适用于所有满足"交易标准"的证券交易活动，机械地套用"交易标准"将使很多与美国关联性不强的境外证券交易也纳入进来，与反域外适用的推定不符。该案中，尽管互换协议在美国领土内签订，然而交易行为的经济本质主要是对境外上市的外国公司的股票进行购买，而此种购买活动无疑与美国证券法原则上仅适用于域内交易的理念严重背离，不能满足"交易标准"，故驳回起诉。

再次，美国犹他州法院在美国证券交易委员会（SEC）诉交通季风公司和斯科维尔案②中重新确立"效果与行为标准"在判定美国证券法域外适用上的主导地位。2010年之后，若干当事人曾经对美国证券法的域外适用标准问题提出争辩，但没有法院对《多德—弗兰克法》是否成功地修复了"效果与行为标准"在SEC诉讼中的适用作出正面回应。作为替代方案，尽管这些法院已经清醒地注意到了《多德—弗兰克法》与联邦最高法院在莫里森案中的裁判意见有潜在冲突及矛盾，最终却基本支持了SEC的诉求，并认定这些诉求即使根据莫里森案确立的"交易标准"也已经成立。而与这些法院不同的是，犹他州法院则落入了当事人预先所设下的"圈套"，并对这一关键问题作出了裁判。在交通季风公司和斯科维尔案中，交通季风公司是一家注册于美国犹他州的公司，主要通过向其成员销售广告包进行营利，其中几乎90%以上的成员居住于美国境外并且可合理推断这些境外成员是在其母国境内向交通季风公司购买广告包。SEC指控称，交通季风公司的广告包销售活动构成一项非法的"庞氏骗局"③，违反了《证券交易法》第10条b款和《证券法》第17条。被告交通季风公司抗辩称，对于美国境外的交易活动而言，法

---

① Parkcentral Global Hub Ltd. v. Porsche Auto. Holdings SE, 763 F. 3d 198 (2014).
② SEC v. Traffic Monsoon, LLC and Scoville, 245 F. Supp. 3d 1275, 1282 (D. Utah 2017).
③ 所谓庞氏骗局，指的是行为人通过欺诈的方式骗取投资者向虚设的企业投资，再以后来投资者投放的金钱作为快速盈利给付给最初投资者，从而引诱更多的投资者上当。作为金字塔骗局的始祖，庞氏骗局常被非法传销组织用作敛财方式，在金融领域和证券领域较为常见。

院不应对据称的违法行为行使管辖权，原因是：在境外的交易行为中仅涉及其他国家的消费者，他们在美国领土之外通过互联网方式购买了涉案广告包。由此，该案的争议焦点在于《多德—弗兰克法》对于管辖权的修正，是否改变了SEC基于"效果与行为标准"就域外不法行为适用《证券法》及《证券交易法》提起诉讼。被告辩称，《多德—弗兰克法》第929P条b款的文义并没有明示推翻莫里森的核心观点。法院认定，被告的这一主张是正确的，原因是《多德—弗兰克法》第929P条b款仅仅针对法院的管辖权，而并没有修改《证券法》的实体适用范围。但是，该案法院又注意到，联邦最高法院在莫里森案呈现出来的反对美国法域外适用的基本推定是可以被反驳的，只要所有关于立法含义的可用证据均表明在具体情况下该法律可适用于域外，这些证据包括相关成文法的上下文、修改立法的历史、立法背后的目的以及立法史等。在考虑了相关证据的基础上，该案法院得出结论：尽管《多德—弗兰克法》第929P条b款在用语上规定的是"管辖权"而未明示提及实体上的域外适用，但结合其他各方面证据，可认定美国国会对证券法的修正案已经表明了立法允许SEC和美国基于"效果与行为标准"对违反证券法的行为提起诉讼请求。特别是法院注意到，《多德—弗兰克法》草案的最初版本在莫里森案判决作出前就已经起草出来了，这主要是为了回应联邦第二巡回法院催促国会澄清联邦法院将美国证券法适用于美国境外的交易行为确立管辖权的问题，而关于草案初稿的会议报告在莫里森案判决后五天就签发了。尽管在制定立法时，国会被认为应当了解联邦最高法院的先例，但更合理的解释是国会所应当考察的司法状况应以立法之前以及立法之时业已裁判的案件为准。而莫里森案的判决在与立法同步进行中作出得过于迟缓，以至于国会无法及时将莫里森案的裁判意见纳入立法的可参考范围之内。对此，犹他州法院非常形象而生动地作出了比喻，它认为：要求国会在制定《多德—弗兰克法》的最后一刻使第929P条b款遵从莫里森案的判决意见，就像强令一艘正在航行的战舰急转弯去取回掉入海中的救生衣一样。

基于此，法院并不认为国会有意使第929P条b款无效。在该案中，犹他州法院最终适用了"行为标准"来判定美国证券法的域外适用问题，并得出结论称，SEC的指控已经满足了这一标准，原因是尽管据称的违法行为欺诈的是外国投资者，但被告在美国境内已经存在经营活动。法院同时也指出，退一步讲，该案SEC的指控也符合莫里森案确立的"交易标准"，原因是被告已经将其产品通过互联网途径销售出去,据此便已经产生了在美国进行产品销售所引发的责任,无论买方位于何处,此种责任都是不可撤销的。交通季风公司和斯科维尔案的判决系美国法院首次直截了当地解决了《多德—弗兰克法》起草过程中争议已久、悬而未决的问题。在此前的同类案件判决中,法院基本上不考虑是否适用《多德—弗兰克法》中的"效果与行为标准",而是径直认定 SEC 的指控符合莫里森案的"交易标准",从而极力回避《多德—弗兰克法》与莫里森案的不一致问题。犹他州法院在审理交通季风公司和斯科维尔案的过程中虽然也将这种方式作为一种替代性的推理论证,但是其首先却咬紧牙关、直击要害地对先例中所未曾触及的《多德—弗兰克法》的适用标准问题做出了阐释。根据《美国法典》第 28 卷第 1292 条 b 款关于中间上诉审查的规定,美国第十巡回法院在二审中维持了犹他州法院的裁判意见。交通季风公司和斯科维尔案的裁判可能并非出乎意料的结论,尽管美国国会未能使《多德—弗兰克法》的修正案完全遵守莫里森案的判决,尤其是在何者属于管辖权范围内以及何者不属于管辖权范围内的问题上,国会的意图似乎是相对清晰的。法院有时勉为其难地与国会开展着众所周知的骗术,但交通季风公司和斯科维尔案则对自 2010 年以来各方广泛讨论的域外适用的标准问题提供了清晰的回应。

五、我国《证券法》域外效力条款的立法构造与完善路径

（一）立法演进

我国《证券法》自 1998 年 12 月 29 日通过后,已经历了三次修正和两次修订:分别是 2004 年 8 月 28 日第一次修正;2005 年 10 月 27 日第一次修订;2013 年 6 月 29 日第二次修正;2014 年 8 月 31 日第三次修正;2019 年 12 月 28 日第二次修订[①]。长期以来,我国《证券法》以自我设限的方式将其适用

[①] 在中国立法体系中,法律的修正与修订存在显著区别:首先,审议内容不同。法律的修正通常提出修正案草案,审议机关的审议是针对修正案草案进行的,未作修改的部分不审议;法律的修订通常提出全面的修订草案,审议机关的审议是针对草案文本的全部内容,而不是针对修改内容进行审议。其次,表决内容不同。法律的修正,在表决通过时,通过的是修改某法律的决定或者修正案;法律的修订,表决通过的是整个修订草案,如公司法的修订。再次,公布方式不同。法律修正的公布方式有两种:一种是公布修改决定,即国家主席发布主席令公布全国人大常委会通过的法律修改决定,再由有关部门根据修改决定将修正后的法律予以重新公布;法律的修订,没有修改决定,国家主席令直接公布全国人大常委会修订通过的法律文本全文。

范围严格划定在本国领土范围内的证券发行与交易活动。从学理来看，对于是否应当赋予我国《证券法》以域外效力，始终存在赞成说、反对说、模糊处理说等不同观点①。随着证券市场国际化程度的不断加深，资本跨境流动愈发频繁，为了对我国证券投资者的权益实现全方位保护，就产生了到对境外证券市场上的交易行为进行监管的必要性。而这一目标的实现首先必须赋予我国《证券法》以域外效力，否则难免陷入"师出无名"的困局。故而，有限度地拓展我国《证券法》的域外效力、扩张我国法院对境外证券不法行为的管辖权具有迫切意义。为此，在2019年最新一次修订中，《证券法》第二条增设第四款，专门就该法的域外适用这一关键问题作出明确规定②。依据这一条款，如果境外的证券发行和交易活动扰乱我国境内的市场秩序，损害境内投资者合法权益，我国《证券法》便可启动域外效力，从而对境外的证券不法行为进行规制和监管。从文义而言，此种证券法域外适用模式与美国证券法的"效果标准"基本一致。但是为了促进和维持正常的国际交往，我国法的域外适用以遵循国际法的基本准则为前提，应当有意识地避免美国式单边国内法域外适用路径，并对证券法域外适用的效力范围设定合理的限度。据此，有观点提出，证券法域外适用应当划定"可为"与"勿为"的界限，以"直接、实质、可合理预见性"的影响结果作为触发域外效力的判定标准③。

（二）完善路径

首先，构筑"攻防兼备"的证券法域外适用制度体系。由以上分析可知，我国当前已初步构建了证券法域外适用体系，允许我国《证券法》对发生在域外的不法行为进行必要的约束和规制。然而目前来看，我国的证券法域外适用体系还欠缺对其他国家过度域外适用的应对和防御。具言之，美国证券法经历多年的实践变迁，已经形成了综合"效果与行为标准""交易标准"的相对完备的域外适用体系，我国投资者不时会受到美国法院的域外管辖。

---

① 杜涛：《美国证券法域外管辖权：终结还是复活？：评美国联邦最高法院莫里森案及〈多德—弗兰克法〉第929P条b款》，《国际经济法学刊》，2012年第4期；另邱永红：《证券跨国发行与交易中的若干法律问题》，《中国法学》，1996年第6期。
② 《证券法》第二条第四款规定："在中华人民共和国境外的证券发行和交易活动，扰乱中华人民共和国境内市场秩序，损害境内投资者合法权益的，依照本法有关规定处理并追究法律责任。"
③ 苗昕：《证券市场国际化背景下我国证券法域外管辖权问题研究》，华东政法大学2016年硕士学位论文，第31页。

对此，有必要从私人执法和公共政策两个视角探询解决对策。一方面，我国当事人有必要重视对美国国内法"效果与行为标准""交易标准"等制度运行的机理和制度内涵的理解，以便在赴美诉讼时无论是作为原告抑或被告，都能够有理有据有节地加以抗辩，维护自身合法权益；另一方面，对于美国SEC的单方面域外执法，我国商务部于2021年1月颁行的《阻断外国法律与措施不当域外适用办法》提供了阻却他国法律过度管辖域外行为的反制手段，这可对证券从业者和投资者防御外国不当监管措施提供制衡的法律依据。

其次，澄清长臂管辖与证券法域外适用的区分标准。如前所言，我国现行《证券法》第二条第四款以发生在境外的证券活动对我国境内市场秩序或境内投资者合法权益造成损害或扰乱效果作为法律域外适用的判定标准，这与美国历史上长期采用的"效果标准"基本一致。然而，在美国证券法反欺诈条款域外适用的判例法发展史上，始终存在混淆法律适用与管辖权的问题，将证券法的域外适用直接等同于美国法院的域外司法管辖权，从而使长臂管辖的趋势愈演愈烈[1]。因此，在中国证券法域外适用法律体系的构建方面，基于中美双方证券法律制度及诉讼体制的差异，不宜简单地移植美国法下的证券法域外适用机制。就司法实践而言，中国法院在将本国证券法适用于域外行为时，需要依托合理的管辖权根据，同时要警惕域外管辖权的不适当扩张。事实上，相比美国，我国在立法的域外效力与法院的域外管辖这两个问题上存在明确的"分水岭"，前者由实体法自身予以规范或者通过国际私法上的冲突规范加以指引，后者则由民事诉讼等程序立法进行规范，二者泾渭分明，通常不会混为一谈。不过，鉴于美国证券法具有公法与私法相融合的二元属性，其具体实施包括公共执法与私人诉讼两个维度，而我国《证券法》的重点是对证券市场的监管和对违法行为的制裁，主要是由行政机关予以行政处罚或通过刑事诉讼追究刑事责任的方式加以实施，故我国《证券法》更多具有公法或准公法属性[2]。由此便决定了单纯依托《证券法》无法解决所有与证券相关的跨境民事诉讼中的责任认定问题，而必须依托《民法典》关于侵

---

[1] 杜涛：《论反垄断跨国民事诉讼中域外管辖权和域外适用问题的区分：以中美新近案例为视角》，《国际经济法学刊》，2019年第1期。

[2] 陈竹华：《证券法域外管辖权的合理限度：以美国法为例的研究》，中国政法大学2006年博士学位论文，第161页。

权损害赔偿的规则以及《涉外民事关系法律适用法》关于涉外侵权法律适用的规范。在今后进一步完善我国《证券法》域外适用法律体系时，需要将《证券法》本身现有的域外适用条款与相关联的其他立法进行有效衔接，从而保障法律规范的体系性，更好地区分好程序意义上的域外管辖与实体意义上的域外适用之间的关系。

最后，引入国际礼让，以妥善处理证券法域外适用所涉外交关系。正如有学者所言，证券市场国际化所触发的问题不仅仅是证券法的问题，更是宪法问题，甚至是政治问题①。在对《证券法》予以域外适用时，需要考虑到法律问题背后潜在的利益冲突和权力博弈。鉴于此，强化国际礼让原则的适用，有助于避免引发管辖权的积极冲突，预防并缓和其他国家的对抗和抵制。不容否认的是，美国在过往强势推进其《证券法》的域外适用，不遗余力地过度扩张美国法院对境外证券活动的长臂管辖权，一定程度上加剧了证券法上的法律冲突，同时也涉嫌对他国司法主权的干预。而国际礼让原则正是缓和管辖权冲突、消除平行程序、减少对抗和摩擦的"黄金法则"。我国历来遵守国际法的基本原则，反对他国肆意行使长臂管辖，高度重视礼让和协作②。在跨境证券监管和涉外证券纠纷的司法管辖方面，尤其应当重视国际礼让原则的运用。事实上，将《证券法》适用于域外证券活动时隐含着这样一项前提，即当发生跨国证券欺诈致使国内外投资者受损时，只有在证券发行和交易行为所在国不能予以有力惩戒时，效果所在国才有必要基于对本国投资者合法权益及本国证券市场秩序的保护出发启动域外管辖。反之，当行为地国基于属地主义提供了有效保护时，效果所在国为了避免和减轻对抗与冲突，没有必要耗费本国的司法和执法资源对域外行为予以监管。由此可见，国际礼让原则在实践中的运用是以比例原则为要素，以必要性为前提，在充分尊重国家司法主权的前提下对跨国证券监管所作的协调。

---

① 朱伟一：《美国证券法判例解析》，中国法制出版社2002年版，第9页。
② 邓建平、牟纹慧：《瑞幸事件与新〈证券法〉的域外管辖权》，《财会月刊》，2020年第12期，第135页。

第三节 跨境反垄断诉讼的域外取证：冲突与协助

一、跨境反垄断诉讼中域外取证的必要性

20世纪80年代以来，跨国公司的活动范围持续拓展，跨国并购浪潮愈演愈烈，由单个国家对跨国公司的限制竞争行为及不正当竞争行为进行规范已经远远不能满足现实需求。为此，各国竞争法的域外效力开始蔓延，跨境反垄断行政调查及司法诉讼无论在数量上还是规模上都呈现增长态势。实践中，各国竞争执法与司法机构在处理跨境反垄断纠纷时，都无法回避一项客观存在的困境，即如何对跨国公司的行为进行域外调查取证。就国际私法视角而言，鉴于各国的证据法在是否允许本国政府部门、司法机关、私人向外国政府或法院提供相应的证据方面存在显著差异，直接导致域外取证方面的法律冲突，增加了在竞争法领域从境外调取证据的难度。为此，本节以跨境反垄断诉讼中的取证为主线，从域外取证所涉法律冲突的考察入手，深入分析国家间取证协助的必要性，以维护取证行为所在地的国家安全、合理保护跨国企业的商业利益、有利于合作、公平有效处理跨境反垄断纠纷作为基本价值目标，重点探讨域外取证行为的正当性基础、取证的法律适用以及跨境取证的国际合作等问题，并结合我国的具体实践和现实情况反思我国域外取证的制度架构，从而对我国现行立法的完善提供建议。

通过国际民事诉讼，以私人执行方式实现反垄断法的域外适用是当今世界各国涉外法治实施中的重要制度。在反垄断民事诉讼中，借助民事补偿和惩罚性赔偿等救济手段，可有效实现反垄断法预防和制止垄断、维护公平竞争秩序等功能[1]。法谚有云："证据乃诉讼之王。"这一表述的重要性如何强调亦不为过。

在跨境反垄断民事诉讼中，各方当事人常常存在信息不对称的问题，而各国的证据立法亦存在激烈的法律冲突，这导致在证据调查和收集方面，

---

[1] 除反垄断民事诉讼外，我国还存在反垄断行政诉讼。例如，深圳市斯维尔科技有限公司诉广东省教育厅行政垄断案，参见广东省高级人民法院（2015）粤高法行终字第228号行政判决书。

私人主体既有事实上的客观取证障碍，又面临法律制度上的多重约束，很难与跨国垄断企业相抗衡，以致受损者的贸易利益难以得到有效救济①。同时，相比于国内诉讼，在跨境诉讼中，域外取证问题的难度有增无减。从信息经济学的角度来看，反垄断证据的本质是信息，原告或者执法机构取证难、举证难是因为双方之间的证据信息不对称②。在跨境反垄断案件的审理中，与其说诉讼的最终目标是获得裁判结果，毋宁说整个诉讼程序是围绕着为探明案情真相而搜集、发现、获取证据的过程。故而有观点提出，可以通过立法手段对信息优势方设定强制信息披露和证据开示义务，从执法层面提升反垄断执法机构的信息收集能力，在司法层面实施举证责任倒置或转移、采用优势证据规则，多措并举地缓和因证据不对称所引发的取证难问题。

对此，在私人直接取证之外，构建完备的法院域外取证制度显得尤为必要。对于域外取证的含义，有学者将其总结为案件的受诉法院在征得有关国家同意的前提下，直接在该国境内收集、调取审理案件所需要的证据，或者通过国际民事司法协助途径，以请求书的方式委托有关国家的主管机关在该国境内代为收集、提取案件所需的证据③。鉴于跨境反垄断诉讼具有高度的专业性和复杂性，需要对其中所涉的域外取证问题加以专门探讨。尤其是域外取证是一项涉及多个国家跨境合作的国际法律问题，各国法院之间通过多边、区域、双边等各个层次的司法协助，提升域外取证行为的效率。基于此，下面将就各国国内法层面的两类域外取证立法模式以及海牙国际私法会议主导下的多边合作展开探讨。

二、跨境反垄断诉讼域外取证的法律冲突

（一）各国关于跨境反垄断取证的扩张立法

美国的反垄断立法及执法在世界范围内居于领先地位。从法律实施的历

---

① 万宗瓒：《论反垄断民事诉讼中证据规则的改进》，《河北法学》，2012年第10期，第91页。
② 殷继国：《反垄断证据信息不对称的法律规制》，《经济法论丛》，2015年第1期，第73页。
③ 李双元、欧福永：《国际民商事诉讼程序研究》（第二版），武汉大学出版社2016年版，第167页。

史来看，反垄断法最初的适用范围局限在一国领土范围之内。第二次世界大战后，美国法院最早提出了效果原则，将美国反垄断法的效力范围拓展至境外①。作为反垄断公共执行的重要补充，反垄断私人诉讼中往往涉及大量的商业文件、业务记录、公司账户、电子数据等材料，而取证难、举证难早已成为反垄断执法过程中最大的难题，传统民事诉讼中的证明责任分配规则在用于反垄断诉讼时出现了"失灵"②。在普通法系国家，尤其是美国，为了促使双方早日在庭外达成和解，大多采取相当开放的证据披露制度，证据开示的范围不受限制。《美国联邦民事诉讼规则》所确立的证据开示（discovery）程序，经过不断地发展和演化，已涵盖了相当广泛的情报信息搜集及争点确定等内容③。换言之，只要当事人及其律师认为相关材料可能与诉讼有关，即便只是微弱的间接关联，也在证据搜集的范围之内，即使是将来不能被法院所采信的传闻证据，也不是拒绝披露的正当理由。以程序所处的阶段为标准，诉前证据发现（pre-trial discovery）可以分为：第一，诉讼尚未开始的诉前披露（pre-action discovery），此种程序的功能类似于大陆法系的证据保全机制；第二，诉讼阶段已经开始但尚未开庭审理的审前披露（pre-hearing discovery）。其中，后者堪称美国整个民事诉讼程序与诉讼制度的灵魂④。这一制度的运用对于解决跨境反垄断诉讼中的取证难问题具有积极作用，可以理解为旨在推进反垄断法域外适用所提供的程序性保障。

不容否认的是，证据开示制度对于解决因证据偏在导致的诉讼结构性失衡问题具有一定积极效果。所谓证据偏在，特指双方当事人获取证据的能力悬殊，或者因绝大多数证据掌控在一方当事人手中但该方拒绝提供，以至于负有证明责任的一方因无法获得证据而面临败诉风险。在反垄断民事诉讼中，证据偏在的问题比普通的民事诉讼更为突出⑤。司法作为维护社会公平的最后一道防线，有义务尽力破解因证据偏在、双方作证能力不平等所导致的程序

---

① 戴龙：《反垄断法域外适用制度》，中国人民大学出版社2015年版，第4页。
② 厉潇逸：《反垄断私人诉讼的证据开示制度研究》，《法学杂志》，2016年第8期，第134页。
③ 高波：《电子数据偏在问题之解决：基于书证提出义务规则的思考》，《法律科学》，2019年第2期。
④ 史蒂夫·苏本等：《美国民事诉讼法的真谛》，蔡彦敏等译，法律出版社2002年版，第133页。
⑤ 时建中、袁晓磊：《我国反垄断民事诉讼证据开示制度的构建：理据与路径》，《法学杂志》，2021年第1期。

失衡难题，而证据开示制度对于有关信息和文件的披露起到了关键性作用。一旦法院对某一方当事人发出了披露命令，若该方当事人拒绝提供相应的证据，将会遭受制裁或其他不利后果。

不过，尽管英美国家的证据开示制度在适用范围上相当宽泛，甚至曾被称为"撒网捕鱼"（fishing expedition）式证据调查。但是证据开示的适用仍存在例外，其中最重要的一个例外即作证特免权制度。所谓作证特免权，包括不自证其罪特免权、亲属特免权、职业特免权和公共利益特免权等多种情形，其目的是维护近亲属、律师与客户、医生与患者等存在特殊信任关系的主体之间最基本的信赖关系[①]。具体在跨境反垄断诉讼当中，作证特免权主要针对的是律师对其为客户服务期间所获知的商业信息及特定文件有权拒绝披露且不应因此而受到惩戒。随着商业社会和市场交往越来越复杂，公司治理对公司董事及高管人员赋予了更高的职业法律责任，要求他们必须在寻求专业律师提供的法律意见后方可作出商业决策，以保障有关商业行为的合规性。如果董事在决策前已征得并遵循了法律意见，即便后期出现商业风险或遭遇外部诉讼，董事亦可提出正当抗辩。为此，聘请称职的律师提供高水平的法律服务业已成为跨国公司开展商业活动的基本前提，而在这一过程中，律师无疑将获得大量与公司经营有关的各类文件，其中不乏某些无法对外界公开的"真心话"。如果不为律师设置特免权，将使其所服务的公司在跨境反垄断诉讼中遭遇"灾难性"后果。从长远来看，不设置特免权也会使客户与律师之间产生严重的隔阂，以致前者会有所保留，有意不对后者开诚布公地提供真实、完整、全面的商业文件。据此，与公司有关的作证特免权问题可被视为"零和博弈"，即跨国公司要在跨境反垄断调查及诉讼中规避责任，将尽其所能地利用特免权寻求保护，防止自己的敏感商业信息被外国法院所获取；相应地，外国反垄断执法机构及法院为了履行自己的职责，必须尽其所能地实现证据调取。

从作证特免权的运用效果来看，其赋予知悉并持有相关文件的律师有权拒绝在跨境反垄断诉讼中进行全面披露，从而使其可以就某些与反垄断相关的信息予以保密，这对以证据开示制度为依托的扩张性域外取证立法设定了

---

① 吴丹红：《特免权制度研究》，北京大学出版社2008年版，第2页。

边界。有学者特别指出，作证特免权对商业文件的保护远甚于仲裁或诉讼中的保密性原则[1]。具言之，一方面，作证特免权的制度设置初衷建立在公共政策及基本人权的基础上，而保密性则围绕商业信息的保密性展开；另一方面，仲裁的保密性是指当事人不得向案外第三方及社会公众披露与案件有关的信息和资料，特免权则更进一步，律师甚至可以凭借特免权拒绝向对方当事人、法院、仲裁庭披露相关文件，且法院或仲裁庭不得作出不利推定。因此，在英美法国家的证据法改革及司法实践中出现了一种新的转向，即为了防范公司滥用特免权而隐匿证据、规避反垄断调查，普遍共识是有必要对公司特免权加以限制。

从全球化视野审视，域外取证不仅涉及取证国，而且涉及被取证国，但是证据开示并非各国的普遍立法，即使在英美法系国家内部，各国在披露的范围及特免权的适用上亦存在法律冲突。并且，由于美国经常以审批证据开示为依托，强制要求不在美国法院管辖范围内的外国证人或第三人发出传唤到庭的命令，对于商业信息的保密性乃至其他国家的安全和主权形成了冲击，经常引发美国与外国直接的摩擦[2]。值得注意的是，随着法律的国际化与趋同化，大陆法系国家与英美法系国家在证据立法上的分野开始有所缓和[3]。例如，日本在1996年修订《民事诉讼法》后，确立了类似英美法系的证据开示制度，允许当事人为了准备己方主张或证明特定事项向对方提出请求，要求对方在指定的适当期间内以书面形式做出答复。再如，德国在2002年修订的《民事诉讼法》扩大了民事诉讼中证据披露的范围，授予法院以自由裁量权，只要一方当事人提出请求，法院即可视情形命令对方当事人或第三认出示有关文件。与此同时，普通法系国家也逐步强化法院在证据收集方面的控制权，如英国1999年修订《民事诉讼规则》时明确了法院对证据收集有权进行充分监督。由此可见，两大法系在证据开示等取证制度方面的冲突与对抗并非是

---

[1] 杨良宜、杨大明、杨大志：《证据法：国际规管与诉讼中的证据攻防》，法律出版社2020年版，第19页。

[2] 杨良宜、杨大明：《国际商务游戏规则：英美证据法》，法律出版社2002年版，第93页。

[3] 有学者就法律国际化与法律全球化这两项概念加以区分，前者侧重各个国家的法律相互联系、彼此影响，以此估计国际法的生成以及国际法与国内法的二元互动，后者侧重世界法律的多元化、一体化以及全球治理的法治化。参见黄文艺：《法律国际化与法律全球化辨析》，《法学》，2002年第12期，第15页。

续表

法律名称	规范要旨
《法国有关向外国自然人或法人披露关于经济、商业、工业、金融或技术方面文件或信息的法律》	该法在禁止本国当事人向外国披露或出示有关证据信息方面有一定的作用，同时也阻碍了审理跨国民商事案件所需要的正常的证据信息获取机制，在域外证据发现及获取面前构筑了防火墙，增加了域外取证的困难和障碍

有观点指出，各国在应对他国域外取证方面所制定的障碍立法，在一定程度上给本国受调查的私人提供了与外国司法相抗衡的平台，在阻止美国证据开示制度的域外适用方面取得了一定效果[①]。然而，此种屏障性立法本质上而言是一种单方面措施，这种立法不仅妨碍法官发现涉案事实，可能使外国法院的诉讼程序难以顺利推进，而且将纵容触法者继续在本国境内实施反竞争行为。从长远来看，此种障碍立法的屏障效果通常止步于该国领土，它是否具备域外效力及强制实施力仍然具有不确定性。考虑到各国在其证据开示制度中大多规定了当事人拒绝遵守相应取证命令的不利后果，如受调查的私人以本国法律的障碍立法为由不按照法院的命令提供相关证据，很可能被法院地国以藐视法庭罪论处，使当事人处于十分尴尬的不利境地。再者，旨在阻断他国在本国取证的障碍立法，在实际运用当中极易引发直接或间接的立法与司法管辖权方面的对立和冲突，使国际垄断行为规避法律的规制和约束，不利于维护公平的国际商业竞争环境和健全的国际经贸秩序[②]。

而美国法院为了缓和与其他国家的冲突，也先后采取了礼让分析、平衡原则、善意原则等措施来减少与其他国家的冲突。由此可见，因域外取证所产生的合作与对抗，已经成为经济全球化背景下各国开展法律战的重要一环。

（三）两大法系关于域外取证的主要差异

综上，各国在域外证据获取方面存在扩张型立法与障碍立法的区分，而证据制度完备的国家往往同时存在两类立法，即攻防兼备，既为本国的域外

[①] 黄勇：《国际竞争法研究：竞争法实施中的国际冲突与国际合作》，中国友谊出版公司2003年版，第6页。

[②] 熊大胜：《民商事域外取证法律制度比较研究》，经济科学出版社2011年版，第6页。

取证行为提供必要的法律支撑,同时又针对他国在本国的域外取证设定相应的约束和阻断。除此之外,两大法系在跨境反垄断诉讼域外取证方面还存在其他差异(具体见表1-7),这些制度上的差异也是引发取证法律冲突的重要原因。

表1-7 两大法系关于域外取证立法的主要差异

比较项目	英美法系	大陆法系
取证行为性质	调查取证是当事人的私人行为,只要当事人或有关人员自愿提供相应证言或文件,法院等公权力机关原则上不介入	域外取证是国家主权在司法权上的延伸,是公法行为。如果外国法院、律师或当事人未经当局同意在本国调查取证,则属非法
域外取证目的	域外取证可用于获取直接证据,也可用于发现或调取庭审所涉证据线索、搜寻间接证据,以确定潜在被告或证据保全	域外取证是为了法庭审理以查清争议事实并证明相应主张,此种取证行为以获取直接证据为目的
域外取证主体	对抗制诉讼模式下,主要通过当事人及其律师自行域外取证;通过司法协助,也可由外国法院或法官、驻外的外交代表或领事官员取证;诉讼所在地的法官不参与具体取证活动,但可签发证据调查令	纠问制诉讼模式下,诉讼当事人很少到境外直接取证,除非经证据所在地法院或主管当局允许,诉讼地法院亦不可直接指派法官或律师前往域外取证
域外取证方式	主要通过当事人或证人自主进行披露或按证据开示命令披露;通过法院委托或特派员取证的,取证方式和证据种类可以适用法院地法;法院也可以发布命令,强制外国证人到法院地出庭作证	主要通过请求书或嘱托书方式完成域外取证,除非法院请求采用特殊取证方式并经被请求国同意,否则取证方式与获取的证据种类适用取证行为地国家的法律
取证法律适用	英美民事诉讼法不区分国内案件与涉外案件的证据发现程序,域外取证与域内取证均适用法院地法,甚至可抛开国际条约施加的义务限制	大陆法系对域内取证与域外取证适用内外有别的"二元"法律适用规则,前者适用法院地国内法,后者适用国际条约或通过请求书方式寻求他国提供司法协助

续表

比较项目	英美法系	大陆法系
调查取证范围	除非受作证特免权的限制，凡是与诉讼争议标的有关联的事项，均属于证据发现的范围，允许"钓鱼"式取证方式	取证范围远小于英美法系，就文书发现而言，只有在曾经引用或负有实体法义务时，当事人才有书证出示责任；就诉讼外第三人而言，部分国家采取禁止或限缩立场；域外调取的证据必须与争议事实具有直接相关性
协助取证限制	通过证人拒绝作证的特免权规则限制当事人向外国提供证据	针对美国单边强力推行其国内证据开示程序的域外适用，部分国家制定了禁止本国当事人对外信息的阻断立法

三、跨境反垄断诉讼域外取证的国际合作

（一）域外取证国际合作面临的利益冲突

实务中，根据受诉法院地的不同，关于跨境反垄断诉讼所涉及的域外取证存在两个维度的活动：其一，当我国法院受理某一反垄断诉讼或我国主管机关开展反垄断调查时，如何就位于他国境内的证据展开域外取证，此即积极地域外取证行为；其二，当外国法院受理某一反垄断诉讼或外国主管机关开展反垄断调查时，如果前往我国法院进行域外取证，此即消极的域外取证行为。从世界各国的立法来看，几乎没有哪个国家的法律会自我约束乃至禁止本国机关或私人前往域外取证，然而在对待外国法院或外国当事人前往本国开展域外取证时，则往往基于对国家司法主权的强调而明文予以禁止或设定严格约束。各国关于域外取证的冲突除了立法层面的差异外，更主要在于执法方面的制约。具言之，绝大多数国家在对待域外取证方面采取了利己主义和单边主义的立场。就奉行当事人主义审判传统和对抗制诉讼模式的国家而言，主要由当事人及其律师负责寻找作为证据的材料并决定将何种材料提交给事实裁判者，在处理域外取证时倾向于采取"进攻式"的单边利己主义[①]；就奉行

---

① 吴洪淇：《英美证据法的程序性解构：以陪审团和对抗制为主线》，《证据科学》，2012年第5期，第540页。

职权主义审判传统和纠纷制诉讼模式的国家而言，则主要由法官来控制和推进整个事实认定过程的进展，在应对域外取证时倾向于采取"保守型"的利己主义①。由此，国家间的利益冲突成为横亘在域外取证国际合作当中的主要难题。对此，只有借助对利益的分析，才可能实现对制度的调和，使我们尽量从更为理性和客观的视角去审视域外取证中的法律冲突及协助问题。

（二）《海牙取证公约》及其贡献与不足

为了促进国家间有序、高效地开展域外取证，保障国际司法合作的正常进行，国际社会曾多次尝试借助缔结国际公约的方式对跨国取证法律制度进行统一化。国际立法的艰辛过程直观地反映了各国在域外取证活动中所面临的利益冲突、妥协及其弥合。作为早期取证领域国际统一化的成果，海牙国际私法会议先后于1896年、1905年、1954年主持制定了《民事诉讼程序公约》。然而，由于这几项公约单纯以大陆法系国家常用的域外取证方式作为法定取证途径，并没有获得国际上的普遍认可，尤其是没有得到英美法系国家的响应。1964年，美国正式成为海牙国际私法会议的成员国。同年，美国修正了其《联邦民事诉讼规则》第28条b款及《美国法典》第1781节、第1782节，为美国向外国提供非互惠的、广泛的取证司法协助提供了法律基础，也使美国成为在域外取证方面奉行自由与开放的国家。在美国代表团的倡议和其他成员国的积极响应下，海牙国际私法会议主持制定的《关于从国外调取民事或商事证据的公约》（以下简称《海牙取证公约》）于1970年被正式签署并开放签字②。作为迄今为止民商事域外取证方面最为完善的多边公约，《海牙取证公约》虽然是利益博弈的产物，但是在大陆法系和英美法系的取证领域间架起了一座相互沟通的桥梁③。就内容而言，该公约既肯定了外交和领事人员取证、当事人或诉讼代理人自行取证、特派员取证等直接取证方式的合法性，同时也明确允许成员国以司法协助的方式依据请求书开展间接取

---

① 王克玉：《国际民商事案件域外取证法律适用问题研究》，人民法院出版社2008年版，第2页。

② 截至2021年3月1日，《海牙取证公约》的缔约国已达63个国家。中国于1997年12月8日交存加入书，该公约自1998年2月6日正式对中国生效。https://www.hcch.net/en/instruments/conventions/status-table/? cid=82, March 3rd, 2021 last visited.

③ 段东辉：《海牙取证公约述评》，《法学评论》，1998年第3期，第89页。

证①。为了兼顾不同国家的利益诉求，公约不仅列明了拒绝请求书的法定事由，同时又允许成员国就各类直接取证方式提出相应的保留，从而保障了域外取证国际合作最大限度的灵活性。

然而，不可否认的是，《海牙取证公约》虽然试图在成员国之间就相互协助取证问题达成合作与共识，但限于两大法系不同国家之间在法律传统、取证理念、法律规定、诉讼结构、取证范围、取证方法上的重大差异，该公约在不同国家的实施状况各异②。与此同时，由于《海牙取证公约》囊括了比较灵活的保留空间，以至于各国分别提出了不同程序的保留，以至于该公约并未能够充分解决域外取证领域的全部法律冲突，甚至连公约是否具有排他适用的属性都尚存疑虑。特别值得一提的是，鉴于《海牙公约》仅适用于缔约国相互之间的取证合作，并且前述律师享有的特免权可以对证据开示形成一定的钳制，某些精明的公司有意规避了公约下的取证义务和英美法下的证据开示义务，将所有敏感、保密以及于公司应对反垄断诉讼不利的文件专门存放于《海牙取证公约》缔约国以外的其他国家。如果公司自身需要这些文件，就委托律师前往该国予以复制形成副本，或者将所有不宜向外界透露的文件均通过律师加以隐藏，同时以律师特免权为由拒绝向其他当事人及法院开示③。对于此种"漏斗"式避法行为，《海牙取证公约》并无专门的对策，有赖各国为实施公约而在国内制定的配套法律制度予以应对。

四、我国关于跨境反垄断域外取证的法律规定及其完善

（一）相关的法律规定

我国《反垄断法》所规制的反垄断行为主要包括：经营者达成横向或纵向垄断协议；经营者滥用市场支配地位；具有或者可能具有排除、限制竞争

---

① 霍政欣：《国际私法》，中国政法大学出版社2017年版，第299页。
② 熊大胜：《民商事域外取证法律制度比较研究》，经济科学出版社2011年版，第249页。
③ 例如，公司的员工A试图将与公司经营相关但可能被用作反垄断证据的商业文件或信息交给B，但并不直接联络，而是由A将相关资讯先交予律师，再由律师转交至B，通过这一"漏斗"式过滤，便很难准确区分律师所持有的文件哪些是可以强制披露的文件或信息，哪些是受特免权保护的文件或信息。除非法官就每一次通信交流的信息进行逐一审核，否则大概率会从整体上将其纳入特免权的保护范围而不适用证据开示，更无从实现域外取证的目的。杨良宜、杨大明、杨大志：《证据法：国际规管与诉讼中的证据攻防》，法律出版社2020年版，第22页。

效果的经营者集中。根据该法第二条之规定，发生在中国境内的垄断行为，适用本法；发生在中国境外的垄断行为，如果对境内市场的竞争产生排除、限制影响的，亦适用本法。我国《反垄断法》就发生在境外但对境内具有消极影响的垄断行为具有域外适用效力，这就为我国法院审理跨境反垄断纠纷奠定了法律基础。具体来看，我国企业在进出口贸易活动中既可能主动在域外实施垄断行为，从而成为跨境诉讼的被告，也可能因他国企业的垄断行为遭受损失，从而成为跨境诉讼的原告。其中，与进出口相关的垄断行为包括：固定价格、划分市场、限制产量的垄断协议，联合销售或联合抵制交易，收集及交换情报，排挤其他竞争对手等横向活动；与进出口有关的滥用市场支配地位；专属经销协议、秩序管理、限制销售领域、排他性交易、搭售协议、转售价格限制、价格歧视等纵向活动。

2012年，最高人民法院出台《关于审理因垄断行为引发的民事纠纷案件应用法律若干问题的规定》（法释〔2012〕5号），其中第九条至第十三条分别就认定被诉垄断行为构成滥用市场支配地位的证据来源、涉密证据的保护措施、专家证据、市场调查或经济分析报告等作出了具体规定，构建了较为完整的反垄断诉讼证据制度。就证据类型而言，反垄断民事案件的审理既要借助于大量的统计数据、商业报告和权威期刊对涉嫌垄断行为进行认定，必要时还需要具备专业知识的经济学家、行业专家等就涉案事实作出解释及说明。就举证责任分配而言，反垄断民事诉讼在遵循"谁主张，谁举证"的基础上，还要结合案件具体情况合理分配证明责任，强化证据开示[1]。就证明标准方面，对垄断行为的认定和垄断损失的计算同样需要在未来的反垄断民事司法实践中不断探索和完善。

2020年，最高人民法院出台了新的《关于民事诉讼证据的若干规定》（以下简称《证据规定》），其中第四十五至四十八条就2022年《关于适用〈中华人民共和国民事诉讼法〉的解释》（以下简称《民诉法解释》）第一百一十二条、第一百一十三条所规定的"书证提出命令"制度进行了细化。我国《民事诉讼法》并未规定"书证提出命令"这项制度，但《民诉法解释》

---

[1] 蒋安杰：《2012中国反垄断民事诉讼突出证据制度》，《法制日报》，2012年5月9日，第12版。

增设了这一制度，因而被视为旨在提高当事人举证能力、拓展当事人收集证据手段的重要举措。基于民事诉讼的辩论主义原则，作为裁判基础的案件事实主要依赖于当事人提供的证据加以证明。当事人对于其所主张的于己有利的事实，有义务进行举证证明，未提出相应证据证明的，将为此承担举证不能的不利后果。然而，如前所述，在跨境反垄断民事诉讼中，对待证事实负有证明责任的当事人并不总是能够掌握对己方有利的证据。譬如，对于被告是否在相关产品市场形成了市场支配地位，其是否滥用了此种支配地位；在外国签订的横向或纵向垄断协议是否存在，其是否对中国市场产生了排除、限制竞争的后果；被告是否与其他中国企业或外国企业存在经营者集中；等等。鉴于可用以证明此类事实的证据并不总是能为原告所掌握，而是更有可能由被告乃至第三人等在实体法律关系中被居于优势地位者所控制，如果持有者拒绝将于己不利的证据提供给原告及法院，则会进一步加剧证据偏在，使反垄断民事诉讼的制度功能无法实现，进而危及实质正义的实现[①]。为此，《民诉法解释》与《证据规定》构建了"书证提出命令"这一制度，即当书证在对方当事人控制下时，负有证明责任的一方可在举证期限内以书面方式向法院提出申请，如法院经审查确有必要，则将向对方当事人或第三人发出命令要求其提供相应的书证。与前述英美法系扩张型的证据开示制度不同，该制度主要借鉴和吸收的是大陆法系国家的文书提出命令制度，同时结合我国的民事诉讼制度和民事审判实践加以改造，从而更好地与现有制度相互衔接和融合。

（二）现行规范的不足

如前所言，我国设立"书证提出命令"制度的主要考虑是扩展当事人调查收集证据的手段，排除其在证据调查与获取阶段可能遇到的障碍，从而提升当事人的取证能力。不过，现行规范在适用于跨境反垄断诉讼时，仍然存在若干不足及疏漏尚待澄清。

其一，《民诉法解释》及《证据规定》并未明确"书证提出命令"是否适用于域外取证环节，即此类命令的对象能否涵盖外国当事人在境外所持有

---

① 最高人民法院民事审判第一庭编：《最高人民法院新民事诉讼证据规定理解与适用（上）》，人民法院出版社2020年版，第434页。

的证据，尚有待法官的裁判解释。笔者认为，"书证提出命令"如果能够适用于跨境反垄断诉讼中的域外取证，将为持有书证的对方当事人设定强制性证据出示义务，无疑有益于提升跨境取证的成功率。但是当在外国的当事人拒绝配合并遵守该类命令时，法院能否通过司法协助程序使这种"书证提出命令"得到其他国家法院的强制实施，这一点仍然具有不确定性因素。

其二，《证据规定》第四十八条明确了在当事人拒绝遵守"书证提出命令"时，法院可以认定对方当事人所主张的书证内容为真实。然而，对于申请人而言，他先要负有初步的证明责任，即申请人必须向法院证实所申请的书证存在，并且由被申请人所持有和控制。如果书证不存在，或者虽然存在但并不在对方控制之下，则此类命令的发布并无意义，反而会使对方承受不公平的程序性制裁[1]。遗憾的是，现行规范没有明确申请人应如何履行其初步证明义务，以及其关于对方控制相关书证的主张应达到何种证明标准。

其三，如表1-8所示，《证据规定》第四十七条在明确"书证提出命令"所适用的客体范围的基础上，还对涉密证据提供了特殊保护，即此类证据提交后不得公开质证。不过，这种保密性义务与英美法上的作证特免权制度存在显著区别。如前所述，享有特别权保护的证据可以拒绝披露，即使对方当事人、仲裁庭及法官都无法获知相应的文件内容。而《证据规定》第四十七条提供的保护则力度较弱，其侧重于保护申请人举证义务的实现，但忽视了被申请人对于涉密证据所享有的特殊利益。即使是涉及国家秘密、商业秘密、个人隐私的证据，仍然在书证提出义务的范围之内，控制证据的一方无权拒绝提交，只是提交后不再予以公开质证。相比之下，德国、日本对文书提出义务的范围限定为存在实体法的明确要求，或者持有相关书证的当事人自身曾经在诉讼中明确引用过相关文件，而不是从程序法视角一般性地抽象赋予举证人请求文书持有人提供其书证的权利[2]。从长远来看，对"书证提出命令"制度的适用范围，如果缺少有效的约束和限定，很可能使我国证据法的域外效力缺乏确定性，从而在转积极扩张型与限缩保守型之间摇摆不定。

---

[1] 占善刚：《论民事诉讼中当事人之文书提出义务》，《求索》，2008年第3期，第154页。
[2] 张卫平：《当事人文书提出义务的制度构建》，《法学家》，2017年第3期，第32页。

表 1-8　《证据规定》第四十七条关于书证提出命令的适用范围

书证提出命令适用的客体范围	1. 控制方曾在诉讼中引用过的书证； 2. 为对方当事人的利益所制作的书证； 3. 对方当事人依照法律规定有权查阅、获取的书证； 4. 账簿、记账原始凭证； 5. 人民法院认定应当提交的其他书证
	对于涉及国家秘密、商业秘密、当事人或第三人隐私，或者法律规定应当保密的书证，提交后不得公开质证

(三) 立法的完善建议

通过上述分析可知，我国在跨境反垄断诉讼域外取证的问题上虽然没有作出专门的规定，但是现有的证据制度，尤其是关于"书证提出命令"的相关规定，对我国法院向域外调取证据具有可适用性。不过，现有的制度仍然有必要围绕以下几个角度加以完善。

第一，深入拓宽域外取证司法协助渠道，构筑国家间信息流动机制。

尽管我国早在 1997 年就加入了《海牙取证公约》，但是在域外取证领域的司法协助状况并不十分理想，这也在很大程度上制约了跨境反垄断诉讼对关键事实的认定。根据我国司法部司法协助交流中心的统计，自 2020 年 1 月初至 2020 年 12 月底，我国依据《海牙送达公约》《海牙取证公约》以及双边民商事司法协助条约，接受外国的送达文书请求 1 518 件，调查取证及判决承认与执行请求 31 件，对外国发出送达文书请求 1 021 件，调查取证请求 0 件[①]。相比之下，域外取证领域的司法合作较之于送达存在明显不足，这似乎是一种极不正常的现象。从反垄断诉讼的实践来看，只有实现与案件相关的证据资料的充分披露和收集，才能在审理程序中最大限度地发现真相，为此，有必要从国内法和国际条约的双重视角拓宽域外取证方面的司法协助。从构筑国家间信息流通的角度分析，弱化域外取证的主权色彩，赋予当事人及其代理人以域外取证权，有利于充分调动参与反垄断法私人实施和域外适用的积极性，对深度挖掘涉案客观事实、最大限度地增进跨境反垄断诉讼中的实

---

① 杨翠婷："2020 年民商事司法协助案件统计"，司法部官网：http://www.moj.gov.cn/organization/content/2020-12/24/jlzxxwdt_3262691.html，最后访问日期：2021 年 3 月 2 日。

质正义具有积极作用。此外，有观点建议，我国可以在互惠原则的基础上合理引入特派员取证方式。这一主张对于从整体上提升跨境取证的效率，保障域外取证的合规性，亦颇为可取，具有其合理性①。再者，我国近年来已经有限度地逐步放宽域外获取证据在境内使用的公证认证要求，这对于跨境反垄断诉讼的域外取证有益无害，值得肯定和进一步发扬②。

第二，特别关注跨境反垄断诉讼的证据立法，合理分配证明责任。

就跨境反垄断诉讼而言，域外取证的机制运转不通畅，在很大程度上归因于反垄断诉讼本身对取证问题的关注度不足。固然，反垄断诉讼可以归类为侵权诉讼的类型，其所遵循的证据规则在多数场合与普通的民事诉讼并无本质区别，同时在部分场合需要考虑其特殊性。总的来说，跨境反垄断诉讼中的证明责任分配主要包括垄断行为、损害赔偿、因果关系三个层次③。其中，垄断行为的类型较为宽泛，大体可分为当然违法的垄断行为与依合理原则分析判断的垄断行为。就前者而言，不涉及对竞争影响的评估，故证明责任主要在原告；就后者而言，除需要原告证明垄断行为的实施，还需被告结合法律的推定反证其对竞争不存在消极影响。鉴于原告多为跨国竞争中的中小经营者或消费者，被告多为跨国垄断企业，双方在证据能力方面相差悬殊，故而制度设计过程中需要进一步增加被告方的证明责任以凸显实质公平。具言之，当原告初步证明被告具备相关产品市场的支配地位时，推定被告实施相应的垄断行为，被告要以证明责任倒置的方式反证自身没有滥用市场支配地位，包括其就被诉行为享有相应的豁免或对竞争具有促进效果等。

第三，协调《证据规定》与《阻断办法》，构建外国取证的阻断机制。

书证提出义务的履行在很大程度上是证据持有者个人利益对公法义务的让步，为此，有必要设置相应的平衡措施来修复此种利益冲突。与英美法系及大陆法系国家涉及特免权的证据立法不同，我国没有规定书证控制人有拒绝提出的权利。这在一定程度上反映出我国在域外取证障碍立法方面明显存

---

① 王克玉：《国际民商事案件域外取证法律适用问题研究》，人民法院出版社2008年版，第334页。

② 连俊雅：《"一带一路"背景下中国与沿线国家间简化认证要求问题研究》，《国际法研究》，2017年第3期，第71页。

③ 赵栋：《反垄断民事证据制度研究》，中国政法大学出版社2014年版，第163页。

在疏漏。事实上，我国商务部已于2021年1月颁布《阻断外国法律与措施不当域外适用办法》（以下简称《阻断办法》），其中明确规定，当中国公民、法人或者其他组织遇到外国法律与措施禁止或者限制其正常的经贸和相关活动时，相关主体有义务在30日内向国务院商务主管部门如实汇报，国务院商务主管部门可以针锋相对地发布不得承认、不得执行、不得遵守有关外国法律与措施的禁令。鉴于其他国家（尤其是英美国家）的法官常常在审理跨境反垄断诉讼的过程中向中国主体发布证据开示命令，一旦此种措施对我国企业的经贸交往产生限制性效果，商务部即可发布相应的阻断禁令制止我国当事人对外披露相应的证据。不过，如何合理地确保《证据规定》中的书证提出义务与《阻断办法》中的阻断禁令相衔接，避免产生制度上的冲突，需要规则的制定者予以进一步协调。

五、对跨境反垄断诉讼域外取证的总结

在当下世界居于百年未有之大变局的背景下，跨国交往日益频繁，经济全球化向纵深发展，全球治理体系正在被重新定义和塑造，法律制度的竞争已成为新发展格局下各国实力较量和战略角逐的重要场域。相应地，我国的涉外经贸法律制度正经历着前所未有的深刻变革和调整。其中，加快推进我国法域外适用的法律体系建设，已成为建设社会主义法治国家的重要使命之一。事实上，国内法域外适用这一命题最初是在跨境反垄断执法领域提出的，而域外取证方面长期存在的法律冲突现象进一步加剧了问题的复杂程度，亟待探求合作方案。基于对各国关于域外取证的立法进行比较分析后可知，发轫于英美法系国家的证据开示制度对于跨境反垄断诉讼中的域外取证具有较强的扩张效力，而大陆法系国家为此设定的域外取证障碍立法虽然在一定程度上阻却了证据开示制度在本国境内的单方面适用，同时也为取证目的的实现筑了"防火墙"，引发了进一步的博弈。海牙国际私法会议推行的国际公约模式有利于提升取证司法协助的合作度，但公约本身即存在保留机制，且很可能被跨国公司所规避，这在当下仍然是一项难题。我国的域外取证立法目前仍然不尽完善，在对外拓展司法协助渠道、合理分配跨境反垄断诉讼的证明责任、构建攻防并举的证据法域外效力体系方面仍有待不断优化和重构。

第四节 对外国法律与措施的不当域外适用的阻断机制

一、我国《阻断办法》的出台背景与动因

坚持统筹推进国内法治和涉外法治,既是习近平法治思想的重要组成部分,也是我国实现全面依法治国的必然要求。为了深化全面对外开放新格局,建设更高水平开放型经济新体制,我国正加快推进涉外领域立法,围绕反制裁、反干涉、反制长臂管辖等出台了一系列法律法规,充实用于应对挑战、防范风险的涉外法律"工具箱"。阻断法是我国建设国内法域外适用体系、加强涉外经贸立法、反制域外经济制裁的关键环节。2021年1月9日,我国商务部颁布了《阻断办法》,这标志着中国特色的阻断立法体系迈出了关键一步。通过对《阻断办法》的出台背景和动因进行剖析,并对其适用范围、规制对象、工作机制、运转流程进行探究,可以更好地明晰其与其他涉外法律法规的区别和联系,更加有效地保护我国公民、法人的海外利益。

近年来,因美国奉行单边主义与保护主义,频频退出有关国际条约,对世界多边主义与国际和平发展造成严重挑战[1]。特别是美国阻挠世界贸易组织上诉机构法官遴选,单方面对中国发起经济制裁及贸易战;为遏制中国高科技发展采取技术封锁、向加拿大提出引渡孟晚舟并实施长臂管辖;利用涉疆涉藏涉港涉台涉海等各种议题和借口,对中国内外政策和有关立法修法议程横加指责、抹黑、攻击;对中国发展进行歪曲、诋毁、遏制和打压,粗暴干涉中国内政;为转移美国抗击新冠疫情不力而引发的国内矛盾,多次就中国的疫情防控进行指控并提起滥诉。这一系列举措俨然已触及国际法的底线。面对美国变本加厉地打压与遏制,我国立足于法治框架展开了一系列有理、

---

[1] 据不完全统计,特朗普就任美国总统期间,美国曾先后退出《跨太平洋伙伴关系协定》《巴黎气候变化协定》《全球移民协议》《〈维也纳外交关系公约〉涉及国际法院管辖问题的相关议定书》《伊朗核问题协定》《北美自由贸易协定》《武器贸易条约》《美苏消除两国中程和中短程导弹条约》《开放天空条约》等国际条约,并退出联合国教科文组织、联合国人权理事会、万国邮政联盟、世界卫生组织等国际组织。

有据、有节的反遏制行动，其中尤其以国家间在法律制度层面的竞争与博弈最具典型性①。有观点将中国在应对中美经贸摩擦过程中的经验提炼为如下四个方面：出师有名、反制有力、抗压有效、代价有限②。古人云："欲攻敌，必先谋。"为了充分展现中国作为负责任大国的国际形象，一方面我国应在现行国际体系和国际秩序中积极参与国际规则的制定，推动全球治理体系朝着更加公正合理的方向变革；另一方面需要加快构建和完善我国法律的域外适用体系，以良法保障善治。我国法的域外适用体系具体又涵盖两个层面，即如何在合乎国际法约束的基础上适当拓展本国法的域外效力，以及如何有效阻断并反制外国以背离国际法和国际关系基本准则的方式将外国法适用于我国③。作为涉外法治体系建设的重要构成要素，防御与进攻如同鸟之双翼、车之两轮，二者均不可或缺。

通过文献方面的梳理与总结可知，围绕着国内法的域外适用及其阻断机制问题，法学界已从学理和规范层面进行了一些探讨，现有的研究着重从规范阐释与制度建构两个方面加以展开：部分研究成果立足于当下，试图从"知己知彼"的角度，就美国法域外适用、长臂管辖、经济制裁、阻断立法的法理与实证加以深入探索④；部分研究成果更进一步，侧重制度建构，试图从"师夷长技以制夷"的角度，对我国自身构建完备的"法律工具箱"提出有针对性的策略，以期应对未来进一步的风险和挑战⑤。

《阻断办法》的出台是我国政府为完善涉外经贸法律规则、建设我国法域外适用体系所作出的努力之一。具言之，《阻断办法》的颁布，旨在有效保护

---

① 沈伟：《中美贸易摩擦中的法律战：从不可靠实体清单制度到阻断办法》，《比较法研究》，2021年第1期。

② 白明：《正视中美贸易战及其应对方略》，《杭州金融研修学院学报》，2019年第10期。

③ 霍政欣：《我国法域外适用体系之构建：以统筹推进国内法治和涉外法治为视域》，《中国法律评论》，2022年第1期。

④ 肖永平：《"长臂管辖权"的法理分析与对策研究》，《中国法学》，2019年第6期；霍政欣：《国内法的域外效力：美国机制、学理解构与中国路径》，《政法论坛》，2020年第2期；韩永红：《美国法域外适用的司法实践及中国应对》，《环球法律评论》，2020年第4期；漆彤：《欧盟〈阻断法〉的适用困境及其对我国的启示：以伊朗梅利银行诉德国电信案为例》，《财经法学》，2022年第1期。

⑤ 李秀娜：《制衡与对抗：美国法律域外适用的中国应对》，《国际法研究》，2020年第5期；沈红雨：《我国法的域外适用法律体系构建与涉外民商事诉讼管辖权制度的改革：兼论不方便法院原则和禁诉令机制的构建》，《中国应用法学》，2020年第5期；叶研、张晓君：《从欧盟实践看中国阻断法体系法律适用》，《法律适用》，2021年第10期。

我国国家及公民的海外利益，合理防范外国法律对我国主体的不当域外适用，适时回应并反制他国贸易措施或经济制裁对我国政府及企业的不当运用。鉴于此，本节紧密围绕《阻断办法》的规范内容展开分析和探讨，借此对我国阻断外国法律与措施不当适用的机制加以论证。

二、《阻断办法》的适用范围与规制对象

（一）域外适用阻断机制的适用范围

《阻断办法》第二条就该文件的适用范围作出了明确的规定，即该法适用于：外国法律与措施的域外适用违反国际法和国际关系基本准则，不当禁止或者限制中国公民、法人或者其他组织与第三国（地区）及其公民、法人或者其他组织进行正常的经贸及相关活动的情形。

在判定是否适用《阻断办法》启动域外适用阻断机制时，需同时符合五个方面的构成要件：其一，阻断机制的反制对象，系专门针对外国法律与措施的域外适用，而不考虑域内适用，对于域内与域外的区分，特指措施发布国所发布措施的属地效力是否延展至本国领土之外；其二，阻断机制的启动应以对方的措施违反国际法和国际关系基本准则为前提，这意味着阻断机制系针对国际不法行为的对等反措施[1]；其三，阻断机制的目的是救济和防范因对方的不当域外措施所导致的不当禁止或限制[2]；其四，阻断机制所保护的主体不仅包括中国公民、法人或其他组织，还包括第三国公民、法人或其他组织；其五，阻断机制所保护的法益系正常的经贸活动及经贸秩序，即在经济全球化的背景下各国自由开展商事交往的权利及预期商业利益。鉴于阻断机制的启动以上述条件均要满足为条件，故可认定《阻断办法》的适用范围实际上被限制在比较狭窄的范围内。

对于《阻断办法》第二条中"不当禁止或限制"的认定，其中第六条列举了相关考虑因素，包括：第一，是否违反国际法和国际关系基本准则；第二，对中国国家主权、安全、发展利益可能产生的影响；第三，对中国公民、

---

[1] 对于国际法的渊源及其含义，各国的理解不尽一致，此处应解释为中国法制视角下的国际法。至于对国际关系基本准则的理解，中国历来坚持互相尊重主权、互不干涉内政和平等互利等国际关系基本准则，遵守所缔结的国际条约、协定，履行应承担的国际义务。

[2] 史际春、吴镕俊：《论如何阻断"长臂管辖"》，《经贸法律评论》，2021年第5期。

法人或其他组织合法权益可能产生的影响；第四，其他应当考虑的因素。从立法角度出发，该条款列举的考虑因素较为宽泛，比如，如何解释对中国发展利益可能产生的影响或对中国企业合法权益产生的影响属于"不当"，单纯依据现有的规范文本难以判断，仍需参照未来的具体案例或其他规范性文件加以解释。不过，可以肯定的是，如外国法律或措施的域外适用违反国际法和国际关系基本准则，危害中国国家主权、安全、发展利益，或侵犯中国公民、法人或其他组织合法权益，属于阻断机制的规制重心。

结合《阻断办法》第二条所保护的主体及法益，阻断机制旨在捍卫的是因域外措施的不当适用而受到消极影响的国际经贸活动，对国际经贸活动的理解以主体及行为的双重跨国性作为识别依据。这意味着如果受到消极影响的是单纯通过中国当事人独自能够完成、与第三国（或地区）当事人无关的活动，则该类域外适用不在《阻断办法》的阻断范畴之内，只有中国当事人（公民、法人或者其他组织）与第三国（或地区）当事人之间的国际经贸活动受到外国法律或措施（如外国政府的制裁或禁令）域外不当适用的消极影响，方可启动《阻断办法》下的阻断机制。换言之，如果外国政府的制裁或禁令是针对第三国（或地区）当事人的，而该制裁或禁令影响了第三国（或地区）当事人与中国当事人之间的经贸活动，即发生了次级制裁情景，《阻断办法》毫无疑问地应当适用。但是，如果外国政府的域外制裁或禁令是直接针对中国当事人的制裁，或者该制裁措施没有影响到中国当事人与第三国当事人的经贸活动，而只是影响到中国当事人与该制裁国本国当事人之间的经贸活动，那么是否仍可启动《阻断办法》下的阻断机制尚且存疑，有待进一步的实践观察。考虑到《阻断办法》明确规定阻断机制是针对外国法律与措施的不当适用，在探讨其适用对象时，有必要就外国法律的不当适用、外国措施的不当适用逐一进行界定[①]。

(二) 外国法律的不当域外适用

通常认为，根据国际法的一般原则，任何主权国家在立法上都享有属地管

---

① 商务部新闻办公室：《商务部条约法律司负责人就〈阻断外国法律与措施不当域外适用办法〉答记者问》，商务部官网，http://www.mofcom.gov.cn/article/zwgk/zcjd/202101/20210103029877.shtml，最后访问日期：2022年3月29日。

第一章
北京更高水平对外开放中国内法的域外适用

辖权与属人管辖权：前者系针对在本国境内的一切人、事、物所享有的立法规制权，此即法律的域内效力；后者系针对本国的一切人，无论其在本国境内抑或境外，均受本国立法规制和管辖，此即法律的域外效力。为便利国际民商事交往，增强国家间互惠与合作，世界各国大都愿意在不同程度上相互认可某些外国法在本国的域外效力①。从国际私法意义审视，外国法律的域外效力可能与本国法律的域内效力发生抵触和碰撞，从而产生法律冲突现象。但是，无论是从实质正义的价值追求层面分析，抑或基于互惠互利的务实主义考虑，在部分情况下，有限认可外国法的域外效力并适用外国法都存在其内在合理性②。

那么，究竟如何界定外国法律的域外适用是否适当？从现有的研究来看，关于区分合理适用与不当适用的标准，尚不存在国际共识。笔者认为，这既需要合理界定能够被域外适用的外国法律的范围，也需要适当规范对外国法律正确域外适用的方式。具言之，并非所有外国法律都可以被当然地纳入域外适用的范畴，传统的国际私法侧重于民商事领域实体私法的域外适用，同时明确外国公法无域外效力③。随着经济的持续发展与社会的长足进步，现代福利国家兴起，国家对经济的干预日渐增强，传统的公私法二元划分界限出现了模糊④。公法私法化与私法公法化的争论此起彼伏，这也使得冲突法理论经历了现代化转型，突出特点之一即所谓的"公法禁忌"开始有所松动，这在金融法、劳动法、证券法、反垄断法、海外反腐败法等方面体现得尤其明显，要求公法域外适用的呼声越来越高。⑤但就边界而言，无论是外国公法抑或外国私法的适用，均不得突破国家主权原则的约束。换言之，除非订有国际条约，否则，原则上任一主权国家都无义务必须接受他国法律在本国境内的域外效力。一国是否肯定外国法的域外效力以及在多大程度和范围上承认并适用外国法，这归根结底取决于主权者的裁量和冲突规范的指引⑥。如果在一国明确反对并排斥的前提下，他国仍然强行将其国内法域外适用于反对国

---

① 杜新丽、宣增益：《国际私法（第五版）》，中国政法大学出版社2017年版，第6页。
② 霍政欣：《国际私法》，中国政法大学出版社2017年版，第17页。
③ 章晶：《反思冲突法"公法禁忌"原则之突破》，南京大学2012年硕士论文，第20页。
④ 卜璐：《外国公法适用的理论变迁》，《武大国际法评论》，2008年第2期。
⑤ 何其生、孙慧：《外国公法适用的冲突法路径》，《武大国际法评论》，2011年第1期。
⑥ 冲突规范如何制定，最终仍取决于主权国家立法权的行使，故一国通过其立法或司法机构独立作出外国法是否具有域外效力的决定，最终是一国独立行使主权的体现。

境内，或者域外适用于位于第三国境内的、涉及反对国公民或利益的交易或行为，则可认定为域外法律的不当适用。

美国的域外适用法律体系建设较为完备，一方面，美国通过立法者制定具有域外适用效力的法律法规，借此规制美国境外的人、事、物；另一方面，通过司法者行使长臂管辖权，使美国裁判机关取得对美国境外的人、事、物加以裁判的权力，据此实现对全球事务的广泛规制。美国法的域外适用体系看似精妙完善，但严格来讲却并非无懈可击。一方面，强势的美国法域外适用体系充斥司法霸凌主义，超越国家主权的长臂管辖备受批判①；另一方面，一旦触及对他国人、事、物的不当域外管辖或不当域外适用，并由此引发对他国主体正常经贸活动的不合理限制性效果，则将因背离国际法而承担国家责任。

（三）外国贸易制裁与金融制裁措施的不当适用

有学者根据经济制裁所采用手段的不同，将经济制裁区分为贸易制裁和金融制裁，前者常被称为贸易管制或禁运，具体涵盖出口管制与进口管制；后者则包括限制商业融资、限制国际金融组织信贷及双边援助、冻结或扣押受制裁国所拥有的处于制裁发起国控制下的资产等②。相较于贸易制裁，金融制裁因牵涉对交易对手方的处罚而具有间接遏制效果，且国际金融活动的参与者多为国际银行，因此更易受到监控和执行，更难进行规避和防御，故很可能使受制裁的中国海外企业沦为商业"孤岛"。

以美国为例，近年来，由于美国在国际金融体系中的重要影响和美元作为中心货币在国际结算中所占的重要地位，美方频频实施金融制裁，使这些手段出现了从紧急措施向常态化外交工具转型的趋势③。尤其是美国将法律作为推行对外政策、开展对外关系的武器，美国经济制裁立法的单边域外适用

---

① 王震：《对新形势下美国对华"长臂管辖"政策的再认识》，《上海对外经贸大学学报》，2020年第6期。
② 杜涛：《国际经济制裁法律问题研究》，法律出版社2015年版，第29页。
③ 美国金融制裁的执法部门为美国财政部下属的海外资产控制办公室，其目前有35个制裁项目，涉及24个国家和地区，涵盖9个制裁名单，共包括10 675名个人和实体。特朗普任总统期间，共有3 201名个人和实体被美国财政部列入制裁名单，制裁对象不仅包括伊朗、委内瑞拉、俄罗斯等传统受制裁国，而且将大型国有企业、政要人士和金融机构列入制裁名单。李巍：《疫情引发国际货币体系暗流涌动》，澎湃新闻，https：//www.thepaper.cn/newsDetail_forward_9895086，最后访问日期：2022年3月30日。

愈发呈现出强势增长的趋势，而且这种趋势体现在多个层面①。首先，在美国制裁法律或法令中，对伊朗、朝鲜、俄罗斯等国家或地区明确规定大量针对第三国主体的次级制裁条款，致使外国金融机构不论以何币种、期限、渠道向被制裁对象提供融资服务，都将遭受处罚。已有中国企业因与古巴企业开展交易而被美国人起诉并索赔 9 000 余万美元②。其次，美国监管机构在执法实践中，通过恣意行使裁量权，进一步拓展制裁范围。如美国制裁法律和总统令中常用"重大交易""重大欺骗性或结构性交易"等表述，并授权财政部可以对任何在财务、技术、服务等方面对受制裁对象提供"实质性协助或支持"的人进行制裁，如何对这些限定词进行理解与适用，并无明确标准可遵循，往往取决于执法者的把控，极易被滥用。最后，美国的强权政治和单边主义在其法律不当域外适用方面充当了重要角色。美国《反海外腐败法》现已成为中国企业进行跨国商业筹划时无法回避的现实风险，该法案在依据属地管辖原则划定管辖范围的同时，还借助微弱的连结点，利用反腐败执法机构强势执法，在实践中不断扩张域外管辖，成为悬在中国海外企业头上的"达摩克利斯之剑"，备受困扰③。2016 年，美国参议院通过《全球马格尼茨基人权问责法》，将原本专门针对俄罗斯的法案扩大为面向全球，旨在打造欧美国家多边参与的人权制裁体系。该法授权美国总统有权禁止全球范围内实施"侵犯人权"和"贪腐"行为的官员入境美国，冻结和禁止其在美国的财产，强势构筑域外震慑力④。2020 年 7 月，美国财政部将我国 4 名新疆官员列入制裁名单，指控这些官员侵犯少数民族人权，这无疑已涉嫌干涉我国内政，严重违背国际关系的基本准则⑤。

因金融制裁具有非对称性，传统的反制措施往往事倍功半，其效果远不

---

① 阿里·拉伊迪：《隐秘战争》，法意译，中信出版社集团 2019 年版，第 21 页。
② 白若冰：《美国金融制裁新特点与应对策略》，《中国发展观察》，2020 年第 6 期。
③ 陈宇：《从 Petrobras 案看〈美国反海外腐败法〉的域外管辖问题》，《河北法学》，2020 年第 5 期。
④ 罗艳华、庞林立：《美国人权制裁的新动态及其影响：以〈全球马格尼茨基人权问责法〉为例》，载《国际政治研究》，2019 年第 3 期。
⑤ 张燕玲：《美国对中国新疆政府机构及官员实施制裁 中方回应》，中国新闻网，https://www.chinanews.com/gn/2020/07-10/9234924.shtml，最后访问日期：2022 年 3 月 28 日。

及制裁措施本身①。而《阻断办法》的重要功能之一在于，阻断禁止或限制中国企业与第三国企业正常经贸活动的不当域外适用，为拒绝承认、执行和遵守有关外国法律与措施提供了充分的法律依据。

三、《阻断办法》确立的阻断工作机制及其运转

（一）阻断工作机制的运转流程

《阻断办法》虽然只有短短十六个条文，但构建了完整的制度安排和工作机制，具体包括对存在不当域外适用情形的外国法律与措施的报告、评估、发布禁令、司法救济及处罚措施。阻断工作旨在审查外国法律或措施的域外适用是否适妥，而这取决于中国相关主管部门的判断。为此，《阻断办法》第四条至第七条确定设立一项专门的工作机制，该工作机制由国家建立，由中央国家机关有关部门参加，由国务院商务主管部门牵头，专门负责外国法律与措施不当域外适用的应对工作。有关外国法律与措施的域外适用是否存在不当，由工作机制综合考虑有关因素评估确认。如工作机制经评估，确认有关外国法律与措施存在不当域外适用的情形，则可以决定由国务院商务主管部门发布不得承认、不得执行、不得遵守有关外国法律与措施的禁令。此外，为了保证程序灵活和个案公正，预留制度回旋余地，工作机制还可以根据实际情况，决定中止或者撤销禁令。因此，判断外国法律或措施域外适用适当性的权力由工作机制排他行使，传统的国际经贸争议解决机构（如国内法院或者仲裁机构）无权就域外适用的适当性与否及阻断决定的是非曲直予以裁判。对当事人而言，此种工作机制无疑简化了识别途径，降低了争议解决的成本，当事人只需关注工作机制是否发布、中止、撤销了有关外国法律或措施域外适用的禁令即可。结合《阻断办法》的相关条款，笔者将阻断机制的工作流程概括为图1-3。

（二）确保阻断工作机制正常运行的具体制度

为了保障阻断工作机制得以正常运转，《阻断办法》为参加国际经贸交往的中方当事人确立了特定的义务，设定了相应的权利。具言之，中方当事人

---

① 邵辉、沈伟：《"你打你的，我打我的"：非对称性金融制裁反制理论及中美金融脱钩应对》，《财经法学》，2020年第6期。

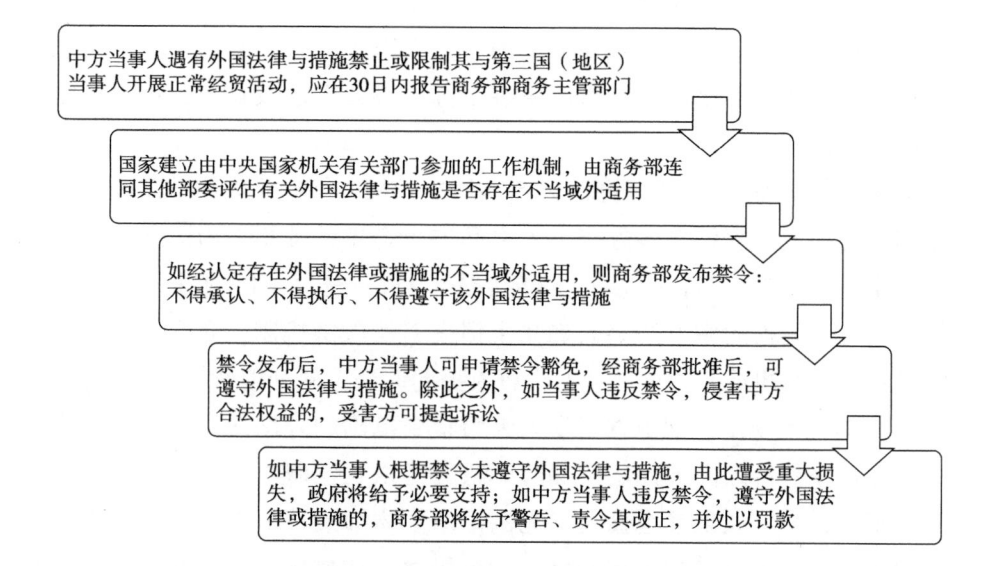

```
┌─────────────────────────────────────────────────────────────┐
│ 中方当事人遇有外国法律与措施禁止或限制其与第三国（地区）      │
│ 当事人开展正常经贸活动，应在30日内报告商务部商务主管部门     │
└─────────────────────────────────────────────────────────────┘
    ┌─────────────────────────────────────────────────────────────┐
    │ 国家建立由中央国家机关有关部门参加的工作机制，由商务部连      │
    │ 同其他部委评估有关外国法律与措施是否存在不当域外适用          │
    └─────────────────────────────────────────────────────────────┘
        ┌─────────────────────────────────────────────────────────┐
        │ 如经认定存在外国法律或措施的不当域外适用，则商务部发布禁令：│
        │ 不得承认、不得执行、不得遵守该外国法律与措施              │
        └─────────────────────────────────────────────────────────┘
            ┌─────────────────────────────────────────────────────┐
            │ 禁令发布后，中方当事人可申请禁令豁免，经商务部批准后，可│
            │ 遵守外国法律与措施。除此之外，如当事人违反禁令，侵害中方│
            │ 合法权益的，受害方可提起诉讼                          │
            └─────────────────────────────────────────────────────┘
                ┌─────────────────────────────────────────────────┐
                │ 如中方当事人根据禁令未遵守外国法律与措施，由此遭受重大损│
                │ 失，政府将给予必要支持；如中方当事人违反禁令，遵守外国法│
                │ 律或措施的，商务部将给予警告、责令其改正，并处以罚款   │
                └─────────────────────────────────────────────────┘
```

图 1-3 阻断工作机制的基本运转流程

负有向商务主管部门报告外国法律或措施不当域外适用的义务、遵守阻断禁令的义务，并且有权就因外国法律或措施的不当域外适用受到的损失提起诉讼，从而寻求救济和主张赔偿。从规范依据来看，《阻断办法》第五条规定了中国当事人的报告义务：中国公民、法人或其他组织遇到外国法律或措施对其与第三国当事人的正常经贸活动造成禁止或限制的，应当在 30 日内向国务院商务主管部门进行报告。如若中方当事人未按期如实申报有关措施，或者未遵守工作机制发布的禁令，则将受到相应的行政处罚。根据《阻断办法》第十三条规定，国务院商务主管部门可以对未履行报告义务或未遵守禁令的中方当事人给予警告，责令限期改正，并处以罚款。由此，对中方当事人而言，域外措施的报告义务具有强制性，一旦发布禁令，遵守禁令亦属强制性义务。除非中国当事人向国务院商务主管部门提交书面申请（书面申请应当包括申请豁免的理由以及申请豁免的范围等内容）后，获准豁免遵守该禁令。不过，报告义务的约束主体严格限于当事人，而禁令遵守义务的约束主体还延伸至同中国当事人进行经贸活动的第三国当事人。换言之，阻断法的实施机制包括公共执行与私法救济，如果说前者是由行政机关负责贯彻，后者则由利益受损的私人向司法机关寻求救济。① 对第三国当事人而言,《阻断办法》并未施加报告义务,但如果第三国当事人因不顾禁令之禁止,遵守禁令范围内的外国法律与措施,并由此侵害中方当事人合法权益的,将引发相应的索赔诉讼。

就索赔诉讼而言,《阻断办法》旨在解决的核心问题是如何就阻断域外适用后引发的损失与责任在各方当事人之间进行合理的分担。为了强化阻断禁令的确定力、拘束力与执行力,《阻断办法》将司法机关引入阻断立法的实施阶段,为利益受损的中方当事人确立了损失赔偿救济机制,允许受损者向侵权人及在外国判决或裁决中获益的当事人提起诉讼,展开追偿。具言之,《阻断办法》第九条规定,如中方当事人因为禁令范围的外国法律与措施不当域外适用而受损,可以向人民法院提起诉讼并寻求司法救济,具体涵盖了四类具体情形:其一,如果某当事人(无论中国主体抑或外国主体)违反中国发布的阻断禁令,遵守了禁令范围之内的外国法律或措施,并由此侵犯中方当事人权益,则中方当事人可向人民法院起诉索赔,至于相关诉讼请求是否应予支持仍然需要依据涉案事实与法律在审理后加以判定;其二,作为损害赔偿之诉的例外,如果利益受损的中方当事人在起诉前已经申请并且获得了《阻断办法》第八条所规定的豁免,则其将不再受到阻断禁令的拘束,同时将丧失阻断禁令设定的权利,这意味着该类主体无权就阻断禁令内的法律与措施造成的损害寻求司法救济,亦无权就外方当事人因违反禁令而造成的损失提起索赔之诉;其三,在我国阻断工作机制已经针对某项外国法律的域外适用进行评估并发布禁令后,如外国法院仍然罔顾禁令,依据被阻断的外国法律作出判决或裁定,且此类裁判致使中方当事人遭受损失,则中方当事人可就此类损失向我国法院提起诉讼,要求获益者赔偿损失;其四,为了对前述司法审判结果提供强有力的执行保障,如若我国法院就涉及阻断的索赔诉讼作出判决或裁定,败诉方拒绝主动履行的,中方当事人有权向我国法院申请强制执行。

由此可见,无论是对受到外国制裁的中方当事人而言,抑或对那些同中方当事人进行经贸活动的第三国当事人而言,均面临两难境地:如果遵守中

---

① 丁汉韬:《论阻断法的实施机制及其中国实践》,《环球法律评论》,2022年第2期。

方的阻断禁令，其将违反外国制裁措施，可能会受到制裁国进一步的制裁，轻者可能会被制裁国发布措施的执法机构追诉，重者可能会被列入"黑名单"或被冻结其在制裁国境内的财产；而如果遵守外国制裁措施，将违反中方的阻断禁令，但如果因此而侵害中方当事人的合法权益，将招致中方当事人的索赔诉讼。为了化解此种境地，中方当事人需要基于成本与收益的分析做出理性选择：如果因遵守中方禁令而受损，或受到制裁国的进一步追诉，《阻断办法》第十一条允许政府有关部门根据具体情况给予必要的支持；如果中方当事人在比较利害优劣后，确定仍然遵守外国制裁，须先向中国国务院商务主管部门申请豁免，如若未申请豁免或申请后未获得豁免但仍然遵守禁令范围内的外国法律或措施，将受到中方的行政处罚。

四、《阻断办法》在理解与适用中需注意的问题

（一）准确把握阻断立法的性质、功能与定位

阻断法，也被称为阻却法、阻挡法规、对抗法规、障碍立法，专指一国用于对抗他国法律的域外管辖而颁布的，旨在禁止本国人遵守外国此类法律的立法[1]。对于阻断法的性质及其在涉外法治体系中的地位，国内外学术界早有研究。通常认为，此类立法滥觞于20世纪70年代的美国，最初是美国用于对抗阿拉伯国家发起的对以色列禁运行动的抵制性立法。此后，随着美国不断对外扩张本国反托拉斯法的域外适用，引发西方国家的普遍反对，于是英国、澳大利亚、加拿大、法国、瑞士等纷纷颁布了阻断法，用以切断美国法在阻断国的域外效力[2]。

阻断法属于冲突法的一种，是在某一领域存在管辖权冲突及法律冲突的状况下，禁止或限制具有域外适用效力的外国法在本国主权规制范围内的适用，并消除因外国法律或措施的不当域外适用所引发的消极影响的法律规范的统称。阻断法分为狭义和广义两种。狭义的阻断法，是指直接规定禁止外国某些具有域外效力法律在本国适用之法律，此类立法具体内容涵盖四个层

---

[1] 杜涛：《国际经济制裁法律问题研究》，法律出版社2015年版，第139页。
[2] 李凤宁：《国内法域外适用的反制急先锋：法国阻断法研究及启示》，《国际经济法学刊》，2020年第3期。

面：禁止本国主体遵从受阻断的外国法律或措施；禁止执行外国法院作出的判决；禁止向外国法院开示涉密证据或有关信息；对受制裁的本国主体创设诉讼进而提供补偿。① 广义的阻断法还包括在效果上能够实现阻断外国法律在本国适用的法律。例如，潜在受制裁对象或利益关系方通过政府外交谈判，雇佣美国政治游说集团，借助美国国内权力制衡机制等，在立法阶段进行预先阻断，阻止国会通过相关法律或条款。此次商务部出台的《阻断办法》显然属于狭义的阻断法范畴。

就立法位阶而言，《阻断办法》系商务部根据法律和国务院的行政法规、决定、命令所制定的部门规章，其在中国法律体系中的位阶不及全国人大制定的法律。不过，不可就此忽视该规章的重要价值。事实上，《阻断办法》是中国打造域外适用法治体系的重要环节，此办法最终目的是阻断外国法律与措施的不当域外适用给中国主体造成的消极影响，维护国家主权、安全、发展利益，保护中国公民、法人或者其他组织的合法权益。从宏观层面来看，《阻断办法》以《国家安全法》、《立法法》及《涉外民事法律关系适用法》等法律作为上位法。其中，《国家安全法》第二条就国家安全的基本含义作出了界定，并在第三十九条、第八十条授权中央国家机关各部门按照职责分工在本领域贯彻国家安全方针，制定相应的部门规章，这恰恰是《阻断办法》的来源。就内容而言，《涉外民事法律关系适用法》第五条确立的公共秩序保留条款堪称中国版阻断法的雏形，该条款专门对外国法律不当域外适用的效果进行了阻断，为《阻断办法》的出台奠定了正当性依据。从微观层面来看，《阻断办法》与《出口管制法》、《不可靠实体清单规定》等法律法规共同缔造了中国特色的阻断法体系（见图1-4）。在当前世界经济衰退内卷，逆全球化和单边主义、贸易保护主义抬头的国际局势下，《阻断办法》的颁行标志着中国并非束手无策，而是积极应对并合理反制他国法律效力的无限扩张和他国长臂管辖的不断延伸，这无疑是中国涉外法治建设的必经之路。

（二）进一步廓清阻断立法的适用范围

如前所述，《阻断办法》中的条文不多，这为阻断立法的实施预留了充分的解释空间。目前，根据公开资料，阻断工作机制尚无依据《阻断办法》发

---

① 罗昌发：《贸易与竞争之法律互动》，中国政法大学出版社2003年版，第90页。

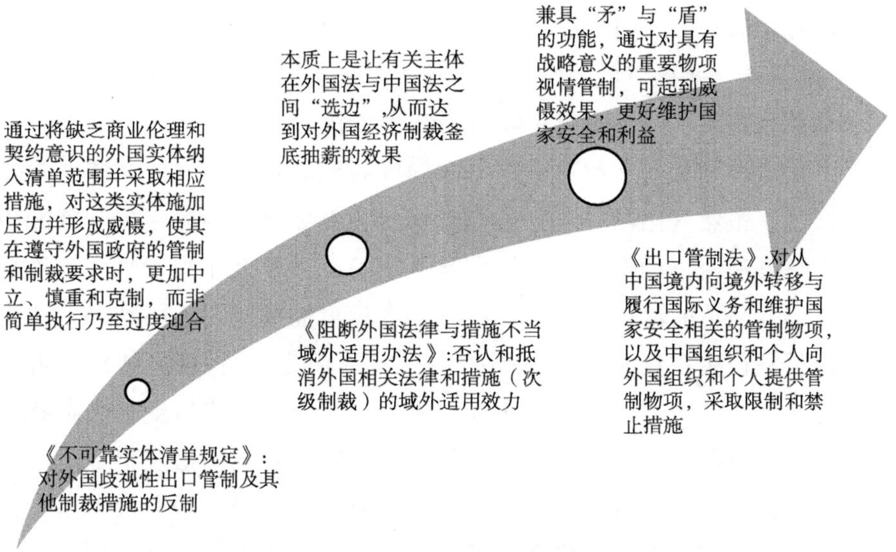

第一章
北京更高水平对外开放中国内法的域外适用

通过将缺乏商业伦理和契约意识的外国实体纳入清单范围并采取相应措施,对这类实体施加压力并形成威慑,使其在遵守外国政府的管制和制裁要求时,更加中立、慎重和克制,而非简单执行乃至过度迎合

本质上是让有关主体在外国法与中国法之间"选边",从而达到对外国经济制裁釜底抽薪的效果

兼具"矛"与"盾"的功能,通过对具有战略意义的重要物项视情管制,可起到威慑效果,更好维护国家安全和利益

《不可靠实体清单规定》:对外国歧视性出口管制及其他制裁措施的反制

《阻断外国法律与措施不当域外适用办法》:否认和抵消外国相关法律和措施(次级制裁)的域外适用效力

《出口管制法》:对从中国境内向境外转移与履行国际义务和维护国家安全相关的管制物项,以及中国组织和个人向外国组织和个人提供管制物项,采取限制和禁止措施

图 1-4　中国阻断法律体系的基本架构

布禁令的案例,中外主体一方面在抓紧构建或完善出口管制合规体系建设,另一方面也在观望并评估阻断工作机制如何运作。关于《阻断办法》的属人范围,有学者提出,将适用范围严格限定于"中国公民",在一定程度上排除了那些在中国具有经常居所地的外国主体,使得该法的适用范围较窄。① 关于《阻断办法》的属事范围,有观点基于文义出发,提出《阻断办法》没有规定中国公司和个人本身受到外国直接制裁(初级制裁)时,该办法是否参照适用,但也有观点基于立法的宗旨和目标,主张应当将可能产生域外效力的初级制裁措施纳入阻断的适用对象之内,否则将使这部规章的适用效果大打折扣。② 《阻断办法》确立的司法救济机制如何运用也值得进一步探讨。譬如,中国当事人在依据《阻断办法》第九条向人民法院提起诉讼寻求损害赔偿时,被告是否可以纳入制裁发起国的当事人,抑或仅限于与中国当事人进

---

① 王淑敏、李倩雨:《中国阻断美国次级制裁的最新立法及其完善》,《国际商务研究》,2021年第4期。

② 廖诗评:《〈阻断外国法律与措施不当域外适用办法〉的属事适用范围》,《国际法研究》,2021年第2期。

行经贸活动的第三国当事人，尚不够明朗，且《阻断办法》的执行中很可能受到国际礼让原则、外国主权强制原则的约束而难以作为有效抗辩。① 再者，《阻断办法》中诸多条款的规定较为宽泛，涉及主管机关的审查尺度和标准判断，例如第六条关于"不当禁止或限制"的考虑因素、第十一条关于"必要的支持"的具体含义等，都有待相关部门发布配套规范性文件或参考具体案例方可澄清。虽然《阻断办法》的制度设计主要是针对他国在先制裁的阻却立法，但该办法语言的宽泛性，特别是其中第七条涉及不得承认、不得执行的对象，语言表述的覆盖面较宽，不排除今后可能被应用于阻断外国法院判决或外国仲裁裁决在我国的承认及执行。② 具体而言，《阻断办法》第九条第二款虽然允许在外国司法程序中败诉的中方当事人就判决所受损失在我国法院提起诉讼索取赔偿，但是对于外国判决本身能否在我国法院得到承认与执行并没有直接的规定，且其条款本身只提及外国法院作出的判决，至于此类条款是否适用于国际商事仲裁庭在我国领土之外依据阻断禁令范围内的法律作出的仲裁裁决，仍有探讨的空间。严格来讲，《阻断办法》第二条将适用范围限定于不当域外适用的外国法律与措施，即属于宽泛的语言表述。鉴于各国的法律体系和法制传统千差万别，有些国家遵循成文法，有些国家则采取判例法，还有的国家具有独特的习惯法乃至宗教法，所谓外国法律是否均涵盖在内值得探讨。至于外国措施，大体上包括外国行政机关的执法措施、外国司法机关的审判措施，但能否涵盖外国仲裁庭的审理措施及其作出的仲裁裁决，则需要经过工作机制的审慎评估。

2021年11月1日，我国上海金融法院就澳大利亚麦格理银行有限公司与我国万达控股集团有限公司申请承认及执行新加坡国际仲裁中心2020年第135号仲裁裁决案作出裁定。该案中，申请人系麦格理银行有限公司，被申请人系万达控股集团有限公司，双方因保证合同的履行产生争议，遂依据合同中订立的仲裁条款的约定在新加坡国际仲裁中心进行仲裁。仲裁裁决作出后，

---

① 黄文旭、邹璞韬：《反制国内法域外适用的工具：阻断法的经验及启示》，《时代法学》，2021年第4期；邹璞韬、胡城军：《外国主权强制原则之再审视：兼论阻断法之困境与利用》，《海关与经贸研究》，2021年第4期。

② 商舒：《中国域外规制体系的建构挑战与架构重点：兼论〈阻断外国法律与措施不当域外适用办法〉》，《国际法研究》，2021年第2期。

被申请人拒绝履行裁决，鉴于新加坡与中国均为《承认及执行外国仲裁裁决公约》（以下简称《纽约公约》）的缔约国，申请人遂依据《纽约公约》向我国上海金融法院申请承认及执行涉案仲裁裁决。案件审理过程中，被申请人提出了多项抗辩理由，请求法院不予承认及执行涉案裁决，其中一项抗辩理由是：万达公司是主要从事液化气管道业务的中国企业，其经营将影响到社会民生，符合《阻断办法》的规定，故希望人民法院在审理中考虑中央"六稳六保"政策及保护民营企业发展的精神，拒绝承认及执行该外国裁决。法院经过审慎的司法审查，最终驳回了被申请人的抗辩，原因是《阻断办法》规定的外国法律不当域外适用与该案并不具有相关性①。换言之，被申请人没有向法官提供证据证明，仲裁庭在审理该案时是否适用了被阻断的外国立法，亦没有提供证据证明该仲裁裁决本身系不当域外适用的外国措施。上海金融法院作出裁定后，受到国内外仲裁理论界与实务界的积极评价：一方面，案件的处理结果实现了对中外当事人的平等保护，对于强化营商环境的市场化、法治化、国际化具有积极意义；另一方面，法院严格依据《纽约公约》的规定审查外国仲裁裁决，彰显了我国认真履行国际公约义务的大国形象。此外，该案也是我国法院审理的当事人首次在外国仲裁裁决承认及执行程序中利用阻断立法作为抗辩事由的案例，示范意义较强。

鉴于《阻断办法》第六条规定的据以评估外国法律和措施是否构成不当域外适用的因素涵盖了国家主权、安全、发展利益，这与《纽约公约》第五条第二款关于公共秩序保留的规定高度契合。笔者认为，在未来，并不能完全排除法院或将以《阻断办法》作为拒绝承认及执行外国裁决的规范依据。此外，近年来，中国在多起标准必要专利纠纷案件中发布了禁诉令，同时中国主体也曾在多起案件中被外国法院发布禁诉令和反禁诉令。鉴于禁诉令具有较强的域外效力并且与国际礼让原则存在一定的抵触，故很可能被纳入《阻断办法》适用的阻断对象之内。②

（三）强化阻断立法与相关法律法规的联系与衔接

《阻断办法》的颁行，在很大程度上对外国法律和措施的不当域外适用发

---

① 上海金融法院（2021）沪74协外认1号裁定书。
② 宁立志、龚涛：《禁诉令大战的理论意蕴与实践应对》，《政法论丛》，2021年第6期。

挥了威慑及遏制作用，为因外国制裁而遭受损失的中方当事人提供了可供援用的法律救济手段，大大扩充了我国涉外经贸法制的"工具箱"。然而，近年来，欧美国家频繁滥用域外管辖权，对我国企业和个人发起单边经济制裁，令中国对外经贸交往的法治环境与商业环境出现一些不确定因素，有碍于我国商事主体正常开展对外经贸交往，单纯依靠《阻断办法》并不足以提供及时、充分、有效、全面的保护[①]。2021年6月10日，《中华人民共和国反外国制裁法》（以下简称《反外国制裁法》）正式颁行。这部立法虽然仅有十六个条文，但其中所传达的全新跨境活动监管理念在境内外引发极大的反响，许多企业也在积极探讨这部立法对国际经贸往来的潜在影响。那么，《反外国制裁法》与《阻断办法》之间究竟是什么关系？二者在适用范围上具有什么联系和区别？在国内国际双循环相互促进的新发展格局下，在跨国企业进行商业决策、确定交易模式的过程中，对于如何正确地廓清《反外国制裁法》和《阻断办法》的适用范围，进而结合自身的内控与合规要求和实际操作并慎重开展相关交易，不无争论。

《反外国制裁法》的立法重点在于"反制"而非"阻断"，其内容聚焦于如何就其他国家针对中国主体所采取的限制性措施实施相应的反制及应对，但是又不局限于此。根据《反外国制裁法》第十三条和第十五条，无论是否存在外国政府官方发起的制裁行动，对于那些实施、协助、支持危害中国国家主权、安全和发展利益的外国主体，中国均可主动对其实施限制措施。譬如，当境外实体的相关军售活动被认定为危害中国国家主权和发展利益时，《反外国制裁法》允许我国有关机构和部门将其列入反制清单。因此，从制度功能和辐射效应来看，《反外国制裁法》虽然客观上具有阻断效力，但其适用范围已超越《阻断办法》，前者具有更大的主动性，堪称一部与境外制裁立法针锋相对的反制裁立法[②]。

即使就阻断范围而言，由于《反外国制裁法》针对的是外国所发布的针对中国主体的限制性措施，其阻断效力范围与《阻断办法》有所不同。前已

[①] 叶研：《美国经济制裁背景下的中国阻断法体系建构》，《国际经济评论》，2021年第10期。

[②] 杜涛、周美华：《应对美国单边经济制裁的域外经验与中国方案：从〈阻断办法〉到〈反外国制裁法〉》，《武大国际法评论》，2021年第4期。

述及,《阻断办法》的阻断效力及于外国发布的旨在禁止或限制本国实体与第三国开展交易的相关法律规定或具体措施,如部分具有域外效力的次级制裁立法或命令。但是,如果此类域外制裁立法或措施并未直接制裁或限制中国主体,则不属于《反外国制裁法》的阻断范围,其是否会被阻断,取决于我国相关机构或部门是否依据《阻断办法》发布相关禁令。换言之,相较于《阻断办法》,《反外国制裁法》更适宜回击那些针对中国主体的初级制裁法律及措施。

作为上位阶的立法,《反外国制裁法》第十三条既是衔接性规定也是授权性规定,尤其是授权行政法规、部门规章可以对于危害我国主权、安全、发展利益的行为规定采取其他反制措施,这便为商务部此前颁布的《不可靠实体清单规定》和《阻断办法》提供了更明确而坚实的法律依据。内容上,《反外国制裁法》与《不可靠实体清单规定》《阻断办法》具有互补性,共同达成反干涉、反制裁、反长臂管辖,维护中国主权、安全和发展利益的目的。

《不可靠实体清单规定》针对的是外国主体在国际经贸交往中采取的以下两类行动:第一,危害中国国家主权、安全、发展利益;第二,违反正常的市场交易原则,中断与中国当事人的正常交易,或者对中国当事人采取歧视性措施,严重损害中国主体合法权益的行为。

《阻断办法》针对的是外国法律与措施的域外适用违反国际法和国际关系基本准则,不当禁止或者限制中国主体与第三国主体进行正常经贸及相关活动的情形,其主要针对的是外国国家对第三国或其个人、组织实施的具有次级制裁效力的制裁措施。

《反外国制裁法》(除第十五条外)针对的是外国国家违反国际法和国际关系基本准则,以各种借口或者依据其本国法律对我国进行遏制、打压,对我国公民、组织采取歧视性限制措施,干涉我国内政的行为,其内容针对的是外国国家以干涉中国内政为目的对中国公民、组织实施的制裁措施(如列入特别指定国民清单、实体清单等)。

三者虽然各有侧重,但在具体案例中亦具有互补性,应强化彼此之间的衔接机制。譬如,当外国国家以某类借口将中国企业加入特别指定国民清单时,如某个外国企业因此而拒绝与该中国主体继续进行商事交易,既可适用《反外国制裁法》第十二条,亦可同时适用《不可靠实体清单规定》。又如,外国国家限制中国私主体与第三国受制裁的私人开展经贸交往，可以适用《阻断办法》加以阻断；如果外国国家进而将与第三国受制裁私人进行交易的中国当事人加入制裁名单，且此类制裁经评估具有霸权主义、强权政治、不当干涉内政等背离国际法和国际关系基本准则的因素，则可同时适用《阻断办法》与《反外国制裁法》，阻断相关行动域外效力的同时，实现以其人之道还治其人之身的效果。

（四）合理设定阻断禁令的适用标准

从规范文本和制度框架来看，《阻断办法》的立法借鉴了欧盟等国家或地区的阻断立法经验。1996年，为阻断美国制裁古巴的《赫尔姆斯-伯顿法案》和制裁伊朗和利比亚的《达马托法案》，欧盟制定了《抵制第三国立法域外适用效果及行动条例》（第2271/96号理事会条例，以下简称"欧盟《阻断法案》"）[1]。2018年，随着美国重启《赫尔姆斯-伯顿法案》和对伊朗的全面制裁，欧盟一方面构建了旨在应对美国制裁的特殊交易机制和结算系统，另一方面对欧盟《阻断法案》进行修订，抵制美国对伊朗的经济制裁措施在欧盟的域外适用[2]。欧盟《阻断法案》奠立了三项核心制度：其一，阻断美国特定法律在欧盟境内的域外效力和执行；其二，禁止相关主体遵守美国特定法律；其三，允许相关主体就美国特定法律所致损失提起索赔诉讼主张求偿[3]。在禁止相关主体遵守域外法律的范围上，《阻断办法》并未采取欧盟《阻断法案》中的严格规定[4]。这主要是考虑到阻断立法在实施过程中可能产生的最大问题在于将导致企业陷入两难处境，致其无所适从[5]。如果采取严格的主观认定标准，则任何主动的作为或疏忽的不作为都将构成对制裁国制裁措施或者阻断国阻断禁令的违反，只会使第三国企业被迫做出以彻底退出和牺牲一方市场而进入另一方市场的选择，从而承受较高的合规性风险。基于

---

[1] Jürgen Huber, The Helms-Burton Blocking Statute of the European Union, *Fordham International Law Journal*, 1996, p. 699.

[2] 何波：《欧盟阻断法令情况及对中国的启示》，《国际贸易》，2019年第10期。

[3] 叶研：《欧盟〈阻断法案〉述评与启示》，《太平洋学报》，2020年第3期。

[4] 根据欧盟《阻断法案》，欧盟当事人不得主动或故意疏忽地、直接或通过子公司或其他中间人间接遵守任何基于这些外国法律或由这些法律所产生的、包括外国法院的要求在内的任何要求或禁令。

[5] 张利民：《经济行政法的域外效力》，法律出版社2008年版，第319页。

此,《阻断办法》第八条允许中国公民、法人或者其他组织申请遵守禁令义务的豁免,客观上有助于缓和因适用条件的不确定所引起的制度实施障碍,确保阻断禁令在实施中具有一定的灵活性。

商务部《阻断办法》的出台有其特定的时代条件和历史背景。一方面,全球治理体系与国际经贸格局正在经受前所未有的调整与重构,为了回应其他国家的贸易保护主义和单边主义行动,我国有必要就域外滥诉及遏制采取行动;另一方面,阻断立法对于维护国家安全、保护中方当事人的合法权益提供了坚实的法治保障和多元化的救济渠道,制定中国特色的阻断立法,严正声明了中国政府抵制外国法律与措施的不当域外适用的坚定立场,彰显出中国维护国际经贸秩序的责任与担当。《阻断办法》明确了阻断机制的适用范围和规制对象,界定了"不当禁止或限制"的考虑因素。就外国法律与措施不当适用的判定标准而言,应当重点考察其是否符合国际法和国际关系的基本准则,是否对其他国家当事人正常的国际经贸交往产生不当影响。部分国家单边采取的贸易制裁与金融制裁极易构成不当的域外适用措施,从而归入《阻断办法》的适用范围。《阻断办法》明确设置了阻断工作的运转流程,并确立了报告义务、阻断禁令遵守义务、利益受损方寻求司法救济的权利等一系列配套制度保障阻断立法的有效实施[1]。在《阻断办法》实施过程中,需要强化其与《反外国制裁法》等其他关联法律法规的衔接,在实际运用《阻断办法》规制不当域外适用时,应采取相对审慎的方式,对外国次级制裁加以理性反击的同时,尽量避免对国际市场造成干扰或对作为交易对手方的第三国当事人施加过大压力,从而保持国际经济合作的有序展开。

---

[1] 徐伟功:《论次级经济制裁之阻断立法》,《法商研究》,2021年第2期。

本章小结

国内法的域外适用与针对外国法不当域外适用的阻断和反制，是当前我国涉外法治建设中的重要命题，也是北京更高水平对外开放当中不容忽视的关键问题。我国法律的域外适用，是涉外法治工作的重要环节。党的十九届四中全会决定强调"加快我国法域外适用的法律体系建设"。习近平总书记在中央全面依法治国工作会议上指出："要坚持统筹推进国内法治和涉外法治。"在新发展阶段，完善中国法域外适用法律体系，加快涉外法治工作战略布局，既是服务高水平对外开放的需要，也是协调推进国内治理和国际治理，更好维护国家主权、安全、发展利益的法治保障。中国法的域外引用，对于提升我国国际话语权具有重要意义。

今后，我们要立足全面对外开放的现实要求，加快中国法域外适用的法律体系建设，推进涉外法治重点领域立法，完善涉外法律法规体系，着力解决对外贸易、投资等领域规则不完善等问题。优化国内法律体系，及时修订和废止不适应国内外形势发展的法律法规，从而更好发挥国内法域外适用的制度功能。面对某些国家没有国际法依据而实施的单边制裁和所谓"长臂管辖"行径，必须运用法律武器坚决予以反击。综合利用立法、执法、司法等手段开展斗争，占领法治和道义制高点，不断增强涉外法律斗争的主动性，更好服务高质量共建"一带一路"，更好维护中国企业、公民在海外的合法权益。

第二章
北京更高水平对外开放与国际商事仲裁中心建设

本章提要

加强涉外法治工作，不仅要着眼国内法的域外适用，还要注重防范化解国际法治领域的风险隐患，妥当解决国际商事纠纷，充分发挥国际法治在稳定国际秩序、规范国际关系等方面的积极作用。在促发展、提高国际化服务能力方面，为发挥好北京商事服务优势、吸引国际优秀仲裁资源，《北京市关于改革优化法律服务业发展环境若干措施》提出支持知名仲裁机构和国际商事调解组织在北京自贸试验区设立业务机构，开展民商事争议领域涉外仲裁和涉外调解业务，依法支持中外当事人在仲裁前和仲裁中的财产保全、证据保全、行为保全等临时措施的申请和执行，将北京打造成为国际商事仲裁中心。为此，既要灵活运用现有国际商事争议解决机制，也要探索推广新型国际商事争议解决机制。比如，围绕"一带一路"国际合作，推进国际商事法庭建设，推动我国仲裁机构与"一带一路"参与国家仲裁机构合作建立联合仲裁机制等，为解决国际法律争端贡献更多的中国智慧和中国方案。本章将以国际商事仲裁的新发展为切入点，重点探讨将北京打造成为国际商事仲裁中心所面临的法律问题及其解决路径。

第一节 全方位对外开放新格局与北京国际仲裁中心建设

一、替代性争议解决机制的兴起与变革

人类社会的形成与发展，简言之就是人与人之间的交往由简入繁的演变过程。从社会学的意义上分析，人类交往因其方向不同自始即区分为两类：利益聚合将促使协作行为顺利进行，而基于利益冲突所诱发的对抗行为则被泛称为争议。争议的发生，意味着一定范围内的均衡状态或秩序被打破。牵一发而动全身，争议并不单纯是个体之间的关系或行为，而往往意味着一种普遍存在的社会现象。在特定社会特定历史时期，争议解决机制无疑反映了该社会的协调能力和协调程度。一般而言，有交往就有争议，为了顺利交往，人们必须解决彼此间的纠纷。具体来讲，争议不同，争议解决方法也有显著差异。例如，对于刑事犯罪，现代各国均禁止同态复仇和血亲复仇，而只能在刑事诉讼中以刑罚方法处理；对民商事争议，各国多允许当事人私下协商解决，民事诉讼并非唯一的选择。生活中尚有部分争议并未归入法律的调整范围之内。就国际争议而言，情形亦如此。例如，依《联合国宪章》第33条，国际法主体间的国际争端依照国际法必须和平解决，方法包括谈判、调查、调停、和解、公断、司法解决等。而国际民商事争议所涉主体多为私人，其解决方法以国际民事诉讼与国际商事仲裁为主，辅以各类替代性争议解决方法，显然与公法争端迥异。

人类社会的秩序状态是多层次的，相对于"宝塔型"的国内秩序而言，国际秩序是"平行式"的，国际争端的解决通常以主权者平等协作为条件，须得到国际法主体自身的同意[①]。在当代，随着经济全球化的深入以及人权国际保护的强化，这种状况有所调整，但国内关系与国际关系仍不可同日而语。相较于国内民商事争议，国际民商事争议具备如下特质：其一，冲突的国际关注性。由于国际民商事争议涉及两个甚至多个国家或法域的自然人或法人，

---

① 许光耀、宋连斌：《国际私法学》，湖南人民出版社2003年版，第388页。

第二章
北京更高水平对外开放与国际商事仲裁中心建设

如果得不到妥善解决，私人纠纷很可能升格为政府间国际争端。其二，调整规范的多元性。当解决某跨国民商事争议时，不独取决于传统规范体系内的国内法、冲突规范，而且还受到国际条约、国际惯例等国际规则体系的规范，并且在现代秩序的演进中，冲突法本身也在进行软化或调整，从而以当事人意思自治、最密切联系等原则等规范工具来修正既有冲突规则的硬性与僵化。其三，救济手段的多元性。如前所述，面对国际私法上的纠纷，当事人不但可以选择国际民事诉讼、国际商事仲裁，还可以考虑日趋多元化的替代性争议解决方法[1]（Alternative Dispute Resolution，ADR）。国际商事仲裁产生之初，是作为诉讼的替代方案出现的。但是，随着长期的发展和实践，仲裁得到了国际商业社会的高度认可，逐步从替代走向了主流的争议解决机制。特别是伴随互联网技术的勃兴，以网络仲裁为代表的在线争议解决机制得到了前所未有的发展，这对有效应对新冠疫情给国际民商事争议解决带来的挑战提供了重要方案。国际商事仲裁程序虽然高度重视当事人意思自治，但是值得注意的是，如果当事人怠于行使异议权，可能受到弃权规则的约束，其目的是敦促当事人遵守诚实信用原则，以保障仲裁程序的安定性。

尽管存在多元化的诉讼外争议解决机制可供当事人选择，但这受制于各个国家国内法的认可与接受程度。在诉讼之外，英美等西方国家原本仅接受以仲裁方式解决国际商事争议，但在20世纪中后期，调解开始被广泛采用：1962年，常设仲裁法院（Permanent Court of Arbitration，PCA）通过了《调解选择规则》；1980年，联合国大会通过了《联合国国际贸易法委员会调解规则》；1988年，国际商会制定了《国际商会调解规则》；2002年，联合国国际贸易法委员会（UNCITRAL）通过了《国际商事调解示范法》。基于这一系列规范文件，逐步使商事调解成为国际性的争议解决机制。二十一世纪初期，伴随互联网技术的成熟与勃兴，已有的国际民商事争议解决方法开始尝试与网络联姻，形成所谓的在线争议解决方法（Online Dispute Resolution，ODR）。例如，网络仲裁，亦称互联网仲裁、在线仲裁、网上仲裁，是指当事人向仲裁庭提出申请以及所有的仲裁程序皆通过电子邮件、交谈组、视频或音频会议系统来进行的争议解决方式。尽管上述界定被接受为对网络仲裁的主流观

---

[1] 刘晓红、袁发强：《国际商事仲裁》，北京大学出版社2010年版，第5页。

点，但囿于技术、立法等诸多因素，不排除在程序的具体问题上借助于或临时结合采用某些有形的书面文件。

当然，就广义的 ADR 而言，凡诉讼外的争议解决机制皆可归入"替代性"的范畴。ADR 发轫于 20 世纪 60 年代的美国，其起因于当事人与律师日渐意识到诉讼方式解决商事争议的昂贵、耗时、不保密等劣势，积极寻求在诉讼之外解决私权纠纷。而法院在"诉讼爆炸"的背景下，也鼓励当事人选择 ADR 来疏减讼源。ADR 本身属于集合概念，不但包括相对成熟的仲裁、调解，还涵盖各类尚未完全成型的方法，ADR 的范畴是开放式的体系，并非简单的静态体系，而是处于不断的发展与丰富过程中。从域外实践来看，协商谈判、调解、调解与仲裁相结合、微型审判、简易陪审团、早期中立评估、租赁法官等，凡值得尝试者，无不早被商事交易的主体以各种方式发挥得淋漓尽致。反倒是作为 ADR 中最为成熟的类型之一，仲裁高度制度化而存在着被诉讼化的风险，这尤其体现在与诉讼类似的烦琐程序、司法监督过度、严格的法律适用等方面。就 ADR 总体而言，各类方法具体细节虽有不同，却存在一些共性特征。具体如下：

其一，自愿性，或称合意性、选择性，即 ADR 方法的采用及程序的启动依赖于当事人的自愿，而非法定的强制。其二，非正式性，亦即灵活性，ADR 主要不是依赖国家公权力或法院的裁判权，也较少适用严格的证据规则，更多体现出民间团体的创造力。其三，复合性，亦称共融性，即多种具体方法的混合共用，其中典型如仲裁与调解相结合，相当多数仲裁规则中都允许当事人约定，当调解失败后，调解人可以以仲裁员的身份继续参与争议的解决。再如，美国公众援助中心（Center of Public Sources，CPR）提供的 ADR 示范程序中的二步争议解决程序，第一步为调解或者微型审判，第二步为仲裁或诉讼。该中心还提供了三步争议解决程序（调解/微型审判—仲裁/诉讼）；三步争议解决程序，第一步为谈判，第二步为调解或微型审判，第三步为仲裁或诉讼。这些都体现出 ADR 可综合不同方法以提升争议解决效率（谈判—调解/微型审判—仲裁/诉讼）。

二、建设国际商事仲裁中心的必要要素及其主要考虑

目前,世界上可称为国际商事仲裁中心的地区有伦敦、巴黎、斯德哥尔摩、纽约、中国香港、新加坡等。这些地区之所以成为国际商事仲裁中心,一是因为它们商事活动频繁、商事交易体量巨大、营商环境良好,这是其物质基础;二是因为它们仲裁法制完备、法治体系健全、法治环境优良,这是其法治保障;三是因为它们具有一流的仲裁机构、一流的仲裁员队伍、一流的仲裁管理服务、一流的仲裁质量和水平,机构仲裁与临时仲裁并行不悖、相得益彰,这是其主体的综合实力、核心竞争力和影响力;四是因为这些地区的仲裁理念先进、深得商界人心,社会各界尤其是法院对仲裁既充满信心、充分信任、坚定支持,又依法规制、适度监督,保证仲裁事业行稳致远、兴旺发达,这是其社会环境;五是因为这些地区乃国际商事仲裁的目的地、优选地,当事人不仅愿意并优先选择这里的仲裁机构裁决他们之间的争议,而且将其选择为仲裁地,大量有重大影响的商事争议案件都到这个地方仲裁,这是其实效标志。要建设国际商事仲裁中心,这五个要素缺一不可。

将北京打造成为国际商事仲裁中心,是推进更高水平对外开放的现实需要。开放是人类文明进步的重要动力,是世界繁荣发展的必由之路。推进高水平对外开放,离不开市场化、法治化、国际化、便利化的营商环境,而法治就是最好的营商环境。以仲裁、调解、诉讼为核心的多元化纠纷解决机制则是营商环境优良的基础设施。世界银行公布的营商环境指标体系最近有一个变化,就是将争议解决列为一级评价指标,进一步强调争议解决对营商环境建设的重要性。因此,强化国际商事争议的预防与解决成为刚需,加快推进国际商事仲裁中心建设自不待言。国际仲裁权威研究机构英国玛丽女王大学发布的《2021年国际仲裁调查报告》显示,中国香港、北京和上海分列全球最受欢迎仲裁地的第三、第六和第八名,而香港国际仲裁中心和中国国际经济贸易仲裁委员会分列全球最受欢迎的仲裁机构的第三和第五名。这表明中国仲裁的国际竞争力和国际影响力显著提升。尽管我们跟全球最受欢迎的国际仲裁地和仲裁机构相比还有差距,但只要我们加快完善仲裁法治体系,以建设更加现代化、国际化的一流仲裁机构为目标,在国际仲裁领域持续深耕与拓展,着力提升案件管理水平、创新纠纷解决服务、开展国际仲裁交流

与合作，为中外当事人提供国际一流的仲裁服务，就完全能实现打造国际商事仲裁中心的目标。

三、中国涉外仲裁的快速发展为北京打造成为国际商事仲裁中心奠定了基础

2022年9月6日，中国国际经济贸易仲裁委员会（以下简称"贸仲"）、中华全国律师协会和联合国国际贸易法委员会在北京共同举办"2022中国仲裁高峰论坛暨第二届贸仲全球仲裁员大会"，并发布《2022贸仲全球仲裁员倡议》。司法部副部长熊选国出席论坛并致辞，强调要统筹推进国际商事仲裁中心建设试点工作，努力将我国建设成为国际仲裁新目的地。熊选国指出，要认真贯彻落实习近平总书记关于仲裁工作的重要指示精神，注重培育一批国际一流的仲裁机构，把涉外法治保障和服务工作做得更有成效。截至2022年底，全国已设立仲裁机构277家，累计办理案件400余万件，涉案标的总额5.8万亿元，涉外仲裁案件当事人涵盖100多个国家和地区。熊选国强调，要将统筹推进国际商事仲裁中心建设试点工作作为新时期大力加强涉外法律服务工作的战略性任务，推动将北京市打造成为服务国际科技创新中心与国际交往中心建设的国际商事仲裁中心，将上海市打造成为面向全球的亚太仲裁中心，将广州市和深圳市打造成为联动中国香港和澳门、服务粤港澳大湾区建设、面向全球的国际商事法律及争议解决服务中心，将海南省打造成为服务海南自由贸易港、面向太平洋和印度洋的国际商事仲裁中心，努力将我国建设成为国际仲裁新目的地。其中，北京的国际商事仲裁中心建设将为国内其他地区提供建设"样本"。更建设国际商事仲裁中心，必须要对国际仲裁制度和实践最新发展密切关注。

第二节 在线争议解决机制的现状与未来

所谓在线争议解决机制（Online Dispute Resolution，ODR），是伴随电子商务的蓬勃发展及互联网技术的迅猛进步而呈现出的一种重要商事争议解决模式。今天，这一制度本身已非新鲜事物，早已有学者对此展开过理论探索，国内外也有不少鲜活的实践素材。但从现有的研究来看，因ODR本身就属于

因应商事交往模式变革而不断创新的业态,这一机制原本的适用范围正在加以拓展,其所囊括的争议类型范畴并不限于电子商务争议,而是开始"飞入寻常百姓家"。2020年暴发的新冠肺炎疫情给各国的涉外司法审判活动、国际商事仲裁程序带来了深刻的挑战,考虑到防疫管制措施,现场开庭、审判、合议等重要环节被迫从线下转至线上,但这也恰为ODR及在线庭审的普及化、成熟化、制度化、体系化运作提供了绝佳的契机。鉴于此,结合新冠肺炎疫情对争议解决机制的冲击和应对,以新时代的需求和中国化的视角对ODR在"一带一路"争议解决机制中的运用予以探讨颇为必要。本节以ODR在"一带一路"争议解决机制中的运用为研究对象,逐一探讨ODR的理论内涵、ODR制度现状、ODR存在的问题,并对ODR进一步完善及改进的方向进行论证。

一、ODR含义的多元检视与理论省思

关于ODR的具体含义及其外延,迄今各界尚无共同接受的统一定义。不同学者的著述、国际组织的文件、仲裁机构的规则不尽一致,存在分歧[1]。以这一机制所能涵盖信息的多寡来判定,广义上使用的ODR包含了各种形式的ADR和法院的诉讼程序,只要在进行这些程序过程中将对互联网、网站、电子邮件、流媒体及其他信息技术的运用作为组成部分,从而使裁判者及当事人不必在每个环节中面对面接触,而是能够通过在线方式交流,即属于ODR[2]。这种宽泛的界定为美国律师协会电子商务和ADR工作组所接纳,并将其扩展至包括网上法庭。相较而言,狭义上探讨的ODR则将适用范围限定为在线争议,尤其是跨境电子商务,为了满足快捷、高效、低成本解决争议的需求,在数字化环境下产生的网购消费合同、域名归属、商标侵权、数据保护、网络诽谤等电子商务争议方可由当事人约定通过ODR方式予以解决[3]。还有观点从技术在争议解决当中的运用层面入手,将ODR描述为在技术的辅

---

[1] 丁颖、李建蕾、冀燕娜:《在线解决争议:现状、挑战与未来》,武汉大学出版社2016年版,第9页。

[2] Gabrielle Kaufmann-Kohler、Thomas Schultz, Online Dispute Resolution: Challenges for Contemporary Justice, *Kluwer Law International*, 2004, p.7.

[3] 赵云:《电子商务中的争端解决问题研究》,厦门大学出版社2008年版,第25页。

助和促进下进行的纠纷解决机制①。

当然，这些不同的观点之间亦不乏共识。无论如何界定，ODR 都是以通信技术和网络支持作为存在要件的争议解决模式，这一机制随着信息手段的开发而得以不断创新，但技术在推进争议解决程序进展方面所发挥的具体作用，则时而主要，时而次要。

以信息技术手段在争议解决过程中发挥作用的程度为标准，有学者将 ODR 进行了类型化区分。简言之，ODR 大体上可以归为两类，即自助式 ODR 模式与交互式 ODR 模式②。前者在解决争议时不需要仲裁员或调解员的参与，而是通过计算机程序对争议进行自动化处理，双方当事人在整个程序中向网站系统进行报价并提出请求，此类诉求并不为对方所知晓，故也称为不公开报价处理模式③。后者是将离线状态下的 ADR 服务运用到网络环境下，采用现代网络技术营造虚拟的调解或仲裁场所，在此处解决纠纷。换言之，交互式 ODR 仍然需要中立的裁判主体介入，只是在沟通与对话手段上借助于电子邮件、网络会议、视频聊天室等途径进行④。

此外，广义的 ODR 与狭义的 ODR 界定还存在的重要分歧，即 ODR 是否仅限定于仲裁、调解等诉讼外争议解决方式，抑或可涵盖法院所主导的、在线上进行的诉讼和网络庭审。对此，笔者的理解是，ODR 理应将在线诉讼囊括在内，原因在于 ODR 并非 ADR 的子概念，而是整个争议解决机制在网络环境下进行调整与适应的产物，ODR 本身完全可涵盖 ADR 以外的项目，当法院的诉讼充分借助网络系统开展线上立案、利用视频会议手段进行在线庭审、通过数据化方式展现证据、采取电子化程序远程记载笔录并形成卷宗等，已经充分符合了 ODR 的理念。我国司法机关在试点基础上组建的互联网法院，既标志着我国开始建设官方 ODR 机制，同时也意味着 ODR 正式纳入我国法

---

① Mohanmed S. Abdel Wahab et al., Online Dispute Resolution: Theory and Practice, *Eleven International Publishing*, 2012, p. 3.

② 谢新胜：《在线争议解决机制（ODR）初探》，《网络法律评论》，2003 年第 1 期。

③ Clicknsettle.com 网站即依托于自动化的专业计算机系统，其基本程序和技术通过 "Negotiation Model" 的模式运作。

④ 美国著名的 I-Courthouse.com、Squaretrade.com、American Arbitration Association 等系统，事实上并非单纯的线上模式，而是综合运用了线下与线上要素，从而实现案件管理与网络庭审的交互融合。

律业务与公共管理的制度体系,是中国走向"智慧法治"的新起点①。

二、ODR 的实践运用及其发展现状

(一)跨境电子商务的普及为 ODR 奠定了基础

1989 年万维网的发明促进了在线商业活动的兴起,传统的纠纷解决机制难以满足跨境电子商务的现实需求。为顺应趋势,各国际商事仲裁机构纷纷创设自己的网站,加大了利用科技手段解决在线争议的力度。其中,eBay 就以既注重效率又节约成本而著称。作为一家在全球范围内拥有 2 亿用户的线上拍卖网站,eBay 试图构造一种能够为消费者所信赖的网上争议解决机制,为此,eBay 委托马萨诸塞大学开展调研并论证设置 ODR 程序的可行性。对于当事人之间彼此无法协商解决的纷争,通过中立第三方提供专家进行裁断,并据此设立了专门化的网站,在运作之初的四年间就解决了 150 万的交易纠纷,由此初步验证了 ODR 的可行性,为企业转变争议解决的思维模式开拓了新路径②。

在国际主流趋势的深度影响下,ODR 逐步传入我国,其发展经历了"制度生成——实践运用——发展扩散"几个主要阶段。早期,ODR 主要是通过商事仲裁机制的创新得以引入的,其重点针对统一域名争议,旨在就网络服务提供者、网络终端用户、域名注册人和网站营运者等主体之间的纠纷进行诉讼外解决。有学者曾结合互联网环境的特殊性,对运用 ODR 解决争议过程中的诉讼主体、案件管辖、电子送达、电子取证等基本问题展开了探讨③。随着我国电子商务的普及,京东、苏宁易购等主要的网络购物平台先后引入了消费者与电商之间的网上购物消费争议 ODR 机制,部分以互联网为依托的民间调解组织也对 ODR 在我国的发展进行了实践探索④。在中国新一轮

---

① 疏义红、徐记生:《从在线争议解决到互联网法院》,《人民法院报》,2017 年 11 月 11 日,第 2 期。

② 何其生、王雅菡:《国际商事仲裁的热点与前沿:在线仲裁》,韩进:《海外人文社会科学发展年度报告 2016》,武汉大学出版社 2016 年版,第 379 页。

③ 何其生:《互联网环境下的争议解决机制:变革与发展》,武汉大学出版社 2009 年版,第 120 页。

④ 如由中国电子商务法律网、北京德法智诚咨询公司发起成立的中国在线争议解决中心(China ODR)、2005 年中国国际经济贸易仲裁委员会成立的网上争议解决中心、2008 年中国互联网协会成立的中国互联网调解中心、2012 年深圳市众信电子商务交易保障促进中心(以下简称"众信中心")建立的电子商务 ODR 服务中心等。

扩大对外开放的背景下，ODR 为解决跨国争议开辟了新路径①。此外，我国法院也开始积极推进司法信息化建设，先后于 2017 年、2018 年设立了杭州互联网法院、北京互联网法院、广州互联网法院，并于 2019 年出台《中国法院的互联网司法白皮书》，人工智能当事人在足不出户的条件下实现了诉讼目标。相比之下，各网站的 ODR 机制有所不同，如京东开通的是企业 ODR 功能，企业可自行处理有关纠纷，消费者亦可通过"账号登录——数据分析——智能辅助——处理诉求"的路径发起争议解决程序，如果对争议解决结果不满意，还可向 12315 平台寻求外部投诉。② 但总体来看，ODR 无论在国际上的出现还是在中国的发展，都与跨境电子商务活动的普及紧密联系在一起。

（二）"一带一路"建设使 ODR 的发展纳入法治化轨道

随着"一带一路"建设不断向纵深推动，互联网技术对增进我国与"一带一路"沿线各国之间的"五通"提供了重要渠道。正如习近平总书记所言，互联网是新时代最具活力的领域，其发展无国界、无边界，不受传统国家领土和地域的限制，要想充分利用好、发展好、治理好互联网，必须深化网络空间领域的国际合作，携手构建网络空间命运共同体③。作为中国向国际社会提供的公共产品，"一带一路"在促进经济合作的基础上，还为 ODR 在解决沿线国家间商事争议方面注入了新活力，激发了新动力。例如，2016 年上线的"一带一路"国际商事调解中心在线调解系统首开国际商事网上调解之先河，目前已具备在欧洲、东南亚、中亚地区近 20 多个国家开展线下商事调解

---

① 2019 年 11 月 20 日，南沙国际仲裁中心首次采用跨国远程庭审技术，让身在柬埔寨的案件申请人通过远程同步视频的方式参与庭审。广州仲裁委员会："广州仲裁委员会跨国远程庭审人选广东自贸试验区第四批制度创新案例"，https：//mp.weixin.qq.com/s/5pMTJUpzuFPi0H-eKumWQA，最后访问日期：2020 年 5 月 26 日。

② 在京东引入 ODR 系统之前，消费者向 12315 投诉后需先由国家工商总局转至京东属地工商分局，继而通过属地工商分局反馈至京东进行处理，整个流程需要多个环节层层转递。自京东开通 ODR 系统后，京东客服可直接通过 12315 平台查询消费者投诉讯息，实时处理并回复，对于非自营卖家，亦可选择由相关企业优先介入处理，大大缩短了处理时效，起到了立竿见影的效果，提升了消费者满意度。陈海峰："京东与国家工商总局合作 开创消费服务升级新模式"，http：//www.chinanews.com/business/2018/03-16/8469259.shtml，最后访问日期：2020 年 10 月 9 日。

③ 袁勃："习近平谈建设网络强国"，http：//politics.people.com.cn/GB/n1/2019/0324/c1001-30991900.html，最后访问日期：2020 年 10 月 9 日。

的能力，初步实现了线上线下调解的联动[1]。ODR 机制快捷、高效、便利、低成本等特征较好地契合了"一带一路"背景下跨境电子商务争议解决的需求[2]。为了使 ODR 能够在法治化轨道内为争议的当事人定分止争，国际法和国内法分别做出了积极回应。

从国际法层面来看 ODR 的制度发展现状，目前尚无专门的多边国际公约，仅欧盟制定了《消费者在线争议解决条例》[3]。除此之外，当事人主要通过国际商事仲裁规则对其权利进行维护和救济。例如，联合国国际贸易法委员会（UNCITRAL）于 1985 年通过并于 2006 年修正的《国际商事仲裁示范法》、1999 年通过的《电子商务示范法》、1958 年通过的《纽约公约》、2005 年通过的《联合国国际合同使用电子通信公约》等。严格来讲，在线仲裁仅是 ODR 的要素之一，ODR 还涵盖了在线调解、在线谈判、在线诉讼、在线中立评估等内容。

从国内法层面来看，为有效服务和保障"一带一路"建设的顺利实施，我国相继出台了一系列政策和文件为 ODR 保驾护航，其中部分重要文件旗帜鲜明地提出，应充分利用互联网等新一代信息技术推动纠纷解决模式创新，培育发展法律服务网络平台，推动网上法律服务与网下法律服务相结合。这些司法意见及政策性文件、仲裁规则的出台（见表 2-1），使得 ODR 这样一种以互联网思维与技术为基础构建的新型纠纷解决机制能突破时间和空间的限制，更便利于当事人解决跨境商事争议，从而更高效地提升争议解决的效能，更好地顺应"一带一路"背景下争议解决的新要求[4]。

---

[1] 杨璇铄："'一带一路国际商事调解中心'首开国际商事网上调解（ODR）之先河"，http：//china. cnr. cn/gdgg/20170601/t20170601_523781951. shtml，最后访问日期：2020 年 10 月 9 日。

[2] 为此，有学者专门对"一带一路"跨境电子商务 ODR 的构建原则、平台搭建、配套保障、执行机制等问题的系统化设计进行了探索。朱昕昱：《"一带一路"跨境电子商务纠纷的解决：以 ODR 为视角》，《湘江青年法学》，2017 年第 1 期。

[3] 郑维炜、高春杰：《"一带一路"跨境电子商务在线争议解决机制研究：以欧盟〈消费者 ODR 条例〉的启示为中心》，《法制与社会发展》，2018 年第 4 期；邹国勇、李俊夫：《欧盟消费者在线争议解决机制的新发展：2013 年〈欧盟消费者在线争议解决条例〉述评》，《国际法研究》，2015 年第 3 期。

[4] 欧阳建荣："'一带一路'背景下 ODR 发展展望"，https：//mp. weixin. qq. com/s/mZ-sEUtEkMQRtd-jnDZocA，最后访问日期：2020 年 6 月 16 日。

表 2-1 鼓励推动网络与法律服务相融合的相关文件

规范名称	相关规定
2015 年《中国广州仲裁委员会网络仲裁规则》	第二条规定：网络仲裁是利用互联网等网络技术资源提供仲裁服务的网上争议解决方法。第三条对网络仲裁所涉专业名词进行了定义，包括网络仲裁平台、电子数据、书面形式、电子签名、网上开庭、线上等
2015 年《中国国际经济贸易仲裁委员会网上仲裁规则》	第一条规定：为以在线方式独立公正、高效经济地仲裁契约性或非契约性的经济贸易等争议，特制定本规则。本规则适用于解决电子商务争议，也可适用于当事人约定适用本规则的其他经济贸易争议
2015 年《中国国际经济贸易仲裁委员会统一域名争议解决政策之规则》	依据《统一域名争议解决政策》（经 ICANN 批准）发起的、旨在解决域名争议的行政程序应遵守本规则规定以及负责实施该程序的提供商在其网站上公布的补充规则的规定。如提供商的补充规则与本规则冲突，以本规则为准
2015 年最高人民法院《关于人民法院为"一带一路"建设提供司法服务和保障的若干意见》（法发〔2015〕9 号）	第十六条规定：加强信息化建设，全面提高"一带一路"建设司法服务和保障工作的实效和水平。要围绕公开、透明、便捷、高效、共享、互通的原则，加强"一带一路"建设司法保障信息化建设的顶层设计，坚持创新驱动，推进信息技术与审判业务深度融合，信息技术与司法公开深度融合，信息技术与司法便民深度融合，构建符合信息时代特征的网络法院、阳光法院和智慧法院
2016 年最高人民法院《关于人民法院进一步深化多元化纠纷解决机制改革的意见》	第十五条规定：创新在线纠纷解决方式。根据"互联网+"战略要求，推广现代信息技术在多元化纠纷解决机制中的运用。推动建立在线调解、在线立案、在线司法确认、在线审判、电子督促程序、电子送达等为一体的信息平台，实现纠纷解决的案件预判、信息共享、资源整合、数据分析等功能，促进多元化纠纷解决机制的信息化发展
2016 年广东省人民政府《中国（深圳）跨境电子商务综合试验区实施方案》	第十三条规定：建立跨境电子商务消费维权在线非诉讼纠纷解决与法律援助服务机制，为企业与消费者提供简易、便捷的在线投诉与处理平台，并提供法律咨询等相关专业服务
2017 年《上海市第一中级人民法院商事多元化纠纷解决机制实施细则》	第八条规定：推进"线上"矛盾纠纷化解渠道。依托信息化建设成果，探索远程在线咨询、在线立案、在线调解、在线审判、在线协商，建设信息集成、共享共用、安全可靠的网络信息系统，提升解决矛盾纠纷的便利度

第二章 北京更高水平对外开放与国际商事仲裁中心建设

续表

规范名称	相关规定
2016年司法部《关于发展涉外法律服务业的意见》	第十一条规定：健全涉外法律服务方式。探索健全全球化、信息化背景下新的涉外法律服务方式，利用大数据、物联网、移动互联网、云计算等新一代信息技术推动涉外法律服务模式创新，培育发展涉外法律服务网络平台，推动网上法律服务与网下法律服务相结合
2018年人力资源和社会保障部《"互联网+调解仲裁"2020行动实施计划》	第四条规定：推进网上调解仲裁服务平台建设。该平台通过网站、手机App等载体为当事人提供在线调解和在线仲裁服务，旨在进一步畅通调解仲裁服务渠道，为当事人提供更好维权服务
2019年中共中央办公厅、国务院办公厅印发了《关于完善仲裁制度提高仲裁公信力的若干意见》	第十二条规定：积极发展互联网仲裁。适应互联网等新经济新业态发展需要，依托互联网技术，建立网络化的案件管理系统以及与电子商务和互联网金融等平台对接的仲裁平台，研究探索线上仲裁、智能仲裁，实现线上线下协同发展。建立完善涉网仲裁规则，明确互联网仲裁受案范围，完善仲裁程序和工作流程，为当事人提供经济、便捷、高效的仲裁服务。研究仲裁大数据建设，加强对仲裁大数据的分析应用，推动与相关部门数据的互联互通，构建多方参与的网络治理协作机制，有效化解涉网纠纷，促进仲裁与互联网经济的深度融合
2019年中国互联网仲裁联盟《网络仲裁示范规则》	第二条第一款：当事人约定适用本规则，或者约定由仲裁委员会进行网络仲裁（或称电子仲裁、在线仲裁、线上仲裁、网上仲裁、互联网仲裁等）的，适用本规则
2019年最高人民法院《关于人民法院进一步为"一带一路"建设提供司法服务和保障的意见》（法发〔2019〕29号）	第九条规定：依法支持信息技术发展，关注第四次工业革命发展趋势，及时完善电子商务、区块链、人工智能、5G信息网络建设等领域的司法政策，依法鼓励数字化、网络化、智能化带来的新技术、新业态、新模式创新，提升网络互联互通，促进数字丝绸之路建设
2019年最高人民法院《关于人民法院为中国（上海）自由贸易试验区临港新片区建设提供司法服务和保障的意见》（法发〔2019〕31号）	第十六条规定：加强信息化建设，提升新片区纠纷解决的便利化程度。坚持创新驱动，推进信息技术与审判业务、司法公开、司法便民的深度融合，对标国际公认的营商环境评价指标，创新推进智慧法院、数字法庭建设。坚持线上线下相结合，推进诉讼服务中心转型升级，为当事人提供高标准一站式诉讼服务，缩短纠纷解决时间、降低纠纷解决成本、提高司法解纷质量

在国际法与国内法的双重联动影响下，网络空间主权、国家网络安全、跨境数字化贸易、个人信息网络保护等重要议题逐步进入公众视野，网络自由与网络安全之间的博弈成为全球化背景下各国辩论的焦点内容[1]。这也从一定程度上反映出互联网技术在新时代下将发挥越来越广泛的作用，其在全球治理当中承载着新的使命，而 ODR 在"一带一路"建设中的运用，正是"互联网+"时代国际民商事争议解决机制的突破与创新之作。

（三）新冠肺炎疫情冲击使 ODR 的潜力被充分挖掘

2020 年初暴发的新冠肺炎疫情堪称迄今为止 21 世纪最严重的全球公共卫生危机，作为"黑天鹅事件"，疫情不仅导致需求下滑、供给收缩，也使失业率上升，致使全球经济陷入自第二次世界大战后最严重的衰退局面，经济恶化的程度甚至比 2008 年金融危机时期有过之而无不及。与此同时，在新冠肺炎疫情的持续冲击下，无论是诉讼、抑或仲裁、调解，都受到严重干扰，大多数案件不得不延期开庭、延长审限。为了使纠纷得以解决，国内外多数仲裁机构开始选择通过视频会议的方式进行庭审、合议、沟通，借助网络平台，使参与者通过远程方式加入仲裁活动中。这种远程在线庭审的机制主要的操作流程是通过线上通信设备和视频手段在互联网环境下进行的，符合 ODR 的主要特征。

为了使 ODR 的运转更加规范化，有关部门及仲裁机构纷纷推出相关的指导意见及操作指引。例如，2020 年 3 月，我国司法部在《疫情防控和企业复工复产公共法律服务工作指引》中明确提出加快推进互联网仲裁系统建设。疫情防控期间，远程视频会议在我国国际仲裁的案件中崭露头角。2020 年 4 月，中国国际经济贸易仲裁委员会发布《关于新冠肺炎疫情期间积极稳妥推进仲裁程序指引（试行）》，其中对在线立案、在线送达、在线开庭等具体实际操作问题做出了明确的规范和指引。2020 年 4 月，为减轻新冠疫情对仲裁案件产生的负面影响，国际商会编写了《国际商会关于减轻新冠肺炎疫情影响的若干可参考措施的指引》。2020 年 5 月，北京仲裁委员会发布了《关于网上开庭的工作指引（试行）》，对网上开庭、庭前准备、证据提交、笔录生

---

[1] 左晓栋："美方 TikTok 交易条款严重侵害中国网络空间主权"，https://www.chinanews.com/cj/2020/09-26/9300753.shtml，最后访问日期：2023 年 8 月 4 日。

产、程序私密等问题进行了规范。2020年6月，香港国际仲裁中心发布《香港国际仲裁中心在线庭审指南》①。这些重要文件对于ODR在未来进行规范化应用及有关程序制度的改进具有很好的启示。可以说，新冠肺炎疫情虽然使传统的争议解决机制备受挑战，却给ODR的推广提供了绝佳的契机，ODR的潜力在新冠肺炎疫情防控期间获得了深入地发掘。

正如我国最高人民法院杨万明副院长所言，在应对后疫情时代的挑战中，中国仲裁界的首要课题乃在于依法妥善化解涉外商事争议，提升仲裁服务能力，提高仲裁公信力②。在2020年9月召开的中国仲裁高峰论坛上，联合国国际贸易法委员会（UNCITRAL）、国际投资争端解决中心（ICSID）、国际商事仲裁理事会（ICCA）与中国仲裁界一道，共商疫情下争议解决的革新方案与发展路径。作为这一高峰论坛上达成的一个重要共识，各界普遍认同今后有待进一步加强互联网仲裁的理论性、制度性、安全性的研究，以便能够更好地满足不同法域下对仲裁程序合法性及合规性的要求③。事实上，ODR机制的推行正是实现这一目标的重要渠道，ODR在提升仲裁数字化、智能化的同时，可较好地保障国际仲裁所追求的高效率、低成本等优势。通过互鉴各国制度中的比较优势、发挥国际公约统一性的元素，ODR在求同存异的基础上促进了国际仲裁融合式发展，进而营造出更加稳定、公平、透明的全球治理环境。

三、运用ODR解决"一带一路"争议存在的问题及对策

（一）双方须达成选择ODR的合意

ODR在实践中不可避免地面临着法律和技术上的双重挑战，在线庭审给当事人和仲裁庭带来了一系列线下庭审所没有的技术上和程序上的问题。这

---

① 伦敦国际仲裁院（LCIA）、国际商会仲裁院（ICC）、香港国际仲裁中心（HKIAC）均颁布了在线庭审的指引，明确肯定了适用视频审理程序的合法性。ICC指引第22条更指明仲裁庭有适用虚拟庭审的职权，只要"不违反当事人双方协议"，有权"采取其认为适当的程序措施"审理案件。即当事人的同意不是适用程序的必然要求。其他国际仲裁机构，如新加坡国际仲裁中心（SIAC），虽然没有就使用视频会议作出明文规定，其仲裁规则却给予仲裁庭适用程序方面的裁量权。此外，国际仲裁界达成《关于国际仲裁中视频会议的首尔议定书》https://globalarbitrationreview.com/digital_assets/9eb818a3-7fff-4faa-aad3-3e4799a39291/Seoul-Protocol-on-Video-Conference-in-International-Arbitration-（1）.pdf，最后访问日期：2020年9月1日。

② 张维：《疫情之下争议解决将走向何方》，《法治日报》，2020年9月29日，第10版。

③ 张维：《疫情之下争议解决将走向何方》，《法治日报》，2020年9月29日，第10版。

些问题需要通过建立清晰的规范流程有针对性地解决。基于新冠肺炎疫情期间当事人对在线庭审服务的大量需求，国内外各地司法机关、仲裁机构、调解组织等均各显所长，助力当事人和裁判者排除困难，解决这些问题。

在运用ODR解决争议时，面临的问题是网上庭审是否需要征得当事人的特别同意，抑或可以由争议解决机构自行视需要而主动开展。为此，北京仲裁委员会（以下简称"北仲"）曾专门对仲裁用户开展过调研，统计结果显示：90%以上的受访者认为现场开庭是仲裁程序的必经环节，网上开庭与书面审理等方式属于特殊安排，必须在事先征得当事人同意的前提下方可进行，否则不能保证程序的正当性，剥夺了各方当事人现场对质的机会，且在网络庭审中难以对证据材料原件进行核对，无疑有碍于当事人程序权利的保障[①]。受访者的质疑似乎不无道理，无论是民事诉讼抑或商事仲裁，开庭通常是程序的必经环节，借助庭审活动，裁判者可通过各方当事人的攻击及防御而形成自由心证，保障裁判的公允性。然而，如果从法律规范层面进行分析，似乎并不能得出只有现场开庭才是唯一合法的开庭方式这一结论。《纽约公约》第5条第1款（乙）项列明，如果仲裁庭没有合理保证当事人的申辩机会，将导致涉案裁决被拒绝承认和执行。《联合国国际贸易法委员会仲裁规则》第17条第3款规定："如果有任何一方当事人在仲裁程序的适当阶段请求开庭审理的，仲裁庭应当开庭审理，由证人（包括专家证人）出示证据或者进行口头辩论。未提出此种请求的，仲裁庭应决定是进行开庭审理，还是根据书面文件或其他资料进行程序。"据此，只有在当事人认为有需要时提出请求，且仲裁庭同意时，开庭才是争议解决程序中必不可少的重要环节。如果当事人认为通过书面或任何其他方式能够陈述并申辩，且仲裁庭在尊重当事人意见的前提下进行在线庭审，并不违背正当程序的要求。实践中，当事人对ODR方式的采用具有建议权，仲裁庭对ODR方式的选用具有最终的决定权。

（二）ODR程序的保密性

不同于诉讼程序，商事仲裁中对案件信息、程序事项、仲裁裁决具有保密性要求，除非各方当事人明确声明将有关信息予以公开，否则原则上仲裁

---

① 许捷："疫情下的仲裁开庭：网上还是网下"，https://www.bjac.org.cn/news/view?id=3699，最后访问日期：2020年8月1日。

庭、仲裁机构、当事人及其他案件参与人均负有保密义务。在ODR语境下，各方参与者虽共处于一个网络空间内，实际上却往往分处于不同的地理位置，如何保证网络与信息安全，使涉案信息不被泄露，将成为推进网络庭审必须解决的障碍之一。为此，在应对远程视频庭审的网络信息潜在风险方面，贸仲构建了较好的制度设计，引入了两种可行方案：其一，通过建设自身的线上"智慧庭审平台"，不依赖第三方机构提供的视频会议服务，在技术层面确保案件信息的私密性和安全性；其二，利用总分会一体化模式，在其分会开庭室进行案件庭审，通过限制开庭地点、审核参审人员身份等方法，在执行层面确保参审人员被授权的资格和庭审的保密性。由于贸仲在全国乃至世界范围内设有多家派出机构，使各方参与者在实现线上与线下相混合的ODR庭审方面具有得天独厚的硬件优势。与此同时，其他仲裁机构也试图完善自身的线上庭审平台及相应的技术手段，实现仲裁保密性。北京仲裁委员会要求仲裁参与人各方选择固定网线直连的设备（即不通过WiFi或路由中转网络）进行网上开庭等[1]。

（三）ODR过程中的证据审查与认定

在运用ODR解决争议的过程中，由于裁判者与当事人、当事人彼此之间缺少面对面的沟通交流，减少了因面对面交流所受利益关系的影响，有助于营造各方之间友好商谈的氛围，消解对立和矛盾情绪，有益于争议的化解，进而从整体上提升争议解决的效率。然而，在当事人无法达成和解的前提下，如果是通过在线诉讼或在线仲裁的方式解决争议，则ODR目标的实现有赖于对当事人所提交的证据进行准确和客观的判定，基于可采性的证据及其证明力对待定事实进行确认。

从我国现行立法进行分析，有观点指出，《仲裁法》第三十九条规定"仲裁应当开庭审理"，第四十五条规定"证据应当在开庭时出示"，这种程序性规定存在严重的诉讼化倾向，是诉讼法的"翻版"，且具有强制性，未能体现出仲裁尊重当事人意思自治及灵活高效等特点[2]。中国现行法中确立的仲裁开

---

[1] 环中商事仲裁："展望云端：我国仲裁庭中的远程视频庭审"，https://mp.weixin.qq.com/s/IdQPsXlUq_1YthMn4XdlqQ，最后访问日期：2020年10月10日。

[2] 马占军：《1994年中国〈仲裁法〉修改及论证》，《仲裁研究》，2006年第2期。

庭制度要求证据必须当庭出示，这是否排除了当事人通过在线仲裁方式提交证据的可能性？是否只有通过修改立法的方式才能为 ODR 奠定合法性基础？对此，涉及对网络庭审与开庭二者之间关系如何理解的问题。如果将网络庭审理解为现场开庭不能而被迫采取的替代审理措施，则上述条文就构成了对举证及质证的制约。然而，笔者的理解是前述条文并未明文排斥或否定网上开庭，如果将网上开庭理解为开庭可以采用的不同方式之一，那么，网络庭审实质上仍属开庭的范畴之内。在运用 ODR 的实践中，如果通过完备的庭前准备措施促使双方开展充分的证据交换，则在正式开庭包括网络庭审时便无须重新再次审核证据是否为原件，及证据与争点的关联性等问题，庭审重点是由双方当事人围绕特定争议焦点（庭前准备所确认）阐述特定证据的证明力或对该类证据加以反驳。换言之，证据事项的处理不应成为阻碍我国仲裁实践运用 ODR 机制的理由。

在将 ODR 运用于司法审判活动时，对证据问题的审查与认定也具有一定的特殊性，我国各级人民法院及法官在处理有关事项时充分发挥了司法智慧。据报道，2020 年 9 月，上海海事法院在审理一起涉外海上船舶保险纠纷时，需要英国专家鉴定人出庭作证。受限于新冠肺炎疫情下的疫情防控与管制措施，该专家借助跨境连线和智能翻译，在英国实现了远程作证，该案系上海海事法院首次启用自主研发的庭审智能翻译系统，对法庭内的语音实时进行了同步翻译，并且利用船舶大数据系统当庭演示船舶境外航行轨迹，充分展现了中国海事司法国际化、专业化、智能化水平[①]。

（四）ODR 裁决的承认与执行

相较于传统的线下模式的国际商事仲裁，以网络空间和信息技术为载体的 ODR 在一定程度上弱化了国家主权原则对仲裁裁决跨境承认及执行的限制效应，从而便利了在线裁决在各国法院的承认与执行，降低了争议解决的成本，提升了裁决执行的效率[②]。实践中，确定仲裁裁决的籍属，是决定裁决可

[①] 上海海事法院："英国专家鉴定人跨境远程作证 上海海事法院首次启用庭审智能翻译系统展现国际化水准"，https：//mp.weixin.qq.com/s/uDDG5HAyMtG-0oARpACifQ，最后访问日期：2020 年 9 月 25 日。

[②] 薛源：《跨境电子商务网上争议解决机制研究》，中国政法大学出版社 2014 年版，第 4 页。

否在外国法院得以承认和执行的前提[①]。然而，运用ODR所作出的裁决本身并无物理空间，在进行仲裁程序时，各方参与者很可能分处于不同国家，故难以根据ODR本身对其裁决的籍属进行判断。对此，学理上提出了三种确定ODR裁决国籍的主要标准，即仲裁员所在地说、服务器所在地说、网址所有者或控制者所在地说[②]。也有观点认为，在线仲裁中根本不存在所谓仲裁地的概念[③]。对于这一问题，笔者认为，通过ODR方式所作出的仲裁裁决，虽然在技术外观上具有不同于传统争议解决机制的特征，但考虑到ODR裁决仍然需要受制于司法监督及审查，且在败诉方不履行时仍须借助于法院的司法协助才能获得强制执行，故仲裁地的概念依然具有重要的法律意义。在确定ODR裁决的仲裁地及籍属时，需遵循以下准则：首先，可参照涉案事实对仲裁地予以判定，虚拟仲裁并不等同于"虚无"，尽管难以寻求物理意义上的仲裁地，却可发现与争议解决活动密切相关的场所，如ODR机构所在地、与争议有密切联系的地点、当事人住所地、仲裁员住所地等[④]。其次，为了便于裁决的跨国承认及执行，应侧重从法律视角确定仲裁地，尤其是尽量从与案件有联系的场所中择取《纽约公约》缔约国作为仲裁地，从而为裁决的全球认可提供有效渠道。

（五）ODR实际操作层面的技术挑战

国际仲裁机构在运用ODR开庭的过程当中，与线下圆桌式解纷的环境显然不同，仲裁庭成员与仲裁秘书通常在特定的地点进行线下交流，开庭的网络会议室将同时容纳双方当事人、律师及必要的仲裁参加人员，如翻译、证人、鉴定人等。为了保持网络信号的稳定性，当事人或证人将在指定的房间或地点通过视频参与其中，以减少相互接触及避免不必要的传播风险。实际情况是虽然专家证人通过视频作证符合当下的要求，但对于确有必要出庭的事实证人，由于面部表情被口罩掩盖，通过视频作证将难以使仲裁庭知悉证人作证时的表情来推断其心态从而准确评估证人证词的可信度，这无形中增

[①] 高晓力：《司法应依仲裁地而非仲裁机构所在地确定仲裁裁决籍属》，《人民司法》，2017年第20期。

[②] 李虎：《网上仲裁法律问题研究》，中国民主法制出版社2006年版，第137页。

[③] 卢云华、沈四宝、Naill Lawless、Julia Hörnle：《在线仲裁研究》，法律出版社2008年版，第52页。

[④] 黄进：《国际商事争议解决机制研究》，武汉大学出版社2010年版，第292页。

加了仲裁事实采认的难度①。

值得一提的是，部分仲裁机构和律师事务所也对 ODR 的可操作性提出了疑虑。具言之，采取非接触式仲裁和调解的方式，必须先评估视频会议的能力，确保实时仲裁的流畅性。评估工作如仲裁机构要提供在线文件的归档和允许电子文档在线访问；仲裁员、调解员、律师必须同时具备居家远程办公的设备条件，允许分屏显示的稳定系统，以及高速互联网访问和云储存、强力的数据安全保障、安静的工作环境、畅通的电话线路和高品质扬声器等。

四、对 ODR 机制应用前景的展望

随着互联网技术的不断进步，网民数量呈现出几何级数的增长，数字贸易所涉及的资金数额也在不断增加，电子商务纠纷数量激增，且涉案争议的类型越来越多元化，复杂程度较以往有了质的提升。这些新情况无疑给在线争议解决机制提出了新问题，传统的司法与仲裁方式在"互联网+"时代直面挑战，亟待变革和调整。然而，与实践的迫切需求形成鲜明对比的是，法学界对 ODR 的研究仍然相对落后，远不能及时有效地回应现实问题②。

在新冠肺炎疫情的冲击下，以视频庭审为载体和表现形式的 ODR 机制在我国已崭露头角，国内的仲裁机构、司法机关、调解组织对这一新形式的争议解决模式普遍采取较为积极的态度，纷纷开展相应实践，并取得了较好的效果③。为了使 ODR 活动能够在法治轨道内有序运转，有关部门逐步制定相

---

① Gary L. Benton, How Will the Coronavirus Impact International Arbitration? http://arbitrationblog.kluwerarbitration.com/2020/03/13/how-will-the-coronavirus-impact-international-arbitration/，最后访问日期：2020 年 9 月 25 日。

② 在我国，对 ODR 进行的学术研究主要针对网上仲裁而展开，对于在线调解、智慧法院、微型审判、早期中立评估等机制的研究还停留在域外制度的评介上，既欠缺对中国实践的深入探讨，也未能对电子商务中出现的新情况及时予以回应和探索。李虎：《网上仲裁法律问题研究》，中国民主法制出版社 2005 年版，第 1 页。

③ 中国广州仲裁委员会东莞分会在对一起涉及台资企业与东莞企业的融资租赁合同纠纷进行审理时，因受新冠疫情影响，各方一致同意，居住于我国台湾地区的首席仲裁员及来自台湾地区的当事人通过远程视频庭审方式参与庭审。在"云仲裁"的助力下，双方充分发表意见，最终促成本案当庭达成调解。刘满元："活用远程视频庭审，云仲裁助力台资企业云调解"，https://news.dayoo.com/gzrbrmt/202004/24/158545_53308793.htm，最后访问日期：2020 年 6 月 1 日。

关的操作性规范指引①。与此同时，国内外争议解决机构通过改善技术环境，给寻求法律救济的当事人提供更好的用户体验，尽量减少因线上开展庭审而引发的争议解决习惯上的不适感。例如，配置相应的技术协助人员，针对硬件和网络环境进行评估、指引、测试；在网络庭审所在的平台设计上，安装可实现屏幕共享及切换功能的视频设备及软件，使证据展示与当事方参与可同时进行；在庭审活动前，组织各方商定具体审理的步骤和流程，并进行实时管理等②。总的来看，在运用 ODR 机制解决涉"一带一路"争议时，虽然在当事人合意、证据提交及认定、技术能力的提升、仲裁地的确认及裁决的跨国承认及执行方面还存有争议，但 ODR 所依托的远程庭审无疑给"一带一路"沿线国家间的跨国争议解决提供了一个高效的平台，也为我国司法、仲裁、调解迈向"云端"提供了契机。今后，仍然需要从实践出发，总结经验不断探索，进一步完善技术与规范的融合，使举证、质证、庭审等各个环节、各个阶段逐步向虚拟化过渡，在追求高效的同时兼顾公平，为当事人提供更加优质的争议解决服务。

第三节 国际商事仲裁中的快速程序规则

一、国际商事仲裁快速程序的兴起及其规制

公平与效率是国际商事仲裁的基本价值取向，公正的重要性自不待言，效率也是仲裁从业者的重要追求。西方法谚云："迟来的正义非正义"，高效地推进仲裁程序、在尽可能短的时间内作出仲裁裁决，才可以更好地发挥仲裁定分止争的功能。然而，随着国际商事争议本身的复杂化、纠纷主体的多元化、新型法律问题层出不穷，这导致运用国际商事仲裁解决争议的时间与费用成本都显著增加。为此，合理控制并有效管理国际商事仲裁的时间和费用成本，便成为仲裁实务界关注的重要议题。近年来，快速仲裁程序越来越

---

① 环中商事仲裁："展望'云端'：我国仲裁庭中的远程视频庭审"，https://mp.weixin.qq.com/s/IdQPsXlUq_1YthMn4XdlqQ，最后访问日期：2020 年 9 月 25 日。
② 许捷："疫情下的仲裁开庭：网上还是网下"，https://www.bjac.org.cn/news/view?id=3699，最后访问日期：2020 年 8 月 1 日。

受到当事人的欢迎，许多国内外仲裁机构也开始尝试着创设或增加快速仲裁程序。例如，面对显著增加的案件量，国际商会仲裁院（ICC）2016年引入了快速仲裁规则，专门针对标的额低于500万美元的国际商事争议[①]。再比如，2014年版《中国国际经济贸易仲裁委员会仲裁规则》第四章就"简易程序"予以专门规定，2022年版《北京仲裁委员会仲裁规则》第七章就"简易程序"予以专门规定，这些仲裁规则虽然没有采用"快速仲裁"的措辞，但"简易程序"实质上具有快速仲裁的功能，引入快速仲裁程序已经成为国际仲裁界的大势所趋。

2021年7月，联合国国际贸易法委员会（United Nations Commission on International Trade Law，UNCITRAL）[②]通过了《联合国国际贸易法委员会快速仲裁规则》（UNCITRAL Expedited Arbitration Rules，以下简称《快速仲裁规则》），该规则自2021年9月19日起生效实施[③]。除此之外，UNCITRAL还于2021年12月9日通过了针对《快速仲裁规则》理解与适用的解释性说明（explanatory note）[④]。值得一提的是《快速仲裁规则》在形式上是以《联合国国际贸易法委员会仲裁规则》（以下简称《UNCITRAL仲裁规则》）附件的形式呈现的。在仲裁实务中，《UNCITRAL仲裁规则》已经获得了普遍的认可，该规则自1976年12月15日发布，并于2010年12月6日进行过修改，日臻完善。那么，《快速仲裁规则》与《UNCITRAL仲裁规则》以及UNCITRAL体系下的《透明度规则》到底是什么关系？《快速仲裁规则》究竟适用于哪些情况？当事人要想提起快速仲裁程序，需要提交哪些材料？在快速仲裁程序下，仲裁庭如何组成？快速仲裁程序究竟"快"在哪些？快速仲裁程序与普通仲裁程序之间能否相互切换？如何切换？本节旨在依托于《快

[①] 关于《ICC快速仲裁规则》的探讨，参见 https：//hsfnotes.com/arbitration/2017/09/15/2016-icc-dispute-resolution-statistics-record-year-for-the-icc/，最后访问日期：2022年9月12日。

[②] 1966年12月17日，联合国通过第2205号决议设立了联合国国际贸易法委员会，该委员会的设立旨在进一步促进国际贸易法的协调与统一，特别是其对发展中国家广泛的国际贸易起到了法治化支撑。

[③] 《快速仲裁规则》全文可参见 https：//uncitral.un.org/sites/uncitral.un.org/files/media-documents/uncitral/en/acn9-1082-e.pdf，最后访问日期：2022年9月10日。

[④] 解释性说明的全文可参见 https：//uncitral.un.org/sites/uncitral.un.org/files/media-documents/uncitral/en/explanatory_note_to_the_expedited_rules_advance_copy.pdf，最后访问日期：2022年9月11日。

速仲裁规则》本身的条款及其解释性说明,按照仲裁程序进行的基本流程,对这些关键问题展开回答,以期为其使用提供指引。

二、《快速仲裁规则》的主要内容及其适用

(一)《快速仲裁规则》及其解释性说明的结构与内容

《快速仲裁规则》正文部分共计 16 个条文(见表 2-2),附件部分则涵盖了三个文件(合同的示范仲裁条款、示范陈述、解释性说明)。

表 2-2 《快速仲裁规则》条文主要内容

条款序号	条款主要内容
第一条 第二条	适用范围
第三条	当事人与仲裁庭的行为
第四条	仲裁通知与仲裁请求的陈述
第五条	对仲裁通知的答复以及抗辩的陈述
第六条	指定与委任机关
第七条	仲裁员的数量
第八条	独任仲裁员的指定
第九条	与双方当事人的沟通
第十条	仲裁庭关于时限的自由裁量权
第十一条	庭审
第十二条	反请求或者抵消请求
第十三条	对仲裁请求或抗辩的修改及补充
第十四条	进一步的书面陈述
第十五条	证据
第十六条	做出裁决的期限

解释性说明对于准确理解和适用《快速仲裁规则》具有重要意义,该解释性说明共计包括 105 个段落,具有较强的实践意义。具体来讲,这 105 个段落涉及以下问题(见表 2-3)。

表 2-3 《快速仲裁规则》段落大意

解释性说明序号	解释性说明内容
A	适用范围
B	关于快速仲裁的基本规定
C	仲裁通知、对仲裁通知的答复、仲裁请求及其抗辩的陈述
D	指定及委任机关
E	仲裁员的数量
F	仲裁员的任命
G	与当事人的协商
H	仲裁庭的时间框架及其裁量权
I	开庭
J	反请求及抵消请求
K	对仲裁请求或抗辩的修改及补充
L	进一步的书面陈述
M	证据
N	做出裁决的期限
O	快速仲裁的示范仲裁条款
P	快速仲裁规则与透明度规则
Q	快速仲裁规则当中的时间框架

(二)《快速仲裁规则》与《UNCITRAL 仲裁规则》及《透明度规则》的关系

快速仲裁是一种改良过的、简化的仲裁程序,这种仲裁程序最核心的特征是其具备相对较短的时间限制,进而能够使当事人以一种既节省费用又节省时间成本的方式在短期内就他们之间的争议,获得终局性的解决方案。《快速仲裁规则》提供了一套具体的程序,使得当事人可以在进行快速仲裁时约定适用。一方面,《快速仲裁规则》旨在提高仲裁程序的效率,另一方面,维护正当程序原则以及公平待遇原则。为了避免造成歧义,《快速仲裁规则》第一条的脚注当中明确列举了《UNCITRAL 仲裁规则》的若干条款,这些条款在快速仲裁的语境下不具有可适用性。然而，当事人仍然保有灵活性，可以在双方合意的基础上对快速仲裁程序的具体细节做出安排。由此可见，快速仲裁规则是对仲裁规则的变通和更改，当事人的意思自治则可对快速仲裁规则进一步加以变通和更改。

《UNCITRAL仲裁规则》第1条第5款将《快速仲裁规则》以附件的形式并入整个仲裁规则之中。该条款的用语"在双方当事人如此约定时"，强调《快速仲裁规则》的适用必须建立在双方当事人明示同意的基础之上。具体而言，如果当事人仅约定适用《UNCITRAL仲裁规则》，并不能必然导致《快速仲裁规则》的适用，除非双方当事人一致同意适用《快速仲裁规则》，这实际上属于意思自治的opt-in模式。除此之外，按照《快速仲裁规则》的解释性说明，《快速仲裁规则》在投资仲裁中也具有可适用性，但仍然取决于双方当事人的约定。鉴于《快速仲裁规则》是《UNCITRAL仲裁规则》的附件，UNCITRAL《基于投资条约的投资者与国家间仲裁透明度规则》（以下简称《透明度规则》）将会适用于根据《快速仲裁规则》进行的投资者与国家间仲裁程序，其原因就在于《透明度规则》适用于根据《UNCITRAL仲裁规则》裁决的相关争端。然而，当事人可以通过反向的意思自治共同约定排除将《透明度规则》适用于他们之间的快速仲裁，这实际上属于意思自治的opt-out模式。

（三）《快速仲裁规则》的适用取决于当事人的协议

《快速仲裁规则》第1条规定，双方当事人的明示同意是快速仲裁规则适用的前提条件。当事人有权在任何时候约定适用《快速仲裁规则》，甚至是在争议已经产生之后，双方当事人仍可作出此种约定。至于约定的方式，可参照《快速仲裁规则》的示范仲裁条款。例如，当事人在《快速仲裁规则》生效（2021年9月19日）之前，已经按照《UNCITRAL仲裁规则》启动了仲裁程序，在《快速仲裁规则》生效之后，双方当事人仍然可以约定将他们的争议适用《快速仲裁规则》。类似地，一方当事人也可以向另外一方当事人提议，将他们之间已经启动的仲裁程序，改而适用《快速仲裁规则》。

那么，当事人在什么情况下更适合约定采用快速仲裁程序呢？对此，解释性说明第93段提供了一份非穷尽的清单，其中列明了若干因素，这些因素是当事人在选择《快速仲裁规则》时有必要考虑的，其中包括但不限于：

①解决争议的紧迫性；②交易的复杂程度以及所涉当事人的数量；③待解决争议的复杂性；④待解决争议的标的额；⑤根据预期仲裁费用的比例，当事人可用的资金来源；⑥案件涉及第三人加入或合并仲裁的可能性；⑦案件在《快速仲裁规则》第16条规定的时限内（6至9个月）作出裁决的可能性。

（四）当事人启动快速仲裁程序的方式

《快速仲裁规则》第4条规定了仲裁申请人启动仲裁程序的方式，这个条款更改了《UNCITRAL 仲裁规则》第3条第4款以及第20条第1款。特别是按照《UNCITRAL 仲裁规则》第3条第4款，有两个要素在仲裁通知中是选择性的，但按照《快速仲裁规则》，这两个要素是必须具备的，这两个要素就是仲裁员的指定机构以及指定的仲裁员。之所以这样做，目的是加速推进仲裁庭的组建。在仲裁通知中，申请人需要对仲裁员指定机构以及仲裁员的指定给出己方的提议。而对于被申请人来说，他们需要在收到这种提议之日起15天内给出回复。

需要说明的是，在仲裁通知中对仲裁员的人选给出建议，并不要求直截了当地提出仲裁员的名字，而是说，当事人可以提供一份适格仲裁员候选人的名册/清单，或者资质要求，或者当事人用于选定仲裁员的机制。在那些不是独任仲裁员而是多位仲裁员共同参与的快速仲裁中，这种规定仍然适用。除此之外，《快速仲裁规则》第四条第二款要求申请人就其仲裁请求进行沟通。事实上，这对《UNCITRAL 仲裁规则》第20条第1款进行了更改，后者允许仲裁请求陈述可以在一段时期内进行沟通，并最终由仲裁庭决定。

（五）当事人申请快速仲裁需要提交的材料

简单来讲，在启动快速仲裁程序时，申请人需要在仲裁通知以及仲裁请求陈述中包含以下内容：

①被提交至仲裁解决的争议及具体要求。

②双方当事人的名称以及联络信息。

③被援引的仲裁协议。

④引发争议的或者与争议有关的合同或其他法律文件及其副本，不存在此类合同或文件时，需要提供相关法律关系的简单描述。

⑤对仲裁请求的简单描述以及争议所涉金额的陈述。

⑥申请人所主张的救济。

⑦如果当事人事先没有达成一致意见，则需要提供关于仲裁语言以及仲裁地的建议。

⑧如果当事人事先没有达成一致意见，则需要提供关于指定机构或委任机构的意见。

⑨关于选任仲裁员的提议。

⑩陈述支撑仲裁请求的事实基础。

⑪争议焦点。

⑫支持仲裁请求的法律依据或己方观点。

⑬其他与案件相关的所有法律文件或证据。

三、国际商事仲裁快速程序的创新与发展

（一）快速仲裁程序中仲裁庭的组成方式

按照《快速仲裁规则》第 8 条至第 10 条之规定，双方当事人可以共同选择仲裁员或者共同选定仲裁员的指定机构，如果双方当事人没有对仲裁员的人选或者仲裁员指定机构达成一致意见，或者在收到选定指定机构的提议后 15 天内没有给出答复，则常设仲裁法院（Permanent Court of Arbitration, PCA）的秘书长将作为默认的仲裁员指定机构。依据《快速仲裁规则》第 7 条，原则上快速仲裁程序中的仲裁庭由一名独任仲裁员组成，但是如果双方当事人明确约定要一名以上的仲裁员，则当事人的意思自治将得到尊重并予以优先考虑。至于合议仲裁下每一位仲裁员的选任方式，鉴于《快速仲裁规则》没有作出具体的专门规定，应当适用《UNCITRAL 仲裁规则》的相关条款。

（二）《快速仲裁规则》赋予仲裁庭广泛的自由裁量权

《快速仲裁规则》第 2 条第 3 款强调了赋予仲裁庭的自由裁量权，这意味着仲裁庭可以充分运用广泛的技术手段来进行仲裁程序。其中包括与双方当事人的通信以及协商、开庭。该条款还提到了协商以及开庭可以在没有物理接触的情况下展开，这也就允许仲裁程序的参加人位于不同的地理位置。需注意的是，在《快速仲裁规则》中规定了仲裁庭有权利使用技术手段，并不

等于只有在快速仲裁中可以使用广泛的技术手段。这条规则的初衷是协助仲裁庭改良仲裁程序，防止不必要的拖延和降低仲裁的费用成本，而这些恰恰符合快速仲裁的目标。应当注意的是，仲裁庭在使用技术手段时需要赋予双方当事人公平的对待、给予各方合理的机会，使之能够充分陈述案件，提出抗辩意见。除此之外，依据《快速仲裁规则》第 11 条，开庭审理并不是必需的，如果当事人所提交的书面材料足够充分，仲裁庭有权力决定不进行开庭审理，而是在书面审理的基础上对争议加以裁断。

（三）快速仲裁的审理期限

与 ICC 等其他仲裁机构设计的快速仲裁规则相似，UNCITRAL 制定的《快速仲裁规则》也为快速仲裁程序的进行设定了紧迫的审限。原则上，快速仲裁程序应当自仲裁庭组成之日起 6 个月内作出仲裁裁决。作为例外，仲裁庭可以视案情的特殊需要延长审限，但最多只能延长 3 个月。如果在审理期间仲裁庭意识到在规定的时限内审结案件存在较高的风险，打算在 9 个月的基础上进一步延长审限，此时必须征得双方当事人的一致同意。按照解释性说明，如果双方当事人无法就审限的再次延长达成合意，则仲裁庭可以提议不再适用《快速仲裁规则》。任何一方当事人也可以请求不再适用《快速仲裁规则》，从而将仲裁程序由快速仲裁程序转变为普通仲裁程序，进而适用《UNCITRAL 仲裁规则》继续进行仲裁。

《快速仲裁规则》解释性报告第 90 段特别指出，除非双方当事人另有约定，适用快速仲裁程序的仲裁庭应当在其所作出的裁决中阐述裁判理由，而这一点也是《UNCITRAL 仲裁规则》第 34 条第 3 款所明确要求的。由此可见，快速仲裁虽然追求高效解纷，但是高效并不能以牺牲公正为代价，仲裁庭仍然应当勤勉履职，并在裁决中阐明其裁定理由，不附具裁判理由的仲裁裁决是不可接受的。之所以作出此种规定，主要的考虑是：要求仲裁庭在裁决中说明理由，可以协助其作出更为审慎的决定，同时能够保障基本的公平，使当事人能够确认自己的观点得到了充分地考虑，无论自己的主张是被肯定还是否定，至少自己了解仲裁庭之所以如此裁判的根据所在。

（四）快速仲裁的退出机制

如前所言，《快速仲裁规则》的适用和快速仲裁程序的启动建立在当事人合意的基础上。相应地，在当事人合意的基础上，《快速仲裁规则》也可能停止适用，并导致快速仲裁程序转化为普通仲裁程序。具体而言，《快速仲裁规则》第 2 条第 1 款允许当事人在仲裁程序进行的任何时候约定不再适用《快速仲裁规则》。除此之外，依据《快速仲裁规则》第 2 条第 2 款，在一方当事人的单方面请求下，如果案件涉及特殊情况，仲裁庭也可以在听取双方当事人意见的基础上决定不再适用《快速仲裁规则》。将这两个条款联系起来可以发现，快速仲裁程序的退出机制包括"依合意退出"与"依一方当事人的申请退出"，对于后者，需要进一步考虑案件的情况并听取对方的意见。对此，解释性说明第 13 段指出，在只有一方当事人申请退出快速程序时，仲裁庭在作出决定时需要考虑案件有关的各方面因素，例如，解决争议的紧迫性、仲裁程序所处的阶段、争议的复杂性、争议的标的额以及此种决定对仲裁程序的可能影响；等等。根据《快速仲裁规则》第 2 条第 3 款，当快速仲裁程序转换为普通仲裁程序后，仍然可以保留原有的仲裁庭，且仲裁程序可以继续按照《UNCITRAL 仲裁规则》进行。

《快速仲裁规则》代表了国际商事仲裁实践中日渐兴起的一种新趋势、新做法，快速仲裁程序以灵活性、高效性见长，但该规则根本上仍然取决于当事人的意思自治，这对于青睐临时仲裁、愿意定制仲裁程序的当事人尤其具有吸引力。可以说，快速仲裁程序虽然是一种"快车道"，但《快速仲裁规则》与《UNCITRAL 仲裁规则》均依托于当事人意思自治，这一点可谓殊途同归、异曲同工。只有双方当事人明示选择《快速仲裁规则》，该规则才具有可适用性。就快速仲裁程序的审限而言，《快速仲裁规则》采取了一种非常务实的做法，就是虽然允许延长审限，但是却设置了明确的限制，以免快速解决争议的目的落空。与此同时，《快速仲裁规则》不仅为快速仲裁程序设置了启动机制，还设置了退出机制，在无法继续开展快速仲裁时，仍然可以转换为按照《UNCITRAL 仲裁规则》进行的普通仲裁程序，避免了因一方当事人的不配合而使程序陷入"僵局"。对于仲裁从业者而言，应当特别注意《快速仲裁规则》的目标及当事人在选择适用快速仲裁规则时的意图和期望，尤其是当事人对于时间的基本预期。按照《快速仲裁规则》第 16 条，快速仲裁中仲裁庭原则上应当在组庭之日起六个月之内作出仲裁裁决。《快速仲裁规则》的附件包括了一个示范声明。按照这份声明，当事人可以请求仲裁员增加他们关于独立性的陈述。示范声明突出强调了仲裁员应当勤勉履职，尽可能以高效的方式推进仲裁程序，在规定的时限内且在保质保量的基础上，尽可能以最短的耗时达到争议解决的目标。

第四节　国际商事仲裁中的弃权规则及其适用

弃权规则在国际商事仲裁理论与实践当中具有独特的意义，该规则不仅符合诚实信用原则这一程序法的基本准则，而且契合商事仲裁中的当事人意思自治原则。在仲裁协议的执行阶段、仲裁程序进行期间、仲裁裁决作出之后，都可能出现可能程序不当的情形，都可能影响到仲裁管辖权的确立、正当程序的事项以及裁决的司法确认。对于程序瑕疵，当事人应当及时地提出异议，如果有证据显示当事人在明知或者应当知道存在有悖于仲裁协议、仲裁规则或仲裁法的情况下，没有及时提出异议，将因此而丧失相应的异议权和救济权。《中华人民共和国仲裁法（修订）（征求意见稿）》（以下简称《仲裁法征求意见稿》）中增加了弃权规则，其必要性值得肯定。但是，为了使当事人及仲裁员更好地理解并运用弃权规则，有必要区分不同的可能情况对该规则所产生的法律后果，从而更好地督促当事人及时行使权利，整体上提升仲裁的效率。

作为解决国际争端的主要方式之一，仲裁对经济贸易的促进与发展起到了重要的积极作用。我国现行《中华人民共和国仲裁法》（简称《仲裁法》）颁布于1994年，并于2009年、2017年进行了部分条款的修正。2021年7月30日，中华人民共和国司法部公布了《仲裁法征求意见稿》，这意味着我国仲裁法将迎来第三次也是迄今为止最为重大的修订。《仲裁法征求意见稿》中的条文共计99条，相较于现行《仲裁法》而言，在条文数量上增加了19条，《仲裁法征求意见稿》文本的总字数较现行《仲裁法》增加了4 449字，增幅达到74%。这从一个侧面折射出《仲裁法征求意见稿》增加的条款数目虽然不多，但内容相对丰富。尤其值得一提的是，《仲裁法征求意见稿》第三十三条是新增条款之一，这一条款规定："一方当事人知道或者应当知道仲裁程序或者仲裁协议中规定的内容未被遵守，仍参加或者继续进行仲裁程序且未及时提出书面异议的，视为其放弃提出异议的权利。"事实上，该条款在国际商事仲裁立法及实践中并非首创，该条款被理论界称为"弃权规则"或"异议权放弃条款"①。在我国部分仲裁机构的仲裁规则中，早已有先见之明地规定了类似的条文，例如，2022年2月1日起施行的《北京仲裁委员会/北京国际仲裁中心仲裁规则》第三条即有类似的规定②。但是，将这一条款引入我国的仲裁立法之中尚属首次。故而为了使中国仲裁界更好地理解这一条款在国际商事仲裁中是如何被运用的，该条款确立的理据是否充分、适用的场合包括哪些，有必要对域外的相关法律与实践进行梳理与整合。就类型化分析而言，根据行为效果及弃权对象的不同，国际商事仲裁中的弃权规则主要涵盖三类，分别是当事人放弃向法院主张仲裁协议的权利规则、当事人放弃仲裁程序异议权的规则、当事人放弃仲裁裁决异议权的规则。鉴于该规则在仲裁程序的不同阶段发挥着不同的效果，本节将分别予以阐述，从而展现弃权规则在国际商事仲裁中予以适用的整体状况。

一、当事人放弃向法院主张仲裁协议的权利规则

就多元化纠纷解决机制的运用视角而言，鉴于仲裁与诉讼是互斥的解纷方法，有效的仲裁协议具有排除法院司法管辖权的效果，故而在订有仲裁协议的前提下，各方当事人便获得了将有关争议事项提交仲裁解决的权利，与此同时，也承担了不得就有关纠纷诉诸诉讼的责任。由此可见，当事人在仲裁协议下通过仲裁方式解决纠纷既是权利，也是义务。这背后的原理在于当事人达成的仲裁合意产生了妨诉抗辩效力，在争议发生后，各方应本着契约精神，严格秉持仲裁协议的约定，采取仲裁方式解决纠纷，而不应当背离仲裁协议，就涉案争议向法院提起诉讼。不过，弃权规则的存在为当事人逃避仲裁管辖、寻求司法解决提供了例外机制。从理论上讲，对仲裁权利的放弃包括明示弃权和默示弃权两种形式。前者是指双方协商一致解除、变更或撤销其已经达成的仲裁协议，从而使仲裁协议的妨诉抗辩效力在尚未发生效果

---

① Peter Gillies and Andrew Dahdal, Waiver of A Right to Arbitrate by Resort to Litigation: In The Context of International Commercial Arbitration, *Journal of International Commercial Law and Technology*, Vol. 2, Issue 4, 2007, p. 221.

② 该条规定："当事人知道或者理应知道本规则或仲裁协议中规定的任何条款或条件未被遵守，但仍参加或者继续参加仲裁程序且未对上述不遵守情况及时向本会或仲裁庭提出书面异议的，视为其放弃提出异议的权利。"

时便宣告终止；后者是指当事人虽然没有明示放弃自己的仲裁权利，但是当事人所采取的行为按照相关法律或仲裁规则具备弃权效果，从而事实上导致了当事人被认定为放弃仲裁权利，这也恰恰是实践当中容易产生分歧的重点[1]。就实践来看，对国际商事仲裁权的放弃主要包括三类情形。

第一，申请人未在法定的仲裁时效期限之内提起索赔，相关仲裁请求因逾期而导致仲裁庭丧失对涉案争议的属时管辖权。所谓时效，是指一定的事实状态在法定期间持续存在，从而产生与该事实状态相适应的法律效力的法律制度。在这一概念体系下，仲裁时效特指达成仲裁协议的争议双方当事人于一定期间不行使请求仲裁庭对其争议予以仲裁的权利，则丧失通过仲裁方式对其合法权利予以保护并对其争议予以解决的法律制度[2]。例如，《仲裁法》第七十四条规定："法律对仲裁时效有规定的，适用该规定。法律对仲裁时效没有规定的，适用诉讼时效的规定。"对于仲裁时效与诉讼时效之间的关系及其衔接机制，有学者作出了深入探讨[3]。再如，《英国仲裁法》第13条第1款规定："时效法同时适用于仲裁和诉讼程序。"由此可见，当事人如果在争议发生后不及时向仲裁机构或临时仲裁庭提出请求并行使仲裁权利，将会因此丧失就仲裁协议解决争议的胜诉权。

第二，当事人以自己对待仲裁的行为放弃了仲裁的权利。当事人意思自治是国际商事仲裁的基石，仲裁程序的顺利推进在很大程度上依赖于双方当事人的相互配合与通力协作。无论是仲裁程序的准据法及仲裁规则的确定，抑或仲裁庭的组建、证据开示、审理方式的确定，都需要双方当事人及时发表意见并积极行动[4]。根据相关法律及仲裁规则的规定，当事人拒绝配合、消极懈怠或蓄意破坏仲裁程序，将由此丧失相应的仲裁权利。尤其是如果被申请人经适当通知但拒绝出庭，将丧失通过口头方式向仲裁庭当面陈述和申辩的机会，申请人经适当通知而拒绝出庭，则很可能产生视同撤回仲裁请求的

---

[1] Catherine A. Kunz, Waiver of Right to Challenge an International Arbitral Award is Not Incompatible With ECHR: Tabbane v. Switzerland, *European International Arbitration Review*, Vol. 5, Issue 1, 2016, p. 125.

[2] 赵百丽：《论国际商事仲裁的提起仲裁时效问题》，《北京仲裁》，2005年第1期，第22页。

[3] 杨巍：《仲裁时效与诉讼时效衔接研究》，社会科学文献出版社2019年版，第1页。

[4] 杨玲：《国际商事仲裁程序研究》，法律出版社2011年版，第78页。

效果，可能导致整个仲裁程序的终止。各国仲裁立法及仲裁机构的仲裁规则大多就仲裁程序中的弃权规则作出了较为详细的规范和界定。例如，《瑞典仲裁法》第5条规定："当事人应被视为放弃援引仲裁协议以排除法院程序的权利，如果该当事人：①曾经反对申请仲裁；②未在适当的期限内委任仲裁员；③未在适当的期限内提供其应分担的对仲裁员报酬的担保。"除此之外，有些国家虽然没有在立法层面作出明确规定，但是在其国内法院的仲裁司法审查判例中也确立了相应的仲裁程序弃权规则。

第三，当事人以自己在法院的应诉行为放弃了仲裁的权利[①]。尽管仲裁协议具有排除法院司法管辖的效果，但是对法院而言，如果法院在受理当事人的诉讼请求之际未获知存在仲裁协议，而对方当事人又未及时地提出管辖权异议或提供仲裁协议，则难以苛求法院主动调查并寻求当事人之间是否另订有仲裁协议。故而，各国仲裁法普遍规定（见表2-4），在双方订有仲裁协议的情况下，如果一方当事人向法院提起诉讼，而另一方又未以双方存在仲裁协议为由对法院的管辖权提出抗辩，相反，却在诉讼程序中进行了实体答辩，或者在诉讼程序中向法院申请要求对方提供费用担保，则视为该另一方当事人以自身在法院的应诉行为放弃了仲裁的权利，而认同了法院的司法管辖[②]。事实上，《纽约公约》并未直接规定弃权规则，但该公约第2条第3款以间接方式确立了弃权规则[③]。根据该条款，当事人就诉讼所涉争议事项订有仲裁协议时，缔约国法院受理诉讼时应当依据一方当事人的请求，命令当事人将争议提交仲裁解决，但仲裁协议经法院认定为无效、失效或者无法执行的除外。该条款暗含了如果当事人没有援引仲裁协议并对法院提出管辖权异议，应视为当事人放弃了以仲裁方法解决争议的权利。换言之，即使法院面对《纽约公约》下的仲裁协议所涵盖的争议事项，但双方对于由法院行使司法管辖权

[①] Nilsson Johnson, Waiving The Tight to Arbitrate by Initiating Court Proceedings, available at: https://sccinstitute.com/media/37111/article_waiving-the-right-to-arbitrate-by-initiating-court-proceedings_nilsson_johnsson.pdf，最后访问日期：2021年8月5日。

[②] 钟澄：《论当事人因在法院实体答辩而丧失仲裁权利》，《仲裁研究》，2012年第2期，第1页。

[③] Sohlman Perry Homes, When is the Right to Arbitration Waived, available at: https://www.cooperscully.com/uploads/seminars/Sohlman-PerryHomes.pdf，最后访问日期：2021年8月6日。

均深信不疑,且无一提出管辖权异议,则法院没有义务要求当事人去仲裁①。

表 2-4　各国仲裁立法中关于当事人向法院援引仲裁协议时限的规定

立法名称及条款	与仲裁协议弃权有关的规定
1985 年制定、2006 年修正《联合国国际贸易法委员会国际商事仲裁示范法》(以下简称《示范法》) 第 8 条第 1 款	就仲裁协议的标的向法院起诉时,一方当事人在不迟于就争议实体提出第一次申述时要求仲裁的,法院应让当事人诉诸仲裁,除非法院认定仲裁协议无效、不能实行或无法履行
2005 年《马来西亚仲裁法》第 10 条	就仲裁协议的标的向法院起诉时,一方当事人在采取任何程序步骤前要求仲裁的,法院应让当事人诉诸仲裁,除非法院认定仲裁协议无效
1986 年《荷兰民事诉讼法典》第 1022 条第 1 款	法院受理的争议系涉及当事人已订立仲裁协议的事项,如果一方当事人在提出答辩前援引仲裁协议,则法院应宣布无管辖权,除非该协议无效
1986 年《葡萄牙仲裁法》第 21 条第 3 款	仲裁庭无管辖权的抗辩只能在就争议实质提出答辩之前提出,或者与答辩一起提出
1996 年《英国仲裁法》第 9 条第 1 款	如诉讼系针对仲裁协议的一方当事人提出(无论本诉抑或反诉),所涉及的事项依据仲裁协议应提交仲裁,该方当事人可向法院提出申请,要求法院中止就有关事项展开的诉讼程序
2019 年《印度仲裁与调解法》第 8 条第 1 款	就仲裁协议的标的向司法机关起诉时,一方当事人在不迟于其就争议实体提出第一次申辩时要求仲裁的,司法机关应让当事人诉诸仲裁
2019 年《瑞典仲裁法》第 4 条第 2 款	当事人必须在向法院第一次陈述案件的实体问题时援引仲裁协议。在事后援引仲裁协议的,除非该当事人有合法的理由且在该理由消失后立即提出,应为无效
2021 年《香港仲裁条例》第 20 条第 1 款	就仲裁协议的标的向法院提起诉讼时,一方当事人在不迟于其就争议实体提出第一次申述时要求仲裁的,法院应让当事人诉诸仲裁,除非法院认定仲裁协议无效、不能实行或不能履行

---

① 钟澄:《国际商事仲裁中的弃权规则研究》,法律出版社 2012 年版,第 26 页。

通过以上立法比较，不难发现，各国法律基本都对当事人向法院援引仲裁协议的时间点作出了规定。作为共性，这些立法的相关条款均禁止当事人在法院对涉案争议采取实质审理措施和程序步骤之后再援引仲裁协议来抗辩法院的管辖权。换言之，如果当事人在法院采取实质审理之前不及时提供仲裁协议并主张仲裁管辖权，则将视为放弃此种权利。类似地，我国《仲裁法》第二十六条规定："当事人达成仲裁协议，一方向人民法院起诉未声明有仲裁协议，人民法院受理后，另一方在首次开庭前提交仲裁协议的，人民法院应当驳回起诉，但仲裁协议无效的除外；另一方在首次开庭前未对人民法院受理该案提出异议的，视为放弃仲裁协议，人民法院应当继续审理。"由此可见，我国仲裁立法也对当事人向法院主张仲裁协议设定了时间节点，如果未能及时主张并行使此种权利，同样存在被视为弃权的风险。

二、当事人放弃仲裁程序异议权的规则

（一）程序异议权弃权规则的适用范围

对于任何一项国际商事仲裁程序，自启动之时直至仲裁程序宣告结束乃至作出裁决之后，当事人都可以对其中存在的程序瑕疵提出异议[1]。然而，相较于一方背弃仲裁协议向法院提起诉讼时对方放弃仲裁协议抗辩而言，仲裁程序进行过程中的弃权现象则更为普遍和常见。简言之，仲裁程序中的异议权放弃，指的是在国际商事仲裁进行过程中，一方当事人知道或理应知道仲裁规则或仲裁协议中规定的任何条款或情事未被遵守，但仍参加仲裁程序或继续进行仲裁程序而且不对此种不遵守情况及时提出书面异议的，则视为放弃异议权[2]。由此可见，异议权的放弃适用的前提是存在异议权，而仲裁程序的异议权，特指当事人对仲裁程序中所存在的瑕疵或不当情形提出反对和质疑，从而维护仲裁程序公正性以及己方利益的权利。为此，笔者总结了仲裁程序中所可能存在的各类情形，其中包括但不限于管辖、组庭、送达、证据处理、审理等各种情况（详见图2-1）。

---

[1] New York City Bar Association, Advance Waivers of Arbitrator Conflicts of Interest In International Commercial Arbitrations Seated In New York, available at: https://nyiac.org/wp-content/uploads/2013/01/NYC_Bar_AdvanceWaiversReport.pdf, 最后访问日期：2021年8月4日。

[2] 林一飞：《商事仲裁实务精要》，北京大学出版社2016年版，第182页。

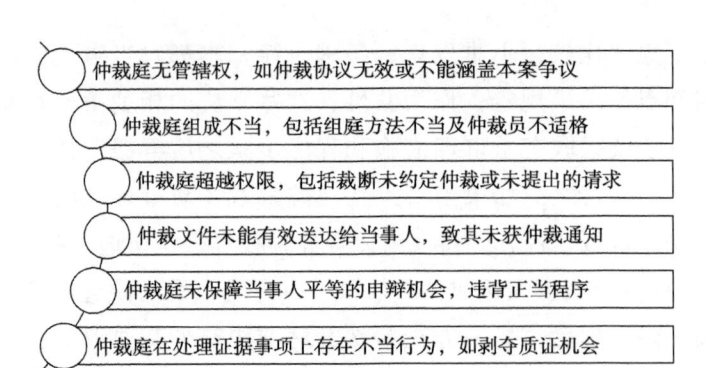

```
┌─ 仲裁庭无管辖权,如仲裁协议无效或不能涵盖本案争议
├─ 仲裁庭组成不当,包括组庭方法不当及仲裁员不适格
├─ 仲裁庭超越权限,包括裁断未约定仲裁或未提出的请求
├─ 仲裁文件未能有效送达给当事人,致其未获仲裁通知
├─ 仲裁庭未保障当事人平等的申辩机会,违背正当程序
└─ 仲裁庭在处理证据事项上存在不当行为,如剥夺质证机会
```

图 2-1　仲裁程序中可能存在的各类不当情形

那么,在国际商事仲裁程序中,究竟哪些权利构成弃权规则的适用范围?是否所有的程序异议权均可纳入弃权规则的适用对象?对此,学理上存在分歧:一种观点认为,基于诚实信用原则、禁反言原则、仲裁的高效性等考虑,弃权规则理应适用于各类程序异议权,只要当事人未在仲裁程序当中及时行使异议权,则不得在此后的程序中以此为由提出相关主张及抗辩[①]。由此,可以有力地督促当事人及时行使程序权利,以达到效率与公正的目标[②]。另一种观点则主张,并非仲裁程序中所有的权利均能被当事人所放弃,弃权规则的适用范围应仅限于能被当事人放弃的权利。言外之意,仍然存在某些权利是当事人所不能放弃的。从立法来看,部分立法对弃权规则适用的权利范围做出了限定(见表2-5),但是却并未明文述及或列举哪些权利属于不可弃权的范畴。

表 2-5　各国仲裁立法中关于当事人放弃程序异议权的规定

立法名称及条款	与仲裁程序弃权有关的规定
《示范法》第 4 条	当事一方如知道本法中当事各方可以背离的任何规定或仲裁协议规定的任何要求未得到遵守,但仍继续进行仲裁而没有不过分迟延地或在为此订有时限的情况下没有在此时限内对此种不遵守情事提出异议,则应视为已放弃其提出异议权利

---

① 钟澄:《禁止反言原则在国际商事仲裁中的适用》,《仲裁研究》,2013 年第 4 期;蒋滨:《仲裁程序呼唤诚信》,《北京仲裁》,2004 年第 3 期;王徽:《论"诚实信用原则"对仲裁协议效力的扩张》,《仲裁研究》,2015 年第 2 期。

② 王立、刘云鹏:《国际商事仲裁"异议权放弃条款"研究》,《北京仲裁》,2015 年第 1 期,第 100 页。

续表

立法名称及条款	与仲裁程序弃权有关的规定
1996年《英国仲裁法》第73条第1款	如仲裁程序一方当事人继续参加仲裁程序,而没有立即或在规定时限内对仲裁程序不适当进行或不符合仲裁协议约定等情形提出异议,则其后不得向仲裁庭或法院提出此类异议
1998年《德国民事诉讼法》第1027条	本编任何可被当事人放弃的规定或仲裁程序的任何被约定的条件没有被遵守而继续进行仲裁,当事人一方对此不及时或不在规定期限内提出异议,则不得在其后对此提出异议。此前未知悉前述不符点的除外
2003年《日本仲裁法》第27条	除非当事人另有约定,有关仲裁程序,若一方当事人知悉本法任何规定或当事人约定的仲裁程序规则未被遵守,却未对此及时提出异议(如果规定了提出异议的期限,则在此期限内),则该方当事人应被视为放弃其异议权
2019年《瑞典仲裁法》第34条第7款	如果非因当事人的过错而在仲裁程序中出现了可能影响案件结果的不规范情况,对方当事人参加仲裁程序且未对不规范情况提出异议或采取其他措施,则应被视为放弃对不规范情况提出异议

（二）程序异议权弃权规则的适用条件

相比之下，如果说当事人在法院诉讼程序中放弃对仲裁协议的援引主要对仲裁与司法的关系产生影响，那么，当事人在仲裁程序中对异议权的放弃则主要围绕仲裁自身管辖权的合法性、仲裁员的独立性与公正性、仲裁程序的正当性而开展，而这些程序性问题不仅规定在国际公约和国内仲裁立法中，也体现在仲裁规则中[①]。在进入仲裁程序后，当事人的行为以及仲裁庭的活动要先受到仲裁规则的规制[②]。仲裁规则的主要作用是规范当事人、仲裁员、仲裁机构及其工作人员在仲裁程序中的权利与义务、行为与方向，从而为仲裁程序的顺利进行提供一套行之有效的行为准则。就内容而言，仲裁规则主要涵盖如何提出仲裁申请、仲裁答辩及反请求，仲裁员如何指定，仲裁庭如何

---

① Evangelos Vassilakakis, The Challenge of the Arbitrator and Its Impact on the Functioning of the Arbitral Tribunal, *Czech（and Central European）Yearbook for Arbitration*, Vol. 4, 2014, p. 249.

② Leila Soltani, A Study on Challenge and Dismissal of Arbitrator Under Iranian Law and International Conventions, *Mediterranean Journal of Social Sciences*, Vol. 7, No. 5, 2016, p. 193.

审理，裁决如何作出，仲裁费用如何收取等细节问题。一般而言，一国仲裁机构的仲裁规则在制定时通常要注重与该国仲裁法的规定相互协调①。例如，《联合国国际贸易法委员会仲裁规则》第 30 条规定："如本规则规定的任何条款或任何条件未被遵行，而当事人一方明知其不符合规定的情况但仍参加仲裁并未对此表示反对意见时，应认为已放弃其反对的权利。"不过，有些仲裁规则并未对放弃仲裁程序异议权作出规定，此时，如果仲裁地的法律作出了规定（见表 2-6），当事人仍然应予遵守。

表 2-6　仲裁规则中关于当事人放弃程序异议权的规定

仲裁规则及条款	与仲裁程序弃权有关的规定
2024 年《中国国际经济贸易仲裁委员会仲裁规则》第十条	一方当事人知道或理应知道本规则或仲裁协议中规定的任何条款或情事未被遵守，仍参加仲裁程序或继续进行仲裁程序或经有效通知无正当理由缺席审理而且不对此不遵守情况及时地、明示地提出书面异议的，视为放弃其提出异议的权利
2016 年《新加坡国际仲裁中心仲裁规则》第 41 条第 1 款	对于未遵守本规则、任何适用于仲裁程序的其他规则、任何仲裁庭的命令或者仲裁协议对仲裁庭组成和与仲裁程序的任何要求的情形，如当事人未及时提出异议，仍继续进行仲裁程序的，应当视为当事人已放弃提出异议的权利
2017 年《瑞典斯德哥尔摩商会仲裁院仲裁规则》第 36 条	在仲裁程序进行过程中，对于未遵守仲裁协议、本规则、任何适用于仲裁程序的其他规则的情形，如当事人未及时提出异议，仍继续进行仲裁程序的，应当视为当事人已放弃提出异议的权利
2018 年《香港国际仲裁中心机构仲裁规则》第 32 条第 1 款	当事人知道或理应知道未按本规则（包括仲裁协议）的规定或由其引发的要求行事，但仍继续参与仲裁而未立即提出异议的，应视为已放弃提出异议的权利
2022 年《北京仲裁委员会仲裁规则》第三条	当事人知道或者理应知道本规则或仲裁协议中规定的任何条款或条件未被遵守，但仍参加或者继续参加仲裁程序且未对上述不遵守情况及时向本会或仲裁庭提出书面异议的，视为其放弃提出异议的权利

---

① 程德钧、王生长、康明：《国际惯例与涉外仲裁》，中国青年出版社 1993 年版，第 198 页。

续表

仲裁规则及条款	与仲裁程序弃权有关的规定
2020年《伦敦国际仲裁院仲裁规则》第32条第1款	如果一方当事人明知仲裁协议的任何规定未得到遵守,却未立即就该未遵守事宜向办案秘书(仲裁庭组庭前)或仲裁庭(仲裁庭组庭后)提出异议而继续进行仲裁的,应被视为已不可撤销地放弃了其为所有目的提出异议的权利
2021年《国际商会仲裁规则》第40条	当事人对本规则或适用于程序的其他规则,仲裁庭的任何指令,或者仲裁协议中有关仲裁庭组成或进行程序的任何要求违背遵循的情事没有表示异议,而继续进行仲裁程序的,视为已经放弃异议权

结合相关仲裁规则及立法,在学理上总结并概括构成仲裁程序异议权放弃的基本条件,具体包括:第一,所涉及的行为人可以对此类权利的放弃提出异议,换言之,弃权规则适用的对象必须是可被放弃的权利;第二,仲裁程序中存在的不当行为已经为当事人所知悉,当事人在事实上曾经有机会提出异议;第三,当事人在知悉此类不循规行为后,仍然继续参加仲裁程序;第四,当事人虽有提出异议的机会,但由于自己的原因,未提出异议或者未在法律或仲裁规则规定的合理期限内及时地提出异议。

(三)程序异议权弃权规则适用的判定标准

实践中,当事人在仲裁程序过程中采取的行动不乏机会主义色彩,这也往往构成其提出异议的牵绊。具体而言,实践中经常存在此类情况:一方当事人已感知到仲裁程序存在瑕疵,或者仲裁员在处理有关争议的过程中存在背离正当程序的情况,但是他却并不立即提出异议,而是待仲裁裁决作出后再决定如何行动,一旦仲裁裁决对己有利,则不再就有关程序瑕疵提出异议,一旦仲裁裁决对己不利,则在裁决作出后再以申请撤销或抗辩执行等方式提出异议[1]。殊不知,如果在仲裁过程中不对有关程序瑕疵现象及时提出异议,而是在仲裁裁决作出后才提出异议,很可能构成对仲裁程序异议权的放弃,从而面临异议无法得到支持的风险。换言之,事后救济的成本和风险远高于

---

[1] Jennifer Lawler, *Implied Waiver of Right to Challenge an Arbitral Award: An Analysis of the Swedish Approach in Comparison with the UNCITRAL Model Law*, Stockholms Universitet, 2015, p. 12.

事中救济，原因在于各国的商事仲裁立法与实践普遍认同司法应尽量弱化对仲裁的干预。除非情况明显必要，原则上法院不会直接介入仲裁程序，即使在裁决作出后的司法审查阶段，也尽可能减少对仲裁的否定。

三、仲裁裁决司法审查阶段当事人放弃异议权规则的理解与适用

（一）仲裁裁决异议权放弃规则的功能

鉴于仲裁当事人的权利贯穿于以仲裁方法解决国际商事争议的始终，不仅包括仲裁程序启动前依据仲裁协议获取的仲裁权、仲裁程序进行过程中的具体权利，还包括仲裁裁决作出后对存在问题的裁决的救济权。相应地，国际商事仲裁中的当事人弃权规则也涵盖了事前、事中、事后三个阶段。特别是如果当事人没有在规定时限内及时对仲裁协议或仲裁程序的瑕疵在先前程序中提出异议，此种异议权放弃的后果将影响仲裁裁决作出后的法院程序[①]。譬如，当事人明知某仲裁员存在违反独立性及公正性的情况，应毫不迟延地在仲裁程序进行中及时申请回避并提出异议。如果当事人未能提出，被视为构成弃权的后果不仅表现在当事人不能在此后的仲裁程序中对该名仲裁员提出反对意见，也不能以此为由向法院申请撤销或抗辩执行。相反，如果当事人在仲裁程序过程中即对仲裁员人选提出了反对意见并提供了相应的理由，即便回避请求未获得支持，该仲裁员继续参与仲裁程序，但当事人的异议权仍然得以保留并存续，他仍可在后续的仲裁司法监督中就仲裁员的不适格问题提出异议。由此可见，弃权规则对那些怠于行使权利的当事人而言具有惩戒色彩，且此种惩戒引发的程序后果对当事人可能形成致命打击，从而使弃权方在后续的程序中丧失以此为由就仲裁裁决申请撤销或抗辩执行的权利。特别应当注意的是，仲裁裁决撤销程序与不予执行程序能否互相形成弃权效果，取决于对二者功能的认识。作为共性，撤销和不予执行都属于法院介入仲裁从而对存在错误的仲裁裁决进行纠错和救济的方式，但是从当事人的角度来看，二者各有侧重。具体来看，撤销程序是仲裁裁决的败诉方通过积极、主动的行为向法院行使救济权而得以启动的，不予执行则是在仲裁裁决的执

[①] 高薇：《论仲裁异议权的放弃：德国法视角下的分析及相关司法实践》，《甘肃政法学院学报》，2010年第5期，第150页。

行过程中，胜诉方向法院寻求实现裁决所确立的权利时，败诉方作为一种抗辩，请求法院对存在错误的裁决加以"阻击"。对于仲裁程序中的败诉方而言，他们在面临已生效的错误裁决时，撤销程序犹如具有攻击效果的"矛"，不予执行则好比具有防御效果的"盾"，未主动提起撤销之诉，并不当然意味着在被动地应对执行程序时也无权提出抗辩。此外，仲裁裁决不予执行制度的适用主体明显比撤销制度更为开阔。近年来，为遏制虚假仲裁，我国已经通过司法解释的方式确立了案外人申请不予执行仲裁裁决制度，以此对仲裁当事人以外的案外主体提供一种救济渠道，但尚未允许案外人直接提起裁决撤销之诉①。假如当事人没有主动申请撤销裁决，或者没有在撤销程序中对某种情况提出异议，是否直接影响了后续的执行程序并构成执行程序中的异议权放弃，需要结合国际条约及各国的实践进行探讨。

（二）《纽约公约》视角下各国适用仲裁裁决弃权规则的实践分歧

依据《纽约公约》第5条第1款e项及第6条的规定，仲裁裁决撤销程序与执行程序虽然均为仲裁裁决作出后的救济机制，但二者具有一定的互斥性。此种互斥性具体表现在如果一方当事人向仲裁地法院申请撤销仲裁裁决，另一方当事人向其他国家或地区的法院申请执行仲裁裁决，通常情况下，执行程序应当暂时予以中止，待撤销程序作出决定后再决定是否继续予以执行，一旦仲裁裁决被仲裁地法院予以撤销，则被请求执行的法院可以拒绝执行该裁决②。那么，这就产生一个难以回避的实践难题：如果一方当事人没有在仲裁地法院提起裁决撤销之诉且没有在撤销程序中对仲裁协议、仲裁程序或裁决本身提出异议，那么是否意味着此裁决应当被纳入弃权规则的适用范围，从而无法在执行中以此类情形提出执行抗辩？对此，各个国家和地区的仲裁司法审查存在泾渭分明的两类观点。

鉴于《纽约公约》中并没有明文规定当事人未在撤销程序中提出的异议即构成弃权，故多数国家和地区在实践中并没有将撤销程序中未提出的异议

---

① 宋连斌、陈曦：《仲裁案外人权利救济制度的反思与再造：从案外人申请不予执行仲裁裁决制度切入》，《安徽大学学报（哲学社会科学版）》，2021年第2期，第89页。

② 作为常态的例外，也存在某些国家的法院对那些已被仲裁地法院撤销的仲裁裁决仍然予以承认并执行。桑远棵：《超越属地主义：已撤销仲裁裁决的承认与执行》，《武大国际法评论》，2020年第4期，第75页。

认定为构成对执行程序中提出此类异议的放弃，此即第一类观点①。例如，在帕利克托诉克洛克纳案②中，双方当事人在合同中约定发生争议提交中国国际经济贸易仲裁委员会进行仲裁解决。后当事人在履行合同过程中发生分歧，申请人将争议提交仲裁。在仲裁期间，涉及一份专家证人提交的证言，仲裁庭没有给予被申请人陈述和评论的机会。申请人胜诉后，向香港特别行政区法院申请执行该仲裁裁决，被申请人则以存在仲裁程序不当为由对裁决的可执行性提出抗辩。对此，申请人声称，对于仲裁程序的异议，被申请人应当在仲裁地的法院以申请撤销仲裁裁决的方式提起；如未在仲裁地法院提出此种异议则应视为弃权，不应在仲裁裁决执行程序以此主张抗辩。对此，香港高等法院的法官指出，《纽约公约》并未确立这种弃权规则，当事人对仲裁程序中发生的不当情况如有异议，既可以在仲裁地法院的裁决撤销程序中提出，也可以在仲裁裁决跨境执行程序中主张。换言之，未以程序违规为由及时申请撤销裁决，并不构成对仲裁裁决执行抗辩的异议权放弃。无独有偶，在河北进出口公司诉普力泰案③中，香港法院同样指出，仲裁地法院所行使的裁决撤销审查权与执行地法院所行使的执行审查权虽均为裁决的司法救济及纠错机制，但二者是相互独立的程序，不存在当事人未在其中一项程序提出异议便放弃在另一项程序中提出异议的规则，执行地法院没有必要去考虑仲裁地法院作出了何种认定。在斯马特诉赛肯特案④中，加拿大魁北克省上诉法院指出，被申请人未在仲裁裁决撤销程序中提出的异议，可以在执行程序中予以提出，作为抗辩裁决执行的理由。

与此相反，在其他国家和地区，确有将撤销程序中未提出异议视为执行程序中亦不能提出此类异议的弃权规则存在，德国即为典型代表。1998年《德国民事诉讼法》第1060条第2款规定，如存在仲裁裁决撤销理由，但反对裁决执行的当事人未在规定时限提出撤销申请或撤销申请被驳回的，则不得再以此类理由抗辩执行。

---

① 钟澄：《论德国法中拒绝执行仲裁裁决的特殊要求：是否必须先以相同理由申请撤销?》，《北京仲裁》，2011年第3期。
② Palikto Investment Ltd v. Klockner East Asia Ltd., [1993] 2 HKLR 39.
③ Hebei Import & Export Corp. v. Polytek Engineering Ltd., [1999] 2 HKC 205.
④ Smart Systems Technologies Inc. v. Domotique Secant, [2008] 9 CQC 57.

不过，该条弃权规则主要适用于在德国作出的国内裁决。对于外国仲裁裁决的承认与执行，德国法院的审查依据主要是《纽约公约》，由此便涉及仲裁地法院的司法审查权与德国法院作为执行地的司法审查权之间的碰撞与协调。实践中，对于外国裁决的撤销程序与执行程序是否存在互为弃权的适用余地，不无争议。在巴伐利亚高等法院审理的一则案件中，俄罗斯公司与德国公司签订了煤砖购销合同，因合同中订有仲裁条款，在发生争议后，俄罗斯公司将争议提交至俄罗斯联邦工商业协会仲裁院进行仲裁。而后该案件在莫斯科进行开庭，德国公司未参加庭审。仲裁裁决作出后，俄罗斯公司向德国法院申请执行，但德国公司以没有得到仲裁通知以致其未能参与陈述申辩为由主张程序不当，裁决应不予执行。俄罗斯公司则声称，德国公司未在仲裁地法院以程序不当为由申请撤销，故应视为弃权，亦不得在执行程序中提出此类异议。但德国法院最终未适用弃权规则，而是认定因被申请人未得到适当通知和陈述申辩机会，故裁决应拒绝执行。法官特别强调称："尽管在一些案例中法官不断援引 1980 年旧版《德国民事诉讼法》第 1044 条第 2 款，但必须说明的是，现在只能依据 1998 年新版《德国民事诉讼法》第 1061 条及《纽约公约》。"类似地，在另一则由石勒苏益格高等法院审理的案件中，法院再次申明，不能因为当事人未在仲裁地法院提起裁决撤销之诉，便认定为其放弃并丧失在德国法院以仲裁协议无效抗辩执行的权利①。

与此相反的是，在另外一些案件中，德国法院在审查外国仲裁裁决承认与执行申请时，认定如果当事人未在仲裁地所在国的法院申请撤销或者未在撤销程序中提出相关异议，则构成异议权的放弃，当事人将丧失在执行程序中以此类异议为由主张抗辩的机会。例如，在德国柏林高等法院审理的案件中，当事人向法院申请承认并执行由白俄罗斯工商业协会国际仲裁院作出的仲裁裁决，被申请人抗辩称，参与审理本案的仲裁员之一与对方当事人的律师存在私人关系，故而存在偏私，欠缺独立性和公正性。但法院认为，对于仲裁员独立性及公正性的质疑，当事人应当先行用尽仲裁地的救济途径，只有用尽当地救济后无法得到解决时方应由执行地的法院予以裁断。鉴于被执行人没有在白俄罗斯的裁决撤销之诉中提出仲裁员异议，故其不得在事后的

---

① 钟澄：《国际商事仲裁中的弃权规则研究》，法律出版社 2012 年版，第 196 页。

执行程序中再以此为由而反对裁决执行。在卡尔斯鲁厄高等法院审理的案件中，当事人向法院申请承认并执行乌克兰工商会国际商事仲裁院作出的仲裁裁决，被申请人抗辩称，仲裁程序违反正当程序，故法院应拒绝执行涉案裁决。该案法官认为，被申请人无权援引那些没有在乌克兰法律规定的期限内提出的异议，德国法院拒绝承认及执行乌克兰裁决的法定事由只有在当事人未超出仲裁地法律规定的期限内提出方可纳入考虑。事实上，尽管《纽约公约》第5条本身没有确立禁反言原则，但该公约第7条第2款规定了更优惠权利条款①。故而，德国法院有权基于德国国内法律的规定，以更有利于裁决执行的宗旨作为落脚点，就拒绝承认及执行外国裁决设定更严格的抗辩标准，以仲裁地立法对于时限的规定据以判定异议权放弃规则的适用。基于此，法院最终认定被申请人的执行抗辩理由因构成弃权而不成立，涉案裁决应予承认并执行。

（三）仲裁裁决异议权放弃规则背后的跨国程序协调

对于仲裁裁决作出后弃权规则的适用范围及其限度问题，归根结底体现的是在国际商事仲裁语境下仲裁裁决撤销程序与仲裁裁决执行程序二者的交叉与协调。如前所述，当事人未在仲裁地法院提起裁决撤销之诉，或者在仲裁地的裁决撤销程序中未提出某项异议，是否意味着其放弃了异议权，从而在另一国的裁决执行程序中亦不能提出此类异议？一方面，不仅各国的做法存在显著差异，即便在同一国家内部（如德国）不同法院之间对此也不无分歧。事实上，撤销与不予执行虽然均作为仲裁裁决司法审查的途径，但二者不仅功能各异、程序有别，在法律效果上也存在实质区别，前者从根本上否定了裁决的既判力，后者则仅仅阻断裁决在法院地的执行力②。另一方面，无论是国际通行的《示范法》抑或各国的仲裁立法，它们对裁决撤销与不予执行二者确立的法定事由具有较强的相似性，恰恰是这一原因给弃权规则的适用提供了空间。换言之，如果两类程序适用不同的法定事由，似乎并不存在某一异议未在其中一项程序提出即构成对另一项程序的弃权，但实际情况是，无论

---

① 黄亚英、李薇薇：《论1958年〈纽约公约〉中的"更优权利条款"》，《法学杂志》，2000年第2期，第9页。
② 张卫平：《现行仲裁执行司法监督制度结构的反思与调整：兼论仲裁裁决不予执行制度》，《现代法学》，2020年第1期，第116页。

是撤销抑或不予执行，主要是围绕着仲裁协议无效、仲裁程序违法、仲裁员缺失独立性及公正性、争议事项不具备可仲裁性、裁决违反公共政策展开[①]。

在弃权规则的适用方面，笔者的理解是，首先需要明确一点，并不是两类程序重叠交叉的所有审查事由都有可能构成弃权。相较之下，仲裁协议效力认定、仲裁程序不当、仲裁员公正性缺失、仲裁庭超裁等属于当事人可自由处分并决定是否向法院提出异议的情况，这些可以被纳入弃权规则之内。但是，在公共政策、可仲裁性这些事关仲裁合法性的基本命题方面，各国的法律冲突较为剧烈且即便当事人未提出此类抗辩，被请求承认及执行的法院亦应当依据《纽约公约》第5条第2款予以主动审查，故不应将此类事由纳入仲裁裁决异议权放弃的范围之内。

其次，如果扩张解释弃权规则的适用范围，很可能导致的结果是当事人为了避免被判定为弃权，使相关异议能够在未来的执行程序中提出，当事人将率先在撤销程序中不假思索地提出各种或可能成立或根本不可能成立的异议，以增加成功挑战仲裁裁决的概率。这种情况固然可以脱离被认定为弃权的风险，但是这却从另一个层面上为法院设定了滥诉难题，其未必符合法经济学的基本要旨。故而，弃权规则的适用范围不宜过宽亦不宜过窄，如何将其限定在合理且必要的程度之内，有待慎思。

最后，撤销程序与执行程序分属于不同国家时，尤其是仲裁地和执行地位于不同国家时，涉及两类跨境平行的司法审查程序间的协调，此时就要考虑到审理执行程序法院是否需要让位于另一国法院正在进行中的撤销程序，即法院的执行审查及执行措施是否因当事人在另一国启动撤销程序而进入诉讼中止状态。有学者已经试图对此展开相应的研究，并注意到依据《纽约公约》第6条，在两类程序同时出现时，仲裁地法院在管辖方面具有优先性，但执行地法院在决定是否中止执行程序及是否要求当事人提供担保方面具备裁量权[②]。也有学者认为，不予执行与撤销程序的共存实际上构成了对仲裁裁决的双重监督，由于其监督事由高度重合，很有可能导致在不同国家的法院

[①] 史飚：《仲裁裁决司法审查制度的完善》，《山西财经大学学报》，2004年第2期，第133页。
[②] 陈挚：《〈纽约公约〉体系下仲裁司法审查程序的冲突与协调：〈纽约公约〉第6条为视角》，《武大国际法评论》，2019年第3期，第47页。

得出完全相反的结论,故全面废除仲裁裁决撤销制度或有可能消解此种冲突。从可行性来看,废止撤销制度后,对于不予执行所无法涵盖的制度功能,是否又需要寻求其他的替代制度①?在不同国家的法院就当事人提出的同一种异议(如仲裁违反正当程序)得出截然相反的结论时,是否有可能因私人商事争议引发各国法院司法审查权的抵触?实践中,已撤销仲裁裁决在其他国家的法院得到执行的情况已受到关注,这在很大程度上揭示了此种冲突的升级②。概言之,此种跨国仲裁司法审查程序间的博弈内生于当事人意思自治这一仲裁基本理念,但在解决实践困境方面还要更加谨慎地考虑法律秩序间的协调。

四、中国现行《仲裁法》中的弃权规则及其完善方向

相比于其他国家的仲裁立法以及商事仲裁规则的国际趋势,我国现行《仲裁法》仅对仲裁管辖权异议的默示放弃有所涉及,对于仲裁程序异议权的放弃、仲裁裁决异议权的放弃则缺乏明确的规范。事实上,我国《仲裁法》框架下,申请撤销与不予执行仲裁裁决适用"双层双轨制",即撤销与不予执行是相互独立的两套程序,同时又明确区分涉外裁决的监督与非涉外裁决的监督。2023 年修订《民事诉讼法》后,无涉外因素的国内仲裁裁决的撤销条件与不予执行条件得以并轨,二者虽然分别规定于《仲裁法》第五十八条与《民事诉讼法》第二百四十四条,但在审查理由上已经实现统一③。2006 年《最高人民法院关于适用〈中华人民共和国仲裁法〉若干问题的解释》(以下简称《仲裁法司法解释》)第二十六条规定:"当事人向人民法院申请撤销仲裁裁决被驳回后,又在执行程序中以相同理由提出不予执行抗辩的,人民法院不予支持。"由此,如果当事人在撤销程序中提出了相关异议,但未获支持,在此后的执行程序中则不得再以已被否决的异议提出抗辩。不过,该司

---

① Albert Jan van den Berg:《仲裁裁决撤销制度应被废除吗?》,傅攀峰译,《北京仲裁》,2018 年第 1 期,第 1 页。
② 肖永平、廖卓炜:《已撤销仲裁裁决在美国的承认与执行》,《经贸法律评论》,2019 年第 2 期,第 49 页。
③ 宋连斌:《司法与仲裁关系的重构:"民诉法"有关仲裁新规定之解析》,《仲裁研究》,2013 年第 3 期,第 8 页。

法解释仍然未曾回应立法的疏漏,对于撤销程序中未提出的异议或者当事人未曾提起撤销之诉,是否应受到弃权规则的钳制?当事人还能否在后续的执行程序中提出有关异议?为此,笔者认为,鉴于《仲裁法》及《仲裁法司法解释》没有明文纳入弃权规则,较为合理的解释是我国在制度层面并未确立裁决异议权的放弃,故不应否认当事人在执行程序中的异议权。相比之下,在本次出台《仲裁法征求意见稿》中,第三十三条明确规定:"一方当事人知道或者应当知道仲裁程序或者仲裁协议中规定的内容未被遵守,仍参加或者继续进行仲裁程序且未及时提出书面异议的,视为其放弃提出异议的权利。"这既是对国际上普遍认可的仲裁弃权规则的引入,也是对我国国内部分仲裁规则中已有条款及仲裁实务经验的提炼,对于督促当事人及时行使权利,在仲裁程序中遵守诚实信用原则,具有重要意义。

在了解实然立法现状的基础上应当明确,在国际商事仲裁中引入异议权放弃有其必要性,而这也是国际商事仲裁制度的主流趋势。为了在仲裁的效率与公正价值之间寻求平衡,在充分尊重当事人意思自治原则的基础上强化诚实信用理念在仲裁中的贯彻实行,督促当事人及时行使异议权。从应然层面分析,在未来《仲裁法》的修改过程中,确有必要对弃权规则加以明文规定,从而弥补现行法的不足。具言之,对建立在有效仲裁协议基础上的仲裁管辖权的主张,以及对无效仲裁协议的抗辩,都事关争议究竟适合在法院抑或在仲裁中解决,故允许当事人适时提出相应的抗辩和异议。一方面,对于仲裁程序中其他具体权利的弃权期限,也有必要作出清晰的规定,并明确认定放弃异议权的构成要件和法律后果,规定当事人如以可默示放弃的异议作为抗辩仲裁程序和仲裁裁决的事由,必须以其在规定期限内提出过异议为条件[1]。另一方面,对参与仲裁程序的当事人而言,弃权规则的适用为当事人及时行使异议权敲响了警钟,在仲裁程序中行使异议权,切不可抱着机会主义心态,坐等观望[2]。相反,当事人及其代理人在面对可能存在的程序瑕疵时,应该当机立断,及早地提出有关异议,避免因弃权规则的适用而被剥夺或丧失相应的权利。

---

[1] 朱科:《异议权默示放弃制度之完善》,《人民司法(应用)》,2018年第7期,第90页。
[2] 董箫:《用好商事仲裁程序中的异议权》,《法人》,2017年第6期,第54页。

本章小结

以国际视野、世界站位、中国特色、首善标准为着力点，北京正大力推进国家服务业扩大开放综合示范区和自由贸易试验区建设，全力打造中国改革开放的"北京样板"，讲好深化改革开放的"北京故事"，为构建新发展格局作出"北京贡献"。

为了使网上仲裁的运作有健康的法治环境与法律保障，仲裁法必须"有所为，有所不为"。根据前述分析，现行《仲裁法》并不构成网上仲裁萌芽的"瓶颈"，但也同样未提供任何助力。在这方面，立法的功能并不仅狭隘地局限于消极地放任，而且应当从积极的意义上鼓励创新并有效规制其运作。电子商务的日渐成熟不仅代表着虚拟经济的繁荣，而且意味着服务业模式的创新。对网上仲裁在中国的构建与适用前景，同样有必要秉持"积极推动+逐步规范"的态度。在国际仲裁业市场竞争激烈的背景下，司法层面应理性把握"放"与"管"的平衡：前瞻性的引导能够为纠纷的妥当解决提供法治环境，而对于在线仲裁所折射出的弊病及程序瑕疵，也有必要进行适度地监督。就我国仲裁委员会而言，打造良性的商事争议解决新机制不能忽视现行法律框架及当事人仲裁合意的理念基础，网络仲裁规则的拟定必须处理好仲裁协议中电子签名的效力认定、电子证据规则的运用、仲裁地的确定、网上裁决的执行等实践细节。

国际商事仲裁程序自治与仲裁地程序法对仲裁的控制之间存在张力。但无论从国际立法规定还是从各国国内立法的主流趋势来看，仲裁程序自治都为各国仲裁立法所采纳。除当事人直接约定外，仲裁庭与仲裁规则的适用对仲裁程序自治的实现也有重要作用。当然，仲裁程序自治一般不可突破仲裁地及仲裁程序法强制性规则的底线，否则将无法获得有效裁决。本章先对国际商事仲裁在多元化争议解决机制中的地位作出了界定，而后在此基础上重点探讨了仲裁与调解相结合、在线争议解决、异议权放弃这三个问题，体现出当事人意思自治是决定仲裁程序如何安排的首要因素但并非唯一因素。特别是国际商事仲裁程序常常需要在效率与公平之间寻求适当的平衡，这是国际商事仲裁实现程序自治的必备要件。

第三章
北京更高水平对外开放中的外国法查明

本章提要

妥善解决涉外民商事审判中的外国法查明问题，不仅关系到冲突规范现实意义的实现，而且影响案件裁判结果的公正与准确性。我国的法律规范与对外缔结的国际条约为法院查明外国法确立了多种方法，相关立法堪称完备。但就我国涉外司法实践而言，现有实证研究均表明外国法查明制度的实施状况并不理想，中国法院所审理的绝大多数案件均依中国国内法裁判。造成外国法查明条款运转失灵的成因是多方面的，但适用外国法将增加诉讼成本的说法无法成立。除依赖当事人提供外国法或根据专家意见确定外国法内容外，国内外还有其他多元的查明方法。在北京推进更高水平对外开放的过程中，完善借助平台达成区域性查明外国法的合作机制，殊为必要。

第一节 涉外民商事审判中的外国法查明问题

一、研究意义与讨论范围

当一国法院的法官审理涉外民商事案件时，法官根据冲突规范的指引或依照当事人的选择，间或需要适用某一外国法作为审理案件的准据法。此时，法官必先采取特定的方式确定该外国法具体规范的内容，并对相关的外国法进行必要的解释才能予以适用。也正因为如此，法官能否查明案件所需适用的外国法的确切内容将直接决定一国冲突规范是否具有实效性，以及涉外案件当事人选择准据法的合意目的能否实现。换言之，如果负责审理涉外民商事案件的法官因主观或客观原因未能查实相关外国法的内容，或因法官法律适用失当，将直接架空冲突规范或当事人法律选择合意的存在意义。从这个角度分析，不管是基于何种学理基础认可外国法在某一特定涉外案件中的域外效力，归根结底，对一国冲突规范实施的成败最终取决于法官在程序上对外国法的处理方式。此外，国际私法中的其他传统制度设计，如公共秩序保留、反致、法律规避等，其有效运用也依赖对冲突规范所指向的实体法内容的认知。与此同时，暂且不论外国法所存在的语言文字障碍，即使外国法克服了语言难题，非在相关法域进行过长期的法律实践，要实现对某一法律体系的真正掌握是不现实的，更何况不同法域都存在一定的独特法律概念与法律方法，可见，"法官谙熟法律"这一法谚本身不能用于在现实中苛求法官熟知世界上所有国家的法律规定[1]。基于这种考虑，外国法查明或称外国法内容的确定，被视为国际私法中相对独立的一项关键问题，既具备充分的实践价值，又存在可供深入挖掘的理论意义。

具体来讲，现有的对外国法查明问题的研究成果，无论出于学理角度抑或实践角度，重点集中于以下六方面讨论：其一，在一国的涉外民商事诉讼程序中，究竟应如何准确定位外国法的性质，即外国法应被视为事实问题抑或法律问题？大陆法系与英美法系的法官在处理这一问题时向来存在分歧[2]。其二，在法官与案件当事人之间，谁负有查明外国法的主要义务？法官是否应当出于审判目的的实现，积极、主动查找该外国法的内容，抑或者法官不得逾越当事人据以请求和抗辩所依赖的外国法的范围？该问题不是简单的证明责任分配问题，也与各国诉讼模式的基础存在潜在关联，对抗制与纠问制

---

[1] 卢峻：《国际私法之理论与实际》，中国政法大学出版社1998年版，第71页。

[2] 除了英美法系与大陆法系之外，还有部分国家的法律实践在对外国法性质的界定上体现为混合性特征，例如，南非长期以来遵行普通法传统，将外国法视为事实问题，审理涉外案件的法官不主动查明外国法，而仅在当事人诉辩的基础上裁判，但自南非于1988年实施《证据法修正案》以来，实践中愈发突出外国法的法律属性，不仅要求法官进行司法认知，而且在外国法查明的问题上要主动为之（suo motu）。Christopher Forsyth, *Private International Law: The Modern Roman-Dutch Law Including the Jurisdiction of the High Courts*, fifth edition, Juta Publishers, 2012, p. 108-110.

下的庭审程序将导向不同的处理方案。其三，落实到微观层面，究竟可以采用哪些具体的方法和途径来查明案件所需适用的外国法的内容？其四，细化到标准层面，如何来判定某一外国法已经被准确查到，抑或尚且未查到，或所查到的外国法并不准确，所查找的外国法应达到何种程度？其五，当无法查明外国法时，法官应当如何处理案件？通常，法官不得以"法无明文规定"为由拒绝裁判，那么，据以审理该涉外案件的准据法又应当如何确定？其六，一旦确定法官在解释或适用外国法方面存在错误，当事人该寻求何种救济？上级法院可否对下级法院关于外国法的适用错误实施审查[1]？这一系列问题构成了国际私法中外国法查明制度具体落实的核心。

当然，从更宽泛及更深入的角度思考，一国法院如何在涉外案件中对待外国法，所涉及的讨论还将延伸至法律文化传统的冲突、域外制度及权利的承认甚至所查明的外国法是否符合法院地的宪法基础等边缘乃至外围问题。客观而言，中国法律研究者在这一问题上所面临的更为紧要的问题是如何立足于我国当下外国法查明实践现状并紧密结合现行规范基础，反思制度实施中所存在的现实问题并归纳其成因。在此基础上，通过借鉴国际上各国法院查明外国法的经验，提供适当且具备可行性的建议。因此，本节讨论将主要以制度优化与制度实施为中心，暂不讨论上述问题的外围环节。

二、我国现有关于外国法查明的规范基础

（一）国内法规范中关于外国法查明的规定

从法律规范来看，我国就外国法查明的立法呈现出具体规则由粗到细、规范位阶不断提升、重视程度日益提升的总体特征[2]。早在1988年，最高人

---

[1] Sofie Geeroms, *Foreign Law in Civil Litigation: A Comparative and Functional Analysis*, Oxford University Press, 2004, p.3.

[2] 有学者经过比较法角度的考察发现，虽然各复合法域国家及同一国家内部不同法域在处理域外法内容的查明问题上并不相同，但其存在共性，即在区际冲突法中对域外法查明问题的处理不同于国际私法中对外国法内容的查明。以澳大利亚为例，尽管在澳大利亚法律体系中通常将区际冲突法与国际冲突法视为同一类法律，但《澳大利亚州和地区的法律及案卷承认法》第3条规定，所有澳大利亚的联邦和州法院应在司法上认知所有澳大利亚州的法律，这不同于对外国法的查明主要依赖当事人提供的做法。黄进：《区际冲突法研究》，学林出版社1991年版，第187~190页。对中国而言，由于尚未建立起统一的区际冲突法制度，因此内地对港澳台法律的查明参照适用查明外国法的规定，对狭义的域外法与外国法未做严格区分。

民法院发布的《关于贯彻执行〈中华人民共和国民法通则〉若干问题的意见（试行）》（以下简称《民通意见》）第一百九十三条就对法官查明外国法时可以采用的途径进行了列举，主要包括但并不限于由当事人提供、由订立司法协助协定的缔约对方的中央机关提供、由我国驻该国的使领馆提供、由该国驻我国的使馆提供、中外法律专家提供等。且该条款明确如果经由上述途径均无法查明外国法的，作为"返家趋势"（homeward trend）的体现，中国法院应适用中国法来裁判该涉外案件。

2005年，最高人民法院发布《第二次全国涉外商事海事审判工作会议纪要》（以下简称《会议纪要》），其中第五十一条第一款不仅确立了由当事人主要承担查明外国法的任务，而且肯定了查明外国法方法的多元化，该款规定："涉外商事纠纷案件应当适用的法律为外国法律时，由当事人提供或者证明该外国法律的相关内容。当事人可以通过法律专家、法律服务机构、行业自律性组织、国际组织、互联网等途径提供相关外国法律的成文法或者判例，亦可同时提供相关的法律著述、法律介绍资料、专家意见书等。"此外，《会议纪要》第五十二条针对所查明的外国法内容如何进行质证进行了明确①。根据该第五十二条，如果当事人双方对所提供的外国法均无异议，则法院应当予以确认。有观点提出即使双方当事人对外国法的一致意见属于错误理解，法院亦"应当"予以确认，而不得再就外国法的内容主动予以查明，依据的基础在于2002年《最高人民法院关于民事诉讼证据的若干规定》第八条确立的"自认"②。但相反的观点则提到，证据法上的"自认"适用的对象是当事人所作出的对己方不利的陈述，但外国法的内容具有客观存在、可供确认的属性，不同于一般的当事人陈述，故法庭不宜单纯为了简化案件审理工作而适用明显与事实不符的外国法③。对该条款的解释，笔者认为应从民事诉讼证据运用的角度切入并加以分析，对外国法而言，当事人双方达成一致意见应

---

① 《会议纪要》第五十二条规定："当事人提供的外国法律经质证后无异议的，人民法院应予确认。对当事人有异议的部分或者当事人提供的专家意见不一致的，由人民法院审查认定。"

② 詹思敏：《域外法查明的若干基本问题探讨》，《中国海商法年刊》（第十四卷），大连海事大学出版社2004年版，第280页。

③ 王葆蒔：《论外国法查明的程序规制：兼评〈涉外民事关系法律适用法〉第10条的应用》，黄进、肖永平、刘仁山：《中国国际私法与比较法年刊》（第十五卷），北京大学出版社2013年版，第29页。

第三章
北京更高水平对外开放中的外国法查明

属于质证环节，对双方均无异议的证据，仍需经过法庭的审查与认可方可采信，因此当事人均无异议并不约束和排除法官对证据认定的权力。

2011年实施的《中华人民共和国涉外民事关系法律适用法》（以下简称《法律适用法》）第十条系首次将外国法查明的问题提升至立法条款加以正式规定，该条款与《会议纪要》的查明责任分配均存在微妙的不同。简言之，该条款确立了一般规则及其适用例外，通常应由司法机关或准司法机关主动依职权查明外国法，仅在例外的情形下（即当事人选择适用外国法时），才施加给当事人查明外国法的义务。但第十条第二款维持了中国最高人民法院一直以来的立场，即无法查明外国法时，应一概适用中国法裁判涉外案件。考虑到此种处理方式很可能间接纵容法官在查明外国法的工作中采取消极态度，进而适用中国法取而代之，这一点受到一定的质疑和批判。但2021年实施的《最高人民法院关于适用〈中华人民共和国涉外民事关系法律适用法〉若干问题的解释（一）》（以下简称《法律适用法司法解释（一）》）对消除上述质疑起到了正面的导向作用。《法律适用法司法解释（一）》不仅于第十五条首次明确了判定外国法无法查明的标准[①]，而且第十六条对《会议纪要》中关于外国法内容如何质证和审查的合理规定进行了确认和更新[②]。为了防范法官总是以无法查明外国法为借口而一味适用法院地法，第十五条要求法官尽可能穷尽各类查明方法，只有确信多重途径均查而不得的情况下，才能达到"无法查明"的认定标准，否则法官不得轻言无法查明[③]。同时，第十六条对2005年《会议纪要》第五十二条所产生的不同解释观点进行了澄清，即对于已经查到的外国法如何解释和适用，即使当事人双方均无异议，法官亦有权加以必要的审查。换言之，对当事人的一致意见，法院"可以"确认而非"应当"确认，毕竟，法律适用的裁量权限最终应保留在法官手中。

[①] 《法律适用法司法解释（一）》第十七条规定："人民法院通过由当事人提供、已对中华人民共和国生效的国际条约规定的途径、中外法律专家提供等合理途径仍不能获得外国法律的，可以认定为不能查明外国法律。根据涉外民事关系法律适用法第十条第一款的规定，当事人应当提供外国法律，其在人民法院指定的合理期限内无正当理由未提供该外国法律的，可以认定为不能查明外国法律。"

[②] 《法律适用法司法解释（一）》第十八条规定："人民法院应当听取各方当事人对应当适用的外国法律的内容及其理解与适用的意见，当事人对该外国法律的内容及其理解与适用均无异议的，人民法院可以予以确认；当事人有异议的，由人民法院审查认定。"

[③] Guangjian Tu, *Private International Law in China*, Springer Publishing, 2016, p. 48.

(二) 国际司法协助条约中关于相互提供法律信息的规定

除了前述国内立法与司法解释等规范性文件中确立的外国法查明途径，中国还通过对外缔结双边司法协助条约的方式，积极与其他国家开展相互协助提供外国法律信息的合作。截至2023年8月1日，中国已与37个国家签订了双边民事或商事司法协助条约，从司法协助的内容来看，除了在缔约方之间相互委托送达司法文书、调查取证、承认或执行外国法院判决与仲裁裁决外，相互请求并提供有关国内法律咨询、交流法律信息也是司法协助的重要工作①。

从中国已签署的这些双边民商事司法协助条约来看，关于外国法查明的规定可分为两类。第一类，在司法协助条约中概括地规定缔约方之间应当相互提供法律信息或资料，以及关于本国法律实践的其他必要信息。例如，我国对外缔结的第一份双边民商事司法协助条约，即1987年《中华人民共和国和法兰西共和国关于民事商事司法协助协定》第二十七条"交换情报"第一款规定："缔约一方应当根据请求向另一方提供关于本国现行的或者过去施行的法律的情报，以及关于本国民事、商事方面司法实践的情报。"再如2009年《中华人民共和国和巴西联邦共和国关于民事和商事司法协助的条约》第二十七条亦规定："双方应当根据请求，相互交换与实施本条约有关的本国现行法律或者司法实践的资料。"通过双边或国际条约所确立的途径查明外国法本应成为司法实践中查明外国法的有效途径，但我国最高人民法院从事涉外商事审判的法官研究发现，该途径并未得到司法实践的有效利用，其原因主要为烦琐的程序从整体上拉低了审判效率②。第二类，在司法协助条约中对相互查明外国法提供具体规定，但关于查明的方法与相互可提供的法律资料与信息的范围又有所不同。1987年《中华人民共和国和法兰西共和国关于民事、商事司法协助的协定》第二十八条对证明法律的方式进行了专门规定："有关缔约一方的法律、法规、习惯法和司法实践的证明，可以由本国的外交或领

---

① 司法部司法协助交流中心：《民商事司法协助概况》，http：//www.moj.gov.cn/sfxzws/node_219.htm，最后访问日期：2016年11月30日。

② 通常，如果某中国法院希望通过条约途径查询外国法，其需要将该请求及相关材料包括译文报至最高人民法院，由最高人民法院转交司法部，再由我国司法部转交至缔约对方所指定的中央机关，并由该中央机关转交给该国主管机关办理，之后按原途径反馈意见，这一程序的复杂性使得通过条约途径查明外国法的利用率较低。高晓力：《涉外民商事审判实践中外国法的查明》，《武大国际法评论》，2014年第1期，第335~336页。

事代表机关或者其他有资格的机关或个人以出具证明书的方式提交给缔约另一方法院。"1991年《中华人民共和国和意大利共和国关于民事司法协助的条约》第十五条规定:"缔约双方应相互提供诉讼所需的有关立法和判例方面的情报。"此外,中国同比利时、西班牙、摩洛哥、韩国、阿根廷签订的司法协助条约中还明确各缔约国分别指定中央机关作为相互传递获取法律信息请求的对外联络部门,在提出查明请求的同时,请求方要在请求书中载明案件性质、请求机关等具体信息①。

由上述分析可知,我国对外签订的条约与现行有效的国内法中并不缺乏对外国法查明的规定,相关的查明方法也并不单一。不过,法律的生命在于实施,对外国法查明的研究不应当局限在现行立法的分析与解释,必须考察外国法查明制度在司法实践中的运行状况。

三、外国法查明制度在我国司法实践中的实施状况及其成因分析

(一) 司法实践中外国法查明的实施状况

自从20世纪70年代末中国实施改革开放政策以来,涉外民商事交往日渐增多,相应地,中国法院所受理的涉外民商事案件数量呈现出只增不减的趋势。有学者以中国法院近五年所审理的涉外民商事案件为样本,概括出当前中国受理的涉外案件总体表现出如下特征:其一,就案件性质而言,涉外合同案件、海事海商案件、知识产权案件在中国法院所审理的全部涉外案件量中占据了绝大部分;其二,就案件适用的法律而言,在中国法院所审理的大多数涉外案件中都适用中国法,仅有极少部分适用了外国法、国际条约或国际惯例;其三,就法律选择方法而言,最密切联系原则与意思自治原则都得到了普遍采用;其四,就案件当事人而言,在中国法院所受理的涉外案件中,大多数案件是中方当事人起诉外方当事人,或中国内地的当事人起诉其

---

① 例如《中华人民共和国和比利时王国关于民事司法协助的协定》第十四条规定:"(一) 缔约双方中央机关应当根据请求相互提供本国的法律情报,以及本国民事方面司法实践的情报和其它法律情报。(二) 如缔约一方法院在审理民事诉讼案件中必须适用缔约另一方法律,可以通过双方中央机关请求该另一方提供必要的情报。(三) 如请求的内容影响到被请求一方的利益,或者被请求一方认为如作出答复可能有损其主权或安全,可以拒绝答复。(四) 缔约双方应相互尽速免费答复有关提供情报的请求,所答复的情报不得约束提出请求的机关。"

他法域的当事人，其中涉港澳台的区域案件在全部涉外案件中所占比例较高，双方当事人均为外国主体的涉外案件极少；其五，从地理分布来看，上海、北京、广东、江苏地区的法院在受理的涉外案件总量中占比明显，其他省份受案量极少①。

从上述中国法院审判的涉外案件实践分析来看，在中国受理涉外民商事案件数量整体增加的同时，各地区的情况不尽一致，为避免统计结果没有说服力，以涉外案件量集中的地区法院及最高人民法院处所获取的数据为基础进行讨论才能确保调研实践的针对性。有学者以北大法宝数据库为载体，通过详尽梳理2011年4月1日至2015年9月30日《法律适用法》实施四年期间我国法院所审理的各类涉外、涉港澳台民商事案件裁判文书中明确的法律适用情况，以实证研究的方法对上千件案例做了统计分析，结果显示适用域外法（包括国际条约、国际惯例、外国法、港澳特区立法、台湾地区规定）的案件比例尽管相较于《法律适用法》生效前有所改善，但在所有涉外案件中所占比例仍然极低，甚至不足6%②。这足以体现出当下我国外国法查明制度在实施中所暴露的难题，其成因并不能简单归结为相关法律规范的缺位。恰恰相反，正如本节前所述及，我国在外国法查明方面的立法经历了去粗取精的过程，当前已渐趋完备，更准确地说，外国法查明制度在司法实践中之所以存在失灵的状况，其症结在于配套执行措施的欠缺。

亦有学者立足中国裁判文书网、北大法意裁判文书库及上海法院裁判文书库，检索了自2011年4月1日至2014年7月31日期间法院在裁判文书中援引《法律适用法》第十条的适用实例，以此为样本进行了调研，结果显示，《法律适用法》实施三年多以来，共有17个涉外民商事案件的法官在审判中适用了第十条关于外国法查明的规定；但遗憾的是在这些案件中，有多达14起案件的法官最终仍然认定以中国法为准据法，关于外国法查明的条款可谓仅有适用之名而根本未达到应有的实际效果和规范意图；同时，这14起案件

---

① Yujun Guo, Legislative and Practice on Proof of Foreign Law in China, *Yearbook of Private International Law*, Vol.14, edited by Andrea Bonomi and Gian Paolo Romano, Sellier European Law Publishers, 2013, p.289-303.

② 王徽、沈伟：《论外国法查明制度失灵的症结及改进路径：以实证与法经济学研究为视角》，《国际商务：对外经济贸易大学学报》，2016年第5期，第135~148页。

的裁判文书中关于法律适用部分的说理存在相当明显的共性，即法官的推导均先肯定如果当事人选择适用外国法则应予以提供，由于当事人未提供，法官只得以中国法为根据裁判案件①。换言之，《法律适用法》第十条关于外国法查明的规定，原本旨在确定外国法查明的责任主体，而实践中却被相当一部分法官利用，作为涉外案件中无法查明外国法而只能适用中国法的前提条件。这种趋同化的裁判思路貌似逻辑无谬，实则并未阐释清楚法官是根据何种标准判定在该案中已经无法查明外国法的。而且上述认定方法颠倒了原则与例外的顺序，就《法律适用法》第十条而言，裁判机构主动查明外国法应当被视为原则，当事人仅在例外的情况下，即在双方合意选择外国法的情况下才承担提供外国法的义务。从上述实证研究的发现来看，法官过于依赖当事人提供外国法作为优先且唯一的查明途径，而疏于同时运用多重途径并行展开查明工作。

尽管上述不同的实证研究各有侧重，出发点与落脚点也不尽一致，但不难发现，这些统计都透露出当前中国司法审判中对外国法查明制度的实施状况不容乐观。显然，只有透过现象反思难题的症结所在，才有可能"对症下药"，提供有益的建言。

(二) 外国法查明困难的成因分析

有相当一部分研究者将这一状况的成因简单归结为中国内地不同地区、不同级别的法院法官在裁判水平与法律素质上存在差异，或主观地将法官未用尽各类途径查明外国法的根源推定为法官自身因对外国法不熟悉而产生畏难情绪，进而通过各种论证方案将原本应适用域外法的案件依法院地法（中国法）裁判，不但避免了因法律适用错误而可能产生的裁判风险，而且节约了时间成本，提升了案件审理的效率②。客观来讲，法官因水平不及或主观畏难而拒不适用外国法的情况确实是存在的，但如果对此进行更深入地思考，便不难发现，法官对外国法采取回避或排斥态度的思路自始即存在认识论上的误区，经不住推敲。原因在于如果各国法院均秉持对法院地法绝对优先适

---

① 林燕萍、黄燕如：《外国法为何难以查明：基于〈涉外民事关系法律适用法〉第10条的实证分析》，《法学》，2014年第10期，第116~126页。
② 于志宏、张超：《建设"一带一路"过程中的外国法查明制度探究》，《当代港澳研究》，2015年第4辑，第107-108页。

用的态度，貌似对法官与当事人降低了成本，实则可能会促使原告为了适用对己方最为有利的实体法而舍近求远、出于对法律适用后果的预测而"挑选法院"，选择前往对双方均不便捷的法院起诉，进而提高了该诉讼的整体成本。从极端的情况考虑，如果各国法院均对外国法采取排斥态度，还可能给当事人双方造成不良的心理暗示，为了争取"挑选法院即选择了法律"的优势而"争先恐后"地在不同国家诉讼，使国际民事诉讼案件量以及管辖权冲突的情况大大增加[1]。由此可见，在审理涉外民商事案件时，法院对外国法持开放态度通常比排他性适用本国法更符合效率原则，外国法查明制度不应当成为虚置的制度空壳，而应当在实践中得到更充分地重视。

此外，必须承认造成外国法查明制度在中国涉外民商事司法实践中实施困难的成因更主要来自内因，即司法机关作为裁判主体在查明外国法方面的消极态度直接导致了实施不佳。在法院系统内部，地方法院关于涉外案件准据法确定过程的推导逻辑很少体现在裁判文书中，且下级法院是否真正有效地采取了各类方法、是否针对外国法的查明做出了努力，都缺少上级法院的有效监督与审查。尽管我国民事诉讼上诉审程序中秉持"有错必纠"的原则，但上级法院较少就下级法院拒不适用外国法的裁判进行推翻，而下级法院在查明外国法的问题上往往不够灵活，对专家意见的采信严格遵循证据规则十分刻板。例如，在"兴业"轮光船租赁权益转让合同纠纷案[2]中，相关合同约定该案适用英国法。原告新加坡欧力士船务有限公司主张适用合同中约定的英国法，被告深圳市华新股份有限公司、深圳市兴鹏海运实业有限公司主张适用中国法但放弃举证，因此法院要求原告就其主张适用的英国法进行举证，原告根据要求向法院提供了由英国律师出具的《英国法律意见书》。我国司法部委托的香港律师对该份法律意见书落款处英国律师的签名属实进行了公证。但广州海事法院认为："涉外合同的当事人可以选择处理合同争议所适用的法律，对于本案合同中约定适用的英国法律，当事人负有举证责任。新加坡欧力士提供的英国律师出具的经司法部委托的香港律师公证

---

[1] 霍政欣：《冲突法之谜的经济分析》，黄进、肖永平、刘仁山：《中国国际私法与比较法年刊》（第十二卷），北京大学出版社2009年版，第166页。

[2] 新加坡欧力士船务有限公司诉深圳市华新股份有限公司等应依光船租赁权益转让合同给付欠付租金案。

的《英国法律意见书》仅是关于本案所涉合同有效,新加坡欧力士的诉讼请求可获得英国法支持的分析意见,没有具体的英国法律内容,且未经英国公证机关公证,因此根据《民通意见》第一百九十三条,本案应适用中国法。"再如,在"昌鑫轮拖航合同纠纷案"中,法院认为当事人有义务提供合同所选择的外国法律,虽然被告华威公司提供了一些英国律师的意见,但法院认为,"律师意见一般不能作为外国法的有效证明而加以采纳"。在通过其他途径不能查明相关法律的情况下,法院判定应适用中国法[①]。由此可见,在查明外国法的问题上,外国律师出具的意见能否作为有效方法而被采纳,我国法院态度颇为严苛。

四、实践中外国法查明途径的探索与创新

(一)依赖于当事人提供外国法

通过考证其他国家涉外民商事审判的实践,并与中国的状况加以对比,笔者注意到,查明与适用外国法的难题并不是中国司法实践中所独有的,客观来看,法官主观不愿适用外国法或客观未能查明外国法的困境,在相当一部分国家都颇为棘手。以英国为例,尽管其国内形成了一套比较发达的冲突法体系,但规则相当复杂,法律渊源的形态不仅呈现为普通法、衡平法,立法者还通过一部分制定法将其加以成文化。英国民事诉讼实践中,采取当事人主义的程序设置,对冲突规范的适用持任意性的立场[②],法官只以当事人提供的诉讼资料(事实和证据)作出权威性的判定。简言之,即使是审理某一涉外民商事案件,法官原则上仅适用英国国内法裁判,只有同时满足了以下四个要件时,法官才有可能依外国法裁判:其一,根据英国国际私法规则的指引,审理案件的准据法为外国法;其二,外国法的可适用性没有被英国具

[①] 肖芳:《论外国法的查明:中国法视角下的比较法研究》,北京大学出版社 2010 年版,第 159 页。

[②] 法官对冲突规范的适用将直接影响到对外国法的适用,对冲突规范究竟是强制性适用抑或是任意性适用,不同国家的实践各异,但有观点认为,严格来讲,并不存在任意适用的冲突规范,尽管当事人可以达成共同立场,在涉外案件中均不提及外国法的适用,进而规避冲突规范的指引,但对于不具有涉外性的案件,当事人却无法达成共同立场主张适用外国法,因为究其本质,适用外国法与否并不是当事人的合意决定的,而是由冲突规范的指引确立的。Adrian Briggs: *Private International Law in English Courts*, Oxford University Press, 2014, p.98.

有强制性且优先适用的国内立法推翻；其三，如果外国法要在案件中适用，其适用必须由某一方当事人所主张，否则法官将直接适用英国国内法；其四，依赖外国法的一方当事人需提供证据证明该外国法的内容[1]。尤其从上述第三点来看，法官没有权力依职权主动去适用外国法，实践中，如果诉至英国法院的某项案件，案件事实发生在海外，例如，在国外某地遭遇人身伤害或财产损害，则即便英国国内法未确立针对此类权利的救济，原告仍可能会主张是损害发生地的法律赋予了其诉因。此时，对原告而言，对外国法的可适用性提出主张不仅是其特权，也是其责任；反过来讲，如果被告认为外国法对己方提供了免责或责任限制事由，也必须提出适用外国法的抗辩。如果双方均未提出外国法的适用，则即使英国加入的国际冲突法条约规定某类纠纷应当适用外国法，法官仍然有权适用英国国内法裁判。可见在英国民事诉讼中，法官是否适用外国法取决于当事人是否提出相关主张，并且提供证据证明相关外国法的内容，但当法官确定了以外国法为准据法之后，如何进行解释和适用，则由法官决定而不是由陪审团决定。

相较而言，美国联邦法院虽然主要依赖当事人提供外国法的内容，但由于在20世纪后期尤其在1966年《联邦民事诉讼规则》增设第44条第1款[2]后，一方面美国司法实践中开始明确将外国法的定性从"事实"转向"法律"，因此法官亦在一定程度上承担了查明外国法的职责。另一方面，美国各州法院虽然不直接适用《联邦民事诉讼规则》，但多数州纳入了《统一外国法的司法认知法》（Uniform Judicial Notice of Foreign Law Act），该法案的功能与《联邦民事诉讼规则》第44条第1款相似[3]，因此法庭除了要求当事人提供外国法之外，还可运用其他多重途径确定外国法的内容，这与英国法官在当事

---

[1] Adrian Briggs: *Private International Law in English Courts*, Oxford University Press, 2014, p. 95-105.

[2] 《联邦民事诉讼规则》第44条第1款规定："一方当事人若欲提出涉及外国法的事项，他需通过诉状或其他合理的书面形式作出通知。法院在确定外国法内容时，可以考虑任何相关资料或渊源，包括证言，不论此证言是否由当事人提出，亦不论此证言依《联邦证据规则》是否可采信。法院对外国法内容的确定应被视为对法律问题所作的裁决。"霍政欣：《美国法院查明外国法之考察》，《北京科技大学学报（社会科学版）》，2007年第4期，第78-81页。

[3] Matthew J. Wilson: Demystifying the Determination of Foreign Law In U. S. Courts: Opening The Door To a Greater Global Understanding, *Wake Forest Law Review*, Vol. 46, No. 3, 2011, p. 901-902.

第三章
北京更高水平对外开放中的外国法查明

人未主张的情况下直接适用国内法的做法差异明显,不宜简单地等同视之。

(二) 依托专家证人所提供的外国法意见

在英国、澳大利亚等国家,由于它们基本上将外国法视为事实,而待证事实的发现以证据的运用作为手段,因此不难理解这类国家在外国法查明的实践中更多地采用专家证据的方法。非常明确的是,能够作为证明外国法内容及其解释方法的专家证人必须满足特定资质要求(peritus virtute officii),并对案件中所涉及的外国法较为熟悉,但该专家证人究竟应达到何种专业程度其证言方可被采信,这一点尚不明确,通常属于法官可自由心证的范畴。从类型来看,实践中往往根据委任专家主体的不同,可区分为当事人委任的专家与法庭指定的专家所提供的外国法意见。对前者而言,各国法律较少限制当事人各自委任专家提供关于外国法的信息,此时专家的角色与证明事实问题的普通证人证言并无本质上的差异,专家所提供的有价值的法律意见只要符合特定的条件,法庭也愿意采信。对后者而言,法庭既可以出于案件审理的需要主动指定专家[1],也可能依据当事人的请求而指定专家。相较于当事人委任的专家,法庭所指定的专家往往更为中立,他们所充当的角色主要是协助法官获知法官本身所不了解的专业知识或外国法规定[2]。也有些国家在实践中兼而运用两类专家证人,对争议所涉的外国法的规定及其理解,当事人双方可分别聘请专家出具意见,并允许当庭对专家证人进行质证,如果不同专家彼此的意见相矛盾,则法院可任命独立专家对不同的意见进行评定。这种方法实际上是对既有的专家证人方式的创新和综合运用,在实践中取得了一

---

[1] 例如,德国法院通常委托马克斯—普朗克外国法与国际私法研究所,瑞士法院通常委托瑞士比较法研究所,由这些比较法研究机构出具专家意见(Gutachten)。有研究表明,马克斯—普朗克外国法与国际私法研究所仅在1981年一年内就出具了10 000多份关于外国法内容的专家意见。不过,专家意见的收费额度是根据涉案标的金额的若干比例计算所得,通常比较昂贵,且个别意见耗时较长。Jänterä-Jareborg, Maarit, Foreign Law In National Courts: A Comparative Perspective, *Recueil Des Cours*, Vol. 304, 2003, p. 305-306.

[2] 尽管后一类专家通常更为中立,有助于解决关于外国法意见的冲突问题,减少错误获取外国法信息的可能性,但中国的法庭在审理中极少主动指定专家,主要是中国的法官并不熟悉如何确认和评定专家身份及其意见的适格性,且可能增加诉讼成本、拖延时间。同时,中国的当事人及其律师也不愿委托法庭来指定此类专家,原因是相比于当事人自己委任的专家,这类专家不受各方当事人的控制,从而消减了当事人在控制证据方面的诉讼优势。Xiao Yongping, Foreign Precedents in Chinese Courts, *Yearbook of Private International Law*, Vol. 11, edited by Andrea Bonomi and Paul Volken, Sellier European Law Publishers, 2010, p. 275-276.

定的积极效果，但也明显加重了诉讼的成本，需谨慎使用①。

近年来，为了克服外国法专家意见的倾向性，英美法系各国不断修正对外国法专家意见的民事诉讼规则，整体上表现出将当事人提供的外国法专家意见视为法庭指定专家出具的法律意见加以采信的趋势②。例如 1998 年《英国民事程序规则》第 35.3 条、2005 年《新南威尔士统一民事诉讼规则》第七章等。2023 年修订的《中华人民共和国民事诉讼法》（以下简称《民事诉讼法》）第七十九条至第八十二条确立了"鉴定人"制度，但由于鉴定意见针对的是与查明事实有关的专门性问题，而未明确提及外国法的问题，因此在我国民事诉讼实践中，鉴定机构可鉴定的范围并不涉及外国法查明，这与普通法国家专家意见的制度功能大相径庭。与此同时，我国 2022 年施行的《最高人民法院关于适用〈中华人民共和国民事诉讼法〉的解释》（以下简称《民事诉讼法司法解释》）第一百二十二条与第一百二十三条确立了"具有专门知识的人"的法律地位，这在学理上也被称为"专家辅助人"制度③。有观点认为，"专家辅助人"在他们可出具意见的事项范围上可以涵盖外国法的问题，他们凭借自己所拥有的对外国法的专门知识和经验，对专门性问题的说明可以帮助法庭查明案件事实，客观上起到了证明的作用，这标志着我国已经采纳了英美法的观点，确立了专家证人制度④。但《民事诉讼法司法解释》第一百二十二条第二款对专家辅助人意见的定位却比较模糊，该款规定："具有专门知识的人在法庭上就专业问题提出的意见，视为当事人的陈述"，该条虽然明确了专家所出具意见与当事人陈述的功能相一致，但"视为"二字又未直接将二者相等同，因此专家出具的外国法意见究竟是为委托方的当事人服务，抑或为协助法官中立、客观地认定事实服务，不甚明朗。

---

① Talia Einhorn, *Treatment of Foreign Law in Israel*, Social Science Electronic Publishing, *Treatment of Foreign Law: Dynamics towards Convergence?*, ed. by Yuko Nishitani, Springer Publisher, 2016, p. 9.
② 王葆莳:《论外国法查明的程序规制：兼评〈涉外民事关系法律适用法〉第 10 条的应用》，黄进、肖永平、刘仁山:《中国国际私法与比较法年刊》（第十五卷），北京大学出版社 2013 年版，第 26 页。
③ 李学军、朱梦妮:《专家辅助人制度研析》，《法学家》，2015 年第 1 期，第 147-149 页。
④ 王葆莳:《论外国法查明的程序规制：兼评〈涉外民事关系法律适用法〉第 10 条的应用》，载黄进、肖永平、刘仁山:《中国国际私法与比较法年刊》（第十五卷），北京大学出版社 2013 年版，第 14-15 页。

第三章
北京更高水平对外开放中的外国法查明

当然，尽管我国民事诉讼立法对"专家辅助人"的定位尚未完全成熟，但依托专家证人提供外国法内容的意见无疑对涉外民商事审判存在积极作用。目前，我国对外国法有精深研究的学者主要集中于高等学校的法学院系等研究机构，这是我国法院查明外国法重要的依靠力量。有法官提议我国可以参考域外经验，依托这些机构创立外国法查明研究中心作为法院系统的智库，协助法院查明外国法①。

（三）依托国际条约确立的合作查明机制

除了主要依赖当事人提供和专家发表意见的方式确定外国法内容外，各国之间彼此开展外国法查明方面的合作也发挥了一定的实践作用。早在1968年，欧洲理事会成员国之间即相互签订了《关于提供外国法资料的欧洲公约》（以下简称《伦敦公约》）②。近年来，欧盟又在着力起草《将来欧盟适用外国法规则的原则》（以下简称《马德里原则》），旨在为欧盟委员会制定相关条例设定可被各国共同遵行并认可的、一般性的最低标准③。不过，这些国际条约在不同缔约国的成功利用率不同，例如，迄今为止，英国法院从未在任何涉外案件中借助《伦敦公约》中规定的方式查明外国法，究其原因，主要是该公约在英国法上的地位并不明确④。

（四）探索多元化的查明机制

我国《民事诉讼法》第七条规定："人民法院审理民事案件，必须以事实为根据，以法律为准绳。"有学者据此认为，我国法院在审理涉外民商事案件时，要以作出合理且公正的判决、以维护当事人正当权益为要，无论"事实"抑或"法律"，均必须查清，因此，将外国法视为"事实"还是"法律"的

---

① 目前，我国已有创立外国法查明研究中心的尝试，如上海市高级人民法院与华东政法大学合作成立的华东政法大学外国法查明研究中心、最高人民法院民四庭与中国政法大学合作成立的中国政法大学外国法查明研究中心。但新成立的两家外国法查明研究中心，由于研究力量有限，所能接受的外国法查明请求数量和所能提供的外国法范围也都是有限的，相关研究与信息共享机制也刚刚起步，远未达到德国或瑞士的比较法研究机构，亟待通过资源整合组建统一且多元的外国法查明平台。参见王贵枫：《我国外国法查明途径的拓展与革新》，《武大国际法评论》，2016年第1期，第62—64页。
② Barry J. Rodger and Juliette Van Doorn, Proof of Foreign Law: The Impact of the London Convention, *International & Comparative Law Quarterly*, Vol. 46, Issue 1, 1997, p. 151-166.
③ 张建：《外国法查明问题的各国实践与典型案例》，《海峡法学》，2016年第3期，第92页。
④ Richard Fentiman, *International Commercial Litigation*, second edition, Oxford University Press, 2015, p. 683.

论争，在我国并无实际意义①。换言之，仅仅将目光集中于外国法在不同国家属于"事实"或"法律"的定性，并以此作为采用不同外国法查明方法的基本根据，这种研究路径很可能阻碍对形成外国法查明规则及支撑其运行的要素进行深入地探求②。必须明确，作为纠纷解决的具体方法，涉外民事诉讼以定分止争为目标，查明外国法且准确适用仅是实现裁判目标的手段，而并非目标本身。因此，摒弃不同法系的理论分野，多方借鉴各国有益的经验为我所用，并无不可。当然，单纯对西方学理予以传播或对域外法制予以引入曾被斥为"拿来主义"，毕竟法律是实践科学，有生命力的查明途径不独取决于法学家的认同，尚需经受司法实践的检验③。也正是基于"源自实践""回归实践"的思路，笔者从若干国家司法审判实践出发，遴选以下域外常见的外国法查明方法加以介评。

其一，法国涉外民商事审判实践所确立的"习惯证书"（certificats de coutume）制度。该证书是由熟悉外国法的人所制作的书面文件，从功能上分析类似于证据法上的宣誓书（affidavit）或信息备忘录（memorandum），证书制定者可以是法国使领馆的官员、外国律师或学者、精通外国法的法国律师等，证据的内容系证书制定者对争议当事人所提出的外国法问题作出的答复。不过，此类证书中载明的答复通常简短，且仅提供抽象的法律信息，而不涉及争议的具体细节④。

其二，在以色列最高法院的司法实践中还确立了相当独特的外国职员制。这些职员由以色列最高法院的大法官亲自从受过英美法传统及欧洲法律体系训练的人员中征募并遴选，选定后，该外国职员专门为一位指定的大法官从

---

① 黄进：《国际私法》（第二版），法律出版社2005年版，第205页。
② 徐鹏：《外国法查明的比较研究：兼评相关条文设计》，黄进、肖永平、刘仁山：《中国国际私法与比较法年刊》（第十卷），北京大学出版社2007年版，第165-169页。
③ 汪金兰：《从拿来主义到本土化：中国国际私法发展之路》，《法制与社会发展》，2002年第4期，第75页。
④ Shaheeza Lalani: Establishing The Content of Foreign Law: A Comparative Study, *Maastricht Journal of European & Comparative Law*, Vol. 20, No. 1, 2013, p. 87.

事法律研究,并针对所审理的案件中涉及的外国法起草备忘录[①]。这种方式不同于德国、瑞士等国家通过常设研究机构的方式出具专家意见,而是将所聘用的外国职员指定为某一位法官的审判服务,当法官确认该职员的意见可以适用后,将直接影响裁判文书中的结论性意见。不过,这一制度在增加了法院财政开支的同时,也有一定局限性,如果地方法院拒绝适用外国法而未上报最高法院,则外国职员的功能将大打折扣。

其三,由法官主动借助互联网查询所需适用的外国法。在赛奥尔航运有限公司(SEoIL Shipping Co., Ltd)与唐山港陆钢铁有限公司错误申请海事强制令损害赔偿纠纷案[②]中,赛奥尔公司和港陆公司在诉讼过程中就涉外侵权的法律适用达成一致意见,即侵权责任是否构成适用中国法审查,留置权是否成立适用英国法审查。一审原告赛奥尔公司以初审法院对英国法的查明及适用存在错误为由向天津市高级人民法院提起上诉。原告上诉称,原审法院仅根据港陆公司提供的英国法律书籍就认定"英国法下船东只能就运费行使留置权,而不得就滞期费行使留置权"。事实上,英国是判例法国家,具有法律效力的应为英国判例。为此,赛奥尔公司在二审期间补充提交了三份证据证明其主张,其中证据一为英国律师的法律意见,证明赛奥尔公司有权就涉案货物行使留置权,法庭认为,证据一虽与该案具有关联性,但其内容不能证明赛奥尔公司的主张,对其证明目的不予确认。同时,针对船东在英国普通法下是否就滞期费享有留置权的问题,天津市高级人民法院(以下简称"天津市高院")从公共网站获取了英国法律专家约翰·F.威尔逊(John F. Wilson)撰写的《海上货物运输》第七版著作。该著作明确阐明,在普通法下针对依运输合同而产生的其他费用,均不享有留置权。此外,天津市高院还就该问题另从中国政法大学图书馆查阅了英国法律专家斯蒂芬·格文(Stephen Girvin)所著《海上货物运输》以及艾伦·亚伯拉罕·莫卡塔(Alan Abraham Mocatta)爵士等人修订的《SCRUTTON论租约与提单》两本法律著

[①] 此外,这种专职人员往往直接从刚刚获取学位的法学院毕业生中征募,其因不具备充分的执业经验而受到能力上的质疑。See Talia Einhorn, Treatment of Foreign Law in Israel, Social Science Electronic Publishing, *Treatment of Foreign Law: Dynamics towards Convergence?*, ed. by Yuko Nishitani, Springer Publisher, 2016, p. 9.

[②] 天津市高级人民法院(2012)津高民四终字第4号民事判决书。

作，均支持不享有留置权的观点。就上述查明的英国法内容，天津市高院听取了双方当事人的意见。赛奥尔公司认为，法院上述查明方法不符合要求：首先，英国法的查明不应依据书籍，而应依据判例；其次，我国《民通意见》规定了外国法查明的途径，不能通过查阅法律著作进行摘录得出结论。天津市高院则认为，上述著作系来源于公共网站及高校图书馆，上述著作就该案争议的问题均直接确定了英国普通法下船东对货物行使留置权的适用情形，因此可以视为已经查明了英国法的相关内容[1]。值得肯定的是，中国的这一实践对探索与创新外国法查明机制起到了积极作用，但如何将这实践规范化、具体化，却仍然需要进一步反思。总的来看，可用于查明外国法的方法是多元的，实践中亟待克服的难题并非没有方法，而是如何将各类方法善加利用并有效为司法服务。

在查明外国法的司法应对方面，我国可以参考1968年《伦敦公约》及1979年《美洲国家间外国法信息查明的公约》（以下简称《蒙德维的亚公约》），以战略的实施为合作的契机，积极促成在丝路沿线国家间建立相互提供法律信息和资料通讯的多边国际平台。当然，由于各国法律体系与法治传统的差异，公约的谈判存在一定的难度，但并非不可能[2]。2015年3月，中国外交部、商务部、国家发展和改革委员会联合发布《推动共建丝绸之路经济带和21世纪海上丝绸之路的愿景与行动》，其中第五部分对合作与谈判的渠道提出了设想，即以加强中国对外双边合作为突破口，利用现有的多边合作机制，开展多层次的磋商与对话、多角度的沟通与交流。据此，在求同存异的基础上，沿线国家共建区域性外国法查明的条约与平台，为经贸关系健康运转保驾护航，不仅必要而且可行。

---

[1] 事实上，早在2006年上海市第一中级人民法院审理的一起涉外出资合同纠纷中，法院即首创了当庭使用互联网查询外国法并请专家证人见证的方式，对当事人提供的美国特拉华州法律予以查证，双方当事人对查证过程都表示认可。黄进、杜焕芳：《中国国际私法司法实践研究（2001~2010）》，法律出版社2014年版，第210页。

[2] 何小颖：《外国法查明的国际合作机制研究》，湖南师范大学2013年硕士学位论文，第39-40页。

第二节 "一带一路"建设下解决外国法查明问题的新思考

一、外国法查明旨在解决的问题

就其一般意义而言,外国法查明涉及两个关联紧密但又相对独立的问题:第一个问题,经法院地的冲突规范指引的外国法适用的条件是什么?有观点称,如果法院有义务依职权适用法院地的冲突规范,则法院亦有义务适用依该冲突规范指引的外国法,无论当事人是否提出适用外国法的主张,法官都不能回避外国法在特定案件中适用的强制性[1]。实践中,大多数法域遵循的是混合模式,在某些情形下外国法的适用是强制性的,在另一些情形下则凸显出自由裁量权,具体情形的区分取决于权利的可处分性。第二个问题则是狭义上的外国法查明,即外国法内容的确定,这进一步关系到究竟是应当由法官还是由当事人来主要承担查明外国法的义务?可以采用哪些手段加以查明?无法查明时应当如何裁判?所查找的外国法应如何解释和适用?

对中国而言,针对第一个问题,基于在民事诉讼中确立的职权主义诉讼模式,国内学界与实务的主流观点认为:中国大陆的法官应依职权在涉外案件中强制适用冲突规范,无论当事人在涉外诉讼中是否援引适用冲突规范,法官均应当依据冲突规范的指引适用准据法并查明准据法的内容[2]。不过,也有学者别出心裁,认为不宜笼统地将中国冲突法归入"强制适用"或"任意适用"的范畴,中国的冲突规范更多体现的是"候补强制性",即当事人的合意选法一般性地优先于传统硬性冲突规则。在当事人没有选法合意时,法官无须考虑当事人是否请求适用外国法,都应依职权适用冲突规范并查明准据法[3]。不过,2021年《法律适用法司法解释(一)》第四条对意思自治的范

---

[1] M. Jänterä-Jareborg, Foreign Law in National Courts: A Comparative Perspective, *Recueil des Cours*, vol. 304, 2003, p. 236-243.

[2] 秦瑞亭:《强制性冲突法和任意性冲突法理论初探》,《南开学报(哲学社会科学版)》,2007年第4期。

[3] 徐锦堂、曾二秀:《论冲突规则的候补强制性》,《学术研究》,2010年第4期。

围进行了明确的限定,即仅有法律明确允许当事人选法时,当事人合意才会对法官产生拘束力,否则当事人的选法合意将被认定无效,因此,"候补"的提法不完全准确。此外,在中国现行民事诉讼两审终审制及再审模式下,如果下级法院在冲突规范或外国法的适用上出现错误,将受到最高人民法院的审查①。可见,冲突规范的"任意性适用"理论在中国难以立足。归根结底,在涉外民商事司法审判中,中国法官应依职权强制适用冲突规范。考虑到这一点,在中国法律实践语境下探讨外国法查明,亟待解决的是第二个问题,尤其是外国法查明的责任分配与外国法查明的具体手段与方法,本节的探讨也主要从这两点展开论述。

二、外国法查明的责任分配问题

解决好外国法查明的责任分配问题,是法官在涉外民商事司法审判中适用外国法的前提。总体来看,相比于外国法查明之后的适用阶段,各国在外国法查明阶段,尤其是查明责任的确定和查明方法的使用上差异明显。瑞士比较法研究所于2011年就欧盟内部各成员国之间外国法查明实践所作的一项研究报告显示,外国法查明责任的分配主要体现为四类模式②。

第一类模式采取的是英美法传统民事诉讼程序的解决方案,这类国家以爱尔兰、英国、卢森堡、拉脱维亚为代表,在其国内法院审理的涉外民商事案件中,证明外国法的责任完全归于当事人,法官在确定外国法内容上的角色是双重受限的:首先,对案件所适用的外国法,如果当事人未援引或提及相关条款,则法官被禁止做相应的研究,也不得利用自己对该外国法所具备的个人知识;其次,如果案件一方当事人所提供的外国法内容另一方无所争议,则这项外国法内容应视为有约束力的证据,此时法官有义务按照当事人所提供的外国法规定来解决争议,而无权另行查明。

---

① 例如"美国总统轮船公司与菲达电器厂、菲利公司、长城公司无单放货纠纷再审案"、富春航业股份有限公司、"胜惟航业股份有限公司与鞍钢集团国际经济贸易公司海上运输无单放货纠纷再审案",宋晓:《最高法院对外国法适用的上诉审查》,《法律科学》,2013年第3期。

② Swiss Institute of Comparative Law, *The Application of Foreign Law In Civil Matters In the EU Member States And Its Perspectives For The Future*, available at http://ec.europa.eu/justice/civil/files/foreign_law_iii_en.pdf, 最后访问日期:2016年12月13日。

第三章
北京更高水平对外开放中的外国法查明

第二类模式则将依职权查明外国法内容的责任归于法官,这类国家以奥地利、保加利亚、德国、爱沙尼亚、法国、意大利、荷兰、波兰、罗马尼亚、斯洛文尼亚、西班牙为代表。不过,即使在采用第二类模式的国家,其法官也很少独立承担查明外国法的程序责任。简单地讲,这类国家的法官之所以会在外国法查明方面充当积极的角色,是由于法官在民事诉讼程序中收集与分析证据的环节发挥着重要功能,但这却并未排除当事人在外国法方面对法官提供协助,无论当事人是应法官的要求提供抑或主动提供外国法,法官均可以接受。

典型的第三类模式是以立陶宛、捷克共和国、斯洛伐克为代表的国家,在当事人与法官之间分配外国法查明的义务上,主要是按照指引适用外国法的冲突规范的性质来判断的。当指引法官适用外国法的某项冲突规范属于非强制性的冲突规范(亦称任意性适用的冲突法),则主张援引适用外国法的当事人一方有义务查明并向法官提供该外国法;反过来,当冲突规范属于强制性的,则法官应当主动确定案件所应适用的外国法的内容。至于如何划定并区分强制性适用的冲突规范与任意性适用的冲突规范,尽管立法上并未确立整齐划一的标准,但各国实践中均认定合同性事项无论是在民法领域、商法领域抑或在劳动法领域,均属于非强制性适用的冲突规范。在这些国家,对于此类可任意适用的冲突规范,只有在至少一方当事人提出适用的请求时,法官才会适用冲突规范以及可能指向的外国法,如果各方当事人均未提出请求,则法官可直接忽略案件的涉外因素,依法院地法裁判①。

第四类模式是采取个案分析的方法来破解外国法查明的责任分配难题,这类模式以芬兰、瑞典、葡萄牙等极少数国家为代表。具体来讲,法官会基于案件事实,尽可能使查明外国法内容的成本最低化,衡量并考虑个案中双方当事人的物质资源充足情况、法官对外国法的个人知识、法官与当事人各自对于法定的查明程序的可利用性等多重因素。

这几类责任分配方式的形成离不开各国民事诉讼中对待外国法的处理态度,且立足各国内在的诉讼程序模式,因此很难评断其优劣。不可否认的是,这项比较法视角下的研究报告表明,各国在查明与提供外国法的义务分配上,

---

① 徐鹏:《论冲突规范的任意性适用:以民事诉讼程序为视角》,《现代法学》,2008年第4期。

既存在共性也存在差异。比较明显的共性是均在裁判者与当事人之间确立义务承担方，而差异则主要存在于何者应优先承担查明外国法的主要义务、法官查找外国法时应当积极主动抑或消极被动。

　　反观我国的情况，《法律适用法》第十条系首次将外国法查明的问题提升至立法条款加以正式规定，在此之前，查明外国法的问题曾在2005年最高人民法院发布的《第二次全国涉外商事海事审判工作会议纪要》以及2007年最高人民法院发布的《关于审理涉外民事或商事合同纠纷案件法律适用若干问题的规定》中有所规范。《法律适用法》第十条确立了一般规则及其适用例外，通常应由司法机关或准司法机关主动依职权查明外国法，仅在例外的情形下（即当事人选择适用外国法时），才施加给当事人查明外国法的义务。同时，第十条的第二款维持了中国最高人民法院法院一直以来坚持的立场，即无法查明外国法时应一概适用中国法裁判涉外案件。考虑到此种处理方式很可能间接导致法官在查明外国法的工作中采取消极态度、进而以中国法取而代之，这一点受到一定的质疑和批判。2021年《法律适用法司法解释（一）》对消除上述质疑起到了正面的导向作用。《法律适用法司法解释（一）》不仅于第十七条首次明确了判定外国法无法查明的标准[①]，而且第十八条对《会议纪要》中关于外国法内容如何质证和审查的合理规定进行了确认和更新[②]。为了防范法官滥用无法查明外国法的借口而一味适用法院地法，第十七条要求法官尽可能穷尽各类查明方法，只有确信多重途径均查而不得的情况下，才能达到"无法查明"的认定标准，否则法官不得轻言无法查明。那么，无法回避的问题是，在明确了查明外国法的义务主体之后，其可以采取哪些具体的途径与方法来完成这些任务？对此，各国法官经由长期的审判实践，从不同的角度积极寻求出路且积累了各种有益的经验，但他们的侧重各有不同，颇有必要在比较法上做一番探究。

　　[①]《法律适用法司法解释（一）》第十七条规定："人民法院通过由当事人提供、已对中华人民共和国生效的国际条约规定的途径、中外法律专家提供等合理途径仍不能获得外国法律的，可以认定为不能查明外国法律。根据涉外民事关系法律适用法第十条第一款的规定，当事人应当提供外国法律，其在人民法院指定的合理期限内无正当理由未提供该外国法律的，可以认定为不能查明外国法律。"

　　[②]《法律适用法司法解释（一）》第十八条规定："人民法院应当听取各方当事人对应当适用的外国法律的内容及其理解与适用的意见，当事人对该外国法律的内容及其理解与适用均无异议的，人民法院可以予以确认；当事人有异议的，由人民法院审查认定。"

三、外国法查明的常用方法及其评价

(一) 外国法查明的证据法思路

从既往学术研究的成果来看,在讨论外国法查明问题时,多数著者首先试图就不同国家对外国法的定性问题做一番考究:在以英国为代表的普通法系国家,法官通常将外国法视为事实问题,必须在当事人提出诉辩主张明确要求适用外国法时才会予以考虑;相反,在以德国为代表的大陆法系国家,外国法被视为法律问题,法官会使用一切可用的信息来源独立查明并适用外国法[1]。在普通法国家,如果当事人均未请求将外国法作为诉因或案件应受外国法支配,则法官将适用法院地法,他们如此裁判的基础是此时推定案件所涉及的外国法的内容与法院地法相一致或相似[2]。不过,这种对外国法进行法律或事实二元划分的弊端日渐暴露,原因在于美国早已改变了将外国法视为"事实"的处理态度,并通过联邦立法条款明确了外国法应被视为"法律"。即便在英国,法官也越来越注意到,外国法的适用虽然仍需要当事人提出请求,但法官不可能用"事实"来裁判"事实",外国法属于"特殊的事实",在审判程序中,有关如何解释与适用外国法的争辩,最终由法官判定而非陪审团决定。笔者认为,在对外国法定性的问题上,要充分意识到外国法兼具双重属性:一方面,作为法律,外国法具有天生的规范属性,将其等同于案件事实而无视其司法约束力,并不妥当[3];另一方面,对内国法官而言,他们并不当然知晓外国法具体规定的内容,与案件待证事实相似,外国法也是需要辩明和查证后才可作为裁判根据的。在当下的涉外民商事审判中,过分纠结外国法的定性问题对提升审判质量、确保审判效率并无帮助。

---

[1] 张潇剑:《国际私法论》,北京大学出版社2004年版,第211页。

[2] 不过,这种在当事人未请求适用外国法或无法查明外国法时推定外国法与法院地法相一致的规则并不绝对。例如,英国与新加坡的司法实践中就已察觉到其弊病,在 Shaker v. Al Bedrawi 案中,涉及对一家宾夕法尼亚公司的法律判断,依冲突规范本应适用该公司的成立地法,无奈其成立地法无法查明,但英国法官拒绝援用推定规则而适用《英国公司法》,原因是《英国公司法》明确不适用于外国公司。David Foxton QC, *Foreign Law in Domestic Courts*, available at http://www.sal.org.sg/RegistrationForms/LES/Foreign%20Law%20in%20-Domestic%20Courts%20-%20Paper.pdf,最后访问日期:2017年11月11日。

[3] Rainer Hausmann, *Pleading and Proof of Foreign Law: A Comparative Analysis*, The European Legal Forum, 2008.

北京更高水平对外开放的涉外法治保障研究——以国际商事仲裁为中心

值得注意的是,无论在定性上将外国法视为法律抑或视为事实,在欧盟成员国范围内,相当一部分国家的实践是将外国法作为可以使用证据加以证明的对象。相应地,在一国涉外民商事审判中,当事人可以提交的以及法官可以采信的证据类型宽窄将直接关系到外国法适用的成功与否。通常,一国涉外民事诉讼程序中具有可采性的证据范围越宽,当事人成功向法官证明外国法内容的可能性就越大。从证据可采性的角度分析,欧盟国家在外国法查明的法律制度上又可以区分为两大类:第一类是在外国法查明问题上对法官可采信的证据类型不加以限制;第二类则恰相反,在为了证明外国法的内容而提供的证据形式上施加了明确的可采性限制,如爱尔兰、拉脱维亚、英国等[1]。

相应地,以当事人提供证据或法院主动调取证据来获知外国法的信息,除了要考虑证据可采性的因素外,更要探讨相应的证据类型。从既有的实践来看,各国最常用的方法莫过于通过熟知某一外国法的专家证人提供意见的方式作出证明。至于专家意见的提供是通过口头还是书面,各国的情况又有所不同,这主要取决于法院地国的证据法传统。例如,普通法国家倾向于专家证人在宣誓的基础上当庭对外国法具体问题进行口头作证,接受交叉盘问,并由法官判断其证言的可信度;而大陆法国家的法官则更愿意接受外国法专家以书面方式作出的意见报告,这类报告可能并不要求满足具体的格式,但往往论证越是充分、说理越是详尽、法律依据越是清楚的报告,越有可能被法官所采信[2]。至于外国法专家在诉讼中所充当的角色,一方面取决于其证明对象,另一方面要考虑专家由谁所委任。对于当事人各自委任的专家,其角色更接近于当事人陈述,而法庭委任的中立专家则更接近于鉴定结论[3]。一旦就某一项外国法问题,不同当事人各自委任的专家证人出具了相互冲突甚至相反的意见时,法官需从中权衡,择一采信,或者法官另行指定中立专家作

---

[1] Swiss Institute of Comparative Law, *The Application of Foreign Law in Civil Matters in the EU Member States and Its Perspectives for the Future*, available at http://ec.europa.eu/justice/civil/files/foreign_law_iii_en.pdf, 最后访问日期:2016 年 12 月 13 日。

[2] Trevor C. Hartley, Pleading and Proof of Foreign Law: The Major European Systems Compared, *International and Comparative Law Quarterly*, Vol. 45, No. 6, 1999, p. 271-274.

[3] 王葆莳:《论外国法查明的程序规制:兼评〈涉外民事关系法律适用法〉第 10 条的应用》,《中国国际私法与比较法年刊》(第 15 卷),北京大学出版社 2013 年版,第 12-13 页。

出独立意见。

此外，对于谁有资格和能力充当其他法域的法律专家，并不存在一以贯之的公认标准。一般来讲，曾在该外国法域执业过或正在执业的法官或律师通常是适格的外国法专家。以英国民事诉讼为例，现在已不再强求对外国法作证的专家证人需要满足在该国执业的要件。英国的判例表明，虽未在该外国从事法律职业，但在另一第三国执业的律师，只要该第三国的法律体系与准据法所属国的法律体系相同，则这名律师仍然是合格的专家证人；虽然未曾系统学习过法律或在法律领域从业，但对外国法的某个方面甚为精通，也可以作为适格的外国法专家[1]。那么，关于外国法的专家意见究竟应涵盖哪些具体内容呢？可以肯定的是，这类专家证词不仅是对法官所提出的外国法问题进行有针对性的意见回复，而且为确保可信度，往往在意见中附以相关外国成文法典或法规的摘录。作为通例，专家意见中所涉的外国法信息越是详尽，其可信度越有保障，尽管没有绝对严格的形式要求，但标准的外国法专家意见通常必须囊括以下信息：法庭审判中所遇到的具体外国法问题的回复、据以作出此类意见的法律渊源、作为意见基础的相关规范在本国国内的法律位阶、该外国最高法院对相关条款所作的权威性解释或有效判例、与该外国法相关的其他不易查明的有关事项或明显必要的关联规范等[2]。

（二）互联网时代获取外国法资料的新途径

从历史来看，各国法院都曾经历过难以查找物理意义上的外国法副本的困难期。尽管曾有学者注意到，早在19世纪，美国就出现了对主要外国法律进行翻译的英文作品，但其相关论断得以确立的研究基础仅是对销售商或拍卖商所售书籍目录的筛选，至于这些学术作品对司法实践中适用外国法能够起到的实际效用，则微乎其微[3]。甚至直到20世纪后期，在多数国家，若想自由获取权威的外国法信息，也只能求助于主要法学院的图书馆或大型聚居

---

[1] Lawrence Collins, *Dicey, Morris &Collins The Conflict of Laws*, Sweet &Maxwell Limited, 2006, p. 261.

[2] Matthew J. Wilson, Demystifying The Determination of Foreign Law in U. S. Courts：Opening The Door to A Greater Global Understanding, *Wake Forest Law Review*, Vol. 46, 2011, p. 904.

[3] M. H. Hoeflich, Translation & the Reception of Foreign Law in the Antebellum United States, *American Journal of Comparative Law*, Vol. 50, 2022, p. 753-775.

区的资料室，这与国内法的普及程度相比，显然是天壤之别。与此同时，随着互联网信息技术的迅猛发展，有关外国法与国际法的专业化数据库在提供外国法资料方面越来越受到研究者与实务界的重视。例如，常用的 Foreign Law Guide、Kluwer Law Online Manuals 不仅按法系、国别、部门法对各国法律体系做了系统的科学整理，而且除现行成文立法和有约束力的判例外，还提供了绝大多数国家法律研究者所作的代表性论著和权威教科书，使具体规范的解释一览无遗。同时，相比于纸质资料，电子数据的更新换代更为及时，法律实践者熟练运用电子数据可以精准、详尽地找到对某项具体外国法问题的答案。海牙国际私法会议常设事务局的一项调查研究显示，在各国司法机关所审理的涉及外国法的民商事案件中，25%的外国法问题可以通过在线获取的外国法信息、以电子形式载明的法律渊源加以解决，即使没有辅助其他方法对此加以核实，法官也可能会采信[1]。

此外，互联网技术的进一步应用还对传统的外国法查明方法进行了一定的改良，其中的典型代表莫过于"视频会议"的查明方法。如前所述，在相当一部分国家习惯采用专家作证的方式提供外国法意见，当事人指定的不同专家可能各执一词、观点互斥，而即使是法庭任命的专家，也需要出庭接受当事人的盘问，尤其是相关专家证人位于另一国时，无疑使得外国法查明的时间与金钱成本陡增。所谓"视频会议"的方法，允许专家不出庭，而通过视频在线对话的方式接受庭审参与各方的提问并作出相应回复，这虽然没有完全突破专家出庭作证的模式，却在相当程度上缓解了成本过高的问题[2]。2012 年，以色列特拉维夫家事法院审理的一起涉外案件中涉及香港法问题，法庭允许专家通过视频会议方式接受交叉盘问，提升了审理的效率[3]。

（三）外国法查明的消极立场：推定规则与法院地法的回归

据学者研究，如果与案件有最密切联系的外国法或者根据冲突规范所指

---

[1] Permanent Bureau of the Hague Conference on Private International Law, *Feasibility Study on the Treatment of Foreign Law: Summary of the Responses to the Questionnaire*, Preliminary Document No 9A of March 2008, p. 28.

[2] Talia Einhorn, *Treatment of Foreign Law in Israel*, in Yuko Nishitan, *Treatment of Foreign Law: Dynamics Towards Convergence*, Springer Publisher, 2016, p. 9.

[3] Ploni v. Almonit, Family Case (Tel - Aviv) 45419 - 05 - 10, Nevo electronic database (27 March 2012).

引的外国法无法查明，法官可能会采取如下解决方法：以"不方便法院原则"为由拒绝管辖；在保留管辖权的同时，适用一般法律原则、法院地法、容易获取但版本陈旧的外国法等；适用辅助性的冲突规则，如最密切联系原则所指引的法律，或适用外国法据以移植的"母法"，等①。例如，在美国地方法官所审理的沙阿诉科威特航空公司案中，争论焦点涉及根据1999年《蒙特利尔公约》，航空公司的雇员所实施的盗窃行为是否在雇主的责任范围内，以及纽约州的法律与科威特的法律在这方面是否存在真实冲突。审理中，法官曾试图查找科威特国内法关于替代责任的规定，尽管未能查找到最新修订的《科威特民法典》，却查找到了科威特1980年的一项法令中的相关条款。事实上，这些旧版的法律条款已表明科威特立法遵循的是埃及规则，即肯定雇主替代责任的存在。不过，主审法官最终仍然认定无法查明外国法，在确认查无所获的前提下，法官最终确定了适用纽约州的法律作为案件准据法②。从这起案件中似乎也可以看出，尽管外国法无法查明时可能存在多重方案以供选择（如冲突规范指向的准据法所属国的旧法、准据法的立法者进行法律移植时所参考的"母法"），但法官总体倾向适用法院地法作为"挡箭牌"。这种法律选择的单边主义倾向不但昭然若揭，且在世界各国都普遍存在。

除了以上处理方案外，在无法查明外国法或缺少可接受的专家证据时，一些国家的法院还形成了所谓的相似性推定规则，即法官求助于法院地法，但对当事人称无法查明的准据法与法院地法相一致。无疑，作为法律拟制的产物，这种欲盖弥彰的选法方式本质上仍然属于法院地法的扩张适用。例如，澳大利亚高等法院在审理尼尔森诉维多利亚海外工程有限公司案时，法官试图查明中国的法官如何行使其解释《中华人民共和国民法通则》第一百四十六条的自由裁量权，但专家给出的意见并未充分回答这一问题，于是该案法官推定中国的解释方法将与澳大利亚相似，并根据自己的考虑来适用中国法③。对这种由来已久的惯常实践，学理上褒贬不一，尤其是在该案中，有学

---

① Shaheeza Lalani, Ascertaining Foreign Law: Problems of Access and Interpretation, *International Journal for the Semiotics of Law*, Vol. 10, No. 1, 2016, p. 16.

② Shah v. Kuwait Airways Corporation. 2012. WL 1631624 (S. D. N. Y.)

③ P. L. G. Brereton, Proof of Foreign Law: Problems and Initiatives, 令员 *The Australian Law Journal*, Vol. 85, No. 6, 2011, p68.

者注意到，这并不是简单地对冲突规范进行解释的问题，还涉及冲突规范适用中的反致问题。事实上，中澳两国涉外民商事审判实践中对反致的态度迥然不同，适用推定规则误认为中国法与澳大利亚法相似，与事实情况相悖，其裁判结论亦显得荒诞[1]。纵容推定规则的滥用，貌似可以提升法律选择的效率，但笔者以为，这无异于鼓励法官知难而退、回归适用自己最为熟知的法院地法，与多边主义理念下平等对待内外国法的立场不符。为了尽量避免及缓和外国法查明中的消极立场，汲取代表性国家外国法查明的有益实践，借以改善中国《法律适用法》外国法查明制度"失灵"的困境，是有必要的。

四、对代表性国家查明外国法的比较考察

（一）丹麦法官查明外国法时可要求当事人予以配合

在丹麦的民事诉讼程序中，只要当事人双方已经明确提出了其诉讼请求与抗辩，则根据相关法律作出判决的任务即属于法官的职能。相应地，丹麦法官有义务依职权在涉外案件中主动确定需要适用的外国法的内容，并准确加以解释与适用。不过，丹麦法官适用外国法的义务同时具有鲜明的特性，即法律规则是适用于特定事实的，如果据以要求适用外国法规则的事实纠纷并未被当事人的陈述与抗辩所充分涵盖，则法院不会适用相关规则[2]。换言之，当事人对涉案事实表述的清晰与否以及当事人诉讼请求与抗辩的明确与否，会对法官是否查明与适用外国法规则产生直接的影响，但一旦确定需适用外国法，则法官主要承担查明之责。

在具体的查明方法上，丹麦立法未进行限制，法官可根据个案的需要选取相应的方式。法官既可以主动调查并获取相应的外国法信息，也可以请当事人予以提供。如果法官通过事后研究或自己已有的知识背景知晓了外国法的内容，需告知双方当事人并允许当事人加以评论，在保障各方当事人平等的程序参与权的基础上，丹麦法官方可适用外国法作出判决。此外，丹麦不仅是《关于提供外国法信息的欧洲公约》（以下简称《伦敦公约》）的缔

---

[1] Anthony Gray, Choice of Law: the Presumption in the Proof of Foreign Law, *UNSW Law Journal*, Vol. 31, No. 1, 2008, p. 136-137.

[2] Clement Salung Petersen, *Proof and Information about Foreign Law (Denmark)*, available at https://papers.ssr-n.com/so-l3/papers.cfm? abstract_id=245004, 最后访问日期：2017年11月11日。

约国，还加入了1978年《关于提供外国法信息的欧洲公约的附加议定书》（以下简称《伦敦公约议定书》），丹麦司法部已经依据公约的要求签发了公约及其议定书的指导性说明，因此，法官可自行决定按《伦敦公约》所确立的司法协助途径向其他缔约国请求获取相应的外国法。如果法官要求当事人提供外国法，通常当事人会在列明外国法相关的问题清单后，选定某一相应外国法的专家（可能是教授、律师或外国法研究机构），由该专家拟定意见。

（二）美国立法最大限度地放宽查明外国法的可用途径

1965年美国《联邦民事诉讼规则》第44.1条规定，"一方当事人若欲提出涉及外国法的事项，他需通过诉状或其他合理的书面形式作出通知。法院在确定外国法内容时，可以考虑任何相关资料或渊源，包括证言，不论此证言是否由当事人提出，亦不论此证言依《联邦证据规则》是否可采信。法院对外国法内容的确定应被视为对法律问题所作的裁决。①"根据该条款，美国联邦法院在审理具有国际因素的民商事案件时，可以使用任何相关的材料来确定当事人提出且应予适用的外国法的内容。一旦当事人通知了涉及适用外国法的事项，法院可以查看任何相关的素材或资料，无论有关外国法内容的信息是从当事人的律师处获知的还是法官主动调查或研究所知，也无论根据证据规则有关资料是否具有可采性，法官均有权依据此类资料确定案件所应适用的外国法的内容。换言之，在查明外国法的问题上，美国联邦民事诉讼立法秉持的是实质正义的观念，获取外国法信息的手段并不受严格的形式主义束缚。具体地讲，在美国联邦法院的实践中，法官查明外国法的方法也是典型的多元主义。法官可采用的渠道包括但不限于：依赖于当事人所提供的专家证人的证词、法院所指定的专家针对有关外国法问题作出的书面报告、法官运用惯例、网络或非常规的资料进行独立研究而查知的外国法等。此外，法官甚至可以直接单方面地与精通相关外国法的学者或法律从业人士进行沟通、咨询②。

---

① 霍政欣：《美国法院查明外国法之考察》，《北京科技大学学报（社会科学版）》，2007年第4期。

② Matthew J. Wilson, Demystifying The Determination of Foreign Law in U.S. Courts: Opening The Door to A Greater Global Understanding, *Wake Forest Law Review*, Vol. 46, 2011, p. 902.

尽管实践中最常见的情况是法官依赖当事人委托的专家了解案件所需的外国法信息，但从法律条款来看，第44.1条第二句所用的措辞是"可以"（may）而非"应当"（should）或"必须"（must），该条款的立意重在突出对法官授予必要的自由裁量权，而非强制性的义务。这就意味着法官并没有义务必须遵循某一方提供的专家意见。与第二句不同的是，第44.1条第一句的措辞则是"必须"（must），即提出适用外国法主张的一方当事人有义务向法院提供必要的、可用于确定外国法内容的材料。从该条款的最后一句来看，美国联邦立法非常明确地要求法院需将外国法视为法律问题而非事实问题加以处理。这就意味着当事人提交的关于外国法的材料的目的并非用于确定案件事实，除非法官有特别要求，当事人也并不需要严格遵循证据法的要求完成宣誓、认证等程序或以特定的格式提供。在个案中，美国法官为了确定外国法的内容，不仅曾采信过未经公证认证的复印本和外国法的翻译件[1]，也曾认可在外国律所网页下载并打印出来的资料[2]，甚至通过与法官助理及香港驻纽约经济贸易办事处的官员进行私人交谈而掌握案件所需要的外国法信息。[3]不过，如果存在多份关于外国法的资料所表明的外国法信息互有冲突时，可以确定的是，法官更有可能采用来源可靠、格式规范、内容清晰、经过公证认证手续的资料。

毫无疑问，立法者在拟定条款时，故意使第44.1条的措辞保持充分的灵活性和非正式性。一方面，这种法律处理技巧避免因为严苛的格式要求或程序性限制使得外国法"查而不得"或"得而不用"；另一方面，这一条款也有益于促使法庭与当事人及其律师之间在外国法查明及适用的问题上展开并保持合作性对话，提升涉外民事诉讼程序的稳定性与可预见性。表面上看，尽管这一条款明确了法官在查明外国法时不受证据法的严格拘束，且外国法不能被视为事实问题而应视为法律问题，但笔者注意到，从深层次考虑，这一条款仍然是在用证据与证明的思维来构建外国法查明规则的。之所以得出此种论断，原因在于英美等普通法国家的证据立法基本是以"证据能力"为

---

[1] Forzley v. AVCO Corporation Electronics Division, 826 F. 2d 974, 979 (1987).
[2] In re Tommy Hilfiger Sec. Litig., 2007 WL 5581705, 15 (2007).
[3] United States v. Hing Shair Chan, 680 F. Supp. 521, 524 (1988).

中心，即排除了非法证据之后法官可按自由心证的原理就各类证据的证明力强弱加以评估并认定事实。而第44.1条的旨趣与此相契合，这一条款试图对法庭查明外国法的权限做灵活性展开，避免对法官可采用的资料进行硬性地限制或排除。只要是能够用于确定外国法内容的资料或信息，法官都可加以考虑。这样的处理模式减轻了查明外国法的难度，进而在最大限度上防范法官在涉外案件审判中轻易地以外国法无法查明为借口扩张法院地法的适用。可以肯定，在法律选择视角下分析美国《联邦民事诉讼规则》第44.1条的立法原理是有助于缓和单边主义、强化国际主义的。

（三）荷兰法官查明外国法由法官主导

荷兰法官通常从当事人处获取关于外国法的必要信息，此外，法院和当事人也可以通过委任专家的方式获知与外国法有关的必要信息。在个别罕见的案件中，法官可以运用自己熟知的法律常识来获取与适用外国法。根据《荷兰民事诉讼法》第22条，荷兰法官有权命令当事人解释特定的事实主张或者提交与案件有关的特定文件。尽管该条款在制定之初主要用于作为查明案件事实的一种方式，但实践中，荷兰法官也有权据此从当事人处获取与外国法有关的信息。一方面，判例表明，荷兰法官常常依赖此种方式查明外国法，这在一定程度上也逐渐动摇了查明外国法是法官的义务这一基础。另一方面，当事人却不能主动向法官提供外国法，荷兰最高法院（Hoge Raad）在1990年裁判的一起案件中确立了这项规则。该案的主要争议点是，根据美国佛罗里达州的法律，涉案信托是否有效。在初审时，法官允许被告提交了若干由美国律师所出具的咨询意见（advisory opinion），这些意见表明根据佛罗里达州的法律，该案信托是有效的。为了确保咨询意见的证明力，被告还请求法院允许提交证人证言对此加以补充。但初审法院拒绝了这一补充请求，而是认定法庭自身已充分了解佛罗里达州的法律，并认为涉案信托无效。原审被告对初审判决不服，上诉至荷兰最高法院，荷兰最高法院驳回了上诉请求，并明确表示："涉及证人证言的规则并不适用于本案，原因是外国法并不属于待查明的案件事实，法官根据《荷兰民事诉讼法》第22条命令当事人提供外国法，这应被视为当事人向法官提供案件信息的义务，而不属于查明外国法的方式，且该条款并未允许当事人主动提供相关信息"[①]。此外，在少数案件中，荷兰法官也可以在自己的知识范围内直接适用外国法裁判，而不需当事人提供外国法信息。在1994年审理的一起案件中，涉及土耳其婚姻法的适用，阿姆斯特丹上诉法院的法官称："《土耳其民法典》第170至240条认可当事人可以排除夫妻共同财产制的适用，这是个法律常识，因此，当事人完全可以通过协议的方式对其婚后财产进行约定。"[②] 值得注意的是，如同德国的马克斯·普朗克外国私法与国际私法研究所、瑞士的比较法研究所，荷兰也设有专门负责查明外国法的学术机构，例如，位于海牙的国际法律研究所（International Legal Institute），再如阿塞尔国际法研究所（TMC Asser Institute for International Law），其为提升本国涉外民商事审判的质量提供了可靠的智力支持。

此外，由于《伦敦公约》已于1977年对荷兰生效，并且《荷兰民事诉讼法》第67条与第68条为该公约在荷兰国内的实施确立了法定基础，因此，当事人与法院也可依赖公约规定的方法来获取外国法的有关信息。根据荷兰加入《伦敦公约》时所作出的声明，荷兰司法部被指定为公约的中央机关，为了确保公约项下司法合作的高效性，当法官需要依赖公约中的司法协助获取外国法信息时，必须向荷兰司法部提出有关外国法的具体问题，而不能笼统地要求获取某一外国法。

（四）比利时当事人提供的惯例证明

比利时法官在查明外国法的方法上经历了明显地转变。早期的司法实践表明，法官仅可采取若干法律明文规定的查明方式，而现如今，法官则转向更为开放的立场。他们广泛承认，外国法的内容可以通过各类用于查明案件事实的方式进行确定。法官可以指定专家，当事人双方也可以分别委任专家提供外国法的意见。不过，一些明显具有证据属性的用于查明案件事实的方法，如自认、宣誓等，则被排除在外国法的查明途径之外。与德国、荷兰、瑞士等国家相比，比利时并没有专门设立提供外国法查明服务的研究机构，

[①] Sofie Geeroms, *Foreign Law in Civil Litigation: A Compartive and Functional Analysis*, Oxford University Press, 2004, p.154.

[②] Sofie Geeroms, *Foreign Law in Civil Litigation: A Compartive and Functional Analysis*, Oxford University Press, 2004, p.155.

国家也并未将这项任务授予现有的研究机构或学术部门，因此比利时的法院与当事人并没有形成依托研究机构或大学查明外国法的传统。但是，比利时外交部拥有一座专门收藏外国法著述与资料的图书馆，这在一定程度上弥补了比利时没有专门查明外国法机构的缺憾。在1993年的一起案件中，比利时最高法院（Hof van Cassatie）向外交部的这一图书馆咨询并获得了与外国法相关的信息，且外交部并未收取任何费用[1]。而对当事人而言，当事人通常采用惯例证明（certificat de coutume）的方式来确定外国法的内容，追根溯源，这一方式并非比利时所独创，而是比利时的法律从业者从法国所借鉴的实践经验。具体来讲，作为查明外国法的一项工具，这种方式最初用于证明不成文的习惯法的内容。但随着司法实践的演变，它也被用来证明案件所适用的外国法的大体内容。根据比利时早期的判例法，惯例证明甚至被接受为用于查明外国法的唯一方式，当案件所涉及准据法是外国的商事习惯法时，证明的主体通常是该外国的商会或贸易商。不过，从比利时近年来的判例法来看，法院已经不再使用这一方式，这不免让外界认为惯例证明的方法已经过时。但反过来，从当事人的视角来看，他们仍然还在继续使用这一方法，只不过将其归类为"法律意见"（legal opinion）这一术语中。

（五）英国法官查明外国法的主要途径

英国法官查明外国法时主要依赖专家证人的证词，这种方法别具一格，使熟悉外国法的专业人士能够参与到诉讼程序中来有利于促进程序的开放性。不过，法官过于依赖专家的口头证言，在很大程度上制约了当事人提供其他类型证据的自由。尽管采用专家证词的方式查明外国法存在成本偏高、易引发偏见等消极因素，但最新修订的《英国民事诉讼规则》并未改变普通法系将外国法视为事实这一基本立场。根据外国法提出诉讼请求或抗辩的一方当事人不仅要向法官说明案件缘何适用外国法，而且要提供该外国法的内容。英国法律界始终将当事人之间对抗式的程序视为获取外国法信息的最佳途径，除非法律明确规定司法认知的事项，否则法官并不会逾越当事人抗辩的范畴

---

[1] Sofie Geeroms, *Foreign Law in Civil Litigation: A Compartive and Functional Analysis*, Oxford University Press, 2004, p.158.

主动查证外国法①。英国诉讼模式的传统也解释了为何除了专家证词之外,其他查明外国法的方式在英国极少被采用,相比于当事人分别指定的专家证人,联合专家(single joint expert)、法官顾问(court-appointed advisor)、宣誓证据(affidavit evidence)等都在一定程度上限制了双方当事人控制证据收集过程的权力,因此在实践中并未受到重视。另外,基于类似的原因,英国1861年颁布的《外国法查明法案》因其立法取向旨在为法官提供不需要当事人参与的外国法查明机制,与英国固有的诉讼传统并不契合,而未起到预期的实效;1968年《伦敦公约》虽旨在塑造缔约国间相互提供外国法资讯的合作平台,但由于公约的实施很大程度上需借力于法官职权主义的诉讼模式,因此也未能在英国立足。

(六) 美国法官查明外国法的主要途径

在对外国法性质的认识和外国法查明方法的确定上,尽管美国也同属于普通法系的代表性国家,但与英国的查明方法却大相径庭。前述《联邦民事诉讼规则》第44.1条明确授权联邦法院有权在查明外国法的各种方式中自由选择,大多数州的司法认知立法中也作了类似宽泛的规定,且适用于法官的查明方法也同样适用于当事人,这意味着当事人可以依赖各种可能的方法向法官提供外国法的内容。不仅如此,《联邦民事诉讼规则》第44.1条及各州立法在实践中的实施状况也比较成熟,法院与当事人有效地凭借各类可行的方式查明了外国法。美国立法与实践之所以不去限制外国法查明的具体方法,根源在于将外国法的性质认定为法律而非事实。因此,无论案件当事人是否提供了外国法的内容,法官均在相当程度上承担了准确查明并适用外国法的责任②。具体而言,法官既可以要求当事人以专家证人或出版资料的方式协助

---

① 如果提供外国法的专家证人参考了外国成文法、判例或法律书籍,则法庭仅有权着眼于专家证词所援引的部分,而不会考虑无关章节。例如,在 Nelson v. Bridport 案中,专家证人引用一部外国法书籍中的一段表述,但其并未将整本著作作为证据提供给法庭,则法官并不会主动去查实原书,也不会关心其他章节段落。Lawrence Collins, *Dicey, Morris & Collins The Conflict of Laws*, Sweet &Maxwell Limited, 2006, p. 263.

② 例如,美国联邦第七巡回上诉法院早在20世纪80年代就确立了法官有准确查明外国法的义务,在 Bodum USA, Inc. v. La Cafetiere, Inc. 案中,合议庭的三名法官一致认同,尽管查明外国法并非易事,但初审法院与上诉法院均有义务采取适当的方法查明争议中的法国法,并详尽地讨论了外国法在美国审判中的层级问题。Louise Ellen Teitz, *Determining and Applying Foreign Law: The Increasing Need For Cross-Border Cooperation*, 45 International Law and Politicis 1090-1091 (2013).

提供外国法，亦可以自行聘请特别专家（special master），还可以自行对案件所适用的外国法进行独立研究，甚至可以综合运用多重手段。实践中，通常由当事人对案件所涉及的外国法问题进行概要陈述，但鉴于相关资料可能片面或失准，法官及其助理仍然需要做深入研究以填补漏洞。相较于英国，美国法官对外国法法律属性的认知也使他们较少依赖专家证人的口头证词、誓词、交叉盘问等言词证据，但美国法院先前就相同外国法问题所作出的判例、宣誓书以及美国法官直接向外方请求法律咨询仍然被视为用以查明外国法的重要方式。当然，并不能据此断言美国民事诉讼程序的对抗性不及英国，毕竟当事人在收集外国法信息方面的参与仍然颇有价值。且值得提及的是，相比于大陆法系国家，在法官指定专家证人的方面，美国与英国更为相似，即英美法官几乎从不通过行使其指定专家证人的权力来查明外国法。而大陆法系的法院，由于将查明外国法视为裁判职能的一部分，因此在指定专家提供外国法方面并无障碍。此外，相较于外国法或国际法，美国州法院及案件当事人对其姊妹州法律的查明往往更为准确可靠。

（七）小结

除了共性因素之外，各国在其司法实践中分别形成了不同的外国法查明传统，例如，德国擅长利用专家意见（Gutachten）获取外国法信息，荷兰也越来越强调国内学术机构或外国法研究中心向法官提供外国法的获取途径。尽管德国与荷兰的法官与当事人均可直接向国内研究机构请求提供外国法，但相较之下，荷兰的判例法表明法官更依赖通常的查明方法。例如，荷兰强制当事人出庭或由法官或当事人指定专家证人出庭，而不仅仅由研究机构提供书面意见。造成德荷两国这种差异的原因主要是对于德国学术机构出具的外国法意见，德国法官依然会适用证据规则加以质证再评估其证明力，而荷兰法官则不会运用证据规则对外国法意见进行质证。法国尽管也设立了专门提供外国法信息的机构（l'Office de législation étrangeré），但其发达程度尚远不及德国，实践中，法官与当事人仍然主要使用惯例证明（certificat de coutume）的方式确定外国法的内容，这一方法操作上类似于普通法系的宣誓书（affidavit）制度，二者均由具有外国法知识或实务经验的个人起草，但制作惯例证书的主体无须像宣誓书一样履行宣誓手续。与德国法中的专家意见不同，惯例证明与宣誓书不是由精通外国法或比较法的国内律师所准备的，而是由外国律师所提供,即外国律师对某项涉及外国法的具体问题给出的法律意见。在比利时,当事人也常常求助于外国律师出具外国法意见。不过,在比较法上的观察给我国法官处理外国法查明的问题提供了至关重要的启示,即尽可能拓宽外国法查明的途径,创新多元化的查明机制,综合运用多重可能的渠道获知外国法信息,才能保障相关冲突规范在实施中的有效性。

五、"一带一路"背景下对中国法院查明外国法的反思

(一)"一带一路"对外国法查明提出挑战

2013年,中国推出"丝绸之路经济带"与"21世纪海上丝绸之路"(简称"一带一路")战略,力求在丝路沿线65个国家[①]间打造新的国际与区域合作平台,通过全面开展全球贸易、拓宽跨境直接投资,实现共同发展、共创繁荣的合作共赢局面[②]。毫无疑问,该项战略的提出与推进将进一步增强中国与沿线国家合作的力度,提高对外开放的水平,而跨境商贸往来的增加会使中国法院面临更多的涉外案件,外国法查明的实践需求进一步凸显出来。改革开放以来,中国法学教育与法律研究的外延渐趋国际化,法律界对外国法与国际法的研究愈发深入全面,但已有的教学研究和法律实务较多集中于欧美等国成熟发达的法律体系,在丝路沿线的绝大多数国家的法律并非我国法律研究和教育的重点。因此,在"一带一路"背景下讨论对沿线国家法律的查明,相较于对西欧、北美等地区法律的查明,其难度可谓有过之而无不及。

为了对国内各级法院充分发挥审判职能、妥善处理涉及"一带一路"战

[①] 包括东亚的蒙古,东盟10国(新加坡、马来西亚、印度尼西亚、缅甸、泰国、老挝、柬埔寨、越南、文莱、菲律宾),西亚18国(伊朗、伊拉克、土耳其、叙利亚、约旦、黎巴嫩、以色列、巴勒斯坦、沙特阿拉伯、也门、阿曼、阿联酋、卡塔尔、科威特、巴林、塞浦路斯、埃及的西奈半岛),南亚8国(印度、巴基斯坦、孟加拉国、阿富汗、斯里兰卡、马尔代夫、尼泊尔、不丹),中亚5国(哈萨克斯坦、乌兹别克斯坦、土库曼斯坦、塔吉克斯坦、吉尔吉斯斯坦),独联体7国(俄罗斯、乌克兰、白俄罗斯、格鲁吉亚、阿塞拜疆、亚美尼亚、摩尔多瓦),中东欧16国(波兰、立陶宛、爱沙尼亚、拉脱维亚、捷克、斯洛伐克、匈牙利、斯洛文尼亚、克罗地亚、波黑、黑山、塞尔维亚、阿尔巴尼亚、罗马尼亚、保加利亚、马其顿)。

[②] Michael M. Du, China's "One Belt, One Road" Initiative: Context, Focus, Institutions, and Implications, *The Chinese Journal of Global Governance*, Vol. 3, 2016, p. 30.

略的民商事案件提供指引,最高人民法院于 2015 年 7 月发布了《关于人民法院为"一带一路"建设提供司法服务和保障的若干意见》(法发〔2015〕9号),其中第七条即指出:"依法准确适用国际条约和惯例,准确查明和适用外国法律,增强裁判的国际公信力";"要依照《涉外民事关系法律适用法》等冲突规范的规定,全面综合考虑法律关系的主体、客体、内容、法律事实等涉外因素,充分尊重当事人选择准据法的权利,积极查明和准确适用外国法,消除沿线各国中外当事人国际商事往来中的法律疑虑"[1]。可见,我国最高人民法院已经十分明确地意识到外国法查明与适用的准确性不仅是解决中外当事人具体案件争议的基础,而且能间接增强沿线国家潜在的外方当事人与中方当事人进行商事往来的信心,并将此问题的重视程度提到了应有的高度。

(二) 我国用于查明外国法的途径与创新

我国《民事诉讼法》第七条规定:"人民法院审理民事案件,必须以事实为根据,以法律为准绳。"有学者据此认为,我国法院在审理涉外民商事案件时,要以作出合理且公正的判决、维护当事人正当权益为要,无论"事实"抑或"法律",均必须查清,因此有观点指出,将外国法视为"事实"还是"法律"的论争,在我国并无实际意义[2]。换言之,仅将目光集中于外国法在不同国家"事实"或"法律"的定性,并以此作为采用不同外国法查明方法的基本根据,这种研究路径很可能阻碍对形成外国法查明规则并支撑其运行的要素进行深入的探求[3]。从现行的司法审判实践来看,我国已确立了由中外专家发表意见、法律服务机构出具报告、通过司法协助请求其他国家提供外国法信息、借助法律论著、外国法介绍性资料等方式,并且在互联网、法院联合高校创建外国法查明中心等方面还在不断展开新的尝试。截至 2016 年 12 月 30 日,中国已与 37 个国家签订了双边民事或商事司法协助条约,其中包

---

[1] "最高人民法院关于人民法院为'一带一路'建设提供司法服务和保障的若干意见",http://www.co-urt.gov.cn/zixun-xiangqing-14900.html,最后访问日期:2016 年 11 月 30 日。

[2] 黄进:《国际私法》(第二版),法律出版社 2005 年版,第 205 页。

[3] 徐鹏:《外国法查明的比较研究:兼评相关条文设计》,《中国国际私法与比较法年刊》(第 10 卷),北京大学出版社 2007 年版,第 165-169 页。

括 24 个丝路沿线国家①。从司法协助的内容来看，除了在缔约方之间相互委托送达司法文书、调查取证、承认或执行外国法院判决与仲裁裁决外，相互请求并提供有关的国内法律咨询、交流法律信息也是司法协助的重要工作。通过双边或国际条约所确立的途径查明外国法，本应成为司法实践中查明外国法的有效途径，但据我国最高人民法院从事涉外商事审判实践的法官研究发现，该途径并未在司法实践得到有效利用，其原因主要为烦琐的程序整体上拉低了审判效率②。

近年来，借鉴国外通过创设专门性研究机构的方式解决外国法查明的经验，我国不仅成立了专业化处理外国法查明的法律服务机构③，而且司法部门尝试谋求与高等院校、科研机构进行协同合作。通过引入第三方平台，充分利用研究中心所具备的师资力量与科研基础，提供外国法或港澳台等地区法律信息的专家意见，为法官裁判提供了高质量且中立、客观的法律基础。但有法官提出，这类外国法查明研究中心由于其研究力量有限，所能接受的外国法查明请求数量和所能提供的外国法范围也都是有限的，相关的研究与信息共享机制也刚刚起步，远未达到德国或瑞士的比较法研究机构的水平，亟待通过资源整合组建统一且多元的外国法查明平台④。2015 年，在最高人民法院的主持下，我国曾展开过这种关于资源整合的工作，在前海特区法院分别设立了"一中心两基地"，即中国港澳台和外国法律查明研究中心、最高人民法院港澳台和外国法律查明研究基地、最高人民法院港澳台和外国法律查明基地。其中，中国港澳台和外国法律查明研究中心汇聚了中国政法大学外

---

① 司法部司法协助交流中心："民商事司法协助概况"，http://www.moj.gov.cn/sfxzws/node_219.htm，最后访问日期：2016 年 11 月 30 日。

② 如果某中国法院希望通过条约途径查询外国法，其需要将该请求及相关材料包括译文报至最高人民法院，由最高人民法院转交司法部，再由我国司法部转交至缔约对方所指定的中央机关，并由该中央机关转交给该国主管机关办理，之后按原途径反馈意见，这一程序的复杂性使得通过条约途径查明外国法的利用率较低。参见高晓力："涉外民商事审判实践中外国法的查明"，《武大国际法评论》，2014 年第 1 期。

③ 我国首家境外法律查明机构为深圳蓝海现代法律服务中心，性质上属于法律类民办非企业单位，其下设法律查明平台、法律交流平台、支持服务平台。经过两年多的运行，该平台所查明和提供咨询的法律已经覆盖了中国香港、美国、瑞士等国家和地区的法律，积累了一定的经验。黄漫山："域外法查明引入第三方法律查明平台的可行性及问题分析"，《特区经济》，2016 年第 6 期。

④ 王贵枫：《我国外国法查明途径的拓展与革新》，《武大国际法评论》，2016 年第 1 期。

国法查明研究中心、西南政法大学中国—东盟法律研究中心、法律出版社、深圳蓝海现代法律服务发展中心的法律专家资源①。在第三方平台之外，法院系统内部也在谋求新途径。值得一提的是，作为"特区中的特区"的司法机关，前海特区法院被赋予了"中国司法改革样本"的任务，积极展开一系列探索，并于 2015 年发布了全国首个地方法院的《深圳前海法院域外法查明办法（试行）》，其中第六条除了对传统的查明途径，如当事人提供、司法协助提供、外交途径、中外法律专家等加以确认，也认可了第三方专业机构查明，并增设了兜底条款，允许运用其他有效的方法，堪称多元化、开放化的典型②。

此外，在我国具体审判实践中，以互联网方式当庭查明外国法的方式得到了初步使用，且颇有成效。例如，在 2006 年上海市第一中级人民法院审理的一起涉外出资合同纠纷中，法庭确定应适用美国特拉华州的法律，原告、被告均提交了特拉华州普通公司法的有关条文，被告还提供了自 LEXIS 网站获取的相关判例。因双方提供的法律条文版本略有差异，各方均对对方的法律条文真实性提出异议，原告还对被告所提供判例的真实性提出异议。在对当事人提供的外国法律进行庭审质证中，法院利用了法庭的计算机设备，当庭上网，进入美国特拉华州政府官方网站，下载了现行有效的特拉华州普通公司法，当庭打印后交由双方对比质证，确认了被告提供的条文的真实性。同时，该案中法院还聘请了华东政法学院的法学教授出庭，不仅当庭发表意见，而且对网络查询的过程加以见证，确保了外国法查明程序的可靠性与真实性③。这起案件中的外国法查明由于代表性强，一度为学者所称道，对后续相关案件提供了较好的示范。

---

① 郑媛：《国家级法律查明平台"一中心两基地"落户前海》，《深圳商报》，2015 年 9 月 21 日。
② 孙普：《前海法院：驶入"域外法查明机制建设"快车道》，《中国审判》，2016 年第 3 期。
③ 黄进、杜焕芳：《中国国际私法司法实践研究（2001~2010）》，法律出版社 2014 年版，第 210 页。

本 章 小 结

外国法查明问题的妥当处理，不仅关系到国际私法学科的生死存亡，亦直接影响到涉外案件的裁判质量。迄今为止，理论界并未对此提供令人满意的方案。通过考察世界各国涉外民商事审判的实践，并与中国的状况加以对比，不难发现，查明与适用外国法的难题并不仅是中国所独有的，法官主观不愿适用外国法或客观未能查明外国法的困境在相当一部分国家都有所体现。总的来看，中国在这方面的问题愈发突出。如果不能正视这一问题并积极探讨出路，不仅会给其他国家留下中国法院对域外法一概排斥的消极印象，而且影响中国法治的开放水平作为评估投资环境的重要指标。从长远来看，中国法院一味适用国内法的裁判方式还很可能不利于中国企业"走出去"发展对外贸易与投资关系，甚至对"一带一路"倡议的实施构成消极影响。基于此，正视外国法查明这一实践性问题，并结合域外经验讨论解决对策，对于北京推进更高水平对外开放而言显得尤为迫切。

第四章
北京更高水平对外开放的仲裁员职业道德建设

本章提要

　　北京更高水平对外开放，既需要一系列涉外法律制度加以保障，也需要培育相关的涉外法治人才加以实施。无论是建设更高水平开放型经济新体制，推动贸易和投资自由化便利化，还是积极参与全球治理体系改革，在很大程度上都依赖于一大批高素质的涉外法治人才。就建设国际商事仲裁中心而言，不仅要完善仲裁法律制度、优化仲裁立法，还要培养一批通晓国际法律规则、善于处理涉外法律事务的仲裁员。这些仲裁员既要具备高水平的国际法和国内法知识，更要具备较高的职业道德水准。早在20世纪30年代，我国著名的法学教育家孙晓楼教授就曾指出："法律人才至少应当符合三个要件，要有法律学问，要有社会常识，要有法律道德。"仲裁员不仅是仲裁机构按照一定规则聘任的、列入仲裁员名册的人，而且是纠纷当事人按一定的规则直接或间接选定的对其纠纷进行仲裁的人。本章将重点对仲裁员的职业道德建设及其披露义务加以探讨。

第一节 仲裁员职业道德的界定与遵循

一、仲裁员职业道德的界定

作为法律职业共同体当中的一员,仲裁员除应遵守法律人的共性道德规范外,还应受到仲裁员这一特殊职业专门的道德规范约束[1]。对此,英国皇家御准仲裁员协会前主席哈特威尔教授曾指出:"仲裁员只是劳动者,其责任是将工作做到极致,除当事人的授权外,他们一无所有。但在国际商事领域中,没有什么荣誉会高于你被专业人士选作仲裁员,去解决他们之间的争议。"[2] 与诉讼不同,仲裁庭的管辖权主要源自当事人的仲裁协议,且仲裁裁决的公正取决于仲裁员的能力与素养,这就对仲裁员的职业道德提出了非常高的要求。

二、仲裁员职业道德的依据及其必要性

(一)仲裁员职业道德的正当性依据

之所以对仲裁员施加职业道德方面的约束,源于仲裁作为一种准司法程序对自然公正原则的内在要求。所谓自然公正,意即正当程序,是基于公共政策对仲裁程序设定的底线,一旦违反将导致法院撤销或不予执行仲裁裁决,从而使整个仲裁付之东流。通常认为,自然公正包含两方面信条:其一,仲裁员必须公正(just),不能偏私或与当事人具有利益冲突,即任何人不能做他自己的法官;其二,仲裁员应当做到兼听则明,平等、公允地听取双方当事人陈述的意见,保障双方均有平等的陈述与申辩机会。正是基于对自然公正的追求,需要对仲裁员克以必要的职业道德方面的约束,从而保证其独立

---

[1] 阮小茗:《仲裁员职业道德的他律》,《开封教育学院学报》,2015年第7期,第239页。
[2] 曹海俊:"仲裁员行为规范考察:仲裁实务的视角",http://www.ntac.org.cn/content_show.asp?id=2466,最后访问日期:2023年8月3日。

性与公正性①。

(二) 构建仲裁员职业道德的必要性

在追求自然公正的仲裁理念的引领下，构建仲裁员职业道德是行业、社会等各方面的现实需求。在西方政治国家与市民社会两分的历史背景下，仲裁是根植于商人社会、行业自治的产物。然而，中世纪的商人法难以成为现代商法的依托，在仲裁制度步入法律化轨道之后，商人社会的自治性民间规则只能起到有限的辅助作用②。更重要的是在中国熟人社会的传统下，熟人关系广泛存在于社会的各方各面，由于仲裁员的职业具有非专职性特征，仲裁员的来源呈现出多元化，他们之中既有教师、律师，亦不乏商业人士、行政官员、行业专家，这些人不可避免地具有自身的熟人圈。仲裁员会接触各类人群，从而与他人产生各类社会关系，诸如师生关系、同事关系、上下级关系等。固然，从利益冲突的角度审视，存在熟人关系并不必然构成法定的回避事由，但结合私人关系的亲疏性、实用性和依存性等要素，熟人关系很可能达到利害关系、利益冲突的程度，从而导致另一方对仲裁员的独立性、公正性产生合理怀疑，此时就面临质疑仲裁员公正性的问题。换言之，履行仲裁职责要求仲裁员保持中立性、独立性，而从他律角度构建职业道德要求仲裁员遵行，设置必要的披露机制、回避机制、退出机制，有助于缓和熟人关系给仲裁员带来的道德风险③。

从促进仲裁行业有序发展的角度思考，亦有必要构建仲裁员职业道德体系。目前，仲裁在我国尚属"朝阳产业"，在多元化纠纷解决机制内，仲裁的发展既受到仲裁、调解、ADR 等其他解纷机制的外界竞争压力，也面临着仲裁自身创新升级、制度现代化的挑战。在这种背景下，借助行业自律组织的外在规制，适时对仲裁的发展路径提供指导，有益于促使仲裁行业的健康成长。然而，遗憾的是，尽管我国《仲裁法》规定仲裁行业必须建立仲裁协会，但由于诸多因素的限制，这一构想历经二十多年仍未实现。在中国仲裁协会

---

① 杨良宜、莫世杰、杨大明：《仲裁法：从 1996 年英国仲裁法到国际商务仲裁》，法律出版社 2006 年版，第 559 页。

② 郭德香：《幻象与真实：中世纪商人法形貌考辨》，《河南大学学报（社会科学版）》，2017 年第 6 期。

③ 张建：《国际投资仲裁员的伦理规范探析》，《中国仲裁论丛》，2020 年第 2 期。

缺位的情况下，我国的仲裁机构近年来虽发展态势良好，貌似"百家争鸣"，却囿于自身定位不清、行政力量制约等因素，难以形成对仲裁员群体的统一有序管理，致使仲裁员行为不规范的现象时有发生，这不仅在个案中导致仲裁裁决被法院撤销或不予执行，而且影响了社会公众对仲裁公信力的正面评价，亟待引起重视[1]。鉴于此，构建完整的仲裁员职业道德规范，明晰职业操守，健全行为守则，有助于应对仲裁员行为失范引发的仲裁公信力危机。

三、仲裁员职业道德的原则与内涵

(一) 仲裁员职业道德的基本原则

仲裁员的职业道德涵盖多层次的内容，包括抽象的原则与具体的规则两个方面。所谓基本原则，是用于指引整套仲裁员职业道德规范的纲领，在制定与实施具体的仲裁员行为守则时不可或缺，大体可以归结为三要素：一是公正独立，即仲裁员要有公正、廉洁的思想品格，平等对待双方当事人；二是勤勉认真，即仲裁员要有细心、严谨的工作态度，勤勉地完成仲裁案件的审理；三是高效自律，要求仲裁员具备及时、高效的仲裁理念，在保证案件质量的前提下追求效率。

1. 公正独立

仲裁员的独立性与公正性是当事人选择并信任仲裁方式解决争议的首要原因。公正与独立虽各有不同的侧重，但难以割裂，独立是公正的保证，公正是独立的来源。在整个仲裁员职业规范体系中，仲裁员的独立性乃是首要原则。尽管仲裁具有民间性、契约性两大特征，强调当事人在仲裁案件中意思自治的权利。但仲裁作为一种准司法制度，在解决争议纠纷时维持案件的公平正义仍是第一要义，远胜于其他考量因素。为了达到公正的目的，最重要的就是保证仲裁员地位的独立性。独立包含两方面意思：一是独立于当事人，二是独立于司法机关。仲裁员无论由哪方当事人指定，均应保证其地位的中立性，只服从于案件本身，而不作为任何一方的"代言人"[2]。作为公正与独立的具体体现，仲裁员应居中裁决，避免给任何一方当事人留下偏私、

---

[1] 萧凯：《从富士施乐仲裁案看仲裁员的操守与责任》，《法学》，2006年第10期。
[2] 刘晓红、袁发强：《国际商事仲裁法案例教程》，北京大学出版社2018年版，第117页。

不公平的印象。在我国各仲裁机构制定的仲裁员行为规范中，侧重点虽有所不同，均重点规范了仲裁员回避制度和披露制度。这是出于仲裁员需与当事人无任何经济关系、社会关系和个人关系，并且与争议事实不存在某种利害关系的考虑。凡是任何可能导致仲裁公正性被怀疑的情形，都应该被事先隔绝，如此才能保证案件的仲裁结果公平正义。重视对仲裁员回避制度和披露制度的设定是诚实信用原则的当然衍生，也是对仲裁员职业道德的基本约束，这就要求仲裁员必须向仲裁机构和当事人披露一切与争议有关且他们所应当知晓的信息。只有在仲裁开始之前向当事人披露了所有他应当知道的情形，才能避免当事人事后觉得被蒙蔽而产生不公平的印象。

2. 勤勉认真

为保障仲裁裁决结果的专业性与权威性，仲裁员既要在个案中恪尽职守，又要重视专业能力的不断提升。在国际商事争议解决中，当事人之所以更愿意选择仲裁，有很重要原因之一即在于可以选任在专业或行业领域更为权威的人士担任仲裁员。相比之下，法官虽然在法律方面颇具裁判经验，却未必熟悉案件争议所涉及的行业问题，在航运、金融、国际贸易等方面尤其如此。对于商人而言，他们所追求的公正不单是法律方面的定分止争，更加希求持久且长期的合作，而专业人士的权威裁判往往更能达到令双方均信服的效果，从而更接近商事公平。鉴于此，仲裁员的专业能力是他们得以被当事人选任的主要原因，如果不能勤勉地断案并保持长期的学习，则难以符合当事人对仲裁员的职业需求。职是之故，勤勉与认真也是仲裁员职业道德的原则之一①。

3. 高效自律

作为仲裁员的工作任务，有效推动仲裁程序进行，保证纠纷的按时结案，是提升仲裁质量的必然要求。通常，仲裁员依仲裁规则裁决案件，但仲裁规则仅规范仲裁员应该在什么时间以什么样的方式推动仲裁程序的有序进行，在仲裁程序开始后，仲裁员有权具体决定并把握仲裁程序的节奏。作为反例，曾有仲裁员在私人利益的引导下拖慢仲裁程序的进行，使得一方当事人获益，或者因案件管理水平不高，无法发现一方当事人有意阻碍仲裁进程的目的，

---

① 石先钰：《仲裁员职业道德建设研究》，中国社会科学出版社2019年版，第47页。

从而延缓了案件的审理,导致仲裁久拖未决,损害对方当事人的利益。当然,这些现象的出现,既有仲裁员仲裁技能方面的原因,也暴露出部分仲裁员缺乏必要的高效结案意识,对整体仲裁程序的效率缺乏把控。故在制定仲裁员道德规范的过程中,以书面形式纳入高效原则,有助于警醒仲裁员们勤勉行事、保证仲裁的高效进行。目前,越来越多的国内外仲裁机构开始对仲裁员高效办案提出了明确的要求,如北京仲裁委员会早在 2002 年即颁行了《关于加强仲裁审限管理若干规定》、国际商事仲裁委员会于 2007 年发布了《控制仲裁时间与成本的方法》等。

（二）仲裁员职业道德的内容体系

在设计仲裁员职业道德的具体内容时,应立足于争议解决全局,着眼于仲裁程序公正,充分考虑仲裁员的专业能力、品德要求、行为规范等各方面要素。参照《国际律师协会国际仲裁利益冲突指引》,就仲裁员职业道德规则的设计模式而言,既可采取正面清单的方式列明仲裁员可以从事的具体事项,也可采取负面清单的方式列明限制或禁止仲裁员从事的具体事项[①]。对仲裁员行为合乎职业道德的判定标准,《国际商会国际仲裁院关于披露仲裁员潜在利益冲突的指南》提供了启发,该指南对"独立性"的披露采取"是否引起特定案件所涉当事人怀疑"的主观标准,对"公正性"的披露采取"是否会引起通情达理的第三方心里怀疑"的客观标准,鉴于独立性与公正性均是建立仲裁员职业道德体系的重要原则,仲裁员职业道德体系的构建需要融合并且兼采主客观标准[②]。

就仲裁员职业道德规则所涵盖的对象而言,可以概括为几下几方面:

1. 专业能力

相比于诉讼,仲裁最重要的特点之一是专家断案,仲裁员队伍汇聚了社会各行各业的专业人士,为当事人的纠纷解决提供了多元化的选择。具言之,仲裁员的职业道德要求他们不断提升在业务方面的能力,提升专业素养,并且时刻保持"充电"学习状态。事实上,如果一名仲裁员业务能力不强,专

[①] 赵平主编:《国际商事仲裁律师实务》,法律出版社 2018 年版,第 67 页。
[②] 陈国欣:《利益衡量视角下仲裁员信息披露标准研究》,《研究生法学》,2019 年第 6 期;黄子宜:《仲裁员质疑裁量标准初探:基于英国伦敦商事仲裁院（LCIA）仲裁员质疑数据库的分析》,《法律适用》,2019 年第 17 期。

业素质不够硬，不具备争议解决所需的专业知识，几乎不可能得到当事人的选任或仲裁机构的委任。当然，专业能力的判断应当基于从业经验和业界同行的评价予以客观评判，不应拘泥于年限、职称等评价要素，更要从相关行业的从业经验、有关成果等角度进行综合考量。对仲裁机构而言，其工作内容之一是对聘期内的仲裁员进行业务培训及定期考核，从而实现优胜劣汰，筛选出优秀的专业人士且剔除出不再适宜从事仲裁工作的人员。

2. 品德要求

仲裁员之于仲裁制度，犹如水之于游鱼、羽翼之于飞鸟，故有法谚称"仲裁之好坏取决于仲裁员"（Arbitration is only as good as its arbitrators），足见仲裁员对仲裁质量的决定性影响[1]。作为定分止争的裁判者，仲裁员承载着为当事人确定公正且合理的终局裁决的使命，不仅要具备高水平的专业能力，还要具备高尚的道德品质。如果某仲裁员虽在专业上具有权威性，但个人品德却有瑕疵，那么即便他所作出的裁决可被法院所承认并执行，也难以达到令人信服的效果。在仲裁员职业道德的各个方面，仲裁员的道德品行虽难以实现客观化评价，但着实属于仲裁员遴选及选任过程中所不容忽视的重要因素。

3. 行为规范

如果专业能力是对仲裁员水平的考察，品德要求是对仲裁员品行的评价，那么，行为规范则是对仲裁员从事特定行为的指引，重点规范仲裁员在履职过程中实施的具体行为。具言之，在接受指定成为某具体案件的仲裁员之后，仲裁员要逐步完成对案件卷宗的审阅、与其他仲裁庭成员进行沟通、讨论商定、开庭审理、草拟裁决书等各项环节的工作。任何一项程序如出现消极、懈怠或者不作为的情况，都将影响整体的仲裁效率。因此，对仲裁员设定行为规范或行为守则，可明确他们在特定的程序阶段应开展哪些工作，如何开展有关工作，从而保障职业道德的抽象要求落实于具体的工作环节。当无法穷尽列举所有应该遵守的行为规范时，可采用间接体例强化规范的可操作性。例如，仲裁员回避制度即可通过列举具体事由，要求仲裁员避免对当事人造成偏袒不公正的印象而主动退出。此外，考虑到首席仲裁员在仲裁中的主导地位，对他们应设定更高的行为规范要求，具体要求涵盖庭审驾驭能力、突发事件控制能

---

[1] 宋连斌、林一飞：《国际商事仲裁资料精选》，知识产权出版社2004年版，第4页。

力、与当事人和仲裁机构沟通的能力、案件调解能力、案件裁决能力等方面[1]。

四、仲裁员遵守职业道德的制度保障

仲裁员的披露、回避、替换是确保仲裁员独立性的三大支柱，这三项制度都是在仲裁庭组成过程中产生的问题。作为最直接、最有力的仲裁员职业道德保障机制，这三项制度不仅影响到仲裁员的资格、人数，还影响到其委任的程序[2]。

所谓披露，是指根据有关立法或仲裁规则的要求，仲裁员将可能使当事人对其独立性及公正性产生合理怀疑的情况告知当事人、仲裁机构及仲裁庭其他成员，便于其他仲裁参与者对该名仲裁员或潜在仲裁员的独立性及公正性进行评估，从而确定是否对其任职资格质疑或有异议[3]。通常认为，披露对于增加当事人对仲裁员的信任、排除当事人对仲裁员的怀疑、保障仲裁程序的公正审理具有实质重要性，以至于很多国家或地区的仲裁立法都将披露确立为一项强行规则[4]。从时间因素来看，在仲裁实践中，披露义务不仅是仲裁员接受委任之际所承担的义务，这一要求贯穿于整个仲裁程序始终，是一项始于仲裁员接受委任直至裁决作出全过程的持续性要求。如果在仲裁程序进行中的某个特定环节，仲裁员知悉了某一项可能引发对其独立性或公正性产生怀疑的新事由，则他有义务毫不迟疑地将此向各方当事人及其他仲裁庭成员进行披露并展开沟通。我国现行《仲裁法》尚未规定仲裁员披露制度，这显然不利于保护仲裁当事人的合法权益，也难以对仲裁员产生克制及约束效果，更无益于仲裁员职业道德体系的构建与完善[5]。在《仲裁法》修改中，亟待引入仲裁员披露制度。事实上，在许多国内外仲裁机构的仲裁规则中已经确立了披露制度，如《国际商会仲裁规则》第7.2条、《国际投资争端解决中心仲裁规则》第6.2条、《北京仲裁委员会仲裁规则》第二十二条等。实践中，仲裁机构通常要求仲裁员在接受任命之际签署一份专门的披露声明书，以确

---

[1] 张杰、戚璟：《论首席仲裁员应具备的办案能力》，《北京仲裁》，2011年第1期。
[2] 马占军：《商事仲裁员独立性问题研究》，法律出版社2020年版，第4页。
[3] 陈博闻：《仲裁员公正性的保障：以仲裁员披露义务为视角》，《北京仲裁》，2016年第4期。
[4] 张圣翠：《中国仲裁法制改革研究》，北京大学出版社2018年版，第356页。
[5] 吴慧琼：《论仲裁员的素质》，《仲裁研究》，2009年第3期。

保其履行了必要的信息披露义务,避免后续的仲裁程序及仲裁裁决因仲裁员未披露而遭受合法性质疑。从制度背后的合理性出发,披露制度的确立关键在于保障仲裁员角色的独立性。在国际仲裁实践中,即使某一名仲裁员是某一方当事人所选定的,也绝不意味着该名仲裁员具有"代理人"的角色。自仲裁员接受选定之日起,他就理应取得中立第三方的角色,并且有义务依据有关的披露规则将任何相关事项及时地告知指定他的一方当事人及其他当事人。据此,在我国仲裁立法中引入仲裁员披露制度迫在眉睫。

所谓回避,是指根据法律、仲裁规则、仲裁员行为守则等规范的相关条款,负责审理某一具体仲裁案件的仲裁员因具有法定的回避情形而应避开或者退出该案审理的制度[1]。披露制度与回避制度是相辅相成的,由于仲裁员的身份具有民间化与非职业性特点,某专业人士在担任仲裁员的同时还可能同时担任律师、法律顾问、学者、工程师等其他身份,多元身份意味着某个个体的角色间很可能存在显性或隐性的冲突[2]。对此,被选定或被指定的仲裁员如果与案件有利害关系的,应当秉持诚信原则,无所保留地自行向仲裁机构和当事人主动予以披露,否则当事人很难知悉仲裁员与案件之间的关系。不过,披露本身并不等同于回避,披露要求仲裁员无所隐瞒地将有关情况告知当事人及仲裁机构,有关信息披露后,是否构成回避事由以及是否申请回避,则由当事人、仲裁庭及仲裁机构加以裁量并审慎判断[3]。我国《仲裁法》第三十四条规定了仲裁员回避制度,并列明了四种具体的回避事由:"其一,仲裁员是本案当事人或当事人、代理人的近亲属;其二,与本案有利害关系;其三,与本案当事人、代理人有其他关系,可能影响公正仲裁的;其四,私自会见当事人、代理人或接受代理人的请客送礼的。如果符合上述法定情形之一,即使当事人未提出回避申请,仲裁员亦必须主动回避。"不过,实践中,上述四类情形并不能充分涵盖所有现实情况,例如"利害关系"的解释就甚为模糊。有观点指出,现行《仲裁法》关于仲裁回避事由的规定仅采取列举式,缺乏概括式规定,以致难以全面覆盖所有可能影响仲裁员公正性或

---

[1] 黄瑞焓:《国际商事仲裁中仲裁员回避制度研究》,《浙江万里学院学报》,2017年第4期。
[2] 刘国伟:《身份冲突视角下的仲裁员回避问题研究》,《潍坊学院学报》,2018年第4期。
[3] 刘晓红、袁发强:《国际商事仲裁法案例教程》,北京大学出版社2018年版,第120页。

存在其他利益冲突的情形①。与此同时，立法中列明的四种回避事由在文字表述方面多处采用弹性用语，较为含混，难免产生"灰色法域"。鉴于此，在《仲裁法》修订中，对仲裁员回避制度应从整体出发进行通盘考虑，以兜底方式或抽象概括方式增加一条，以使当事人可对可能影响仲裁员独立性及公正性的各类情形提出回避申请，从而廓清立法目的。

为了应对立法的缺憾，在我国的仲裁实践中，部分代表性的仲裁机构已基于"大胆创新、小心求证"的理念出发，付出了应有的努力，在制定仲裁员行为守则时对应予披露、回避的利害关系的具体情形进行了细化。例如，2006年版《北京仲裁委员会仲裁员守则》第五条即规定了以下具体情形："第一，对本案当事人事先提供过咨询的；第二，为本案当事人推荐、介绍代理人的；第三，担任过本案或与本案有关联的案件的证人、鉴定人、勘验人、辩护人、代理人的；第四，与本案当事人有同事、代理、雇佣、顾问关系的；第六，与当事人或代理人有较为密切的友谊或者嫌怨关系的。"存在上述任何一类情形，仲裁员都应当毫不犹豫地以书面形式向仲裁机构和当事人披露，至于所披露的信息是否与案件确有利害关系，是否足以影响仲裁员独立、公正地履行职责，是否构成法定的应予回避的事由，则由机构和当事人决定。

所谓替换，也称撤换、更换、替代，特指在仲裁过程中，如果已经被任命的仲裁员自行回避或被申请回避，或者因其他事由的发生导致某名仲裁员不能继续履行职务，则由当事人或仲裁机构选任一名新的仲裁员替代该名出现状况的仲裁员继续履行职责的情况②。在仲裁实践中，如果某名仲裁员在被任命之后从事了违反独立性与公正性，或者进行了其他有悖于仲裁员职业道德的行为，则其可能视情节轻重面临被替换的后果。从时间来看，替换仲裁员的后果只能发生于仲裁裁决作出之前。如果在裁决作出之后发现了仲裁员的不当行为或失范行为，则只能向法院申请撤销或不予执行仲裁裁决。在实际操作层面，如果仲裁员被更换，需要重点考虑两方面问题：其一，是否继续审理或重新审理；其二，由谁决定是否继续审理或重新审理。对此，不同仲裁机构的仲裁规则采取了不同的规定，这很可能会影响仲裁的进度甚至是

---

① 王国锋：《我国仲裁员制度的反思与整合》，《行政与法》，2004年第6期。
② 马占军、徐徽：《商事仲裁员替换制度的修改与完善》，《河北法学》，2016年第5期。

最终裁决结果，导致仲裁程序的不同走向和流程①。

依据《中国国际经济贸易仲裁委员会仲裁规则》第三十三条和第三十四条，当仲裁员替换事由发生后，由仲裁委员会主任对是否更换仲裁员作出终局决定且可不说明理由。在特殊情况下（最后一次开庭终结后三人仲裁庭中的一名仲裁员因死亡或被除名等情形而不能参加合议及/或作出裁决），另外两名仲裁员可请求仲裁委员会主任更换该仲裁员，也可在征求双方当事人意见并经由仲裁委员会主任同意后继续仲裁。重新选定或指定仲裁员后，由仲裁庭决定是否重新审理及重新审理的范围。

五、对仲裁员不当行为的司法监督

如前所言，仲裁员应当遵循职业道德规范，保持独立性、公正性，这是仲裁公平、公正进行的基础。实践中，敦促仲裁员约束其履职行为，不仅需要自律，更需要他律。如仲裁员在具体个案中欠缺独立性、公正性，但没有依法进行披露及回避，则其应当承担相应的法律责任、行业责任、道德责任。与此同时，各国的国内法院也会通过仲裁司法审查机制对仲裁员的不当行为予以外在监督，对仲裁员缺乏独立性及公正性基础上所作出的裁决予以撤销或不予执行，这也是规制仲裁员不当行为的最后一道防线。从规范依据的角度审视，我国现行《仲裁法》第五十八条规定了法院撤销仲裁裁决的理由，其中包括：仲裁庭的组成或者仲裁的程序违反法定程序的；仲裁员在仲裁该案时有索贿受贿，徇私舞弊，枉法裁决行为的②。我国《民事诉讼法》第二百四十四条、第二百八十一条规定的不予执行仲裁裁决的法定理由中亦有上述规定。可见，法院可以通过撤销或不予执行的方式对仲裁员的任职资格及不当行为予以司法审查，并以此审视仲裁员是否遵循了职业道德规范的约束。

就司法监督仲裁员的过程中，首先要从理念上寻求平衡：一方面，有必要对仲裁员因疏忽过失或不当行为进行惩戒；另一方面，要赋予仲裁员必要的自由裁量空间，使他们能够正常履行职责，不至于在"达摩克利斯之剑"

---

① 王勇、吴滨生：《浅析商事仲裁员的替换制度》，《中国律师》，2017年第12期。
② 李虎：《国际商事仲裁裁决的强制执行：特别述及仲裁裁决在中国的强制执行》，法律出版社2000年版，第123页。

的高压下谨小慎微，随时保持高度警惕。① 据此，理论与实务界对仲裁员是否享有职务豁免及豁免的范围曾有不同的观点，大体可区分为绝对豁免论、相对豁免论、无豁免论。② 持绝对豁免论者，将仲裁视同准司法行为，认为仲裁员因履职行为而产生的疏忽或过失可免于被追诉，其豁免权应当是绝对的。从政策视角出发，绝对豁免论是为了鼓励当事人选择仲裁方式解决商事争议，保证仲裁员不受当事人的不当影响和司法干扰。不过，绝对豁免论忽视了仲裁员有意实施的不法行为，如欺诈、受贿等情况下对一方当事人造成的损害，且难以对仲裁员起到必要的督促效果，致使仲裁员可以对其疏于防范所致损失而免责③。持无豁免论者多来自大陆法系国家，他们往往从仲裁的契约性和法官民事责任理论出发，认为仲裁员不应当享有职务豁免。据此观点，当仲裁员在履职过程中从事了不当行为时，其不仅应当承担违约责任，还应承担违反法律的责任。据此，可以督促仲裁员更加认真地履职，以更高的警觉避免职权滥用情形的发生，更好地遵循职业道德规范。不过，无豁免论的主张却可能使仲裁员遭遇当事人的无端滥诉，甚至过多的司法干预，从而影响仲裁员的独立性。作为折中方案，相对豁免论视情形区分仲裁员履职期间的疏忽过失行为与有意的职权滥用行为，前者可免于承担违约或侵权责任，后者则仍应承担相应的法律责任④。相较之下，绝对豁免论与无豁免论的主张都显得僵化，而相对豁免论则视情形而论，有足够可回旋的空间，应予肯定⑤。当仲裁员的行为背离职业道德而构成不当行为时，有必要视情况决定是否应承担责任及承担何种程度的责任。

仲裁员职业道德规范并非法律规定，因此不当然具有直接的法律强制力，但是仲裁司法审查及仲裁员责任机制为督促仲裁员遵循职业道德、履行职务提供了有效的途径，故可以间接规范和约束仲裁员的行为。实践中，除

---

① Nigel Blackaby et al., *Redfern and Hunter on International Arbitration*, sixth edition, Oxford University Press, 2015, p. 305.
② 彭丽明：《比较法视野下的商事仲裁员职业责任保险制度》，《武大国际法评论》，2016年第2期。
③ 韩平：《中英仲裁法比较研究》，厦门大学出版社2019年版，第139页。
④ 梁堃：《英国1996年仲裁法与中国仲裁法的修改：与仲裁协议有关的问题》，法律出版社2006年版，第72页。
⑤ 石现明：《仲裁员民事责任绝对豁免批判》，《仲裁研究》，2008年第3期。

了司法机关外，仲裁行业协会及仲裁机构也可对仲裁员的重大过错予以惩戒，对严重者予以处分乃至除名，从而使仲裁员职业道德能够得以贯彻并落实在具体的行动中。遗憾的是，由于我国迄今尚未成立中国仲裁协会，也不存在全国统一的仲裁员守则，实际上是由国内各个仲裁机构分头各自制定仲裁员守则，这些守则是仲裁员职业道德的首要载体，但在具体条款的设计方面却迥然有别，详尽程度方面亦存在诸多不同。从条款的丰富程度来看，部分仲裁员守则的条款多达二十几条，部分仲裁员守则则寥寥数语、不足十条[①]。相比之下，若要期望这些短短数条的仲裁员守则涵盖仲裁员专业能力、仲裁员道德要求、仲裁员行为规范等多个方面内容并不现实，这种泛而不精的规定模式在很大程度上导致仲裁员守则对职业操守中某些重要的方面只是简单提及，并未作更深入、细致、具体的规定。鉴于此，今后我国在仲裁员职业道德体系建设方面还需在以下方面进一步发力：第一，在《仲裁法》修订中完善回避制度，增加披露制度及替换制度，实现仲裁员团队的有序流动，充分保持仲裁员群体的积极性；第二，重视仲裁员职业道德的现实意义，由行业协会推行全国示范的仲裁员行为规范，以此将职业道德落实到行为指南当中，形成示范效果；第三，调动仲裁机构在提升仲裁员遵循职业道德过程中的督促作用，以遴选、考核、培训、评估等机制保持仲裁员的勤勉履职、高效尽责，提升整体的裁判质量；第四，法院在对仲裁员行为进行司法审查时，需要平衡好仲裁独立性与仲裁公正性之间的关系，尊重仲裁员责任的合理豁免，并在裁决终局性与仲裁员不当行为所造成的影响之间审慎判断。

第二节 仲裁员披露义务的适用范围与界限

一、问题的提出

2021年7月，我国司法部在其官网公布了《仲裁法征求意见稿》。本次修订的亮点之一是在第四章仲裁程序第五十二条增加仲裁员披露义务，并把

[①] 张聪聪：《论我国仲裁员职业规范的现状及改进》，《呼伦贝尔学院学报》，2015年第1期，第35页。

披露与回避制度相衔接，进一步规范仲裁员行为。事实上，仲裁员披露制度并非我国仲裁法所首创，在域外其他国家的仲裁立法及国际通行的仲裁规则和仲裁员行为规范中，早已确立了仲裁员披露制度，其在仲裁员职业操守和道德规范体系中向来占据一席之地。但此次修法将该制度从仲裁规则层面提升到我国的立法层面作统一规定尚属首次。

就其制度价值而言，披露义务的确立使仲裁员的行为应当合乎于职业操守有了更为明确的保障。同时，要求仲裁员对关涉利益冲突的事实予以开诚布公地告知，使当事人有机会对符合法律和仲裁规则规定的情况及时提出回避申请，不仅为维护当事人自身的程序及实体权益提供了机会，也为保障个案仲裁程序的合法性、仲裁机构的行业声誉乃至整个仲裁制度的社会公信力铺设了基础[1]。从披露义务的履行效果来看，在仲裁员尽到了披露义务的前提下，如果当事人未及时提出异议或其异议已被仲裁庭驳回，则其无法在后续的程序中再次以同样的理由对仲裁员进行指摘或对仲裁程序及裁决提出质疑，避免了当事人的调查、猜疑、担忧，也避免了仲裁程序进行中的时间延误和费用损耗。相反，如果仲裁员明知某些情况可能诱发利益冲突或导致自身回避，却蓄意有所隐瞒并拒绝披露，则当事人一旦通过其他的途径知悉并经第三方调查获知此类情况，将使仲裁员本人、仲裁程序乃至仲裁裁决陷入风险。据此，披露制度的存在为仲裁员摆脱后续不必要的烦恼和困扰提供了机会，使仲裁庭的组成在一开始便得以奠定合法的基础。但是，披露并非无所不包，其适用范围仍然存在限制。在某些案件中，曾有当事人滥用仲裁员披露制度，而仲裁员本人对披露制度也不熟悉，要么过于保守，以至于没有披露本该披露的事项，从而被当事人抓住把柄、不依不饶，或者是过于宽泛，以至于披露了本不应该披露的事项，将一些鸡毛蒜皮、根本无关于利益冲突和职业操守的小事亦开诚布公地披露出来，从而使某些知道自己败局已定的当事人将此放大，在小问题上大做文章，徒增国际商事争议解决的时间与金钱成本，得不偿失。故而，究竟如何理解仲裁员披露制度？怎样把握哪些事项应当被披露、哪些事项不应当被披露的尺度和标准？实际上是摆在仲裁员面前的职

---

[1] Aishani Narain, Transparency in arbitration proceedings, *Arbitration Law Review*, Vol. 11, No. 1, 2019, p. 146.

业操守方面的考验,这些疑问不仅关乎仲裁员内心的道德水准,也关乎仲裁员从事实务工作的经验,更涉及仲裁员对于与当事人之间利益冲突关联的合理定位,实则并非易事。鉴于此,笔者将结合有关仲裁员披露的理论与实践,对披露义务的适用范围与限制加以阐述。

二、国际仲裁中通行的仲裁员披露标准

(一)《国际律师协会国际仲裁利益冲突指引》

鉴于各国在文化传统、道德准则、法治水平方面存在本土差异,每个国家在仲裁员职业操守方面并不完全一致,甚至存在一定的冲突[1]。譬如,美国的仲裁实践中容忍非中立仲裁员的存在[2]。但是,在世界上大多数国家和法域并不容忍类似制度,而是要求仲裁员应当始终保持中立地位[3]。故而,在国际商事仲裁中,适用不同国家的法律制度和道德范本,可能会依循互斥的标准,据此对仲裁员与当事人之间的关系作出不同的评判。落实到披露制度的适用,关于仲裁员究竟应否披露、具体披露哪些信息,国际社会试图达成被各国所能接受的通行评判标准,这些突出体现在一些行业性文件中,《国际律师协会国际仲裁利益冲突指引》(以下简称《IBA 指引》)即为例证[4]。《IBA 指引》总则部分确立了仲裁员披露的一般标准,同时采取非穷尽列举的方式规定了四大类统一且明确的披露事由清单。

实践中,常有当事人在仲裁庭组庭之际、仲裁程序进行当中、仲裁裁决作出后通过仲裁内部或司法审查等外部途径对仲裁员提出异议。但是,现实生活中的情况千差万别,仲裁员与当事人是否存在利益冲突,此种利益冲突是否构成对独立性和公正性的违反,未予披露和回避是否背离职业操守,这些往往并不容易判定。尽管如此,当事人仍然不时地在案件中不遗余力地行

---

[1] Juan M. Alcalá et al. , Arbitrator's disclosure standards: the uncertainty continues, William K. Slate II (ed.), *ICDR Handbook on International Arbitration Practice*, Second Edition, Juris Net LLC, 2017, p. 307.

[2] 加里·博恩:《国际仲裁:法律与实践》,白麟等译,商务印书馆 2015 年版,第 175 页。

[3] Keisha I. Patrick, A new era of disclosure: California judicial council enacts arbitrator ethics standards, *Journal of Dispute Resolution*, Vol. 2003, No. 1, 2003, p. 272.

[4] Claudia T. Salomon et al. , Arbitrator's disclosure standards, *Dispute Resolution Journal*, Vol. 63, No. 3, 2008, p. 122.

使其救济权,这背后的原因可归结为很多方面:首先,相比法官,仲裁员并不必然是以其所熟知的法律知识解决争议的,而很可能是以其在专业领域或商务领域的专业技能或从业经验解决争议,故而有资格担任仲裁员者就其教育背景而言更为广泛,只要接受了当事人的选任或仲裁机构的指定,都有可能进入仲裁庭。相比非法律专业出身的其他仲裁员而言,他们的确有可能存在职业操守和利益冲突的问题,故而当事人也就难免对其提出异议和质疑;其次,相比法院作出的裁判文书可以通过提起上诉、申请再审等予以全面监督,仲裁裁决中的错误,尤其是关涉事实认定和法律适用的实体错误,当事人几乎没有救济途径,故而在仲裁员职业操守和利益冲突方面大做文章成为某些潜在败诉方仅有的挑战方法;最后,随着国际仲裁的推广,越来越多的专业人士被纳入仲裁员队伍,同时仲裁员还包括当事人、代理人、事实证人、专家证人等多种参与者,这些人士本身会在不同场合存在各式各样的利益关系,彼此之间也会存在各类或明或暗的关联,这些会导致仲裁员不由自主地陷入连自己也无法清楚知晓的利益冲突中,难免遭到当事人的质疑。

值得一提的是,《IBA指引》在性质上属于"国际软法",它既不是立法机关制定的国内法,也不是各国经协商和谈判所起草的国际公约。如果当事人没有约定适用或在合同中并入该指引,原则上《IBA指引》对具体当事人之间的个案仲裁程序及仲裁员没有必然的约束力。但是,鉴于《IBA指引》在宗旨的安排和内容的设计上符合国际仲裁的基本需求,且仲裁庭在仲裁程序方面拥有自由裁量权,故而实践当中这份指引已经具有了较强的适用性。《IBA指引》不仅影响了法院在相关案件中的裁判,而且对委任仲裁员、制订仲裁员职业操守、判定仲裁员是否存在利益冲突具有深远影响[1]。

从结构来看,《IBA指引》包括两个基本的构成部分,第一部分是"一般标准",第二部分是"实际适用清单"。其中,第一部分是起草小组在深入考察并比照了大量法域规则与判例的基础上提炼出来的标准,这些标准试图去平衡和协调好仲裁各参与方的权利,包括但不限于当事人、代理人、仲裁员、

---

[1] James Ng, When the arbitrator creates the conflict: understanding arbitrator ethics through the IBA Guidelines on conflict of interest and published challenges, *McGill Journal of Dispute Resolution*, Vol. 2, No. 1, 2016, p. 24.

仲裁机构等。其中统共列明了七类标准，涵盖了总则、利益冲突、披露、弃权、范围、关系、责任，并且将"合理怀疑"这一国际仲裁伦理学中频繁出现的措辞给出了自己的定义，要求必须是以理性且知情的第三人视角去评判，看仲裁员是否会受到案件是非曲直以外因素的影响。当然，对于这些具体的标准，无论是在组庭之时抑或仲裁全程，仲裁员均应予以遵循。对于某些易于产生分歧和混淆的要点，起草者特意给出了注解。与此相应，在第二部分中，《IBA指引》采取红色、橙色、绿色清单的模式予以分门别类①。其中，绿色清单最易理解，指的是那些并不会影响仲裁员职业操守，亦不应成为当事人合理质疑事由的情况。相比之下，红色清单针对那些情形严重的利益冲突。视其严重程度，红色清单又细分为当事人不得弃权的与当事人可予弃权的情况。所谓不可弃权，是指仲裁员必须坚持职业操守、无所例外地拒绝接受委任的情况，而所谓可予弃权，是指在各方当事人明示达成一致意见认为完全可接受时，仲裁员得继续参与组庭及审理，无须拒绝接受委任。当然，可予弃权的红色清单事项在当事人自决权的范围内，其存在并不触及公共政策，而落入私权自治的事项内。相较之下，橙色清单主要是针对相对次要的、会潜在地有碍于仲裁员独立及公正的情况，这些情况并不必然要求仲裁员拒绝接受委任，但是仲裁员出于对职业操守的维护，需主动地予以披露。

当然，正如前所言，披露的限度并不容易拿捏，过多地披露可能为自身招致不必要的麻烦，过少地披露又会被视为背离职业操守，给当事人徒增扯皮和异议的机会，甚至可能向仲裁庭或法院提出回避的要求②。尤其是虽然披露是仲裁员主动所为的义务，但其视角确实从受影响的当事人出发。譬如，以《IBA指引》橙色清单第3.4.2条为例，如某仲裁员曾在三年前临时受聘于某一方当事人并提供咨询服务，因当事人系一家规模较大的跨国公司，且服务期十分短暂，仅有三天，故在仲裁员本人的视角来看，并不会有任何不

---

① 张建、张蓓蓓：《国际商事仲裁第三方资助的费用分摊问题》，《荆楚学刊》，2016年第6期，第75页。

② Antranik Chekemian, "Too Much or Not Enough? The Arbitrator Disclosure Issue, Analyzed", available at: https://blog.cpradr.org/2021/02/19/cpram21-too-much-or-not-enough-the-arbitrator-disclosure-issue-analyzed/, August 1st, 2021 last visited.

公正或偏私的风险，很可能选择不予披露，但在对方当事人的视角来看，却很可能不依不饶、敏感于此经历并试图要求仲裁员将这些予以披露甚至向法院质疑。此时受影响的当事人在仲裁中所处的地位和角色很可能会决定他究竟会如何采取行动，当该方当事人系仲裁申请人时，如果急于推进仲裁程序，很可能选择对这些无碍于大局的情形予以"睁一只眼、闭一只眼"，不再针对这些次要的潜在利益冲突质疑或回避。但如果该方当事人恰恰是仲裁被申请人或被请求担责的一方，他们一旦获悉此类情况，无论这对仲裁员职业操守的影响多么微乎其微，都不会轻易予以放弃，而是仿如抓住了一条可以拖延程序的有效工具，穷其所能地提出疑问。当然，无视当事人自身的视角而是选择当事人的视角去判定披露的标准，很可能会导致仲裁员不得不披露出一些不必要的情况。但是，鉴于当前国际仲裁越来越强调信息透明和当事人的知情权的情形下，采取这种披露标准也是可以理解的。

《IBA指引》的另一个颇具创意的制度设计是将仲裁员未披露的责任与仲裁员辞退进行了一定的区分，即仲裁员应否披露，是以当事人的主观视角审视，而仲裁员应否被辞退、回避或除名，应以合理第三人相对客观的视角审视，且后者对仲裁员违反职业操守的判定应以合理怀疑为限。

（二）《关于披露仲裁员潜在利益冲突的指引》

由于《IBA指引》的理念和文本符合国际仲裁实践的需求，其在仲裁实践当中得到了广泛运用。调研显示，国际商会仲裁院（ICC）自2010年至2015年受理的仲裁案件中，《IBA指引》至少在85起（占比28.4%）案件中得到了不同程度的直接或间接适用。《关于披露仲裁员潜在利益冲突的指引》（以下简称《ICC指引》）所适用的场合包括但不限于：在仲裁员指定阶段当事人对仲裁员人选提出异议、ICC秘书处给仲裁院发布是否确认委任某仲裁员的报告、仲裁程序进行过程中当事人对某仲裁员申请回避等。不过，其中有26起（占比30.6%）案件，当事人之所以引述《IBA指引》，目的是说明对方的质疑不属于《IBA指引》所列具体情形，这实际上是将该指引作为一种穷尽性的负面清单列举，试图以此说明只要没有进入该清单，则仲裁员无须

第四章
北京更高水平对外开放的仲裁员职业道德建设

予以披露,此种理解显然与《IBA 指引》的初衷相抵牾[①]。同时也反映出,虽然《IBA 指引》非常详尽,但现实生活中可能出现的影响仲裁员职业操守的行为往往不胜枚举,根本难以被《IBA 指引》事无巨细地全部覆盖。换言之,采用非穷尽列举的方式对仲裁员可能出现的利益冲突进行逐一罗列,未必能达到最好的效果,在国际商事争议仲裁员职业操守问题处理的实践当中暴露出一定的滞后性和不周延性,难以较好地应对实践所需。特别是跨国经贸交流的日渐频繁,使得解决此类争议的仲裁参与者在国别来源、教育背景、从业经验、法律传统方面愈发多元,对于裁断国际商事争议的仲裁员而言,其在职业操守方面的风险更加多样,可能面临诸多被质疑的事由,无论以正面清单抑或负面清单的模式进行规制,都难以有效协调和弥合不同法域间关于仲裁员道德操守的规则及文化冲突[②]。

为此,ICC 于 2016 年通过了《ICC 指引》,采取了有别于《IBA 指引》的披露规则,兼而采取一般概况与具体列举相结合的模式,且分别对披露标准与资格剥夺标准予以规制,以排除当事人合理怀疑作为披露的基础,并据此设置具体的规则。《ICC 指引》试图将仲裁员职业操守中最关键的两项要素,即独立性与公正性加以甄别,而作为仲裁员披露的两项要素,独立性与公正性在《IBA 指引》中是没有区分的。在《ICC 指引》的制度设计者看来,独立性与公正性各有不同侧重,二者并不必然重合,而是存在可分性,将二者简单地同归于一个标准下,似乎难以体现出二者不同的规制重点。严格来讲,独立性主要指的是仲裁员独立于当事人,仲裁员本就不应该与任何一方存在私人关联,对案件的审理和裁断更不应当受到私人关系的影响,这项标准更多是从客观视角进行审查和判定的。相反,公正性则关注仲裁员的主观心理状态,是一种难以从客观视角予以精确衡量和评判的内在审视。事实上,完全有可能出现仲裁员独立却不公正、公正却不独立的极端个例。譬如,除了案件审理之外,仲裁员可能与双方均无任何关联关系和私人交往,因此符合独立性的要件,但是在案件裁判之中却可能有所偏颇,使争议解决的结果有

[①] 韦龙艳:"ICC 规则与实践中,仲裁员的披露义务与披露标准之解读",https://mp.weixin.qq.com/s/RIKNRJkCYdE247Dbkast5g,最后访问日期:2020 年 9 月 28 日。

[②] Peter Halprin and Stephen Wah, Ethics in International Arbitration, *Journal of Dispute Resolution*, Vol. 2018, Issue 1, 2018, p. 88.

意偏向某一方,且并没有充分的法律和事实支撑,此时即属独立性有余而公正性不足。再如,仲裁员虽然与某一方当事人甚至与双方当事人都有私下交流,故而在独立性方面存在显而易见的不称职,但是在案件裁判过程中,却能表现出大公无私、不偏不倚,严格基于证据和法律裁断,此即属于缺乏独立性但无碍于公正性的情况。按照《IBA 指引》的要求,确定仲裁员是否应予披露时,可能导致二者之中任何一项受到质疑的事项都应当予以开诚布公地坦白,但是这同样意味着需要逐一审视每项标准①。更何况有些国家对仲裁员的职业操守仅要求其一,并未要求其他,这便在一定程度上免除了仲裁员基于另一标准下的披露范围。譬如,英国的仲裁立法只着眼于公正性,未对独立性做单独要求,故而适用英国法律裁断国际商事争议的仲裁员,无须过多纠结于是否需要披露那些对其独立性造成影响的情况。由此可见,在仲裁员应予遵循的职业操守内涵中,是否必然同时存在独立与公正,这一先决问题本身就是需要探究的。换言之,独立性、公正性、职业操守这些措辞并不存在必然的嵌套或包含关系。缺乏独立性的仲裁员未必违反仲裁员职业操守,他在具体案件的审理当中仍然可能做到公正;而符合独立性标准的仲裁员并不必然遵守仲裁员职业操守,他也很可能在具体个案中存在有失公正性或中立性的情况。相较之下,独立性是仲裁程序启动前的职业操守预防,公正性是整个仲裁程序过程当中尤其是裁判过程中贯彻始终的要求。这种二者相互分离的情况在具体争议事项所导致的利益冲突、中立国籍仲裁员参与貌似与自身无关却实质偏袒的案件当中体现得尤其明显。

基于二者的差异,在区分独立性与公正性这两项不同职业操守的前提下,《ICC 指引》将两种情形下仲裁员的披露义务标准分别进行规定。对于仲裁员可能存在有碍于独立性的情况,披露的限度是此类关联或行为"引起特定案件当事人的怀疑"。这实际上是一种以当事人的怀疑作为判定标准的主观考量,这种怀疑主义的标准更侧重对当事人内心判断的考察,而不去追问此种怀疑合理与否。对仲裁员可能存在有碍于公正性的情况,披露的限度是此类关联或行为"会引起通情达理的第三方的合理怀疑",该标准虽然也立足内心

---

① Catherine A. Rogers, Regulating International Arbitrators: A Functional Approach to Developing Standards of Conduct, *Stanford Journal of International Law*, Vol. 41, No. 1, 2005, p. 55.

第四章
北京更高水平对外开放的仲裁员职业道德建设

怀疑,但是其评判以具有理性的第三人视角作为参考的目标群体,且要求怀疑应为"合理怀疑"。相对于当事人而言,毕竟"当局者迷旁观者清",故而采第三人视角更为中立且客观。从实践来看,国际投资争端解决中心(ICSID)体系下的国际投资仲裁亦选择采取后一类标准来判定仲裁员的回避与披露,对两种标准潜在的差异,背后折射的是客观方法与主观方法之间的参照系方面的分歧[①]。将影响独立性的披露与影响公正性的披露区分开来,有利于仲裁员准确把握披露标准及尺度,依托更具可操作性和可参照性的文件而积极履行其应然承担的披露义务;有利于通过强制披露义务的履行达到事先预防,进而避免因存在《IBA 指引》清单中的违规情形而导致仲裁程序和仲裁裁决的否定性评价,从整体上保障仲裁的公正价值与效率价值二者的有机融合。

作为职业操守中一项贯穿始终的强制性义务,如果仲裁员对他应当予以披露的事项因故意或过失而未予以披露,将会因此而承受相应的责任。轻者将导致仲裁员被剥夺资格、剔除出具体个案程序的仲裁庭成员;严重者可能导致仲裁员被仲裁机构所除名;蓄意隐瞒、拒不披露甚至枉法裁决者,在某些国家还可能因此承受相应的民事责任(赔偿受害方当事人相应的损失)、刑事责任(被定罪乃至判处监禁等刑罚)[②]。当然,如果对仲裁员设定过于广泛且严苛的责任,在一定程度上可能会挫败专业人士担任仲裁员的积极性,甚至造成"后继无人"的局面。《ICC 指引》与《IBA 指引》虽然都对仲裁员的回避、除名等有所规定,但采取了与披露义务不同的条件和标准。特别是除了针对利益冲突和仲裁员披露的专门指引外,为了能够对争议解决中最频繁出现的一些典型情况提供指引,ICC 于 2019 年制定了《ICC 仲裁规则下当事人和仲裁庭参与仲裁程序指引》[③],其中第 23 段列出了九类披露情形,同时也提及披露与利益冲突之间的关系,即"披露并不意味着存在利益冲突"(见表 4-1)。

[①] 何东闵:《ICSID 仲裁员回避制度的"客观第三方"标准》,《中国律师》,2017 年第 2 期。

[②] A. Kelly Turner, "The What, Why, and How of Arbitrator Disclosures", available at: https://www.adr.org/blog/the-what-why-and-how-of-arbitrator-disclosures, August 10th, 2021 last visited.

[③] Note to Parties and Arbitral Tribunals on the Conduct of the Arbitration under the ICC Rules of Arbitration.

换言之，仲裁员履行或者未履行披露义务，并不等同于仲裁员"自认其罪"，而恰恰表明仲裁员较为慎重，将有关情况提前公示出来，以供其他仲裁员及当事人予以评判，为的是"自证清白"。换言之，若是将仲裁员披露视为仲裁员自认"有罪"，将会颠覆这一制度的存在基础，仲裁员为了维护声誉，

表4-1 仲裁员应当披露的9种情形

《ICC指引》以非穷尽的方式列举的9种仲裁员应当披露的情形	1. 仲裁员或其所在律所担任或曾经担任一方当事人或其关联方的代理人，或为其提供法律意见
	2. 仲裁员或其所在律所对抗或曾经对抗一方当事人或其关联方
	3. 仲裁员或其所在所与一方当事人或其关联方有商业关系，或者对争议结果存在任何性质的私利
	4. 仲裁员或其所在律所担任或曾经担任一方当事人或其关联方的董事、董事会成员、高级管理人员或其他人员
	5. 仲裁员或其所在律所牵涉本争议，或曾经对本争议发表过可能对其公正性造成影响的意见
	6. 仲裁员与一方当事人的律师或其律所存在工作上的关系或紧密的私人关系
	7. 仲裁员正在或曾在涉及一方当事人或其关联方的案件中担任仲裁员
	8. 仲裁员正在或曾在与本案有关联的案件中担任仲裁员
	9. 仲裁员曾经被一方当事人或其关联方或一方当事人的律师或其所在律所任命为仲裁员。

不会主动将真实情况"和盘托出"。恰恰是将披露制度视为仲裁员自证"清白"，可以使仲裁员能够结合具体情况，以维护自身的公正性与独立性为出发点，将不利状况无所保留地予以坦陈。这意味着仲裁员披露、仲裁员回避、仲裁员除名适用的标准有必要区别设置，视这些行为对仲裁员职业生涯的影响程度，应当以披露的范围最为广泛，回避次之，除名的事项范围最窄方为

合宜①。换言之，仲裁员将有关情况披露出来，并不必然导致仲裁员被申请回避，即使当事人以此类已披露的信息为由申请回避，回避申请也并不必然得到支持。与此同时，导致仲裁员在个案中回避的情况，并不必然导致仲裁员被剥夺职业资格或除名。当然，前述探讨的前提是仲裁员对于应当披露的事项履行了披露的义务。作为另一种常见的情况，是或出于疏漏，或出于延迟，仲裁员没有在获知应当披露情况的毫无迟延、毫无掩饰地加以披露，此即仲裁员未履行披露义务，或者仲裁员未及时地履行披露义务。这显然属于职业操守的违反，但这是否足够严重到使仲裁员被要求回避乃至被剥夺资格，仍然要视情况而定。结合这些状况的严重程度予以专门判断和客观审查，即其采取的处理思路是个案而论（case-by-case）的客观标准，在决定有关仲裁员是否应当受到惩戒时，将案件所涉及的各方面客观情况都要纳入考量范围。在2019年的萨阿德公司诉奥迪大众中东公司案中，法国最高法院与巴黎上诉法院均以仲裁庭组成不当为由撤销ICC仲裁裁决。具言之，该案仲裁申请人注意到自己指定的仲裁员未能披露其所在律所与对方当事人集团公司的关系，故而对该仲裁员的职业操守产生了合理怀疑。法院认为，该仲裁员所属律所在仲裁期间的第二次代理构成利益冲突，未予披露构成撤裁理由②。作为ICC与IBA的共性实践，如果仲裁员应当披露而没有披露，本身只是可能但并非必然违背职业操守，就规避披露义务、疏于披露、延迟披露等行为将其纳入个案审查，不仅是出于对仲裁员职业的最大尊重，也是为了防范当事人滥用异议权对仲裁员正常执业行为进行不当干扰。

三、国际商事仲裁规则中对仲裁员披露义务的规范

综合《IBA指引》与《ICC指引》，二者都对仲裁员披露与仲裁员回避进行了区分，同时在实践中试图就疏于披露的责任与后果进行明确。与此相似，以ICC、UNCITRAL为代表的仲裁规则也采取了这种区分处理的方案，之所以这样做，主要是为了鼓励仲裁员减少顾忌，使他们更加积极地披露主观上可

---

① Karel Daele, *Challenge and Disqualification of Arbitrators in International Arbitration*, Kluwer Law International, 2012, p. 64.

② Société Saad Buzwair Automotive Co c/Société Audi Volkswagen Middle East FZE LLC, Cour de cassation, chambre civile 1, N° 18-15756, 3 October 2019.

能引发当事人合理怀疑的事宜，而无须过于担心因披露而导致自身被提出回避。特别是《ICC仲裁规则》进一步明确了不完整披露的后果与责任，据此去有效督促仲裁员更加审慎的履行披露义务，提升披露信息的完整性（见表4-2）。应当肯定的是，将披露与回避的标准区分开来能从制度上营造积极披露的文化。

表 4-2　关于仲裁员披露的规则梳理

仲裁规则	关于仲裁员披露的规则
2021年版《ICC仲裁规则》第11条第2款	在获得任命或确认前，仲裁员候选人应签署一份有关接受任命、有时间处理案件、具有中立性和独立性的声明。仲裁员候选人应向秘书处书面披露在当事人看来可能影响仲裁员独立性的任何事实或情形，以及任何可能导致对仲裁员中立性产生合理怀疑的情形。秘书处应将此信息书面通知各当事人，并规定评论期限
2019年版《ICC当事人与仲裁庭在国际商会仲裁规则下参与仲裁程序的指引》	仲裁员或候选人在其被任命时以及仲裁程序中，必须在声明中披露所有可能使任何一方当事人对其独立性或公正性引发合理怀疑的情形。如对应否披露存疑，则必须披露，且不仅应当披露当事人及其关联公司，还应当披露与仲裁结果有利害关系的非当事人。秘书处在仲裁开始时确定相关实体清单，协助准仲裁员为披露做准备
2006年版《ICSID仲裁规则》第6条第2款	仲裁员应披露与争议当事方过去和现在的专业、商业和其他关系（如有）；还应披露任何其他可能导致其独立判断的可靠性被一方质疑的情况，仲裁员在仲裁程序进行期间承担持续披露义务
2013年版《UNCITRAL仲裁规则》第11条	可能被指定为仲裁员的人，应在与此指定有关的洽谈中披露可能对其公正性和独立性产生有正当理由怀疑的任何情况。仲裁员应自其被指定之时起，并在整个仲裁程序期间，毫无延迟地向各方当事人以及其他仲裁员披露任何此种情况，除非此种情况已由其告知各方当事人

相比于传统的仲裁规则文本，自2010年版起，《UNCITRAL仲裁规则》开始在附录部分增加了供仲裁员参考的独立性声明范文，整体上体现出鼓励披露的倾向。就仲裁实践来看，披露的范围比回避广泛得多：在适用《UNCITRAL仲裁规则》进行的一则国际商事仲裁案件中，一方当事人对卡伊·雷贝尔（Kai Hober）教授提出回避申请，理由是其未披露在另案中被与该案相同的律师指定为仲裁员的情况，但这项回避申请最终被常设仲裁法院（PCA）秘书长拒绝，理由是《UNCITRAL仲裁规则》规定的披露范围不等于

回避的范围，因为披露的范围包括了"可能"引起正当怀疑的状况，而回避的范围必须是确实引起正当怀疑的状况[①]。尽管回避与披露的标准不同，不过，PCA 秘书长也提到，在某些情况下，未披露本身就会使仲裁员面临独立性和公正性方面的质疑，从而被要求回避。但究竟哪些情况可以归入被两项制度共同涵盖的规则范围，PCA 秘书长没有进一步去展开列明，这一点不无遗憾。

相比于《UNCITRAL 仲裁规则》和《ICSID 仲裁规则》，《ICC 仲裁规则》明确判定仲裁员是否独立或公正，应从当事人的视角展开主观评价，而非基于仲裁员自身的视角。

2020 年版《LCIA 仲裁规则》第 5 条第 5 款规定："在仲裁最终结束前，每位仲裁员均应持续承担披露义务，在提交书面声明之日后知悉存在可能引起任何一方当事人对其公正性或独立性产生合理怀疑的任何情况，应立即以书面形式披露并提交给 LCIA 仲裁院、仲裁庭的其他成员以及仲裁全体当事人。"结合 2017 年版《LCIA 仲裁员指南》第 6 条及第 8 条，仲裁当事人有权期待获得一份公正、论证充分以及可执行的裁决。为此，当事人有权期待仲裁员起初就披露可能存在的利益冲突；在仲裁过程中避免使自身处于可能引发利益冲突的地位；高效、公平地进行仲裁，且充分尊重正当程序；确保仲裁的保密性；以及公正地作出决定。在接受委任之前，仲裁员应签署一份独立性声明，将包括其与任何一方当事人或仲裁代理人过去或现存的直接或间接关系在内的诸多情形纳入考量范围，任何存疑的事项都应通过披露来解决。在 LCIA 所审理的一起案件中，被申请人对首席仲裁员提出异议，理由是被申请人在接受指定时没有披露他曾在两年前的另案接受过对方当事人分支机构的指定而担任仲裁员的情况。LCIA 仲裁院认定，该案中仲裁员没有披露的情况还没有严重到对其职业操守产生合理怀疑，未充分披露并没有对其裁决结论的正当性造成影响，故驳回了当事人的质疑[②]。

[①] Valeri Belokon v. Kyrgyz Republic, PCA Case No. AA518, Decision on Challenges to Arbitrators Professor Kaj Hobér and Professor Jan Paulsson, 6 October 2014.

[②] LCIA Reference No. 101642, Decision Rendered 31 January 2011, Decision excerpt.

四、国际投资争端解决中对仲裁员披露义务的强化

除了传统的国际商事仲裁外,国际社会近年来高度重视投资争端解决中仲裁员职业操守的强化,其中包括通过规范仲裁员披露义务以强化其独立性和公正性[①]。为达到这一目标,UNCITRAL 与 ICSID 联合起草关于仲裁员行为的守则草案,使之成文化。相比于现有的国际软法性质的仲裁员职业操守和利益冲突指引,UNCITRAL 等正在拟订的守则具有更高的强制性,其守则所涵盖的披露义务主要围绕具体问题展开(见图 4-1)。

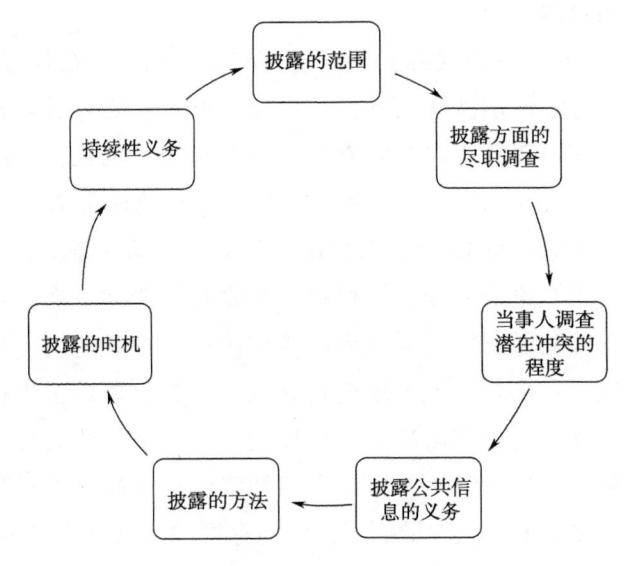

图 4-1 仲裁员披露义务相关问题

(披露的范围 → 披露方面的尽职调查 → 当事人调查潜在冲突的程度 → 披露公共信息的义务 → 披露的方法 → 披露的时机 → 持续性义务)

近年来世界上一些新缔结的国际投投资及经贸协定中也对承担解决争端职责的仲裁员职业操守、尤其是仲裁员披露义务,作出了规定(见表 4-3)[②]。

[①] Fach Gómez, Katia, The duty of disclosure of international arbitrators, in Fach Gómez, K., *Key Duties of International Investment Arbitrators. A Transnational Study of Legal and Ethical Dilemmas*, Springer, 2019, p. 4.

[②] 孙华伟、张天舒、卢炼:"仲裁员行为守则建议系列(一):仲裁员的披露义务",中国国际投资仲裁常设论坛,https://mp.weixin.qq.com/s/hODfTQL1eEjsLm6AzbgHnA,最后访问日期:2021 年 8 月 16 日。

第四章 北京更高水平对外开放的仲裁员职业道德建设

表 4-3　涉及仲裁员职业操守的相关条款梳理

生效时间	协定名称	涉及仲裁员职业操守的相关条款
2015 年 6 月	《中国—澳大利亚自由贸易协定》	第 9 章附件一：《行为守则》
2015 年 6 月	《中国—韩国自由贸易协定》	第 20.7（4）d 条，附件 20-B：《专家组成员和调解员行为守则》
2017 年 9 月	《加拿大与欧盟全面经济贸易协定》	附件 29-B：《仲裁员和调解员行为守则》
2017 年 11 月	《卢旺达共和国与阿拉伯联合酋长国之间促进和相互保护投资协定》	第 18 条：仲裁庭成员及其助理的操守义务
2018 年 4 月	《欧盟与新加坡投资保护协定》	附件七：《法庭、上诉法庭成员和调解员行为守则》
2018 年 4 月	《阿根廷共和国和阿拉伯联合酋长国关于相互促进和保护投资的协定》	C 节第 34 至 40 条：关于仲裁员行为的规定
2018 年 9 月	《白俄罗斯共和国和印度共和国投资条约》	第 19 条：防止仲裁员的利益冲突和要求回避
2018 年 12 月	《跨太平洋伙伴关系全面进步协定》	第二十八章第 28.10 条：专家组成员资格
2019 年 4 月	《澳大利亚和乌拉圭东岸共和国关于促进和保护投资的协定》	第 14 条第（16）款，附件 C：《行为守则》
未生效	《区域全面经济伙伴关系协定》	第十九章第 11.10 条：专家组成员资格

注：CETA 的行为守则针对的是缔约方之间的争端解决成员，其将另外制定针对投资争端下的法庭、上诉法庭成员行为准则（见 CETA 第 8.44 条）。

应当肯定的是，在保障仲裁员遵循职业操守的法律规范体系中，仲裁员的披露义务是重要组成部分，引入披露机制，在一定程度上打破了当事人与仲裁员之间信息不对称的情况。这意味着在仲裁庭组庭之际、仲裁案件审理之中的任何时候，仲裁员应当一如既往地披露所有可能对其独立性及公正性产生合理怀疑的情形。但如前所言，现行国际仲裁规则就仲裁员的披露义务缺乏统一的法律框架，导致实际案件的仲裁员披露范围因人而异。正是这种仲裁员和当事双方之间的信息不对等，导致一些潜在的利益冲突无法被及时发现，造成当事方未能及时对仲裁员的独立性和公正性提出异议、逐步动摇了公众对 ICSID 体制的信心。为此，各个仲裁机构都试图以披露义务的完善为契机,构建体系化的仲裁员职业操守规制架构和利益冲突审查规则。

2016 年,ICSID 正式启动对《ICSID 仲裁规则》的第四次修订。2018 年 8 月、2019 年 1 月、2019 年 8 月,ICSID 先后发布三份工作文件,均就仲裁员

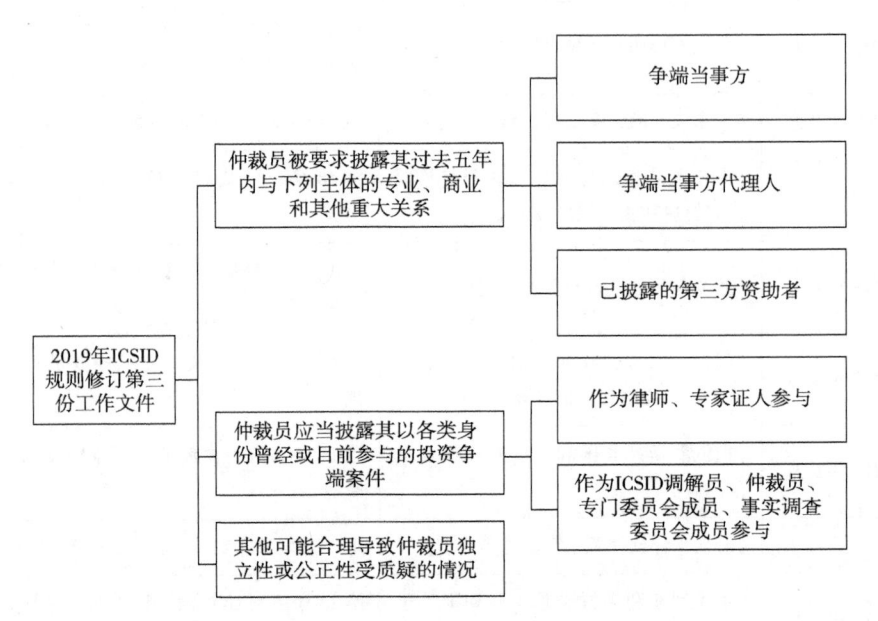

```
2019年ICSID规则修订第三份工作文件
├── 仲裁员被要求披露其过去五年内与下列主体的专业、商业和其他重大关系
│   ├── 争端当事方
│   ├── 争端当事方代理人
│   └── 已披露的第三方资助者
├── 仲裁员应当披露其以各类身份曾经或目前参与的投资争端案件
│   ├── 作为律师、专家证人参与
│   └── 作为ICSID调解员、仲裁员、专门委员会成员、事实调查委员会成员参与
└── 其他可能合理导致仲裁员独立性或公正性受质疑的情况
```

图 4-2　2019 年 ICSID 对仲裁员披露义务的规定

披露义务作了明确规定(见图 4-2)。特别是最新的工作文件首次明确仲裁员的披露义务将其与第三方资助者的关系囊括在内,并且将仲裁员在其他的国际投资争端中以不同的身份和角色履行职能所可能引发的利益冲突也纳入考虑的范围内①。无疑,根据最新的工作进展,仲裁员在决定是否接受指定之际,需要更为审慎和全面地评估各类潜在和现实的联系,并予以披露。落实到国际投资仲裁实践中,ICSID 近年来有了越来越多的关于仲裁员职业操守和披露义务的相关案例②。与《IBA 指引》相似的一点是,ICSID 对仲裁员披露

---

① Hu Yue, Mandatory Disclosure of Third-Party Funding in International Arbitration, available at: https://stllreview.com/index.php/2019/04/20/mandatory-disclosure-of-third-party-funding-in-international-arbitration/, last visited on August 8, 2021.

② Maria Nicole Cleis, *The Independence and Impartiality of ICSID Arbitrators: Current Case Law, Alternative Approaches, and Improvement Suggestions*, Brill Nijhoff, 2017, p. 19.

第四章
北京更高水平对外开放的仲裁员职业道德建设

义务的标准与回避义务的标准并非同一,前者的范围较后者更为宽泛。换言之,仲裁员可能出于疏忽或有所保留而未披露或未充分披露某些情况,此时虽然在披露方面存在履职瑕疵,却并不必然导致仲裁员回避或被除名,原因是仲裁员回避或除名需要满足更为严格的利益冲突审查标准。譬如,在 Alpha 诉乌克兰案中,仲裁庭认定《华盛顿公约》第 14 条第 1 款和第 57 条规定的取消仲裁员资格程序与《ICSID 仲裁规则》第 6 条第 2 款的仲裁员披露标准并非完美对应,后者在适用范围方面较前者更广。仲裁员没有披露其与一方当事人代理律师共同的教育背景,尚不足以使该仲裁员被剥夺本案的任职资格①。换言之,披露是仲裁员职业操守中一项应当予以履行的义务,但是没有披露应当予以披露的情况可能出于各种原因,其中不排除仲裁员出于疏忽或者仲裁员认为相关情况没有对其个人的判断造成影响从而决定不披露,但无论如何,未披露或者未充分披露并不能直接导致该仲裁员"明显缺乏公正性",更不会必然致使仲裁员被除名或撤出本案程序②。在泰德沃特诉玻利维亚案中,申请人就对方选任的仲裁员布丽奇特·斯特恩(Brigitte Stern)教授提出异议,原因是斯特恩教授在声明中没有披露她曾被相同当事人和相同律师在其他案件中多次接受委任的情况。对于这些质疑,被提出异议的仲裁员试图作出一些解释,她提出仲裁员披露义务原则上应当仅限于未公开的信息,至于她曾在其他案件中接受委任,这些是能够通过公开渠道被查询和获知的,故无须予以详细披露和特别声明。对此,仲裁庭的其他成员认定,未予以充分披露并不必然意味着仲裁员明显缺乏公正性,只有不披露的事实对案件程序和裁决结果具有相当严重的影响,并足以左右仲裁员独立、公正裁断时,才会导致仲裁员被除名,故而该案中驳回了当事人的异议③。

概言之,仲裁员没有披露应予披露的事实,并不必然导致仲裁员被除名,当违反披露的情形没有达到严重状况时,仲裁员仍然可以继续裁断,针对他/

---

① Alpha Projektholding GmbH v. Ukraine, ICSID Case No. ARB/07/16, Decision on Challenge to Arbitrator, 19 March 2010.

② Christopher Koch, Standards and Procedures for Disqualifying Arbitrators, *Journal of International Arbitration*, Vol. 20, No. 4, 2003, p. 325.

③ Tidewater Inc. et al. v. Bolivarian Republic of Venezuela, ICSID Case No. ARB/10/5, Decision on Claimant's Proposal to Disqualify Professor Brigitte Stern, *Arbitrator*, 23 December 2010.

她的质疑将被驳回,而当违反披露的情形的确较为严重以至于影响案件公正进行时,该仲裁员将会被除名,从而无法继续参与该案审理,相应地,仲裁员职能将会被新的仲裁员所取代并行使。那么,究竟哪些情况属于严重地违反,哪些情况属于不严重地违反,如何从中加以把握和判定,实际上是摆在仲裁庭其他成员面前的一项难题。在苏伊士集团公司诉阿根廷一案中,一方就对方选定的仲裁员科勒(Kohler)教授两度提出疑问,理由均是该仲裁员没有披露她与指定她的当事人之间的某些信息。具体而言,瑞士联合银行集团持有申请人部分股份,而科勒是瑞士联合银行集团的董事。不过,这两次异议均不成立。仲裁庭其他成员特别提到两个方面:其一,科勒是在接受该案仲裁员选任并组庭后才被任命为瑞士联合银行的董事,他在接受选任时并不知晓瑞士联合银行的持股情况,仲裁员没有披露是可以理解的,且仲裁员并没有主动去调查这些情况的义务。其二,仲裁员未完全、充分地尽到披露义务,并不会必然地导致当事人为此产生合理怀疑,对具体仲裁员人选的质疑成立与否,取决于未予披露是出于疏忽大意还是有意为之、是否在仲裁员自由裁量的权限之内、没有披露的情况能否使仲裁员的公正性受影响、仲裁员未披露特定情况是正当履职的结果还是不恪尽职守的异常行为等,最终的解释权归属于仲裁庭的其他成员,由他们在个案中加以酌定和衡量[①]。总体来看,这起案件一方面再次引证了仲裁员披露与仲裁员回避采取的是不同的标准,前者宽松,后者严苛,即仲裁员应当尽可能扩大披露的范围,但是要想对仲裁员提出异议并要求其回避、退出仲裁庭,要充分证明其明显有违公正性,而未予以充分披露本身不能径直等同于仲裁员明显违背独立性和公正性。换言之,披露和回避之间虽然不无关联,但是无论是其制度初衷、适用标准还是法律效果,都不能等同视之。

五、仲裁员披露制度的共性特征及我国的完善

综合比较《IBA 指引》《ICC 指引》等国际软法、国内外仲裁规则、相关

---

① Suez Sociedad General de Aguas de Barcelona S. A. et al., and Inter Aguas Servicios Integrales del Agua S. A. v. Argentine Republic, Suez, Sociedad General de Aguas de Barcelona S. A., and Vivendi Universal S. A. v. The Argentine Republic, ICSID Case Nos. ARB/03/17 and ARB/03/18, Decision on Second Proposal for Disqualification, 12 May 2008.

第四章
北京更高水平对外开放的仲裁员职业道德建设

国际条约与协定中关于仲裁员信息披露义务的规定,可以总结出一些共性特征:首先,披露义务是基于利益冲突而产生的职业操守的组成部分,即仲裁员之所以需要披露,是为了使其所知悉的可能令某一方当事人就其独立性、公正性产生合理怀疑的当事方能够了解这些情况,至于当事人了解后会打消相关顾虑抑或进一步提起仲裁员异议或申请回避,则取决于当事人的行动。其次,披露不同于回避或仲裁员除名,披露适用不同的审查和评判标准,无论是采取主观主义抑或客观主义,是基于仲裁员个人的视角抑或当事人的视角,是否要求相关怀疑是否具备充分的合理性;相较之下,披露的范畴总体上大于回避范畴,即仲裁员应当持续地、尽可能充分地披露,尤其是在针对某一特定情况是否应当披露存疑时,需作出应予披露的解释。再次,仲裁员在社会交往中存在种种无法割裂的事实、商业或法律层面的联系,如果仲裁员与当事人或其关联公司、代理人及其所属律所等存在联系,《IBA 指引》《ICC 指引》及部分仲裁规则的附件采取了列举的方式、结合事态的严重程序区分不同的效果,其中有些是完全无法容忍的负面情况;有些是完全可以接纳的正面情况;此外还包括相对处于中间状态的特定情况(见图 4-3)。至于具体个案中如何归类,应依据仲裁规则由有权认定的机关综合具体情况予以酌处[①]。最后,在仲裁员不披露某些情况严重到足以对仲裁员的公正性和继续履职造成冲击时,会导致该名仲裁员回避并被解除具体案件中的职务,同时会替换新的仲裁员,继续完成仲裁庭的职责与使命。

《仲裁法征求意见稿》第五十二条规定:"仲裁庭组成后,仲裁员应当签署保证独立、公正仲裁的声明书,仲裁机构应当将仲裁庭的组成情况及声明书送达当事人。仲裁员知悉存在可能导致当事人对其独立性、公正性产生合理怀疑的情形的,应当书面披露。当事人收到仲裁员的披露后,如果以披露的事项为由申请该仲裁员回避,应当在十日内书面提出。逾期没有申请回避的,不得以仲裁员曾经披露的事项为由申请该仲裁员回避。"

该条款分三个层次对仲裁员披露义务作出了规范:就第一款而言,明确的是仲裁员披露的方式,即仲裁员应当签署书面的声明书,其将与组庭通知

[①] Laurence Shore, Disclosure and impartiality: an arbitrator's responsibility vis-a-vis legal standards, *Dispute Resolution Journal*, Vol. 57, No. 1, 2002, p. 32.

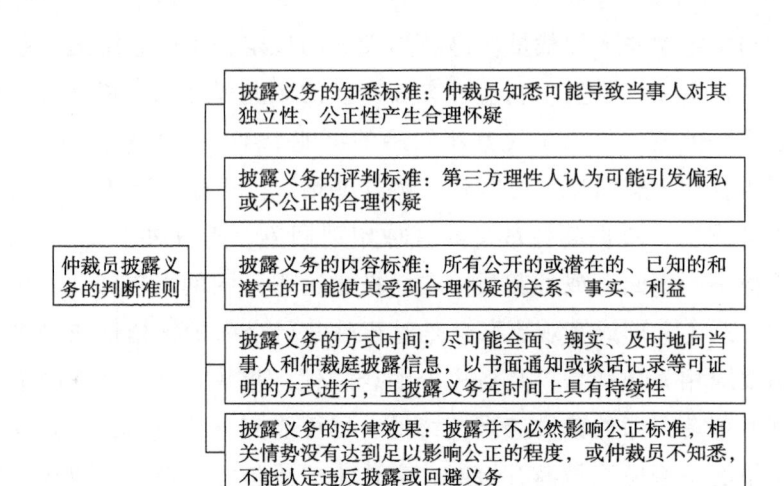

```
                    ┌─ 披露义务的知悉标准：仲裁员知悉可能导致当事人对其
                    │  独立性、公正性产生合理怀疑
                    │
                    ├─ 披露义务的评判标准：第三方理性人认为可能引发偏私
                    │  或不公正的合理怀疑
                    │
仲裁员披露义──────┼─ 披露义务的内容标准：所有公开的或潜在的、已知的和
务的判断准则       │  潜在的可能使其受到合理怀疑的关系、事实、利益
                    │
                    ├─ 披露义务的方式时间：尽可能全面、翔实、及时地向当
                    │  事人和仲裁庭披露信息，以书面通知或谈话记录等可证
                    │  明的方式进行，且披露义务在时间上具有持续性
                    │
                    └─ 披露义务的法律效果：披露并不必然影响公正标准，相
                       关情势没有达到足以影响公正的程度，或仲裁员不知悉，
                       不能认定违反披露或回避义务
```

图4-3 仲裁员披露义务的判断准则

一并送达给当事人。就第二款而言，对披露的范围进行了限定，其所采取的是从当事人的主观视角出发进行界定的合理怀疑标准，且以仲裁员知悉这些情况为前提。就第三款而言，披露与回避制度进行了一定的衔接，如果仲裁员已经通过书面的方式向当事人披露了相关情况，当事人存有异议应在收到后十日内提出回避申请，逾期将丧失仲裁员异议权。但是这一条款仍然存在可商榷之处：首先，第一款明确仲裁员披露义务是在组庭后，披露的主体限于已经选任的仲裁员，那么，在组庭前，有可能被选任的仲裁员候选人，是否仍然有义务向指定他的当事人及其他当事人披露？目前来看并不清晰，即该条款存在适用范围上不周延的情况，没有将组庭前纳入考虑，也没有特别突出仲裁员的披露是贯穿于整个仲裁程序的持续性义务，这与国际上的通行规则仍然有差距。其次，该条第一款与第二款规定了两类情况，其中第一款规定的声明书是要求仲裁员确认自己的独立性与公正性，第二款则要求仲裁员对相关情况进行书面披露，二者之间是什么关系？尽管这个问题主要体现在实际操作层面，但如果仲裁员既签署了第一类声明，又做了书面披露，二者一旦存在相互抵触，应以何者为准？再次，第三款中明确了对仲裁员披露的情况当事人可据此提请回避，那么，对于仲裁员应当披露但是没有披露、没有及时披露、没有充分披露的情况，又会产生何种法律效果？是否对于仲

第四章
北京更高水平对外开放的仲裁员职业道德建设

裁员所没有主动披露、当事人自行查明的情况，不受提请回避时间的限制？而仲裁员违反披露义务又会承担何种职业责任或对仲裁程序？仲裁裁决造成何种影响？该条款没有去回应这些问题，但是实践中更为普遍的情况恰恰是当事人常会就仲裁员没有披露的情况进行质疑，如果该条款没有给出明确的处理方向意味着在今后的适用中仍然面临挑战。

此外，该条款没有较好地规定有权对披露事项作出认定的权力主体，也没有对披露争议决定权的行使设定必要的限制。基于仲裁法、仲裁规则、仲裁协议的赋权，仲裁员系仲裁权的享有者，他们不仅有权力对实体争议加以裁断，从而作出有约束力的裁决结果，而且有权力对各类程序事项予以决断，从而不至于仲裁程序陷入低效无果的状态或被当事人的恶意拖延所阻挠。实践中，在当事人对某一仲裁员的职业操守提出异议时，有权作出处理的第一主体仍然是仲裁庭的其他成员。换言之，对于披露引发的争议、回避引发的争议以及仲裁程序进行中涉及仲裁员职业操守的其他异议，应当由仲裁庭予以认定。相应地，仲裁庭其他成员如何公允地处理涉及个别仲裁员的职业操守异议，本身也是在行使仲裁权的过程。有权力就有被滥用的可能，因而需要相应的规制、约束和监督。当仲裁庭不当运用和不当行使仲裁权时，包括无权行使、越权行使、怠于行使时，会严重侵害仲裁公正性，故而必须赋予当事人相应的救济机制，同时将仲裁员的行为纳入仲裁机构、仲裁行业协会乃至法院的外部监督之内[1]。

---

[1] 乔欣：《论仲裁权不当行使及其救济》，《政法论坛》，2001年第2期。

本 章 小 结

仲裁员是推进并保障国际商事仲裁领域程序自治的关键要件。在国际商事仲裁程序中,仲裁员的水平和操守在很大程度上决定了能否以高效且正当的方式及时推进争议解决。针对仲裁员的披露义务,不同的规则文本设置的标准和范围不尽一致,但也存在若干共性的标准。在具体个案中,每一名仲裁员内心的认识与具体的行动终归是个性化的,就披露范围而言,有的仲裁员倾向采取扩张解释。有的倾向采取限缩解释,从当下的情况来看,部分仲裁员仅会选择披露那些通过公开渠道无法为当事人及其代理人查证获知的情况。但无论如何,未来仲裁整体的趋势是鼓励仲裁员就可能诱发偏见的信息予以披露、认真履行信息披露义务,这是仲裁员职业操守的重要一环,对整个程序的公正进行和争议的高效化解起着重要的作用。

第五章
北京更高水平对外开放中的合并仲裁问题

本章提要

  随着信息技术和人工智能时代的到来，国际商事交易逐步呈扩大化趋势，由此伴生的是交易模式的变革，即商事往来已突破传统的双方单合同交易，而多方当事人达成多合同交易渐成经济贸易活动的主流形态。商事仲裁作为纠纷解决方式，为应对此类交易所滋生的事实或法律纠纷，发展出合并仲裁制度。但无论从理论抑或实践角度审视，合并仲裁制度建构与实务操作并不顺遂，问题重重。对主干问题的阐释与拓展恰恰能揭示本质：就制度建构而言，尽管合并仲裁相比分案单独仲裁更能体现仲裁的效率价值，但对当事人意思自治及商事仲裁的保密性构成挑战；就实务操作而论，不单存在合并决定权归属、如何判断是否合并、合并案件的依据寻求等难题，而且合并后仲裁庭如何组庭、开庭、各种程序时限如何计算、案件当事人地位如何列明、仲裁费用分担等都是无法回避却极富争议的现实问题。

  为明确分析理论问题的症结所在，必须回归合并仲裁制度原点。本章首先从分案仲裁与合并仲裁在解决多方当事人争议中的利弊比较论起，继而就合并仲裁与关联概念（如仲裁第三人、同时庭审、集团仲裁、多方当事人仲裁）的关系进行厘清，以突显问题焦点。在对商事仲裁价值理念的冲突与弥合的思辨中，本章主张合并仲裁作为程序设置并不必然突破当事人意思自治原则，亦未根本触及仲裁保密性的维度。就合并仲裁能否在我国仲裁法治环境中立足的问题，则须经由对仲裁程序合并实现路径的剖析，尤其是其中法院强制合并仲裁与依仲裁规则赋予仲裁庭之仲裁权的视角下挖掘，会更为缜密地触碰仲裁保密性与当事人意思自治的博弈。

通过对国内外合并仲裁的学术文献以及实证案例进行梳理，有些问题已经研究得相对成熟了，但是更多的问题仅仅被学理抛出或通过实务操作浮现出来，却一时没有上好的解决出路。但是，这也同样在促使程序设置更加理性化。合并仲裁看似仲裁程序推进当中一个简单的环节，但深入思考后能够感知到相关问题已经串联到商事仲裁当事人意思自治层面、商事仲裁的保密性特征、合并仲裁的具体操作可行性问题、合并仲裁之后的仲裁司法监督等。早期，学术研究主要围绕着合并仲裁的必要性，而随着讨论的推进，目光开始移转到对合并仲裁操作可行性问题的辨思。

商事仲裁的契约性色彩浓厚，因而仲裁庭或仲裁机构并不当然地享有关联仲裁案件的合并决定权，在考虑合并仲裁之前，必须论证将仲裁案件加以合并的正当化依据，此即合并仲裁的实现路径问题。但应当注意到各国情况迥异有别，仅有个别国家在立法当中以法律的形式规定合并仲裁，更多的路径依赖于仲裁机构的仲裁规则以及仲裁协议的约定或解释问题，无论判例法国家抑或成文法国家，都有赋权法院强制合并仲裁的例证，但理论观点上对这一现象的合理性存在交锋。明确合并仲裁的实现路径问题后，接下来要探讨的是实务操作问题。首先，法院、仲裁机构、仲裁庭三者当中，哪一主体最适合对仲裁合并与否作出决定？此即决定权的归属问题。其次，在决定是否合并仲裁时，为实现程序上的合理及保证合并决定是建立在周密考虑基础上而不至于进行不适当合并，那么必须充分考量哪些相关联的案件因素？再次，仲裁合并决定作出后，原本各案件中的不同当事人将共同出现在合并后的新案件中，多方当事人的法律地位如何准确列明？这也关系到仲裁当事人的权利义务问题。最后，关于合并仲裁情形下仲裁庭组成的方式问题、合并仲裁情形下仲裁费用的承担与分配问题，也需给出应对方案。就像邓正来先生曾经提到的那样，思辨的意义在于开发出具有理论意义的问题并透过问题促使研究者对大众所视为当然如此而毋庸置疑的实践以及隐存在现象背后的逻辑进行追问，这样的思辨活动和头脑风暴远远比回避并搁置问题不去思考

第五章
北京更高水平对外开放中的合并仲裁问题

或者自以为是地对复杂问题做出简单应答要更符合知识分子的研究活动意义。

应当承认,合并仲裁具有独特的程序价值,这点已为英美国家及部分西欧国家的主流仲裁机构甚至仲裁立法、判例所验证,并在2010年之后呈现出新趋势。尽管我国相关理论研究颇显薄弱、实证案例匮乏,但国内外代表性商事仲裁机构显然已意识到相关问题迫切性,如2021年《国际商会仲裁院仲裁规则》、2018年《香港国际仲裁中心机构仲裁规则》、2022年《北京仲裁委员会仲裁规则》(以下简称"北仲新规则")、2015年《中国国际经济贸易仲裁委员会仲裁规则》、2015年《中国海事仲裁委员会仲裁规则》等在最新修订过程中或新增或修订了关于合并仲裁的程序设置规则,力求做到与国际前沿接轨。尽管规则正在逐步引入,然而就合并仲裁所涉的法律困境或难题的解决,由于国内学理尚未成熟,可经由梳理国外法院或仲裁机构(如美国、英国、荷兰、法国、澳大利亚等)在案件中就上述问题所持的态度,进而借鉴并挖掘国外经验,以期为我国实践中的具体问题提供指引。

第一节 合并仲裁问题的源起

国际商事交易规模的延展对商事仲裁这一非诉讼争议解决机制的革新提供了绝佳的契机,晚近国际商事仲裁面临许多新的问题,并有愈演愈烈之情势。而合并仲裁问题恰恰滥觞于跨国商业关系,对合并仲裁问题源起的认知需要回溯到对多方多合同交易与多方当事人争议的准确把握,而后者镶嵌在整个商事法律环境的语境之内,且形态各异。传统上往往以分案单独仲裁去应对多方商事纠纷,但随着交易量的剧增以及多方当事人利益关系的纠葛,分案单独仲裁各方面的弊端暴露出来,也确实难以迎合实践层面的迫切需求,而合并仲裁在高效率的纠纷解决、实质正义的关切、裁决结果一致性的确保、涉案证据的全面认定等方面具有颇为独到的优势,不失为对症下药的良方。但是,任何法律概念也好制度创新也罢,其功能的发挥需要先厘定其在纠纷解决机制框架内的地位问题,而逻辑学上的"属加种差"方法要求将合并仲裁与关联制度,例如同步开庭、集团仲裁、仲裁第三人、合并审理等之间的差异所在和制度间的衔接洽合问题进行有效评鉴与思考。

一、多方多合同交易与多方当事人争议

当代全球化背景下的跨国商业关系愈发复杂化、专业化，交易模式逐步从传统的双边扩大为多边，突破原有的"双方当事人——缔结单一合同——完成某笔交易"关系，而呈现出"多方当事人——缔结系列关联合同——完成某笔关联交易"关系的常态化（即一笔交易同时牵涉三方甚至以上的主体和两份及以上的合同）。众所周知，瑞典被公认为世界上最为友好的仲裁地之一，当地以仲裁方式解决争议历史漫长甚或可追溯到中世纪，当时的仲裁立法被包含在地区土地法之中，已知最早的仲裁成文法源自哥得兰（Gotland）岛，而这个位于瑞典东海岸的岛屿在中世纪时则属于汉萨同盟（Hanseatic League）这一重要贸易组织的一部分[1]。作为在商业环境中被商人广泛接受的诉讼外纠纷解决方式，不可避免受到交易模式变革的挑战，即多方交易在具体运作中衍生出事实上或法律上的争议，若存在有效仲裁协议，则仲裁庭将面临多方当事人争议，此类纠纷在国际贸易与融资、航运与船舶租赁、建设工程领域尤甚[2]。

就具体关联特征区分，多方多合同争议被归结为两种主要形态[3]：一类可称为链式/连锁型争议（chain disputes），指多方当事人为完成某笔复杂交易，分别由前手与后手顺次缔结合同，典型如在国际货物买卖中 A 方将大宗货物销售给 B 方，B 方再顺次与 C 方签订以同一货物为标的的连环购销合同；另一类可称为并列/平行式争议（parallel disputes），指某一特定当事人 A 为顺利完成某笔复杂交易，依次与 B、C、D 分别缔约，基于这些看似独立的合同彼此存在关联关系或高度相似或为实现同一目的，而使得相关纠纷构成并列式

---

[1] Kristoffer Löf, Institutional rule reforms-SCC, *International Arbitration Law Review*, Vol. 16, No. 6, 2013, p. 192-197.

[2] Iris Goldner, Issues of Comparative Law: Multi-Party Arbitration, *Croatian Arbitration Yearbook*, Vol. 109, No. 8, 2001, p. 109.

[3] 伦敦海事仲裁实践中还出现了另一类多方争议（"三角请求"），例如，转承租人向船东和航次承租人提出索赔，船东与航次承租人之间又相互提出索赔的情形，实质上可以归结为链式争议的具体形态。邓杰：《伦敦海事仲裁制度研究》，法律出版社 2002 年版，第 296 页。

第五章 北京更高水平对外开放中的合并仲裁问题

争议，典型如建筑工程设计合同[①]。无论发生链式争议抑或并列争议，均属三角或多方纠纷（也可分为多方当事人纠纷与多合同纠纷，但是二者有所重叠）。如果通过诉讼方式解决这种纠纷，几乎不会存在制度障碍，因为无论大陆法系的法院抑或英美法国家的法院，都可通过将关联诉讼案件合并为共同诉讼以统一解决，而且诉讼中存在的第三人加入程序也为此纠纷提供了解决途径；但是如果当事人在基础交易合同中均约定了仲裁条款或者订立了专门的仲裁协议书，则要先考虑以仲裁方式解决纠纷的程序选择，即究竟要选择传统的分案单独仲裁（separate arbitration）还是适用合并仲裁（consolidation of arbitration）。

在具体论及合并仲裁各方面的问题之前，需明确合并仲裁所针对的对象：广义上，仲裁中的合并是对当事人基于仲裁协议所提出的仲裁请求（仲裁申请书中的仲裁事项）的合并，这意味着要确定在同一案件中围绕当事人提出的仲裁事项/请求是否超出了仲裁条款进行审查。只要当事人提出的各项仲裁请求是基于同一份仲裁协议或属于不可分的仲裁事项，则仲裁庭有权决定是否合并审理（最典型是本请求与反请求的合并审理[②]、新增的仲裁请求与原仲裁请求合并审理[③]）。狭义上，合并仲裁实则是针对两个（或以上）均已立案的仲裁案件，因符合特定要素，由适格主体决定将其合并为一个案件。本章所探究的问题均集中在狭义的合并仲裁，国内仲裁实践中因以往合并仲裁尚未成熟，所累积的案例基本属于广义的合并审理（本请求与反请求、新增仲

[①] 池漫郊：《从"效率至上"到"契约自由"：基于合并仲裁评当代仲裁价值取向之变迁》，《仲裁研究》（第十七辑），法律出版社2008年版，第9页。

[②] （2012）京仲案字第1257号仲裁案是申请人与被申请人基于《某大厦写字楼租赁合同》的纠纷，申请人作为承租人主张一年期满后有优先承租权，但被申请人未经通知即租给第三方，因此请求出租人予以赔偿；而被申请人收到答辩通知后，提出反请求主张因申请人租赁合同到期不予搬出，构成违约，导致新承租方延期入租造成的租金损失。仲裁庭在最后的《裁决书》中明确写明：本案反请求与本请求是基于同一法律关系，当事人相同，为节省时间、费用以及方便审理，仲裁庭将申请人提起的本请求与被申请人提起的反请求合并审理。

[③] 例如（2014）京仲案字第0149号仲裁案中，申请人在《仲裁申请书》中提出如下仲裁请求：①被申请人向申请人支付委托代理费用327 000元；②仲裁费用由被申请人承担。案件受理后，申请人书面申请增加两项新的仲裁请求：①被申请人支付逾期支付案件代理费的违约金；以欠付的327 000元代理费为基数，自2014年2月17日起至实际付清款项之日止，按日1‰的标准计算；②仲裁费用由被申请人承担。庭审时，申请人将上述仲裁请求中两个第②项合并为一项，明确其仲裁请求为三项。

裁请求的合并)。学理上不乏观点按照诉讼法的原理①,从仲裁标的是共同的抑或同一种类而区分普通合并与必要合并②,但是基于诉讼与仲裁管辖权来源的差异,且这种区分实践功能有限,笔者不建议如此参考合并。

二、合并仲裁与分案单独仲裁利弊分析

作为晚近仲裁实践所衍生出来的制度,合并仲裁以分案单独仲裁为对照,其牵扯的问题既是为应对多方争议所萌发,又有直指商事仲裁基本价值取向者。现代化的仲裁对合并方式的逐步接受建立在其与分案仲裁的利弊比较基础之上。

首先,出于对高效率解决纠纷的考量:仲裁之所以受商事主体欢迎,关键在于它可以显著提升裁判效率、节省时间、节约费用以及节约司法资源。而传统的分别仲裁在解决多方争议时无法凸显仲裁这一重要的生命力,不必要的烦琐程序的重复只会增加当事人的"诉累",拉低了争议解决的总体效率,而合并仲裁在这方面显然技高一筹③。

其次,出于实质正义的关照:无论在链式争议中还是在并列型争议中,始终存在一位纠纷解决的中心人物(如前述的A方当事人),他通常对案件裁决结果最为关切。但分别仲裁时由于各程序独立进行,分别立案、各自组庭开庭、分别出裁决,以至于互不关联,实际却导致中心当事人的权利处于飘忽不定的状态,1984年英国的Vimeira案④非常生动地证实了这一点。

---

① 民事诉讼法上区分普通共同诉讼与必要共同诉讼,对前者法院必须合并审理,对后者法院可以合并审理(且考虑当事人的主观意愿),这在司法审判实务中有实践功能。

② 佚名:"仲裁中合并审理问题探析",找法网,http://china.findlaw.cn/info/zhongcai/zclw/187023_2.html,最后访问日期:2023年8月3日。

③ 关于效益作为国际商事仲裁核心价值取向的论证,宋连斌:《国际商事仲裁管辖权研究》,法律出版社2000年版,第30-38页。

④ 该案涉及两个租船合同,是不安全港口引致船舶受损的争议案件。原船东将Vimeira船租给二船东,二船东又转租给分租船人。该船在Rodenhuizedok港受损,原船东根据其与二船东所签订的租船合同中所包含的仲裁条款提起仲裁,以该港口为不安全港口为由向二船东索赔,二船东按照背靠背条款(back to back clause),根据其与分租船人的租船合同仲裁条款对分租船人提出一致的索赔请求。前一仲裁案件中,由于二船东并未参加过实际航运过程,无法举证证明案港口为安全港,因而仲裁庭裁定二船东负赔偿责任;后一个仲裁中,分租船人由于事先知晓了前一裁决,举证证明涉案港口曾被比涉案船舶更大的船舶安全通过,仲裁庭由此认定涉案港码头不构成不安全港,分租船人不负赔偿责任,二船东再次败诉。这一案件被称为"一个悲哀的辩术神话"。The "Vimeira" (1984), Lloyd's Rep. 66.

再次，出于裁决结果一致性的保证。若基于同一或同类标的的案件分别仲裁，由于证据采信、事实认定、法律适用上的差异，很难确保关联案件裁决结果的一致性，甚至可能对两个同类仲裁案件作出互相矛盾甚至截然对立的裁决，而深层次上，"同案不同判"也会让整个仲裁机构的公信力大打折扣。

最后，对证据认定全面性的考虑。对当事人而言，索赔或抗辩所需的原材料如书证物证、证人证言等多为头尾的两方当事人持有，往往中间商连事故也不知道，也无法去调查，遑论去争辩举证成功抗辩[1]；对仲裁庭而言，仲裁合并后可实现对关联案件的全面宏观把握，如分别审理，各仲裁庭只会着眼于个案公正，没有充分的评估，可能会造成片面认识甚至谬误。此外，分别单独仲裁解决多方争议还存在诸如心理障碍、时效等难以克服的弊端，因而挖掘合并仲裁所涉问题确为现实所需而非理论空想。

三、合并仲裁与关联概念之厘清

（一）合并仲裁与同步开庭

就外部表征来看，同步开庭（concurrent hearings），或称同步仲裁，仍是分开几个不同仲裁案件，但同步推进开庭审理会使当事人聚在一起，并对两个关联仲裁案件委任相同的仲裁员，目的是在仲裁员不违反保密性的前提下，将前一案中已披露的证据使用于后一案，或对证人证言进行记录，用于后一案件的事实认定，但不剥夺后案当事人的质证权[2]。2021 年《伦敦海事仲裁员协会（LMAA）仲裁规则》第 17 条（b）款对"同步开庭"加以专条规定：针对具有共同的事实或法律问题的多个仲裁，若出于公平、经济、快捷解决纠纷的考虑，仲裁庭可决定同时庭审，且一个仲裁中经披露的文书以及被采纳接受的证据可用于另一仲裁案件的审理。伦敦海事仲裁员协同步开庭范例如表 5-1 所示。同步开庭与合并仲裁的分歧点在于：同步开庭仍尊重不同合约，应分开处理并作出多份裁决书，合并仲裁可在一定幅度上缓解多方当事

---

[1] 杨良宜：《国际商务仲裁》，中国政法大学出版社 1997 年版，第 449 页。
[2] Alan Redfern, Martin Hunter, Nigel Blackaby and Constantine Partasides: *Redfern and Hunter on International Arbitration*, 5th edition, Oxford University Press, 2009, p. 157.

人问题，但同步开庭则会违反仲裁的私密性（private and confidential）[①]。

表 5-1　伦敦海事仲裁员协会"同步开庭"（concurrent hearing）实践操作范例[②]

第一个仲裁：原船东对二船东	第二个仲裁：二船东对分租船人
(i) 原船东在 8 月底前递交书面索赔请求	(i) 二船东在 9 月 10 日前递交书面索赔请求（内容涵括原船东在 8 月底向二船东的请求）
(ii) 二船东在 9 月底前递交书面抗辩（内容涵括分租船人 9 月 23 日前向二船东的抗辩）	(ii) 分租船人在 9 月 23 日前递交书面抗辩
(iii) 原船东在 10 月 7 日递交最后书面请求	(iii) 二船东在 10 月 12 日递交最后书面请求

（二）合并仲裁与集团仲裁

合并仲裁与集团仲裁（class arbitration）这两个概念均对双方仲裁有所突破，二者表面看颇为相似，实则迥然二致。从定义上看，合并仲裁旨在将若干个独立进行的仲裁程序合并为一个案件进行审理、裁决，被合并的各案件在合并前要么属于审而未决（pending），要么已经在同一仲裁机构启动（initiated），合并仲裁本身不是目的，而是作为实现仲裁高效、公平、防止对立裁决的工具[③]。集团仲裁则不再是对多方当事人争议的合并，而是针对群体性纠纷的一种集体维权机制（焦点是消费合同、保险合同、雇佣合同等格式条款所约束的弱者利益聚合维权），既不同于传统仲裁，又与集团诉讼有别。2003 年前后，依循美国法院审理的绿树金融公司诉巴兹案而滋生出来的集团问题已不容忽视，有学者考证，早在 20 世纪 80 年代已经出现了集团仲裁的苗头，迄今为止，集团仲裁事实上已经存在了逾三十载，但是集团仲裁在跨国性交易当中的凸显确是晚近才兴起的[④]。随着全球化的深入，国际性的集团

[①] 杨良宜、莫世杰、杨大明：《仲裁法：从 1996 年英国仲裁法到国际商务仲裁》，法律出版社 2006 年版，第 425 页。

[②] 杨良宜：《国际商务仲裁》，中国政法大学出版社 1997 年版，第 475 页。

[③] Philippe Gilliéron, Luc Pittet, Consolidation of Arbitral Proceedings（Joinder）, *Participation of Third Parties in Swiss Rules of International Arbitration*: *Commentary*, Tobias Zuberbühler, Christoph Müller, Philipp Habegger eds, Kluwer Law International, 2005, p. 36-37.

[④] S. I. Strong, The Sounds of Silence: Are U. S. Arbitration Creating Internationally Enforceable Awards When Ordering Class Arbitration in Cases of Contractual Silence or Ambiguity? *Michigan Journal of International Law*, Vol. 30, 2009, p. 1017.

第五章
北京更高水平对外开放中的合并仲裁问题

仲裁只会愈发多样化和扩张（尤其是保险、金融、制造业、海事、消费合同、雇佣合同、电子商务法等领域），而且开始受到特殊的专门化仲裁规则约束，比较典型的如美国仲裁协会（AAA）《集团仲裁补充规则》、司法仲裁协会和调解服务中心（JAMS）《集团仲裁程序》等都不乏相关规定。必须承认，集团仲裁对我国实践而言尚且是个新问题，其发展并非没有重重挑战（尤其当仲裁协议本身没有清晰约定能否进行集团仲裁时，受到被申请人一方拼命地抵抗，其法律依据恰恰是1958年《承认及执行外国仲裁裁决公约》），我国甚至还不存在这方面的成型案例①。

集团仲裁与合并仲裁相比，首先在适用范围上解决的争议类型不同，集团仲裁针对群体纠纷；其次是二者性质不同，集团仲裁是相对独立的纠纷解决机制，与双方仲裁有着根本不同；再次，二者适用的规则和制度架构甚至司法监督程度也不同，集团仲裁在判断"超裁"、跨国执行裁决、沉默是否构成对集团仲裁的接受等问题上，法院态度尤其不明朗。二者显然不应混为一谈。

（三）合并仲裁与仲裁第三人

国际商事仲裁第三人，是指仲裁程序开始后，与仲裁案件处理存在法律牵连而加入仲裁程序的非原仲裁协议当事人②。出于对仲裁性质及其价值取向的不同理解，对商事仲裁程序中能否引入第三人制度，理论界始终存在争议③。支持方多从效率价值出发，以仲裁之司法权性或准司法性为背景，主张仲裁员可以像法官一般根据案情依申请或依职权追加第三人参加仲裁，进而实现时间、金钱、证据效率的最大化，并避免对立裁决的尴尬局面。而反对方始终坚守仲裁之契约性及当事人意思自治优先，引入第三人会减损仲裁所特有的私密性优势，或将导致案件更趋复杂化以致程序拖延。尽管第三人仲裁在理论上不乏支持方与反对方的交锋，但各国立法与仲裁规则的规定中却所见寥寥。典型代表如2013年《比利时司法法典》第1709条、1986年《荷

---

① 肖永平、李韶华:《美国集团仲裁初探》，《武汉大学学报（哲学社会科学版）》，2011年第4期，第5页；严红:《美国集团仲裁的发展与挑战》，《法学研究》，2014年第3期，第218页。

② 黄丽:《论国际商事仲裁第三人制度》，《商事仲裁》（第九辑），法律出版社2012年版，第55页。

③ 石育斌:《国际商事仲裁第三人制度比较研究》，上海人民出版社2008年版，第103页。

兰民事诉讼法》第1045条，皆规定第三人一旦获准参加、介入或联合索赔，即成为仲裁程序的一方当事人。从这一角度讲，非仲裁协议签字方的第三人加入仲裁可视为广义的合并仲裁，但与笔者探讨的合并仲裁有所不同。

首先，在程序特征上，合并仲裁的本质是由多个仲裁案件合并为一个仲裁案件，即合并前后存在案件数量上的转变；而仲裁第三人加入仲裁程序前后，均只存在一个单一的仲裁案件，数量上没有因第三人的加入而发生变化。其次，合并仲裁的前提是已经开始的各项独立的仲裁程序，即使当事人没有合并的意愿，至少存在将纠纷提交仲裁解决的意思表示①；而仲裁第三人的概念则明显有别于此，特别是该第三人在加入仲裁程序之前，如果事实表征其从未曾签署仲裁协议，则恐怕连最起码的仲裁意愿都不具备，那么强制将第三人拉入已展开的仲裁案件中，远比通常情形下的合意合并仲裁要更为敏感地触及意思自治问题②。被学界广泛援引的经典案例如1998年江苏省物资集团轻工纺织总公司诉香港裕亿集团有限公司、加拿大太子发展有限公司侵权损害赔偿纠纷上诉案的裁定书，字里行间透露出我国尚未确立仲裁第三人制度；但合并仲裁作为一项制度在我国代表性仲裁机构的仲裁规则中有所体现。最后，合并仲裁着眼关联案件的合并，而仲裁第三人则更强调案外当事人作为主体的合并，因此所需考虑的因素各异。

（四）合并仲裁与合并审理

合并审理与合并仲裁，单从名称上难以界分，以至于某些研究无视其差异而混为一谈③。显然，某些仲裁机构的规则中将二者或并行规定④、或分章

---

① 合并仲裁是指两个已经开始的仲裁程序的合并，并非仲裁方式以外的第三人主动或被动加入仲裁程序，被合并的两个仲裁程序的当事人可能基于同一个仲裁协议，也可能基于不同的仲裁协议，但肯定存在仲裁的意思表示。林一飞：《论仲裁与第三人》，《法学评论》，2000年第1期，第93页。

② James M. Hosking, The Third Party Non-Signatory's Ability to Compel International Commercial Arbitration: Doing Justice Without Destroying Consent, *Pepperdine Dispute Resolution Law Journal*, Vol. 4, 2003, p. 476.

③ 高丽丽：《论合并仲裁》，中国政法大学硕士学位论文，2011年，第28页。

④ 如2010年《斯德哥尔摩商会仲裁院（SCC）仲裁规则》第11条：如果根据本规则而进行仲裁的相同当事人基于同一法律关系再次申请仲裁，理事会可以应一方当事人的请求，决定将该新的仲裁请求与现有程序合并审理。这种决定只能在征得当事人和仲裁庭的同意后做出。

节区分规定①，二者虽均涉及程序合并的含义，本质上却属于不完全相同的两个制度，切不能等同视之。挖掘二者各自功能的独特价值，对程序衔接颇显必要。以北京仲裁委员会新规则为切入点，从合并审理的规定可归纳出其与合并仲裁的区别：

一是合并对象并不一致，合并仲裁的前提是多个独立仲裁案件已顺利立案，合并后转为一个案件，原有案件不再继续独立存续，案号也需做相应调整；而合并审理在合并前后均是两个或多个独立的案件，合并仅针对审理程序，可理解为审理程序的重合，不涉及案件数量方面的增减。

二是合并决定权的归属不同。依据北京仲裁委员会新规则第二十九条合并审理的案件，仲裁庭可以根据情况决定合并审理的具体程序，将程序问题明确授权给仲裁庭；而合并仲裁则由仲裁委员会而非仲裁庭决定，这一点尤其体现在仅有一方当事人申请而北京仲裁委员会认为必要的情形下。当然，这一差异因个案而异，有些仲裁机构的规则将合并仲裁的决定权赋予仲裁庭，对此问题后面详细阐述。

三是程序阶段要求有别。因合并仲裁由仲裁机构决定，除要求拟被合并各案均已立案外，无特殊程序性要求；而合并审理则由仲裁庭决定，言外之意，须在各案均已组庭之后进行，有特定的程序阶段要求。

四是二者虽均针对有关联或仲裁标的为同一种类的案件，但合并审理严格要求仲裁庭组成人员必须相同。当然，两项制度规定都意在提高纠纷解决效率、满足当事人需求，在这一点上有共通之处。

第二节 合并仲裁的理念与实践困境及其弥合

作为法学学科当中更倾向于实务操作的分支，商事仲裁的很多问题都是在具体案件的审理和裁决过程当中淬炼并升华的，这一点毋庸置疑。通过从

---

① 如2015年《中国海事仲裁委员会仲裁规则》第四十九条：为实现仲裁的公平、经济和快捷，如果两个或多个仲裁案件涉及相同的事实或法律问题，在征求各方当事人意见后，仲裁庭经商仲裁委员会可以决定对两个或多个仲裁案件合并开庭，并可以决定：（一）一个案件当事人提交的文件可以提交给另一个案件当事人；（二）一个案件中提交的证据可以在另一个案件中被接受和采纳，但是必须给予所有当事人对这些证据发表意见的机会。

国内外对合并仲裁的学术文献以及实证案例的梳理，有些问题已经被讨论地相对成熟了，但是更多问题仅仅被学理抛出或通过实务操作浮现出来，却没有相应的解决办法。但是，这也同样在促使程序设置更加理性化。合并仲裁看似仲裁程序中一个简单的环节，但对其深入思考后能够感知相关问题已经串联到商事仲裁当事人意思自治层面、商事仲裁的保密性特征、合并仲裁的实践可行性问题、合并仲裁之后的仲裁司法监督等。合并仲裁的各层面问题都有理念与实践上的困境，在最初的问题探讨中更多的纷争围绕合并仲裁的必要性展开，而随着讨论的推进，纷争开始移转到对合并仲裁操作可行性问题的辨思。

一、合并仲裁所涉当事人意思自治问题

如果把观念的变革视为社会发展进程的必经环节，就不难理解一个制度形态的内在潜力取决于其基础理论①。作为一种广为接受的商事争议解决方式，仲裁相比司法诉讼的优势自不待言，同时亦须理性、冷静地认识到其不足②。一般认为，除非仲裁作出国允许合并关联仲裁事宜，关联仲裁没有合并执行力，而法院则享有对关联诉讼的合并执行力③。学理上讲，仲裁合并面临的核心障碍在于商事仲裁本质上是当事人为解决彼此间已经发生或将要发生的争议的一种契约性安排④，当事人意思自治是其基本原则。市场经济语境中，"在不违反强行法的前提下，私法主体自由达成的协议优先于私法之适用"⑤，这在商事仲裁中尤能得以贯彻。自由人的商事主体有权按照双方合意在交易合同中约定仲裁方式解决纠纷，并订立仲裁条款，这就要求先符合意思自治原则。至于选择何种仲裁机构、简易程序还是普通程序、仲裁地点、仲裁语言、纠纷发生后选定仲裁员、约定开庭时间地点、交换证据等各种限制无不囊括在意思自治原则的框架之内。

---

① 王卫国：《过错责任原则：第三次勃兴》，浙江人民出版社1987年版，第149页。
② 宋连斌：《仲裁法》，武汉大学出版社2010年版，第14—17页。
③ Avril D. Haines, *Choice of Court Agreements in International Litigation: Their Use and Legal Problems to Which They Give Rise in the Context of the Interim Text*, Preliminary Document No. 18 of February 2002, pp. 4–5.
④ 韩德培：《国际私法问题专论》，武汉大学出版社2004年版，第380页。
⑤ 江平、张礼洪：《市场经济和意思自治》，《法学研究》，1993年第6期，第20页。

学界所担忧的问题在于一旦将基于不同合同的不同当事人之间的仲裁案件合并，则意味着多方当事人彼此之间并没有一一对应的直接的仲裁协议或仲裁条款，也没有多方共同的合并仲裁合意①，却参与到同一个仲裁案件的庭审过程中进行请求与抗辩，从而将双方仲裁协议之外的主体拉入仲裁程序。这显然缺失仲裁管辖权的前提基础——当事人意愿，从这方面思考，合并仲裁的实现可能弱化当事人的程序选择自主权。反对合并仲裁的学者和实务人士莫不拿传统仲裁当事人意思自治的模式来对照，殊不知，现代化的仲裁理念中以面向市场需要、高效率解决商事争议为主导。在不触动程序正义的情况下，效率应当说是仲裁的核心准则，也是其相比诉讼更显著的优势。那么，既然商事交易实践中有强烈的需求，就实在有必要考虑跳出分别仲裁的束缚，大胆尝试仲裁合并，更何况并非所有合并都违背当事人的意志（2013年《比利时仲裁与调解中心仲裁规则》第13条）②，合意的合并仲裁显然在意思自治的包容内，至于强制的合并仲裁是否可行，则涉及合约的解释。换言之，合意固然是民商事私权纠纷解决的理想状态，但公正与效率才是仲裁价值取向的内核，二者的冲突可通过法律技术设置加以弥合。

二、合并仲裁所涉仲裁保密性问题

机密性（confidentiality）与隐私性（privacy）一向被视为商事主体在仲裁中所获得的最感官的益处乃至商事仲裁的基本原则③。合并仲裁尽管有助于通过将关联争议合并以节约时间、费用，并实现仲裁庭对证据和事实的全面采认，但由于将案外当事人并入，会不会构成对仲裁保密性原则的挑战？为清晰勾勒这一问题，须对仲裁保密性原则的内涵加以澄清，即保密义务针对哪些主体、对谁保密、我国仲裁法对此态度如何、合并仲裁是否必然刺破保密

---

① 杜焕芳、陈娜：《论多方当事人合并仲裁的合意与技术》，《西北大学学报（哲学社会科学版）》，2013年第6期，第127页。
② Herman Verbist: Multiparty and multicontract arbitration under the 2013 CEPANI arbitration rules, *Vindobona Journal of International Commercial Law & Arbitration*, Vol. 17, 2013, p. 299.
③ Hans Bagner: Confidentiality—A Fundamental Principle in International Commercial Arbitration? *Journal of International Arbitration*, Vol. 18, No. 2, 2001, p. 243.

性？严格地讲，我国立法确立的是针对仲裁审理程序的不公开原则[①]，即仲裁应在保密状态下进行，开庭审理不得允许非仲裁参与人旁听，不得允许记者采访报道；仲裁员应严守仲裁秘密，不得向外界透露任何程序或实体情况；仲裁委员会的秘书人员也负有保密义务等[②]。从这一角度讲，如被合并的各仲裁案件当事人完全重合或部分一致，显然并未违反仲裁保密性原则；如被合并之案件的当事人不尽相同但经各方当事人同意，则可以解读为当事人协议向特定主体公开，也并不触犯保密性的维度；如各案当事人均强烈排斥合并，即便案件之间高度关联（如主从合同情形或转租船合同情形），也着实破坏了程序原有的保密性，当属排除合并之情势。

但如果仔细审视，即使在合并仲裁实施以后，商事仲裁的保密性优势仍然不会被颠覆。在多元化的纠纷解决机制探讨越来越热烈的背景下，除了国家秘密、私人隐私等极少数的例外，诉讼遵循公开审判的原则并不会动摇；而仲裁通常是以保密性为原则，除非当事人协议公开。笔者坚持合并仲裁所涉及的保密性问题可以得到诠释，因为合并后拉入的当事方相对于诉讼的对社会公众公开的当事方而言，根本算不上公开。穷则变，变则通，通则久，商事仲裁在21世纪所发生的革新是有目共睹的，商事仲裁保密性的含义也在时代语境下具有了新的意义，尤其在一些关涉公共利益的案件中，允许适用仲裁保密义务的例外。1995年澳大利亚高等法院在埃索诉普洛曼案的判决中显现出了商事仲裁保密性从绝对化向相对化转变的趋势；1998年英国法院审理的阿里航运公司案则明确了仲裁保密义务的四种例外情况：公共利益、涉及一方当事人合法期待的保护、法院命令、同意[③]……由此观之，仲裁保密性自身的含义发生了变动，因此保密性并不能成为阻碍合并仲裁的有力借口。

三、合并仲裁的程序操作问题

除弥合基本价值理念上的缺失，合并仲裁还面临来自实践的困境，首当

[①] 《仲裁法》第四十条规定："仲裁不公开进行；当事人协议公开的，可以公开进行，但涉及国家秘密的除外。"

[②] 宋连斌：《仲裁法》，武汉大学出版社2010年版，第179页。

[③] 王伊晋：《商事仲裁从绝对保密到相对保密：以上市公司仲裁公示义务与保密义务的冲突为视角》，《仲裁研究》（第三十五辑），法律出版社2014年版，第27-28页。

第五章
北京更高水平对外开放中的合并仲裁问题

其冲当属案件合并后的仲裁程序怎样具体操作？对于仲裁员的人数及遴选方式、如何组庭、涉外案件法律适用、简易或普通程序、合并后各种期限的截止和计算等实际问题，一旦被合并个案的仲裁协议约定有所差异，就会成为困扰仲裁庭、阻滞程序推进的不可逾越的难题。例如，合并前甲案件当事人在合同中缔结的仲裁条款约定由双方共同选定独任仲裁员适用简易程序仲裁，乙案件当事人约定由仲裁委指定三位仲裁员适用普通程序仲裁，一旦两个案件合并仲裁，究竟如何组成仲裁庭？按普通程序抑或简易程序？这样的两个仲裁案件究竟能不能合并？都没有唯一确证的答案，且相关问题尚不局限于此，合并案件中的当事人地位列明、证据交换、和解调解也并非易事，对实务中的突出问题，笔者已在第四章详尽阐释。比较值得推敲的还有当事人是否愿意采用合并仲裁的问题，如瑞典斯德哥尔摩大学拉斯·休曼教授所举的例子，建筑工程发包方将工程交由承包方办理（其建筑合同中约定有仲裁条款），承包方与最终客户又签订了实际履行合同（其中也约定有仲裁条款），在发生纠纷后承包方会成为在两个案件中都有利益关切的中间方，他对案件的处理结果是最为关切的。如果两个案件不去考虑合并而单独进行仲裁，那么承包商就可能有极其复杂而近乎扭曲的心理：针对客户的仲裁，承包商的立场是坚决主张发包方工作无误，此时需要从发包商那里得到证据支持；但在针对发包商的仲裁中，承包商的立场必须得扭转过来，而需要主张发包商违约，尽管这种违约行为是他在与客户的仲裁程序中所极力否认并举证辩驳的[1]。从这种近乎人格分裂式的仲裁参与中，如果进行合并仲裁，承包商反而不一定能找到自己的立足点和身份识别，他的立场可能在不同仲裁请求的主张过程中摇摆不定。针对承包商而言，要不要选择去合并仲裁本身也是个策略问题。

拉斯·休曼教授还敏锐地捕捉到了另外一个实践意义很强但是易于被理论研究者忽视的问题，即合并仲裁的对象问题：交易主体在针对合同关系的另一方提出仲裁请求时，也可能会针对合同之外的其他法律主体提出与该合同密切关联却不属于合同性质的非合同纠纷。比如，根据合同而取得在某国内市场上独家销售权的销售方与制造商的授权合约中约定有仲裁条款，但是

---

[1] 拉斯·休曼：《瑞典仲裁法：实践和程序》，顾华宁译，法律出版社2012年版，第145-146页。

制造商却违反合同中的约定,在其后又将销售权授予另一家国内销售商,前一销售商可以依据合同中的仲裁条款提出仲裁请求,这没有问题。但是如果前一销售商希望同时针对其存在竞争关系的后一销售商也提出仲裁请求,则会遇到法律阻力:一是他们之间没有合同关系,也不存在当然的仲裁条款,如果没有仲裁第三人的概念和制度支撑,不能当然拉入仲裁中;二是其关系性质最多认定为因销售权和不正当竞争关系引发的侵权纠纷,所以销售方与制造商之间的仲裁条款即使用合同解释的理论也难以想当然地去推定适用于后一案件。有些实际案例中,前一销售方会无视仲裁条款,直接针对制造商和后一销售商在被告住所地国家的法院提起诉讼,但是制造商却可能不依不饶地以仲裁条款的妨诉抗辩效力主张法院没有管辖权,应由仲裁管辖。意大利法院为了避免法院和仲裁庭作出实体认定上的矛盾裁定,有时会倾向于认定仲裁条款无效、不可操作、无法执行进而由法院来受理相关纠纷,而诉讼中的合并审理是不存在障碍的,但是其论证仲裁条款效力瑕疵的理由和裁判论证显然有难以克服的纠结,只是因为可能有对立裁决就任性地否定仲裁协议的效力也不是仲裁法的理念①。如果两个销售商与制造商均希望通过仲裁解决争议,他们既可以选择达成一份多方当事人面对同一争议的仲裁条款,也可以由后一销售商与前一销售商达成的仲裁条款(只要合意一致则不存在争议,因为侵权纠纷如果是产生与财产关系,完全是可仲裁性的范畴之内),并促成两个案件合并仲裁。反之,如果三方都愿意去进行诉讼解决,制造商与前一销售商可以协议放弃其合约中的仲裁条款,而不去行使仲裁妨诉抗辩的异议权,进而通过诉讼手段解决三方争议,这都没有问题。但是现实的情况更多的是只有前一销售商与制造商存在仲裁条款,后一销售商与前一销售商只能通过诉讼解决纠纷,三方之间互相扯皮,根本达不成纠纷解决的一致合意。法院从合并审理解决关联纠纷的实用性出发,错误地否定仲裁条款的效力而受理有仲裁条款的争议,显然不能纳入正当程序的框架。比较可行的解决方案是当法院发现当事人之间存在仲裁条款时,应当交由仲裁庭解决仲裁条款项下的纠纷,此时后一销售商虽然不能加入仲裁,但是可以申请法院暂

---

① 拉斯·休曼:《瑞典仲裁法:实践和程序》,顾华宁译,法律出版社2012年版,第155~156页。

时中止诉讼案件审理,待仲裁争议确定后再做定夺,这一点为《瑞典司法程序法典》第三十二章第 5 条所确认。不过笔者比较质疑的是如果诉讼案件的审限与仲裁时限不能在时间上密切贴合,这种办法显然会受到制约。

对于国内仲裁机构而言,受案数量更受关注。但坦诚地讲,中国仲裁机构在仲裁制度及程序革新上的影响力,显然无法与几个著名的国际商事仲裁机构相提并论,不仅仲裁规则缺乏严谨与创新,而且所涉及的程序也不尽合理,不能充分发挥仲裁的效率优势[1],合并仲裁的相关程序问题即为其一。所幸,上述操作问题并非一潭死水,2018 年《香港国际仲裁中心机构仲裁规则》第 28 条提供了有益借鉴[2]。该条共分十款,就合并仲裁的各方面事无巨细均予以规定,除第 1 款与第 3 款(关于合并仲裁的条件与标准)与 2012 年《国际商会仲裁规则》第 10 条有相似性外,其他条款均有自身的规则特色:第 2 款与第 4 款规定了合并申请材料的提交及送达;第 5 款强调合并仲裁不影响法院行为的效力;第 6 款与第 7 款尤其特殊,一旦多项仲裁案件被合并,则应视为各当事人已放弃提名仲裁员的权利,且香港国际仲裁中心可撤销对任何已获提名或确认的仲裁员的指定,由仲裁中心指定合并后仲裁庭的组成——完全将合并后的组庭事宜交由仲裁机构确定以保障程序顺利推进;第 8 款则保障了合并后仲裁庭裁决的效力免受来自合并本身的异议;第 10 款是关于合并仲裁后费用的调整。整体来看,这一规定具有较强的可操作性,对我国合并仲裁的运作与程序推进有较强的参考意义,但是这是否最佳解决方案尚且不能妄下结论。

四、合并仲裁的司法监督问题

反对合并仲裁的另一质疑理由来自对裁决结果的担忧,因此,合并仲裁的司法监督问题不容忽视,这一点在国际商事仲裁中尤其凸显。有学者恰如其分地比喻:仲裁仿佛是被丝线拉扯而飞在空中的风筝,仍处在一国司法主

---

[1] 韩德培:《国际私法问题专论》,武汉大学出版社 2004 年版,第 401 页。
[2] John Zadkovich, The 2013 HKIAC Administered Arbitration Rules: A Modern Approach to Efficient International Commercial Arbitration, *International Arbitration Law Review*, Vol. 16, No. 4, 2013, p. 33.

权监督与制约之下，在特定条件下，当事人仍然有可能从法院获得救济①。通常情况下对商事仲裁的司法监督，会依照程序推进的阶段不同而划分为仲裁前的监督、程序中的监督、裁决后的监督。仲裁前的司法监督偏重法院对仲裁协议效力的认定、仲裁管辖权的存在与否判断；仲裁程序进行中的监督既有临时措施的作出（如法院协助证据保全、财产保全、查封扣押冻结等），也有近些年才提出的紧急仲裁员制度；裁决后的监督被实务界与理论界讨论得最广泛，集中在对已经作出的仲裁裁决的执行或不予执行、撤销仲裁裁决，还有国际商事仲裁裁决的跨国承认与否等问题域。司法监督主要的方面，既涉及仲裁协议效力认定问题，也关涉仲裁程序中临时性中间措施，更重要的是裁决作出后的执行或撤销。通过监督的有效运作，可以使仲裁本身（涵盖合并仲裁）所暴露的问题及时得以纠正，所以可以把司法对仲裁的监督（以及制约）机制初步理解为一种纠偏程序。

需要指出的是，尽管我国《仲裁法》与《纽约公约》就合并仲裁未正面规定，却从侧面反映出合并问题：合并前各国法院应承认并执行仲裁协议，这涵盖对合并事项有特殊约定的仲裁协议，因无论当事人并入抑或仲裁事项并入的合同约定都属于仲裁协议不可分割的一部分，相反，如当事人有权在非合并的案件中参加独立仲裁而排除其他主体，则《纽约公约》第二条也维护这种权利②；合并后作出的仲裁裁决却可能被认定为仲裁庭组庭不合法、仲裁庭"超裁"、仲裁程序不当，进而面临被撤销、限期重新仲裁、甚至被拒绝承认执行的风险，体现在《纽约公约》第5条第1款c项与d项（《联合国国际贸易法委员会国际商事仲裁示范法》第36条第1款a项i与ii也有相似的规定）。需注意的是，就仲裁庭的组成方式及仲裁程序具体设置的问题，当事人的协议约定优先于仲裁地法，因而清楚地括及了合并仲裁后的程序问题。

2022年4月10日生效的《最高人民法院关于适用〈中华人民共和国民事诉讼法〉的解释》在第五百四十三条首次对承认外国临时仲裁裁决的问题予

---

① 叶斌：《比较法视角下的2005年海牙选择法院协议公约研究》，中国社会科学出版社2013年版，第95页。

② Gary B. Born, *International Commercial Arbitration*, Kluwer Law International, 2009, p. 2073 - 2075.

第五章
北京更高水平对外开放中的合并仲裁问题

以规定①，这意味着我国对外国仲裁裁决的承认执行问题不仅限于机构仲裁裁决，也涵盖临时仲裁裁决，因此，两种情况下的合并仲裁都需要有所考虑，二者在理论论证和实务操作上都不一致。但是对这个条款的解读和适用实际上是有必要限定的，我国不允许也不承认在我国领土内进行临时仲裁程序或作出临时仲裁裁决，所以本条款所承认和执行的，仅针对在我国领域外的临时仲裁庭。就本章所定位的合并仲裁问题，如果从本条款出发，临时仲裁中的合并仲裁将适用民事诉讼法第二百九十条，这种援引会明确管辖权的法院（被申请人住所地或财产所在地中级人民法院），也会明确法律依据（国际条约优先，没有条约关系考虑是否存在互惠），但是相应的判断条件恐怕还要进一步去查明公约的规定及其在国内的适用。总之，合并仲裁问题没有也不可能轻而易举地通过简单的一个条文得到解决，这不仅需要法律解释的技巧，也要把握裁判方法的运用，但是这个条款的意义在于把实践中已有的现象在法律层面做出正面的规定，应当说具有一定的解释意义。

我国早期国内仲裁实践中有关合并问题的案例，典型莫过于1996年中国海事仲裁委员会（以下简称"海仲"）审理的"平安星轮Ⅰ运费、滞期费争议案"与"平安星轮Ⅱ运费、滞期费争议案"。案情大致描述如下：船方与租方经协商一致后，签订了第一份航次租船合约（合同中约定有仲裁条款），约定租方通过该船舶将一批夹板从中国张家港安全泊位出发，目标是运送到美国的温哥华港，此后租方又转而与下家租方经过协商一致签订第二份以同一轮的航次租船合同（合同中约定仲裁条款）。两份合同约定内容基本一致，仍然专门涉及该批货物的运输问题，后两合同在实际履行时因费用计算问题（滞期费、运费按何种方法计算双方各执一词）发生争议，因合同中约定仲裁条款，两份合同的当事人分别于同一天，一前一后向我国海仲提起仲裁。两案的仲裁庭考虑到这两个案件的基本事实与法律问题相同，建议合并审理，经三方当事人同意后签署了书面协议。两仲裁庭经开庭审理后，于同日分别作出两个裁决。在后续的执行程序中，一方提出抗辩，天津海事法院裁定主张：由于这两个案件在审理当时海仲的仲裁规则中没有规定合并问题，因而

---

① "对临时仲裁庭在中华人民共和国领域外作出的仲裁裁决，一方当事人向人民法院申请承认和执行的，人民法院应当依照民事诉讼法第二百九十条规定处理。"

判定合并审理的做法不符合仲裁规则的规定。言外之意，合并欠缺必要的法律依据，据此，法院要求海仲限期重新仲裁。两案的仲裁员遵照海事法院通知，重新将两案分别开庭审理，各案的双方当事人在庭上提出了进一步的诉辩主张。两案仲裁后分别作出裁决书，均维持原裁决，并将重新裁决结果函告了天津海事法院，两裁决均得到当事人自动履行[①]。这一案件在20世纪末与21世纪初的中国仲裁实践中具有启发意义，合并仲裁（实则是合并审理）的司法监督与程序操作开始得到关切，这一案件揭示的实务问题被海仲先察觉，在修订2000年仲裁规则时即率先设专条规定合并仲裁，并在2015年新版海仲委仲裁规则中予以保留。

合并仲裁制度在海事海商与航运仲裁案件中的功能发挥颇为明显。为适应国际海事仲裁实践的发展，更好地满足航运界对仲裁服务的需求，中国海事仲裁委员会特意关注了这一问题[②]。

第三节　合并仲裁的实现路径问题

法院基于司法权的强制性，当然有权力将关联诉讼案件合并，这在各国民事诉讼法中表露无遗；但商事仲裁的契约性色彩浓厚，因而仲裁庭或仲裁机构并不当然地享有关联仲裁案件的合并决定权。在考虑合并仲裁之前，必须充分寻求并论证将仲裁案件加以合并的正当化依据，此即合并仲裁的实现路径问题。但应当注意到各国情况迥异有别，仅有个别国家以法律的形式规

---

① 蔡鸿达：《关于重新仲裁问题的探讨》，《仲裁与法律》，2000年第2期，第15~20页。
② 2015年版《中国海事仲裁委员会仲裁规则》第十九条　合并仲裁
（一）符合下列条件之一的，经一方当事人请求，仲裁委员会可以决定将根据本规则进行的两个或两个以上的仲裁案件合并为一个仲裁案件，进行审理。1. 各案仲裁请求依据同一个仲裁协议提出；2. 各案仲裁请求依据多份仲裁协议提出，该多份仲裁协议内容相同或相容，且各案当事人相同、各争议所涉及的法律关系性质相同；3. 各案仲裁请求依据多份仲裁协议提出，该多份仲裁协议内容相同或相容，且涉及的多份合同为主从合同关系；4. 所有案件的当事人均同意合并仲裁。
（二）根据上述第（一）款决定合并仲裁时，仲裁委员会应考虑各方当事人的意见及相关仲裁件之间的关联性等因素，包括不同案件的仲裁员的选定或指定情况。
（三）除非各方当事人另有约定，合并的仲裁案件应合并至最先开始仲裁程序的仲裁案件。
（四）仲裁案件合并后，在仲裁庭组成之前，由仲裁委员会仲裁院就程序的进行作出决定；仲裁庭组成后，由仲裁庭就程序的进行作出决定。

定合并仲裁,其他国家更多的路径依赖于仲裁机构的仲裁规则以及仲裁协议的约定或解释。无论判例法国家抑或成文法国家,都有赋权法院强制合并仲裁的例证,但理论上对这一现象的合理性存在交锋。美国等国家的判例态度也并非一成不变,先例之间的焦点多有波澜。在中国法治环境下试图搞清哪种实现路径更合乎法理,需要再次思考司法与仲裁之间的关系问题。

一、据仲裁协议合并仲裁

仲裁协议是商事仲裁的基石,是整个仲裁程序得以启动的基础[1]。当事人在订立合同时明确约定可合并仲裁的仲裁条款,即为"合意合并仲裁",也称"自愿合并"[2],这也是合并仲裁实现路径当中认可度比较高的一种,这种通过仲裁协议进行合并的形态在大陆法系与英美法系并没有明显的不同。就仲裁管辖权源于当事人意思自治的根基而言,明示合意的合并仲裁应被允许,但设计并起草此种条款并非易事。设计合并仲裁要求对不同当事人之间关系的性质以及可能发生的争议的类型有深刻的理解,且多数仲裁机构的标准/示范仲裁条款格式均无此类合并仲裁的仲裁条款[3]。国际商会仲裁院多年来始终致力于制定适用于多方仲裁的示范仲裁协议,但由于限于合同条件本身千差万别的阻挠而始终未能遂愿。实践中还可能存在的情况是缔约方预见到将来可能需要对关联纠纷合并仲裁,并约定仲裁程序在立法确立法院强制合并的国家开展,但是这并不是一个足够确切的选择。何况当事方难以预料到适用法院强制合并规定的后果,因而当事人如果在仲裁协议的措辞表述中明确约定合并仲裁的条件,显然会增强合并程序的可预见性而有所心理准备和法律服务上的专门应对[4]。在1958年《纽约公约》中,这类合并所作出的仲裁裁决也是能够得以顺利承认和执行的,因为缔约方通过其法律选择被视为同意合并(这是因为通过选定仲裁地而间接选定了国际商事仲裁的准据法,

---

[1] 杜新丽:《国际商事仲裁理论与实践专题研究》,中国政法大学出版社2009年版,第69页。
[2] 傅攀峰:《论多方当事人仲裁的制度建构及其实践困境》,《北京仲裁》(第87辑),中国法制出版社2014年版,第13页。
[3] 艾伦·雷德芬、马丁·亨特:《国际商事仲裁法律与实践(第四版)》,林一飞、宋连斌译,北京大学出版社2005年版,第187页。
[4] 拉斯·休曼:《瑞典仲裁法:实践和程序》,顾华宁译,法律出版社2012年版,第145页。

因为仲裁适用仲裁地法实际上已经是国际上被广为接受的一项法律适用的系属公式），由此仲裁庭基于合同约定而享有合并仲裁的管辖权，这符合公约的适用条件，裁决基本不会因为这个问题而存在承认与执行阶段的后续障碍。

另外，如果当事人虽未达成此类条款，但多份关联合同中的各仲裁条款相同（指实质内容一致而不是说仲裁条款的文字措辞完全一致），能否推定当事人存有合并仲裁的默示意图？此种观点已在国际商会仲裁院审理的仲裁实践中有所支持①，实则是仲裁条款在主从合同、母子合同、群体合同间的一种效力拓展，要求合同的目的与功能同一、合同的争议与事实同一、合同的义务与履行同一，构成"同一合同体系"。我们所探讨的仲裁协议基本上就是两种样态：一类是嵌入在合同之中的仲裁条款，一类是相对对立存在的仲裁协议书。至于仲裁协议在纠纷发生之前还是之后达成在所不论，其都具有合同所具有的特质，对双方之间争议解决的约定显然能够对缔约方产生确定力、拘束力、执行力。那么，合同解释的方法也可以推理适用到仲裁协议的解释上（无论是所谓宽泛解释抑或严格解释）。笔者推断，就中国内地法治环境而言，仅是多份关联合同中仲裁条款相同或相似本身不足以构成仲裁案件合并的理由，但若在仲裁条款相容的基础上综合考虑当事人是否相同、交易紧密程度等其他因素，或许未尝不可②。

2014年修订的《日本商事仲裁协会仲裁规则》第53条对合并仲裁问题的处理颇具特色。该条规定，合并仲裁既可以依当事人申请启动，也可以由仲裁庭依职权启动，"在当事人提出书面请求合并时，或仲裁庭自身认为有必要合并的情形下，仲裁庭有权将未审结的请求与其他请求（必须是尚未组成仲裁庭的）合并审理"。对合并仲裁的实现依据，可区分为全体达成新合意、仲裁请求缘于同一份仲裁协议、被合并案件发生在相同当事人之间这三种情形：①所有当事人书面同意（包括其他请求的当事人）；②未审结的案件与待合并的案件，仲裁请求源于同一份仲裁协议，但是如果当事人不是未审结案

---

① ICC Case NO. 5989 (1989), Contractor v. Employers A&B, XV Y. B Com. Arb. 74 (1990).
② 如2015版《中国国际经济贸易仲裁委员会仲裁规则》第十九条第（一）款第二项（后文详述）。

件的当事人，则这类当事人的书面同意是必要的；③未审结的案件与待合并的案件发生在相同当事人之间，并且：第一，案件具有同样的事实或法律问题；第二，仲裁协议约定纠纷在 JCAA 仲裁或按照 JCAA 仲裁规则仲裁；第三，从仲裁地、仲裁员人数、语言以及其他仲裁协议约定的问题方面，仲裁程序能够在一个案件程序中启动。

与 2008 年《日本商事仲裁协会仲裁规则》（JCAA 仲裁规则）相比[①]，原规则规定，如果案件源于同一份仲裁协议则，不再需要当事人的共同同意，但新规则要求即使源于同一份仲裁协议，也要以其他当事人的书面同意为前提方可合并。由此一来，对仲裁庭合并与否的判断有所制约，既防止某些当事人恶意不同意合并仲裁、拖延程序损害他人利益，又尽量使仲裁庭探明当事人内心真正的想法，避免肆意不当的决定。

二、据仲裁规则合并仲裁

实际中更普遍的情况是，当事人尽管没有事前在仲裁协议中约定能不能合并仲裁的问题，但是当事人所选定的仲裁机构执行的现行有效的仲裁规则中有专门条文规定了合并，那么这种情况就属于依据仲裁规则进行合并仲裁。应当讲这种情况因仲裁规则而起，因此主要是在机构仲裁的类型下适用，但是却并不局限于机构仲裁，而同样适用于临时仲裁。因为临时仲裁类型下，当事人也可以选定某一仲裁机构的仲裁规则作为其程序安排的规则依据，这就意味着如果规则中存在专门条文规定了合并仲裁，则临时仲裁案件仍然有依据规则而合并的空间。前所述及的海仲"平安星轮"合并仲裁案，如仲裁机构当时有效的仲裁规则中有合并仲裁的规定，可能未必会受到法院的司法质疑。对该案中天津海事法院的做法，笔者不敢苟同，既然合并前各案件的当事人已经书面同意合并，那么应当视为已达成一份全新的书面仲裁协议，所以在合并的问题上并不缺乏依据。也有学者另有意见，当事人三方重新达成仲裁协议是多方当事人仲裁程序开始的基础，三方分别作为新仲裁协议的

---

① 2008 年《日本商事仲裁协会仲裁规则》第 44 条第 1 款规定："多个仲裁申请的请求事项相互关联，协会或仲裁庭认为有必要的，经各仲裁申请的全体当事人的书面同意，可以在同一个程序下进行审理。但是，多个仲裁申请是基于同一个仲裁协议的，则无须当事人的同意。"

一方当事人，而当事人本就应该遵守自己作出的仲裁约定，进而当然地应加入仲裁程序，原理上似乎并非基于案外人或仲裁第三人身份加入其中，而属于遵守并依约定执行仲裁协议的问题①。海仲在处理该案件时缺乏法律和规则基础的症结表现为合并之后程序中出现了四位仲裁员、三方当事人、两案纠纷混杂的操作，以至于作出的裁决缺乏可信度。基于此，晚近几年国际主要仲裁机构在修改仲裁规则时，均针对合并仲裁增设专条，以满足商事需求。2024年最新版《中国国际经济贸易仲裁委员会仲裁规则》第十九条规定："（一）符合下列条件之一的，经一方当事人请求，仲裁委员会可以决定将根据本规则进行的两个或两个以上的仲裁案件合并为一个仲裁案件进行审理。1. 各案仲裁请求依据同一个仲裁协议提出；2. 各案仲裁请求依据多个合同仲裁协议提出，该多个合同系主从合同关系或多个合同所涉当事人相同及法律关系性质相同或多个合同所涉标的具有牵连关系，且多个合同仲裁协议内容相同或相容；3. 所有案件的当事人均同意合并仲裁。（二）根据上述第（一）款决定合并仲裁时，仲裁委员会应考虑各方当事人的意见及相关仲裁案件之间的关联性等因素，包括不同案件的仲裁员的选定或指定情况。（三）除非各方当事人另有约定，合并的仲裁案件应合并至最先开始仲裁程序的仲裁案件。（四）仲裁案件合并后，在仲裁庭组成之前，由仲裁委员会仲裁院就程序的进行作出决定；仲裁庭组成后，由仲裁庭就程序的进行作出决定。"基于此，如果关联多方当事人争议的主体依据仲裁条款在承认合并仲裁的仲裁机构立案，在多个案件符合特定条件要求的情形下，可以依据仲裁规则的规定据以合并仲裁。这种趋势在我国接下来的仲裁实践中会逐步显露出来，笔者对仲裁实务中合并仲裁的运用充满期待。

另外，尽管某些机构仲裁规则对合并仲裁没有规定，却不乏"仲裁庭有权按其认为适当的方式操作仲裁程序"的表述②，问题是仲裁规则赋予仲裁庭的此种程序上的自由裁量权能否作为合并仲裁的理论基础？为挖掘这一问题的内核，需要回归到"仲裁权"这一概念的实践归属问题。仲裁权，特指

---

① 杨玲：《仲裁法专题研究》，上海三联书店出版社2013年版，第76页。
② 如1998年《伦敦国际仲裁院（LCIA）仲裁规则》第14.2条：除非按照第14.1条当事人另有协议，仲裁庭在其可决定适用的法律或法律规范的范围内享有最充分的履行职责的自由裁量权。任何时候，当事人都应致力于公正、富有效率和快捷地进行仲裁。

第五章
北京更高水平对外开放中的合并仲裁问题

"在法律授权的范围内，经双方当事人协议授权的仲裁庭，对所提交仲裁的当事人之间的纠纷作出公正裁决的权力"，这种总结是目前比较准确到位的诠释①。内涵上，对仲裁案件进行审理的权力（涵盖程序指挥权与实体审理权）应当属于仲裁庭之仲裁权的题中应有之义，而仲裁权的享有主体应当归属于仲裁庭②。因此，从仲裁权的视角去论证临时仲裁中的合并问题有较强的说服力（因其灵活性，临时仲裁的合并更为可行，障碍阻力更小，如 Adgas 仲裁案）。但在当下更为常见的机构仲裁的类型中，由于仲裁机构与仲裁庭分别享有仲裁事务管理权与仲裁权，两种程序权有着不同功能定位。我们所遇到的合并仲裁因时间不同而区分：组庭前与组庭后的合并需要加以区别对待。总体上，笔者对仲裁实务中依此种模糊规定进行合并仲裁尚持保留态度。

三、据仲裁法合并仲裁

中国共产党第十八届四中全会的会议纪要当中强调了建构法治国的重要意义。从某种程度上说，国家治理能力的现代化水准的评鉴与制度建设和治理方式息息相关、密不可分。在党中央加强法治建设的洪流当中，纠纷解决的公允与理性应该与商事仲裁法治化相桥接。我国作为一个典型的成文法传统的国家，对任何一个法律问题或案例的研判都需要回归到立法层面去找寻法律渊源作为裁判依据（这一点恰恰与英美国家普通法传统的遵循先例原则形成鲜明的对比）。就仲裁问题而言，法源既囊括国际条约，又同国内立法息息相关。但本章前已述及，由于合并仲裁与仲裁的契约性、保密性存在一定程度的冲突。或许因为这方面的困境，目前鲜有国家或地区从法律层面对该问题做具体的规定，《联合国国际贸易法委员会国际商事仲裁示范法》、2010年《联合国国际贸易法委员会仲裁规则》对此也付诸阙如。作为有限的立法例，1996年英国《仲裁法》第35条③（英国前几部仲裁法立法都没有触及这

---

① 乔欣：《仲裁权研究：仲裁程序公正与权利保障》，法律出版社2001年版，第15页。
② 乔欣：《仲裁权研究：仲裁程序公正与权利保障》，法律出版社2001年版，第218—219页。
③ 1996年《英国仲裁法》第35条：①当事人可以在协商一致的基础上自由约定：（a）一仲裁程序应并入其他仲裁程序，或（b）同时开展仲裁审；②除非当事人将此项权力授予仲裁庭，否则仲裁庭无权命令合并仲裁程序或同时庭审。

一问题，1996年修订的立法则专设一条对此进行确认）、1986年《荷兰民事诉讼法典》第1046条①、2011年修订的《香港仲裁条例》均以成文法方式确立了法院命令仲裁合并。

我国《仲裁法》中对合并仲裁问题未加专门规定，呈现出一定的立法缺失，但在2004年着手起草的《〈中华人民共和国仲裁法〉司法解释（征求意见稿）》第十五条，关系"仲裁事项"的准确界定时存在针对合并仲裁的思考与制度设计②。需要明确的是该条文在立法程序中惨遭"流产"，最高人民法院2006年最终出台的司法解释定稿中将该条全文删除，这或多或少略显遗憾。就笔者自身的初步思考来看，删掉相关条款的理由主要出于"不可分的""有密切联系""严重不便的"这类措辞的概括性和模糊性较强，有失法律用语所追求的严谨与准确。另外，合并仲裁在我国仲裁法中没有涉及，为避免越俎代庖，司法解释亦不宜涉足；再者，该条文第三款中与仲裁事项有密切联系的原本应另行诉讼的事项的并入，涉及学界和实务界讨论比较敏感的仲裁第三人问题，为争取司法解释的顺利通过，最终删掉本条或许是可理解的。目前来看，在我国依据现行立法或司法解释规定去强制合并仲裁的路径基本上是行不通的。

但是换个视角来看，最近有声音在呼吁《中华人民共和国仲裁法》的修订，那么合并仲裁问题是否能在立法中加以专门规定呢？对这一问题的贯通得从问题的设定上去思考。一方面，自1995年至今我国仲裁法实施近三十年间不免出现很多疏漏或解释上无法自洽之处，法律适用过程中也有各种争执，因此呼吁立法修订并不稀奇，但是法律的修订不是一蹴而就的事；另一方面，与国际上典型国家的仲裁法立法相比，我国《仲裁法》第四章有关仲裁程序

---

① 1. If arbitral proceedings have been commenced before an arbitral tribunal in the Netherlands concerning a subject matter which is connected with the subject matter of arbitral proceedings commenced before another arbitral tribunal in the Netherlands, any of the parties may, unless the parties have agreed otherwise, request the President of the District Court in Amsterdam to order a consolidation of the proceedings.

② 第15条规定："仲裁事项，是指仲裁协议约定的提交仲裁委员会仲裁的争议、问题；与仲裁事项不可分的应予仲裁时一并审查处理的事项，视为仲裁事项；与仲裁事项有密切联系，且另行诉讼会给法院管辖与审理以及当事人诉讼造成严重不方便的，仲裁机关可以一并仲裁；仲裁法第三条规定的事项，不适用本条第二款、第三款规定。"中国法院网，http：//old.chinacourt.org/public/detail.php?id=124292，最后访问日期：2015年2月25日。

的规定着墨颇多,单这一章的条文总数竟多达三十六条(第四章仲裁程序囊括了申请和受理、仲裁庭的组成、开庭和裁决这三节内容),几乎占据了整部立法的半壁江山,笔者以为,实际上这并非良性的立法体例。对于仲裁的程序细节问题,如果法律着墨过多,反而会限制得过于死板而僵化,使整个仲裁程序立法稍嫌繁琐且缺乏灵活性,原则上,法律只需规定满足最低限度的程序公正要求即可。理想状态下的国际商事仲裁立法模式可以说 less is more,即成文的程序规则越少越好,应当允许仲裁庭保留适当进行仲裁程序的权力。职是之故,笔者实际上对于通过仲裁法修订这种略激进的方式去解决合并仲裁问题的建议不敢苟同;国内外主要仲裁机构在 2020 年之后的实践则尝试对机构仲裁规则本身进行完善,未尝不是合并仲裁问题解决并逐步实现良性运作的突破口,而且从可行性上审视也不乏论证和操作的空间。

四、法院强制合并的合理性

法院能否强制命令合并仲裁,是合并依据问题的争议中心,也是很多学术文献研究的话题。就笔者所整理的文献综述显示,基于对商事仲裁所特有的价值取向及其理念的理解程度,对于法院能否依据司法强制力命令在仲裁机构立案的或者由临时仲裁庭所审理的关联仲裁案件加以合并,反对者远远多于接受者。反对强制合并的理由归结于两方面:其一,法院强制合并仅考虑案件彼此之间的关联程度而忽视当事人的主观意愿,以客观标准替代主观标准,这无疑抹杀了仲裁庭的权力来源,即只有具备当事人提交仲裁的合意才是仲裁管辖权的基础;其二,法院强制合并有以司法性稀释契约性之嫌,对仲裁的独立存在及其制度性质构成挑战。普通法系国家的判例法对法院强制合并仲裁的态度亦堪称波诡云谲,难以捉摸,如美国第二巡回法院审理的波音公司案与涅柔斯案、英国高等法院审理的埃里斯案等,法院对不同案件中能够强制合并仲裁给出了不同答案[1]。

需要再次强调,仲裁是当事人合意的产物,在商事仲裁程序中根深蒂固

---

[1] Okuma Kazutake, Party Autonomy in International Commercial Arbitration: Consolidation of Multiparty and Classwide Arbitration, *Annual Survey of International and Comparative Law*, Vol. 9, 2003, p. 189.

的观念是：只有在当事人已经特定并且明示地同意适用仲裁作为争议解决的方法，仲裁才可能有效发生。仲裁的自愿性本质建立在仲裁协约的基础上而不能被第三人所强迫。当合并仲裁系经由法院命令或立法法令实施时，仲裁作为自愿性协议的基本特征就会被减损。应当讲，国际仲裁作为纠纷解决机制的卓越性之一就体现为当事人对纠纷的"自我掌控权"（self-governance），当事人可以灵活选定仲裁的程序性规则、仲裁实体纠纷解决的准据法等事项。反对强制合并者认为施加这样一种程序设置违反了当事人的实体合同权益，这种权益突出体现为如果缺乏各方当事人的明示同意，合并原则上是不被允许的。实际上，创设这样一种以合同为基础的争议解决方法的首要目标在于当事人希望能限制时间成本、减少拖延以及通常与诉讼有关的费用成本。与这些目标恰恰对立，反对者则认为，合并仲裁更为耗费时间，而且成本比不被合并的仲裁更为昂贵，因为额外的当事人和仲裁员将被牵涉到合并后的案子之中。"强制合并内在的复杂性可能鼓励某方当事人滥用合并这种程序设置去实施拖延迂缓的争议解决策略，进而使得合并仲裁本身被利用为箭矢而非盾牌。[①]"

美国的法院对合并仲裁问题没有达成一致的结论。联邦巡回法院的判例法，尤其是第二巡回法院的判决不同于其他巡回法院，其主张法院在各仲裁案件之间存在共同的事实和法律问题时有权力命令合并仲裁，其他法院则不允许合并，除非当事人明确在仲裁协议中订明合并仲裁，第一巡回法院允许依据州法合并。1993年的波音公司案常常用来在之后的类似案件中作为先例加以援引，该案的案情大致描述如下：英国政府所拥有的军用直升机的电子燃料控制装置在试用测试过程中发生了事故，这类装置由德事隆公司进行设计并生产制造，而直升机设备的组装由波音公司负责。英国政府与德事隆和波音公司订有两个独立的长期合同且其内容意在发展军用工程。两个合同都约定有仲裁条款，条款核心内容一致，均约定当合同相关纠纷发生后提交美国仲裁协会（American Arbitration Association，AAA）仲裁解决，仲裁地都约定为纽约。事故发生两年之后，英国政府分别提请仲裁要求损害赔偿。在仲裁申请前后，英国政府一直在促成被告的两个公司（设备公司与飞机制造公

[①] Matthew D. Schwartz, Multiparty disputes and consolidated arbitration: an oxymoron or the solution to a continuing dilemma? *Case Western Reserve Journal of International Law*, Vol. 22, 1990, p. 341.

司）能够同意将仲裁合并处理。但波音公司极力拒绝合并，主要是考虑到合并后案件的解决成本将显著增加，而 AAA 则告知英国政府，如果缺少所有当事方的合意则不能被合并仲裁。这样的境地令英国政府不得不选择申请纽约州南部地区法院进行强制合并，纽约州南部地区法院遵循以往第二巡回法院的先例允许了这一申请。波音公司不服合并命令而上诉到第二巡回法院，但却如预料之中被驳回。然而这个案子在第二巡回法院的上诉法院却出现了转机，上诉法院仔细区分了该案与涅柔斯案的差别——涅柔斯案恰恰被作为前两审法院裁断的先例法律依据——并指明该案涉及英国政府签的两份合同，都没有包含允许合并的说明，被申请人两个公司都没同意参与到彼此的仲裁案件程序中去，那么在此论证的基础上上诉法院得出了地区法院不能仅仅基于事实问题和法律问题的同一性或程序便利性、高效性就决定合并仲裁①。

其他的案子中却存在不同的声音，在伊利诺伊州农民保险公司诉玻璃服务公司②案中，美国明尼苏达州拉姆齐郡地方法院、明尼苏达州地方法院、明尼苏达州最高法院的态度判然有别。该案中，汽车安全玻璃修理服务中心（以下简称"服务中心"）于 1997—2002 年履行在伊利诺伊斯农民保险公司与中世纪保险公司（以下统称"保险公司"）投保的个人汽车玻璃维修工作，服务中心接受投保者的委派就安装纠纷向保险公司提起诉讼，维修中心诉称保险公司所给付的报酬过低，要求赔偿，但保险公司以存在强制性仲裁条款为由要求法院作出即席判决，拉姆齐郡初审法院作出即席判决，命令当事人在同一仲裁庭的审理下分别仲裁不同的保险纠纷。经过上诉，明尼苏达州上诉法院维持原判，并特别提出初审法院无权力将 5 700 多项请求联合为一项单独请求，因为这种合并违反仲裁条款的意图，并使得所有纠纷受制于一项仲裁。但是上诉法院推翻了初审法院命令同一仲裁庭审理的决定，认为初审法院的结论错误在于初审法院认为自身享有命令合并仲裁请求、由同一仲裁庭审理的权力。明尼苏达州最高法院审查了纠纷是否应当提交仲裁、以及初审法院是否有权命令合并仲裁请求由同一仲裁庭审理，经全院庭审（en

---

① See Okuma Kazutake, Party autonomy in international commercial arbitration: consolidation of multiparty and classwide arbitration, *Annual Survey of International and Comparative Law*, Vol. 9, 2003, p. 189.

② Ill. Farmers Ins. Co. v. Glass Serv. Co., 683 N. W. 2d 792 (Minn. 2004).

banc）后，州最高法院维持了下级法院命令纠纷提交仲裁的决定。但对于合并的问题，联邦法院与各州法院的立场相离甚远，州最高院得出："仲裁合并问题是一个与事实相关的问题，只能由初审法院在充分衡量过合并的效率、分案独立仲裁后得出对立裁决的风险以及合并仲裁的结果可能对当事人带来的歧视等因素后才能断定"，据此，州最高院将案件发回初审法院查清事实问题。这一做法实际上表明州最高院肯定了初审法院在缺乏当事人协议的情况下，如满足特定条件，拥有决定合并仲裁的权力[①]。

逻辑上讲，若想进一步探讨法院命令合并仲裁合理与否，必先澄清象征司法权的法院与仲裁的关系：首先是司法对仲裁的支持与协助，其次是司法对仲裁的监督与制约——实际上两方面并没有清楚地剥离而是杂糅在一起的，前者类似于"慈母"的角色，后者则近乎"严父"角色，二者相映共生，目的均为促进商事仲裁完善运作。然而，司法对仲裁的介入不可能漫无边界而显然当以必要为限度，否则将构成非法干预或不良妨碍，而对于合并仲裁这类程序事项，应由仲裁机构或仲裁庭充分行使自治权，法院决定论至少目前在我国尚难以立足。

一方面，仲裁实行一裁终局，裁决一经作出，除非被撤销，当事人便不能针对同一事实同一案件再提起诉讼或另行提起仲裁——这也是一事不再理的内涵。因而必须要对仲裁权行使的过程实行有效的监督与制约，并对仲裁结果做程序性的审查——通常不去审查实体问题，如法律适用或事实认定，除非存在证据欺诈或隐瞒重要证据——以维系相对合理公正的裁决结果。另一方面，监督权的权力本身也需要监督否则必然滋生腐败或滥用等问题，进而不利于仲裁秩序的良性运转。这里涉及内部监督与外部监督的衡量，笔者的意见倾向于将法院的司法审查权尽可能后置到裁决作出后而不要在程序进行当中任意插足。像合并仲裁这种问题本就属于仲裁权公正行使中的一个环节，法院如果抹杀当事人的想法而强制合并，终究违背正常的逻辑。英国通常会以本国法律的连续性与对传统的坚守而骄傲，1996年《英国仲裁法》的出台很大程度上受到联合国国际贸易法委员会《示范法》的影响，特别是在

---

① Jonathan R. Waldron, May Courts Order Consolidation of Arbitration Proceedings Absent Express Agreement by the Parties? *Journal of Dispute Resolution*, Vol. 177, 2005, p. 183.

司法与仲裁二者之间关系的构建上,力求寻觅较好的平衡:法院的作用毕竟不是取代仲裁,而是对仲裁的支持。事实情况是即便在美国这种仲裁立法开放的国家,若多数当事人反对,法院也需尊重当事人意愿,无权强行合并,典型如跨太平洋船运公司案①。但需要特别指出,基于高效、快捷解决纠纷的需求考虑,部分州法院已经将仲裁法解释为默许赋予法院在没有当事人明示同意的情形下命令合并仲裁②。这种解释是指虽然当事人没有明示合意,但从案件的其他因素进行综合考虑才能得出。基于以上论述本章认为除非立法中有明确规定(如荷兰法),否则强制合并仍然须慎重把握。

第四节 仲裁合并实务操作问题探究

在明确合并仲裁的实现路径问题后,相关实务工作的开展有了法律上的依据,接下来要探讨的是实务操作问题。首先,法院、仲裁机构、仲裁庭三者当中,哪一主体最适合对仲裁合并与否做出决定?即决定权的归属问题。其次,在做合并决定时,为实现程序上的顺利进展以及保证合并决定是建立在周密考虑基础上的,而不至于进行不适当的合并,那么必须充分考量哪些相关联的案件因素?再次,合并决定做出后,原本各案件中的不同当事人共同出现在合并后的新案件中,多方当事人的法律地位如何准确列明?这也关系到仲裁当事人的权利义务问题。最后,关于合并仲裁情形下仲裁庭组成的方式问题、合并仲裁情形下仲裁费用的承担与分配问题,都有不同的实务处理方法,就学理上来看,在衡量其各自的合理性与操作性之后,笔者试图寻求相对恰切的问题处理思路。

---

① 跨太平洋船运公司租船给卡兰德公司,后者又将船分租给卡兰德公司。发生争议后,卡兰德公司根据分租合同的仲裁条款对美国惠好公司提起仲裁,后者则对跨太平洋航运公司提起仲裁。美国惠好公司对地方法院提起合并这两个仲裁程序的动议,卡兰德公司和跨太平洋船运公司都表示反对。地方法院否决了合并申请,Weyerhaeuser 上诉,第九巡回法院支持一审裁决,最终否决合并请求。See Weyerhaeuser Co. v. Western Seas Shipping Co. 743 F. 2d 635 (9thCir) Cert. Denied, 469 U. S. 1061 (1984)

② Jonathan R. Waldron, May Courts Order Consolidation of Arbitration Proceedings Absent Express Agreement by The Parties? *Journal of Dispute Resolution*, Vol. 177, 2005, p. 183.

一、合并决定权的归属趋向

合并仲裁之合并决定权的归属问题，即由谁决定仲裁案件的合并与否，这是确定操作问题的先决步骤，现有研究对仲裁合并决定权归属趋向的探讨不多见，问题一般集中于：法院决定对仲裁案件的合并（即前已述及的法院强制命令合并）、仲裁机构决定合并仲裁、仲裁庭决定合并仲裁（包含独任仲裁员以中间裁决的形式决定合并问题）。不得不承认的是法律人的理性与多数人的情感的确存在缝隙。由于诉讼程序的国家司法主权属性，程序问题适用法院地法向来作为国际私法中古老的冲突规则而存在，尽管国际统一私法协会起草的《跨国民事诉讼通则》被多数学者嗤之以鼻，视为形式上的一纸空文，但毕竟是推进跨国商事诉讼程序立法协调化的重要努力[①]。与诉讼法不同，不同国家仲裁法及仲裁规则因商事仲裁的国际化色彩而呈现更明显的趋同倾向，当然，这也归因于联合国国际贸易法委员会1985年《国际商事仲裁示范法》的影响力（该示范法在2006年进行过修订，但仍然不涉及合并仲裁的相关问题）。因彼时问题并不凸显，示范法对合并仲裁问题没有专门规定，仅在第5条与第6条对法院干预及协助仲裁程序有笼统的一般性规定。

（一）法院决定

在当事人订有仲裁协议的情况下，通常将排除法院就相关争议的管辖权（除非查证该仲裁协议无效、未生效或不可执行），进而也排除了法院插手仲裁程序决定合并仲裁。司法判例中反对法院决定合并仲裁的声音不绝于耳，美国新泽西州卡尔曼案件的法官旗帜鲜明地表达了无论合并仲裁抑或委任相同仲裁员均为程序问题，当由仲裁庭自行决定而防止法院不当干预；路易斯安那州体育场仲裁案件的法官也明示，由法院来决定合并问题不仅未能推进反而阻滞和延迟了仲裁程序……法院虽然有权力要求当事人执行仲裁条款，即提交仲裁解决纠纷，却不该无限制地决定仲裁程序操作的具体细节[②]。然而仲裁协议对法院管辖权的排除并不绝对，在实践中，各国法院通过行使监督

[①] X. E. Kramer, C. H. Van Rhee: *Civil Litigation in a Globalising World*, T. M. C. Asser Press, 2012, p. 56.

[②] 池漫郊：《多方多合同仲裁的主要法律问题研究》，厦门大学出版社2006年版，第169页。

权力支持并协助仲裁程序的推进,比较鲜明的是法院仲裁程序进行前强制执行仲裁协议(令当事人将争议提交仲裁解决)、在仲裁程序进行中针对标的物发布中间措施、程序终结后强制执行仲裁裁决等①。从这个思路思考,似乎没有理由禁止法院决定合并仲裁。如前所述,荷兰、中国香港、英国等仲裁立法中,授权法院经过裁量作出合并仲裁的决定,实质上是一国法律与政策的赋权,是公权力进入仲裁使程序顺利进展并最大化地实现解决多方多合同纠纷的仲裁效率,只要决定权通过正当程序行使,就不宜理解为对仲裁协议的违背。

(二) 仲裁机构决定

仲裁机构基于其仲裁事务管理权,负责仲裁送达、档案保管、安排庭审等事务性的仲裁工作。对于各个关联极为紧密且均已提交到本机构的仲裁案件,应当有权利用程序性技巧来防止多方平行仲裁及双方连续性仲裁。合并仲裁是推进程序向前运转的手段,这一点不容置疑。当然,除合并仲裁以外,如符合特定条件(如申请人基于买卖合同诉被申请人交货,被申请人基于同一合同诉申请人付款),不妨考虑将程序问题的解决前置到立案阶段,即合并立案。鉴于仲裁机构对仲裁业务的专业性以及对仲裁案件的把握,由仲裁机构来决定合并仲裁既能凸显商事仲裁自身的蓬勃生命力,也能给多方当事人多合同纠纷的交易主体增加争议解决的信心。为落实这一点,国内仲裁机构需要在两方面着力改进:其一,通过修订仲裁规则引入合并仲裁、多方当事人仲裁的规定,以免出现"平安星轮Ⅰ号运费、滞期费"案的尴尬境地;其二,条件允许的情况下,促成"事实上的合并仲裁",由仲裁机构协调当事人选任相同或部分重合的仲裁庭,或者在仲裁庭组庭完全不同的情况下,促成相关仲裁案件的有效沟通交流,当然,这种"事实合并"以保密性为限度②。

(三) 仲裁庭决定

仲裁庭决定关联仲裁案件的合并,是仲裁庭所持有的仲裁权的天然内涵,但受到条件局限。如转租船链式纠纷中,船东与租船人的仲裁案件、二船东

---

① 杜新丽:《国际商事仲裁中间措施发布决定权的归属趋向》,《中国国际私法与比较法年刊》(第十五卷),北京大学出版社2013年版,第498-499页。
② 池漫郊:《多方多合同仲裁的主要法律问题研究》,厦门大学出版社2006年版,第200-201页。

（租船人）与承租方的仲裁案件，如果两个案件均约定同一仲裁庭（同一仲裁员组成的独任仲裁庭或相同仲裁员组成的合议仲裁庭），则仲裁庭可以在契机成就时决定合并。但合并的制约体现为仲裁庭决定合并的模式只能发生在组庭之后，且被合并各案件组庭相同，否则不具可行性。但是既然"要不要合并"这个问题尚未确定，则仲裁案件本身最终的组庭状态是未定的。组庭没有敲定，却去谈仲裁庭决定合并，逻辑上终究是不严密的。

2015年《中国（上海）自由贸易试验区仲裁规则》第三十六条规定了"案件合并"，将合并仲裁的决定权归属于仲裁权的真正主体——仲裁庭。这样的规定体现出国际前沿的趋势，与国内既有的其他仲裁规则都不太一致，确实引人瞩目。但是其第三款明确了合并仲裁的程序性限定条件，这意味着能并且只能在各案件的仲裁庭已经组成、并且组庭人员完全相同的情况下才存在本条适用的空间[①]。

（四）小结

合并仲裁的决定权问题，与合并仲裁的实现路径是息息相关的。法院作为司法权的享有者对民商事案件享有最后裁断权，并且可以对仲裁实施监督。但是理想状态是法院的监督要尽量后置到裁决作出后，而不该在程序中插手过宽。在不承认法院强制合并仲裁的国家，法院必须充分虑及案件当事人的主观意愿，因此，即使法院做合并仲裁的决定，也不过是当事人意愿的外化，不能谓之法院决定对仲裁庭管辖权的褫夺。就笔者所搜集的仲裁规则中，将合并仲裁的决定权归属于仲裁机构的判断，但这也不是一锤定音的（见表5-2）。毕竟仲裁规则的性质决定了其不可能规制和约束法院的行为（也不可能对法院赋权），因此只能约束仲裁机构和仲裁庭的行为，其中既有"自我设限"的意味，又不乏在法定前提下"自我赋权"。若由仲裁机构来决定合并仲裁，尽管有助于对案件进行协调并提供服务，但鉴于仲裁机构并不直接审理案件，难以对案情进行把握。至于仲裁庭对于合并仲裁的掌控，更多体现在合并决

---

① 《中国（上海）自由贸易试验区仲裁规则》第三十六条：（一）仲裁标的为同一种类或者有关联的两个或者两个以上的案件，经一方当事人申请并征得其他当事人同意，仲裁庭可以决定合并审理。

（二）除非当事人另有约定，合并的仲裁案件应当合并于最先开始仲裁程序的仲裁案件。除非当事人一致同意作出一份裁决书，仲裁庭应就合并的仲裁案件分别作出裁决书。

（三）仲裁庭组成人员不同的两个或者两个以上的案件，不适用本条的规定。

定作出后的程序安排,而难以渗透到由仲裁庭决定要不要合并仲裁的地步。当然,如果被合并的两个案件组庭完全相同,仲裁机构"可以"(但绝不是"必须")听取仲裁庭的意见。

表 5-2　国内立法与仲裁机构仲裁规则对合并仲裁的分析比较

国家或仲裁机构	提出动议的主体	决定机关	对各方主体意志的关注
澳大利亚	一方当事人	仲裁庭	无须全体当事人同意
加拿大	所有当事人的共同申请	法院	全体当事人同意
荷兰	任何当事人	法院	无须全体当事人同意
中国国际经济贸易仲裁委员会规则	一方当事人①	仲裁委员会	全体当事人同意仅是其中一种情形
瑞士国际仲裁规则	任何当事人或商会	商会	无须全体当事人同意
香港国际仲裁中心机构仲裁规则	一方当事人	仲裁中心	无须全体当事人同意
日本商事仲裁协会商事仲裁规则	当事人或仲裁庭	仲裁庭	全体当事人同意仅是其中一种情形
英国特许协会仲裁规则	未限定提出主体	仲裁庭	无须全体当事人同意

二、合并仲裁须考量的因素

在满足哪些要件的前提下考虑对仲裁案件的合并、各要件之间的关系如何影响合并决定?这是整个问题关键中的关键。以 2022 年《北京仲裁委员会仲裁规则》第三十条②为例,该条规范了如何启动合并仲裁、合并对象针对什

---

① 2012 年贸仲规则规定当事人可以请求合并,仲裁委员会也可以在认为必要时经当事人同意而合并,但 2015 年贸仲新规则则只规定当事人请求合并。

② 2022 年《北京仲裁委员会仲裁规则》第三十条:(一)经各方当事人同意,或者一方当事人申请且本会认为必要,本会可以决定将根据本规则进行的两个或两个以上的仲裁案件合并为一个仲裁案件进行审理。除非当事人另有约定,合并的仲裁案件应合并于最先开始仲裁程序的仲裁案件中。(二)在决定是否进行上述合并时,本会将考虑相关仲裁案件所依据的仲裁协议的具体情况、案件之间的关联性、案件程序进行的阶段以及已经组成仲裁庭的案件仲裁员的指定或者选定等情况。

么、谁来决定合并、决定合并前考虑哪些因素、合并后程序运作等问题。就第一款而言，明确了合并仲裁在启动时可以依一方当事人的申请启动，也可以在本会认为必要时依职权主动启动，但这两种情形下都须经被合并的各案件各方当事人全体同意，且决定权赋予仲裁机构；在程序操作上，当事人有特别约定的依其约定，无约定时则将各案并入最先开始仲裁程序的案件之中（主要是因为先开始的程序往往会发展到相对更成熟的阶段）；就第二款而言，关于仲裁机构决定合并与否之前需考虑的因素，仅作出原则性、概括性的列举，即拟被合并的各案件所依据的仲裁协议、拟被合并的各案件之间的关联性、各案案件程序所进行的阶段、各案仲裁庭的组庭情况等，但是第二款并未将这四类因素将如何影响仲裁机构决策进行细化规定，以至于留下相当的实务操作空间。例如，是否要求被合并的仲裁案件均源自同一份仲裁协议，抑或多份完全相同或相似的仲裁协议？各案的关联性是否要求当事人必须一致，抑或各案基于同一交易标的物？还是各案基本法律事实相同以至于面临同一或高度类似的法律问题？以及决定合并仲裁后仲裁案件的举证期限、审理期限、提出反请求的期限等各类期限应如何计算？合并后案件仲裁费用由败诉方全部承担抑或各方当事人平均负担或根据责任比例承担？新规则对这些因素的具体考量及合并后的程序进展并没有加以细化，留给仲裁委员会与仲裁庭个案判断，而实际上 2010 年以来的国际性仲裁规则提供了某种可借鉴的思考[1]。

（一）相关案件所依据的仲裁协议的具体情况

仲裁协议不仅约束当事人自身，而且也是仲裁机构或仲裁庭受理特定争议的依据[2]。通过对仲裁协议的解释，能直观感受到当事人的缔约意向及内心关于解决争议的真正想法。在决定合并仲裁前，必须探明被合并的相关案件所依据的仲裁协议的具体情况，如当事人在仲裁协议中明确可以合并（尽管情况很少见，因为当事人在缔约时通常会忽视合并仲裁问题），则无论法院还是仲裁机构，都不能肆意剥夺当事人的选择权。理论与实践中还有另一类可

---

[1] 如 2012 年《国际商会（ICC）仲裁规则》、2013 年《香港国际仲裁中心（HKIAC）机构仲裁规则》等都有相关因素如何影响决策的具体细化规定。

[2] 宋连斌：《仲裁法》，武汉大学出版社 2010 年版，第 105 页。

能性存在，即当事人在仲裁条款中合意禁止与相关案件合并，其意图排除仲裁地法律或仲裁规则当中关于强制合并的规定，属于一种否定的意思自治①。否定意愿同样需要被尊重，以免出现法院强制合并以司法权稀释了仲裁的契约性特征，如香港法院曾不顾当事人极力反对合并了瑞安建筑有限公司诉满亿有限公司案与香港迅达电梯有限公司诉瑞安建筑有限公司案两个仲裁案件，仅因两个争议涉及相同的事实与法律问题，而忽视了当事人各合同仲裁协议的具体情况②。

从外国及国际已知的案例来看，如果各个仲裁案件的请求系依据同一份仲裁协议提出的，显然应当纳入合并仲裁的范畴；如果各个仲裁案件的请求系依据多份仲裁协议提出，从仲裁协议的用语与表述方式及约定内容来看，各案件所依据的仲裁协议相同或相容（如果各个仲裁协议选定的是不同的仲裁机构，则显然不相容），也可以予以合并仲裁的考量，但需要综合衡量其他因素。

（二）案件之间的关联性

仲裁案件彼此之间的关联程度主要体现在多方当事人争议的形态（链式争议或并列争议或三角争议），是否紧密关联得从基础交易合同的关系上寻找契合点，比如，海事仲裁实务中最常见的船舶代理人以"中间商"的角色所从事的租船合约与转租船合约关系。案件的关联性要求涉及法律关系的判断，这是否要求被合并各案件有同一个书面合同，抑或充分考虑当事人之间的交易，而无论案件所涉文契（如契约、契据、遗嘱、债券、租约等）的多样性？例如，存在多份不同的基础合同文件，但交易自身关联是否可以满足合并的条件？从判例法、学说、仲裁实践关于关联合同的态度观察分析，这个问题便可迎刃而解——案件之间相互关联/同一法律关系，不能局限于对合同格式的判断，而需要考虑到合同内容（权利义务）、缔约背景、缔约目的、合同标的以及各案件当事人所提出的请求事项等方面③。

2021年版《国际商会仲裁规则》第10条对合并仲裁的条件进行了明确，

---

① 付瑞洁：《合并仲裁问题研究》，中国政法大学2010年硕士学位论文，第33页。
② 池漫郊：《多方多合同仲裁的主要法律问题研究》，厦门大学出版社2006年版，第163页。
③ Philippe Leboulanger, Multi-Contract Arbitration, *Journal of International Arbitration*, Vol. 13, 1996, p. 43.

该款规定:"仲裁院可应一方当事人的请求,将根据本规则进行的两项或多项未决仲裁合并为一项仲裁,其中:当事人已经同意合并仲裁;或者仲裁中的所有请求均基于同一份或多份仲裁协议;或者仲裁请求并非根据同一份或多份仲裁协议,但仲裁发生在相同的当事人之间,仲裁争议产生于同一法律关系,且仲裁院认为仲裁协议不存在冲突。在决定是否合并仲裁时,仲裁院会考虑其认为相关的任何情况,包括一名或多名仲裁员是否已在不止一项仲裁中得到确认或指定,如果是,是否相同或不同的人已经被确认或任命。合并仲裁时,除全体当事人另有约定外,所有仲裁应当并入最先开始的仲裁。"该条款对合并的启动主体(依申请)、决定主体(仲裁院)、合并条件加以规范,尤其应注意合并条件中所列举的三项是"or(或者)"的关系而非"and(并且)"的关系,这就意味着相比其他的仲裁机构,国际商会在这里显然是尝试着迈出了大胆创新的一步,或经当事人全体同意,或各仲裁案件依据同一份仲裁协议提出,或虽不是依据同一份仲裁协议但各案当事人相同且法律关系相同且仲裁协议彼此兼容,这些条件满足其一,仲裁院即可考虑合并①。因此,不同当事人、不是依据同一份仲裁协议、未经全部当事人同意都不能单独构成阻碍合并的理由,进而放宽了仲裁机构在决定合并仲裁上的自由裁量空间。

(三) 案件程序进行阶段

仲裁案件以程序推进的流程梳理,大体上需要经过申请——立案——受理——送达申请人的仲裁申请书等材料——收到答辩后送达被申请人的答辩书等材料——仲裁庭组庭——庭前准备程序——仲裁庭开庭审理——作出仲裁裁决——当事人自动履行或申请法院强制执行仲裁裁决这些阶段步骤。在决定案件之间能否合并仲裁时,有必要了解各案件所处的程序阶段:被合并的案件之间程序阶段如果同步,则可以考虑加以合并;如果案件所处阶段不同步,但属于相容的情况。例如其中一案件处于答辩期,另一案件处于组庭阶段,阶段上的距离差距并不阻碍合并的实现;如果程序阶段的间隔很大,实际上根本不具有操作可能性,例如,其中一案件庭审已经结束,裁决书即

---

① Arzu Ongur Ergan, The New 2012 Arbitration Rules Of International Chamber Of Commerce, *Ankara Bar Review*, Vol. 2, 2011, p. 89.

将作出甚至裁决作出进入执行阶段,而另一案件尚未组庭,那么即使当事人合意进行合并仲裁,基于各种期限(如证据关门、交换证据、结案期限等)的限制,实务上却不可行。稍嫌敏感的是如果其中一案已经进行过仲裁庭审,而另一案件组庭结束尚未开过庭,符合其他条件的情况下能不能合并仲裁?笔者认为必须慎重衡量,理由是仲裁程序作为解决纠纷方式具有对抗性,当事人有权针对对方的仲裁请求提供证据加以抗辩,而一旦错过了开庭,当事人就失去了一次把握事实认定、法律适用、案件进展的机会,很难谓之公允,而且这种程序瑕疵可能会在裁决后成为申请撤裁或请求不予执行的理由,遗留隐患。由此,拟被合并的案件所进行的程序阶段,不能间隔过大;甚至是在程序阶段间隔不大的情况下,也要切实保障好当事人的程序性权利后再决定是否合并仲裁。

(四)已经组成仲裁庭的案件仲裁员的指定或者选定情况

所谓"仲裁庭组成情况",在中国当下的仲裁实务中,一般仅通知当事人仲裁案件的仲裁员姓名、由谁选任或指定及仲裁庭的成立时间,而没有专门将仲裁员的必要背景告知案件的当事人[1],比较可取的是北京仲裁委员会已经在实践中有效贯彻了仲裁员披露声明书制度。在考虑合并时,如果各案件均已经组成仲裁庭并且组庭情况完全一致(比如都采用独任仲裁,且委任了同一名独任仲裁员;或者都采用合议制仲裁,且组庭人员重合),则组庭不会成为合并仲裁的障碍所在。如果有案件已经组庭,有案件尚未或正在组庭过程中,则需要参照已组庭案件的仲裁庭组成情况来询问未组庭案件中当事人的意愿,探明当事人是否接受已组庭的情况。如果接受,则不妨合并决定的作出,如果当事人拒绝已组庭的情况或者已组庭的仲裁庭的仲裁员与未组庭的仲裁案件的当事人存在法定回避事由,则视情节,或将不宜再作出合并仲裁的决定,或者需要在合并仲裁后重新组庭。如果各案件都已组庭,但是组庭情况彼此冲突(比如有案件采用合议制仲裁庭、有案件采用独任制仲裁庭;或者其中一案的仲裁员为甲乙丙,另一案的仲裁员为丁戊己),则会减损合并仲裁的可能性,但是这并不绝对,例如,2013年《香港国际仲裁中心机构仲裁规则》第28条第6款在决定合并仲裁后,原有的案件组庭情况(对仲裁员

---

[1] 黄进、宋连斌、徐前权:《仲裁法学》,中国政法大学出版社2008年版,第113页。

的委任）会被撤销，当事人选任仲裁员的权利会被让渡给仲裁中心的指定，在这种情况下，无论原本各案的组庭情况如何，都不会影响仲裁机构的合并决定。

2015年《中国国际经济贸易仲裁委员会仲裁规则》（以下简称《贸仲规则》）第十九条在原2012年规则第十七条的基础上，对合并仲裁制度有了一定幅度的修改：第一款清晰列举了仲裁委员会可予合并仲裁的四种具体情形，同时第二款不乏合并时应重点考虑的主客观因素，由此堪称确定性与灵活性的衡平处理；新增第四款区分仲裁庭组成前后两种不同情形，程序决定权分别赋予仲裁机构与仲裁庭，展现出比较缜密的程序性考量。与国际性仲裁机构的规则相比，北仲与贸仲均将案件合并后的具体程序问题（如仲裁庭组成问题、仲裁程序与审理方式的选择、仲裁费用的负担、结案文书的制作等）赋权给仲裁机构或仲裁庭裁量而并不在规则中预先规定。应当讲，这种规定方式有利于问题在案件推进中因循个案而定，进而对程序顺利运转提供中国经验。

三、合并后当事人地位列明问题

（一）合并仲裁与当事人列明的情形

对仲裁当事人的界定，学界有"直接利害关系说""仲裁协议基础说""协商一致说"，侧重各有不同[1]。可接受的定义是：仲裁当事人，是指在协商一致基础上以自己的名义签订仲裁协议、独立参加仲裁程序，并受仲裁裁决约束的平等主体的自然人、法人或其他组织[2]。仲裁被合并后，如果被合并的各案件当事人重合，则不难操作，通常被并入最先开始仲裁程序的案件，当事人地位按照被并入案件的情况列明[3]；如果被合并各案中的多方当事人不完全重合，那么各方主体在合并后的新案件中以何种当事人地位列明，这并非一个不言自明的问题，反而成为困扰仲裁实践的难题，理论上也颇有争执。事实上在我国，无论仲裁立法抑或各仲裁规则中，均未引入"仲裁第三人"

---

[1] 韩波：《仲裁当事人制度：缺失与构建》，张卫平：《民事程序法研究（第四辑）》，厦门大学出版社2008年版，第1-3页。

[2] 黄进、宋连斌、徐前权：《仲裁法学》，中国政法大学出版社2008年版，第101页。

[3] 如2015年《中国海事仲裁委员会仲裁规则》第十九条。

制度。既然"第三人"不可行,那么合并仲裁后的非最先开始的仲裁程序的其他当事人便只能以申请人或被申请人(即仲裁当事人)的身份加入仲裁[1]。但令人困惑的是如果被合并后案件各方主体仲裁请求交叉,难以简单归入申请人方或被申请人方时,怎样在实务中列明当事人地位并没有清晰的规定可循。

(二) 与追加当事人、多方互提仲裁请求的制度衔接问题

以 2022 年《北京仲裁委员会仲裁规则》为例,除引入合并仲裁外,还增设了国际上比较前沿的追加当事人、多方当事人之间在同一案件互提仲裁请求的特别规定[2]。尽管各制度具有自身独特的价值,但彼此不乏关联,制度之间也存在互相衔接与转换的余地。就制度功能的理解而言,多方当事人仲裁是指多个当事人基于同一个法律关系形成的必要的共同当事人(与必要共同诉讼确有一点共通点),对仲裁标的有共同或连带的利害关系[3]。新增该制度的关键目的是在一项已经依据仲裁规则启动的仲裁程序中,为仲裁程序中的任何当事人(无论申请人、被申请人抑或"被追加的当事人")向其他当事人提出仲裁请求提供规则层面的依据,明确相关的程序安排事宜,从而尽可能便捷高效地解决多方争议,减轻诉累;追加当事人,则是在一个已经依据仲裁规则开启的仲裁案件中,为当事人意图追加一个或多个新的主体(往往是与纠纷挂钩而密不可分的当事方)进入仲裁程序提供有效的规则层面的依据。通常二者均在一个仲裁案件之内发生,但若追加当事人的条件未能成就,或当事人之间互相提起的仲裁请求未被受理,则当事人可在符合立案与受理条件时,向仲裁机构提起新的仲裁程序,当已存在多个仲裁程序且满足合并条件,则不排除仲裁程序合并的可能。

(三) "独立当事人"概念的取舍

2013 年《北京仲裁委员会仲裁规则(征求意见稿)》第二十七条第

---

[1] 池漫郊:《多方多合同仲裁的主要法律问题研究》,厦门大学出版社 2006 年版,第 183 页。
[2] 2015 年《北京仲裁委员会仲裁规则》第十三条、第十四条。
[3] 宋连斌:《国际商事仲裁管辖权研究》,法律出版社 2000 年版,第 181 页。

（二）款、第（三）款预见到了实务操作中可能出现独立当事人问题①。北京仲裁委员会的这部征求意见稿从规定内容来看，与多数仲裁规则相似。通常在合并仲裁后，一般是将拟被合并的案件并入最先开始的仲裁案件当中，那么原先各案件的各方当事人在合并后的身份按照最先开始的仲裁案件（合并后实际上仅存在这一个案件）确定，但是也必须考虑到有些当事人在合并之前并没有出现在最先开始的案件当中（显然在合并前已经在被合并案件中拥有自己的当事人地位），只是因为合并仲裁的发生才加入新的合并后的案件中，那么对这类特殊主体身份的确定，北仲的征求意见稿试图先通过当事人的自主协商来进行确定，即究竟划归入申请人方面或者被申请人方面需要自主协商。但若自主协商不成，此类主体会被定性为"独立当事人"。这样定性后的主体既不是申请人，也不是被申请人，但是涉及仲裁程序的权利义务事项却参照申请人或被申请人来确定（对于这种"参照"本身的法律含义尚且还有待释明）。在被确定为"独立当事人"后，其同样享有仲裁庭组成的参与权，即按照仲裁协议的约定从仲裁员名册当中或名册之外选定仲裁员，或者委托仲裁委员会主任代为指定。在规定期限内"独立当事人"没有积极行使指定仲裁员权利的，视为他默许了由仲裁委主任指定仲裁员。这样的细致规定可见起草委员会的心思已经相当缜密，既考虑到了可能存在因为仲裁请求或其他原因导致仲裁当事人地位相对特殊的情况，又尊重了这类特殊主体在仲裁庭组庭过程中所应该享有的程序性权利。

需要说明的是，尽管这两款规定在2022年的北仲新规则当中被删除不无遗憾，但此款所引申出来的"独立当事人"这一法律概念却是独具匠心的，即在案件合并仲裁后、当事人地位列明时，既不能归属于申请人，也无法归

---

① 《北仲新规则（征求意见稿）》第二十七条："（2）案件合并后，各方当事人的身份以最先开始仲裁程序的仲裁案件中的当事人身份确定；未出现在最先开始仲裁程序的仲裁案件中的当事人，可以经与其他方当事人协商后加入申请人或被申请人。如协商不成，则以独立当事人的身份加入合并后案件的仲裁程序。独立当事人在本规则项下的权利和义务参照申请人或被申请人的权利义务确定。（3）如果最先开始仲裁程序的仲裁案件尚未组成仲裁庭，独立当事人可以与全部申请人或全部被申请人共同选定或共同委托主任指定一名仲裁员，但需要征得全部申请人或全部被申请人同意。任一独立当事人未能自最后一名当事人收到仲裁通知之日起15日内就上述事宜与相应当事人达成一致的，由主任指定仲裁庭全部仲裁员。"《北京仲裁委员会新规则（征求意见稿）发布》，http://www.bjac.org.cn/news/view.asp? id=2328，最后访问日期：2015年2月14日。

入被申请人一方,其仲裁请求具有相对独立性以至于该当事人地位相对独立的一种情形。然而不得不承认,在传统的诉讼和仲裁纠纷解决中,双方对抗已成为一种根深蒂固的观念,"独立当事人"的概念对传统体系或框架的突破过于明显。此外,既然合并仲裁是并入一个程序,所有当事人都是一个案件、一个程序当中的当事人,"独立当事人"的独立是独立于何者?是独立于案件抑或独立于双方?理论上似乎难以自圆其说;再者,对这一概念,国际上尚没有其他仲裁机构或立法渊源作为依据,存在制度风险。笔者以为,北仲的这一考量是现实的,其实每个新制度的架构都要在传统框架内与相关联的制度进行衔接和契合,否则可能会"牵一发"而动全身,导致适得其反的后果。因此,新规则中确实要舍弃这两个条款。但是这个概念的抛出所揭示出的法律问题着实能够引发更深入的思考,实践当中确实有可能存在这种地位特殊的当事人主体,在合并仲裁的条件水到渠成后,他们的程序权利将如何得到切实有效地保障?由于合并仲裁后,原本各独立的案件不复存续,而只有一个新的仲裁案件,所以不可能按照这类主体在原来案件中的地位列明[①]。但是不得不承认,在新的案件中他们又没能想当然地特别明显地归属为申请人或被申请人,尽管"独立当事人"的概念最终没有得以确立,而我国国内又暂时不承认"仲裁第三人",所以只能因循各案当中的具体情形,参照其他仲裁当事人来确保其行使程序性权利。对这个问题的深度思考,需要对民事诉讼法与商事仲裁法的程序理念与制度架构有独到和用心的把握解读,否则单纯技术上的列明会显得苍白无力,也缺乏理论和规则支撑。

四、仲裁庭组庭方式问题

仲裁庭组庭问题是整个仲裁流程中的关键环节,同时也关系仲裁的正当性实现与合法性保障。合并仲裁因涉及关联仲裁案件的合并,在决定合并前必须充分考虑被合并各案件关于仲裁庭的组成情况及仲裁员的指定或选定情况是否存在程序冲突或者不适宜合并的情况限制,在作出合并决定后如衍生

[①] 笔者曾经考虑过以当事人在原本案件当中的地位列明,但遭到了王亚新教授的强烈质疑,毕竟合并仲裁后,原本的个案已经不复独立存在,如果仍然用旧的身份去列明当事人新的地位,那么合并仲裁便失去了程序意义,而当事人也会迷失自身的权利落脚点。

了多方当事人参与同一仲裁案件，亦须用符合仲裁特征的组庭方式推进仲裁程序顺利展开。另外也不乏学者集中探讨合并后仲裁庭规模的问题，如两个独任仲裁与三人合议仲裁合并后，能否将仲裁庭组成扩为五人仲裁庭；如合并后有三方当事人，是否允许每方选定一名仲裁员，再由仲裁机构指定两名仲裁员组成五人仲裁庭[1]？这类问题的提出有其特定的法律背景与生存语境，至少在我国现行法来看，尚未规定可组成五人仲裁庭这种规模的仲裁庭，所以笔者暂不深入探究这一问题。总体而言，目前，国内外商事仲裁实践中主要有以下四种仲裁庭组成方式。

（一）当事人联合选定

当事人联合选定仲裁员，这种方法如果试图在合并仲裁的情况下有效落实，往往需要以另一问题的妥善处理作为先决条件，即假定在决定合并仲裁之后多方当事人在仲裁程序当中的身份地位能够被清晰地列明，继而能够合理有据地将合并后的所有案件当事方归结为申请人方面与被申请人方面。归入申请人方的不同当事人在充分协商一致的基础上选定一名仲裁员，同样的操作方式，被申请人方面也要经过协商最终选定一位仲裁员。首席仲裁员由双方选定的仲裁员共同选定，进而组成合并后的仲裁庭。应当讲，这种选定仲裁员的方法其实充分考量了商事仲裁中当事人的意思自治对程序的控制，意思自治仍有支配的空间，但其发挥作用的余地显然受到了约束，即每个当事人行使的并非单独个体的意思自治，而是申请人或被申请人整体的意思自治（抽象地讲，整体的合意当中自然隐藏和融入了私人单独的意思自治，只不过私人意愿已经被整体意愿所覆盖而不会独立呈现）。那么这种选定方法显而易见的难题是：按照这种方式对合并仲裁进行组庭，其成功组庭的概率将会相当有限，并且在裁决作出之后很可能面临被不予执行的尴尬困境，很典型的例证如 Dutco 仲裁案反映了多位当事人在选定仲裁员问题上的"公平待遇"难以得到切实保障[2]。另外，由于首席仲裁员在整个程序中的主持、促进、协调、决断的角色，以及独任仲裁员独立审理的特点，对二者的业务水

---

[1] Jack J. Coe, Jr, *International Commercial Arbitration: American Principles and Practice in a Global Context*, Transnational Publishers, 1997, p. 67.

[2] Siemens AG (Germany) v. Dutco Construction Company (Dubai), Journal . Droit International, 1992, p. 712.

平、办案经验往往有更为慎重的考虑和高水平的要求，仅依靠当事人的意愿可能未必达到理想要求状态，需要充分借力于仲裁员的驾驭能力与调控技巧。

（二）代为指定仲裁员

代为指定仲裁员的方式在多方当事人仲裁中颇为实用[①]。实践中，代为指定的方式包括两种具体情况：其一，当事人授权由仲裁委员会主任来代为指定审理案件的仲裁员人选（这种情况也包括了在面对独任仲裁庭组成问题时，当事人在经过了协商一致之后共同委托请仲裁委员会的主任或主席来决定组成独任仲裁庭的仲裁员人选）；其二，当事人意思自治缺位时，即当事人逾期未选定仲裁员或多方当事人无法在规定时限内联合选定仲裁员时，由仲裁委员会主任指定仲裁员，进而组成仲裁庭。尽管二者均属于代为指定情形，但前者实则是当事人意思自治的另一种表达，后者实为不存在意思自治时的替代组庭方式，算是规则对合意缺位时的补缺机制而不是意思自治的运用。显而易见的是合并仲裁所涉及的事实框架中，多方当事人往往利益丛生交错，纠纷解决的过程当中实际上并不容易达成共同选定仲裁员的合意。因此也有仲裁规则将仲裁机构指定仲裁员作为首要方式，典型规则如2013年《香港国际仲裁中心机构仲裁规则》第28.6条[②]。依据该规则，被合并的原本独立个案仲裁案件中所指定的仲裁员将会因合并而被撤销，其后被并入的案件需由中心主席直接指定合并后新的仲裁案件的仲裁庭（此时根本不会去考虑当事人是否有合意组庭的想法，而将中心主席的指定作为合并后仲裁员指定的唯一和首要选择）。该款还明确了撤销先前案件中的仲裁员指定所导致的法律效力问题，即这种撤销行为事实上并不能影响撤销前关于该仲裁案件业已完成并作出的其他任何相关联行为的法律效力问题。笔者认为，香港国际仲裁中心（HKIAC）的合并仲裁组庭规则加深了对纠纷解决高效率的强调，现实意义比较强，至于合并仲裁前后当事人对仲裁员的指定或选定情况显然难以去考证或审视，倒不妨以可行的策略直接抹去不可行或操作成本高的方案，这

---

① 如2015年《中国国际经济贸易仲裁委员会仲裁规则》第二十九条。
② 2013年《香港国际仲裁中心机构仲裁规则》第28.6条："香港国际仲裁中心决定将两个或多个仲裁合并的，所有这些仲裁的当事人应视为已放弃提名仲裁员的权利，且香港国际仲裁中心可撤销对任何已获提名或确认的仲裁员的指定。在此情况下，香港国际仲裁中心应为合并后的程序指定仲裁庭。"

样衡量实际上是比较明智的抉择。

(三) 宽泛指定仲裁员

对宽泛指定仲裁员的方法如何操作,池漫郊教授总结的颇为清晰明确。先由各方当事人在仲裁员名册中遴选出可接受的仲裁员范围及绝对不可接受的仲裁员范围(类似于白名单与黑名单,不过并不具有普遍意义,而仅仅适用于个案当中的具体处理),继而由仲裁机构在各方当事人均可接受的重合仲裁员(多个白名单的交集)当中去指定担任该案件的仲裁员,从而组成仲裁庭[1]。这一方法相对折中,因为适当顾及了当事人的意愿,因而相比仲裁机构直接指定的方法更能为当事人所接受,通常不会遭遇强烈的拒斥。又因为这种方法最终由仲裁机构委任仲裁员,因而组庭成功的概率相比当事方联合指定的方法显为提升,不会出现久拖不决组不成仲裁庭的尴尬情况。然而这种方法仍然有所局限,因仲裁业务的现代化程度加剧,不少仲裁机构将原本的仲裁员"强制名册制"变更为"推荐名册制"——例如北仲和贸仲都有这种趋势存在,学界也有这种呼吁的声音存在——允许当事人在仲裁机构的仲裁员名册之外选定符合特定业务条件的主体担当本案件的仲裁员,如此一来,宽泛指定方法中双方可接受范围的重合可能性会受到减损。但瑕不掩瑜,总体来讲,在专业性较强的业务领域,这一方法可行性强且兼具合理性[2]。

(四) 综合方法说

对代表性国内外商事仲裁规则进行研读,不难发现,在应对多方当事人仲裁的组庭问题上,各仲裁机构很少排他性地规定单一的指定仲裁员方式,而是综合式地规定多种方法,纵使各种方法之间有顺位先后,却能保证在实务操作中的有效衔接,使仲裁程序能够得以顺利推进,不因组庭问题上的分歧而中断,也最大限度减少裁决生效后因组庭问题不合法而撤裁或不予执行。就合并后的仲裁庭组成问题,笔者以为当事人的意愿仍然有发挥余地的空间,然而单个当事人的意思自治却着实应受限制,让渡给申请人方或被申请人方作为整体协商后的意思自治;若当事人无法共同选定或共同授权仲裁机构指定仲裁员,则应由仲裁规则规定仲裁机构代为指定仲裁员,以实现操作上的

---

[1] 如 2006 年《美国仲裁协会国际仲裁规则》第 6 条。

[2] 池漫郊:《多方多合同仲裁的主要法律问题研究》,厦门大学出版社 2006 年版,第 190 页。

可行性,并有效调和效率取向与意思自治之间的冲突[1]。

我国立法在仲裁庭组庭问题上亦充分虑及当事人意思自治原则[2],即由当事人自行确定仲裁庭的组成方式,选用独任制抑或合议制;同时又对意思自治边界作出限制,即如果选择合议制仲裁庭,只能由三名仲裁员组成且其中须设一名首席仲裁员履行主要职责[3]。实践中,合并仲裁后各方当事人现实实体利益的冲突可能导致当事人就组庭问题,经过协商无法或很难达成一致意见,而仲裁协议又未针对组庭方式做明确规定,为保证仲裁程序顺利进行,促使仲裁庭仲裁权正当实现,我国《仲裁法》第三十二条规定了意思自治缺位或无法发挥作用时,由仲裁委员会主任决定组庭方式并指定仲裁员人选。经仔细审视,尽管立法中组庭问题的相关规定本来系针对传统的双方仲裁模式,但实际上对合并仲裁后的组庭不乏约束力与适用余地。

五、仲裁费用分担问题

通常在仲裁案件中,裁决书原则上会写明由败诉方承担仲裁费用,而在多方当事人争议中,往往并不像双方争议那样能区分明显的胜负双方,各方在裁决中可能均有所得失。由于合并后多个仲裁案件并为一案,尽管总体上案件数量减少而貌似减少费用成本,但合并后的案件仲裁费用却由于当事人与仲裁请求数量的增加而有所增多,单个案件的金钱投入相应增加,因此,当事人对合并仲裁后的仲裁费用负担问题颇为关切也属理所当然。而且负担仲裁费用的方式影响到了当事人的交易安排与争议解决的成本付出,在不同形态下显现出的投入产出比会令当事方思考以仲裁方式解决商事纠纷的合理性与否,因此对合并后的费用承担事宜不宜一概而论。从理论上梳理并结合仲裁机构的仲裁规则中已有的情况来看,概括而言,当事人分担仲裁费用的方式主要涵盖了四种[4]:

---

[1] 如 2015 年《北京仲裁委员会仲裁规则》第十九条。
[2] 《仲裁法》第三十条:"仲裁庭可以由三名仲裁员或者一名仲裁员组成。由三名仲裁员组成的,设首席仲裁员。"
[3] 常英:《仲裁法学(第三版)》,中国政法大学出版社 2013 年版,第 153 页。
[4] 池漫郊:《论多方仲裁与传统国际商事仲裁体制的兼容问题:兼论多方仲裁的程序问题及其解决》,《国际经济法学刊》,2005 年第 4 期,第 354-355 页。

第一种费用分担方式具体是由仲裁裁决当中败诉的一方当事人承担仲裁费用，如1999年《斯德哥尔摩商会仲裁院仲裁规则》第41条规定，除非存在特殊的例外情况以外，原则上都应当由仲裁的败诉方向另一方（即仲裁的胜诉一方）支付补偿金额，同时还须向另一方（即仲裁的胜诉一方）支付其为参与仲裁程序所支付的费用，如律师费、交通费、出庭费用等。这种情况的优势在于简便易行，操作性很强，但是劣势就是会使问题的解决"一边倒""一刀切"，把责任完全推向仲裁的一方，实践中运用起来未必真正合理。第二种费用分担方式是由仲裁庭在认定争议事实与法律适用后，合意得出初步的具体裁判结果的基础上，先依据裁决判断去认定各方当事人的胜诉比例或衡量仲裁请求被满足的程度上意味着某一方当事人的仲裁请求存在着部分胜诉、部分败诉的情况；这在实践当中也是比较普遍和常见的——继而再来决定成比例地分摊整体仲裁费用。第三种费用分担方式是裁决各方当事人基本平均分摊仲裁费用。这种看起来似乎是平均分配，但是我们知道，法律上绝对的平均会导致实质上的不正义，尤其是在事清责明的基础上，让一方因另一方的滥诉而去负担一半的费用，显然不符合法律的精义旨趣所在，在合并仲裁后亦是如此。第四种费用分担方式是允许仲裁裁决的各方主体通过协商来确定各自承担的仲裁费用的比例。合并仲裁后，争议的解决不排除通过多方私下和解或由仲裁庭组织达成调解协议，那么此时协议本身即是自愿合意的产物，进而对各方权利义务达成的一种相对妥协的安排，这种合意的安排当中应当允许对仲裁费用的负担有所涉及，而这实际上也是仲裁契约性本质的体现之一，但是其适用语境显然是受到制约的。

比较之下，笔者倾向于第二种费用分担方式：缘于合并仲裁后当事人不易区分绝对的败诉方，相比于第一种，按比例承担更具现实性与可操作性[1]；且考虑到各方当事人的责任未必完全一分为二，绝对的平均分摊反而未必公平，因此第三种方式也存在局限；按比例承担相对折中，既不失程序公允，也可由仲裁庭按其认为合适的比例酌定各方费用负担，颇具可操作性。就具体的收费程序，依循实践，在各独立的仲裁案件立案时即应按标准预缴仲裁费，在当事人提交合并申请后，宜由仲裁机构适当调整其管理费和仲裁庭的

---

[1] 高丽丽：《论合并仲裁》，中国政法大学2011年硕士学位论文，第37页。

第五章
北京更高水平对外开放中的合并仲裁问题

收费,继合并后的案件按比例分摊各方费用承担比例后,再向当事人退回多收取的费用或责令被申请人向预交费用一方支付。同时,对于仲裁与调解/和解相结合所产生的仲裁费用问题,不排除第四种方式的适用空间,而这恰恰是对纠纷解决之合意的充分尊重。

本章小结

某种意义上讲，商事仲裁运转当中对自由化程度的体现，堪称衡量与评估在现代文明国家法治体系内关乎程序法现代化的一个很重要的标尺。当事人内心真实的意愿，可以也应当对塑造仲裁程序起关键性的作用[①]。应当承认，合并仲裁制度在当前商事交易环境下确有其存在的必要性，对解决多方当事人争议尤能发挥独特的作用。仲裁程序的合并，在基本价值理念上并不必然与当事人意思自治原则或仲裁保密性原则相抵触；就实际操作层面而言，需确定最为妥当的合并路径及合并决定权的归属趋向。对更为困扰与复杂的合并后案件管理与程序运转细节问题，宜通过赋权仲裁机构或仲裁庭自由裁量，而不宜通过规则僵硬限定。与外国的代表性仲裁立法相比，中国《仲裁法》有关进行仲裁程序的规定稍嫌烦琐且缺乏灵活性。原则上，法律只需规定应满足的最低限度的程序公正要求即可，仲裁庭应有适当进行仲裁程序的权力[②]。职是之故，笔者并不建议通过仲裁法修改这种略激进的方式去解决合并仲裁问题。国内外主要仲裁机构在2010年之后的实践则展现出革新机构仲裁规则，未尝不是合并仲裁问题解决并逐步实现良性运作的突破口，这一点于我国尤甚。

对我国实务操作问题来讲，应由仲裁机构作为合并决定权的适格主体，在充分考量各案件所依据的仲裁协议的有关情况、案件之间的关联性、案件所处的程序阶段、已组庭案件的仲裁庭的选任或委任等因素后方可决定是否合并仲裁。在合并后，仲裁庭须根据仲裁参加人的仲裁请求指向，列明合并后案件中的仲裁当事人地位，以符合案件特征的方式组成仲裁庭并进行庭审活动。至于裁决后案件的司法监督，法院应当放弃狭隘的司法敌意，秉持支持与协助的态度，以促成相关问题朝着更为成熟的方向寻求出路。

[①] 沈涓：《国际私法学的新发展》，中国社会科学出版社2011年版，第213页。
[②] 宋连斌：《仲裁法》，武汉大学出版社2010年版，第178页。

第六章
北京更高水平对外开放中的仲裁程序优化及协调

本章提要

  在国际商事仲裁中，视情况的紧迫性和必要性，仲裁庭可以在符合相关实体法及程序法规定的前提下发布临时措施，用于对涉案财产进行保全，或者对当事人的行为下达命令。对于仲裁临时措施发布权的归属，各国法律存在不同规定，主要涉及国内法院和国际仲裁庭的权限分配。通过对比具有代表性的国际商事仲裁规则，可以发现大多数仲裁规则明确授予仲裁庭以临时措施发布权，但对于临时措施的形式则不尽一致。禁诉令是一种非常独特的仲裁临时措施。对于仲裁庭是否有权力发布禁诉令，支持者与反对者各执一词，而《国际商事仲裁示范法》对此采取了回避的态度。临时措施的域外承认及执行一方面受制于法院地法的国内立场，另一方面取决于法院地对《纽约公约》可适用性的理解。

  禁诉令是英美法系国家在处理国际民商事诉讼竞合、化解国家间司法管辖权冲突过程中发展出的一项制度。相比于大陆法系，英美法系国家在禁诉令的理论基础和法律依据方面更为成熟、经验更为丰富。根据禁诉令对仲裁的积极效力与消极效力，实践中有支持仲裁管辖权的禁诉令和反对仲裁管辖权的禁止仲裁令。禁止仲裁令在合法性方面受到国际仲裁界的强烈批判。鉴于国际商事仲裁具有灵活性、自治性及专家断案等特点，由仲裁庭签发禁诉令更为和缓,通常不会引发国家间的司法冲突,有利于在国际礼让和当事人意思自治原则的基础上构筑司法互信。中国现行仲裁立法并无禁诉令条款。出于加强涉外法治工作、完善仲裁制度、保障仲裁公信力的需要,中国有必要在深入研究的基础上构建符合实践需求的仲裁禁诉令制度,从而为国际商事仲裁的现代化提供中国方案。

第一节 国际商事仲裁中的临时措施

一、国际商事仲裁临时措施的独特性

在国际商事仲裁程序中,为了确保仲裁程序的顺利进行和裁决能够得到有效执行,结合《国际商事仲裁示范法》、国内商事仲裁立法、国际仲裁规则的相关规范,在情况紧迫时仲裁庭可发布相应的临时措施,对一方当事人的财产、涉案证据予以保全,使之维持现状,或者要求当事人进行或不得进行某种行为,制止其采取有碍于仲裁程序正常进行的行动[1]。值得一提的是仲裁庭在决定是否发布临时措施时,除了需要满足紧迫性、必要性等条件,还必须符合相应的程序要求。具体包括:仲裁当事人提出了采取某种临时措施的请求;仲裁庭对案件具有合法的管辖权;仲裁庭必须平等地听取双方当事人对是否应采取临时措施的陈述,确保遵守正当程序[2]。

(一)临时措施原则上只能依当事人申请采取

在与国际商事仲裁相关的立法中,大多明确仲裁庭仅可依据一方当事人的申请来决定是否采取临时措施,而不宜依职权自行主动决定采取某种临时措施。譬如,《国际商事仲裁示范法》第17条、《瑞士联邦国际私法》第183条第1款、《荷兰民事诉讼法》第1051条第1款、《德国新民事诉讼法》第1041条第1款等均规定,必须在当事人提出相关请求时,仲裁庭才

---

[1] Stephen Benz: Strengthening interim measures in international arbitration, *Georgetown Journal of International Law*, Vol. 50, No. 1, 2018, p. 144.
[2] 徐伟功:《论我国商事仲裁临时措施制度之立法完善:以〈国际商事仲裁示范法〉为视角》,《政法论丛》,2021年第5期,第139页。

会启动临时措施的审查和决定程序。如此规定的原因在于仲裁程序的合意性强于法定性。仲裁庭的权限和行为在某种程度上受到当事人自主意愿的约束,仲裁庭对当事人未提出的事项无权自行决断,否则可能涉嫌超越权限。正因如此,仲裁庭原则上无权主动依职权发布临时措施,且当事人原则上必须通过书面方式提出临时措施申请。作为例外,国际投资争端解决中心(ICSID)仲裁庭在审理国际投资仲裁案件时,有权力依据《ICSID 仲裁规则》第 39 条第 3 款主动建议采取临时措施,或者建议采取某种不同于当事人所请求的临时措施,且 ICSID 仲裁庭有权在任何时候修改或撤回其关于临时措施的建议[1]。

(二)临时措施的发布以仲裁庭有管辖权为前提

只有存在有效成立的仲裁协议,且仲裁庭对涉案争议拥有管辖权的前提下,仲裁庭方有权依当事人的请求发布临时措施。对于发布临时措施所要求的管辖权的审查标准,有观点提出,此时只需要确保仲裁庭拥有表面意义上的初步管辖权(prima facie jurisdiction)即可[2]。尤其是紧急仲裁员在决定采取仲裁前临时措施时,尚未最终确定仲裁管辖权是否成立,但并不影响其行使临时措施的审查权。此外,在某一方仲裁当事人对仲裁庭提出管辖权异议或对仲裁协议的效力提出反对意见时,并不能阻碍或否定仲裁庭依另一方的申请采取临时措施。换言之,临时措施的主要功能在于暂时性地保全相应的现状,只要仲裁庭认定其对涉案争议具有管辖的基础,即可受理当事人的请求。

(三)仲裁庭在审查临时措施请求时应听取双方的陈述

除了国际商事仲裁中备受争议的单方面临时措施以外,出于公平和公正的考虑,仲裁庭必须遵循正当程序原则和自然公正的理念。仲裁庭的权力来自争议双方的合意授予,故而必须充分尊重双方当事人的权利,在程

---

[1] 张春良、周大山:《论 ICSID 仲裁临时措施的约束力理据与中国启示》,《中国政法大学学报》,2020 年第 4 期,第 55 页。

[2] Julian D. M. Lew, Loukas A. Mistelis & Stefan Kroll, *Comparative International Commercial Arbitration*, *Kluwer Law International*, 2003, p. 605.

序中平等地对待各方①。因此，在决定是否采取临时措施时，仲裁立法和仲裁规则均明示或默示地要求仲裁庭必须在听取一方的请求和对方的辩解后才能作出决定，而不宜在仅听取单方当事人一面之词的基础上就妄下结论。值得一提的是，提出临时措施申请的一方当事人有权在裁决作出之前提出相应请求，但是并不要求当事人只能在仲裁庭组建之后才提出请求。紧急仲裁员制度的逐步推广使得当事人在仲裁庭组建之前提出临时措施请求有了程序保障②。

二、国际商事仲裁庭采取临时措施的权限及其范围

从历史来看，许多国家和地区的仲裁立法曾经明确规定仲裁庭无权发布临时措施。法院拥有排他的临时措施发布权，理由是：基于公共政策，属于民间性质的仲裁庭没有强制力执行临时措施，由具备公权力的法院发布临时措施，能够更好地解决执行方面的困境③。不过，这种认识实际上混淆了临时措施的发布权和临时措施的执行权。无论是法院作出的临时措施，抑或仲裁庭作出的临时措施，最终的强制执行权都掌握在国内司法机关手中。但是，在审查是否符合临时措施的发布条件方面，由于仲裁庭对于涉案争议的事实和法律更为熟悉，仲裁庭往往能够作出更加合理的决定，故而临时措施的发布权并非由法院排他享有。至于临时措施的发布权究竟归属于法院抑或仲裁庭，取决于仲裁程序准据法的相关规定④。在国际商事仲裁中，仲裁庭在仲裁程序方面的权限来自于当事人的协议，同时受制于仲裁法和仲裁规则的约束。在临时措施方面，仲裁庭究竟有权发布哪些具体类型的临时措施，不同的仲裁规则在规定上不尽一致（详见表6-1）。

---

① Mohammed Zaheeruddin: Due Process of Law in International Commercial Arbitration with Special Reference to Production of Documents, *Journal of Law and Criminal Justice*, Vol. 4, No. 1, 2016, p. 89.
② 傅攀峰：《论ICC仲裁规则中的紧急仲裁员制度》，《北京仲裁》，2015年第1期，第47页。
③ 张圣翠：《中国仲裁法制改革研究》，北京大学出版社2018年版，第88页。
④ 胡荻：《论国际商事仲裁中仲裁庭的临时保全措施决定权》，《南昌大学学报（人文社会科学版）》，2013年第4期，第102页。

表 6-1　与国际商事仲裁临时措施相关的主要规则

仲裁规则	仲裁庭采取临时措施的类型	仲裁庭与法院的权限分配
《联合国国际贸易法委员会仲裁规则》（2010年修订）	经一方当事人请求，临时措施是仲裁庭在下达决定争议的终局裁决之前的任何时候下令一方当事人采取的任何临时性措施，比如且不限于： （a）争议未决之前维持或恢复现状； （b）采取行动防止，或者避免采取行动造成当前或即将发生的损害及对仲裁过程本身的妨碍； （c）为其后使用资产执行仲裁裁决提供一种资产保全手段； （d）保全与解决争议可能有关的实质性证据	任何一方当事人向司法当局提出临时措施请求，不得视为与仲裁协议不符，或视为放弃仲裁协议
《国际商会仲裁规则》（2021年修订）	除非当事人另有约定，案卷移交仲裁庭后，经当事人申请，仲裁庭可以裁令实施其认为适当的临时措施或保全措施。仲裁庭可以要求提出请求的当事人提供适当的担保，以作为裁令采取该等措施的条件。这些措施应以裁令的形式作出并附具理由，或者在仲裁庭认为适当的时候，采用裁决的形式	在案卷移送仲裁庭之前，以及在案卷移送之后的适当情形下，当事人可向有管辖权的司法机关申请采取临时措施或保全措施。当事人向司法机关申请采取该等措施，或申请执行仲裁庭作出的前述裁令，均不视为对仲裁协议的破坏或放弃，并不得影响仲裁庭保留的有关权力。该等申请及司法机关采取的任何措施必须毫无迟延地通知秘书处。秘书处应将这些情况通知仲裁庭
《美国仲裁协会国际争议解决中心国际仲裁规则》（2021年修订）	应任何一方的请求，仲裁庭可命令或裁决其认为必要的任何临时或保全措施，包括禁令救济和保护或财产保全。临时措施可采取临时命令或裁决的形式，仲裁庭可要求为此类措施的费用提供担保	一方当事人向司法机关提出的临时措施请求，不得视为与仲裁协议或放弃仲裁权不符

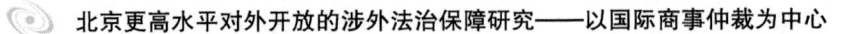

续表

仲裁规则	仲裁庭采取临时措施的类型	仲裁庭与法院的权限分配
《伦敦国际仲裁院仲裁规则》（2020年修订）	应一方当事人申请，仲裁庭有权从事下列行为，但应事先给予所有其他各方当事人合理机会对该申请作出回应。命令任何请求、反请求或交叉请求的被申请人一方以定金或银行保证或其他任何方式为全部或部分争议金额提供担保；命令保管、仓储、拍卖、以其他方式处置任何一方当事人控制下的且与仲裁标的相关的任何货币、文件、货物、样品、财产、场所或物品；及在不违反裁决书中最终裁定的情况下，命令仲裁庭作出其有权在裁决书中准许的任何临时救济，包括在任何当事人之间支付金钱或处置财产	一方当事人可以向有管辖权的国家法院或其他法律机关申请采取仲裁临时措施，直至作出最终裁决。此种申请可以在仲裁组庭前提出；及在特殊情况下经仲裁庭授权后，可以在仲裁庭组庭后提出。在启动日后，对此类措施的任何申请及任何命令，在仲裁庭组庭前应由申请方以书面形式立即通知书记员；在仲裁庭组庭后，还应及时通知仲裁庭；且在这两种情况下都应通知所有其他各方当事人
《国际商事仲裁示范法》（2006年修订）	除非当事人另有约定，仲裁庭经一方当事人请求，可以准予采取临时措施。临时措施是以裁决书为形式的或另一种形式的任何短期措施，仲裁庭在发出最后裁定争议的裁决书之前任何时候，以这种措施责令一方当事人实施以下任何行为：(a) 在争议得以裁定之前维持现状或恢复原状；(b) 采取行动防止目前或即将对仲裁程序发生的危害或损害，或不采取可能造成这种危害或损害的行动；(c) 提供一种保全资产以执行后继裁决的手段；或 (d) 保全对解决争议可能具有相关性和重要性的证据	法院发布与仲裁程序有关的临时措施的权力应当与法院在法院诉讼程序方面的权力相同，不论仲裁程序的进行地是否在本国境内。法院应当根据自己的程序，在考虑到国际仲裁的具体特征的情况下行使这一权力
《香港国际仲裁中心机构仲裁规则》（2018年修订）	临时措施，无论采取指令或裁决或其他形式，是指仲裁庭在最终解决争议的裁决作出前暂时指令一方作出例如但不限于以下行为：(a) 在争议解决前维持或恢复现状；或 (b) 采取措施以阻止现时的或临近的、对仲裁程序本身的伤害或损害发生，或克制而不为可能导致这类伤害或损害的行为；或 (c) 保全财产，以确保可据以执行随后作出的裁决；或 (d) 保全与解决争议相关的重要证据	任何一方当事人向具管辖权的机关申请临时措施，不得视为与仲裁协议相抵触或放弃该仲裁协议

第六章
北京更高水平对外开放中的仲裁程序优化及协调

值得一提的是，联合国国际贸易法委员会（UNCITRAL）在起草《国际商事仲裁示范法》第17条关于仲裁庭权限的条文时，曾经向会员国征求过意见，并收到了各国国内相关立法现状及意见的反馈。通过对各国国内仲裁立法中关于临时措施条款的比较考察和工作组历次会议的讨论，最终形成了《国际商事仲裁示范法》的文本。值得注意的是，《国际商事仲裁示范法》第17条关于临时措施的分类仅仅是大体上的归类，主要以临时措施的功能和作用作为区分的标准，以此体现出制度设计的灵活性，表明《国际商事仲裁示范法》并不旨在提供一份穷尽性的列举[1]。如表6-1所示，《国际商事仲裁示范法》最终将临时措施归类为四种，分别是：旨在维持或恢复现状的措施；防范对仲裁程序造成损害的措施；财产保全；证据保全。实践中，《国际商事仲裁示范法》还引发了关于临时措施的其他争论，譬如，针对仲裁庭是否有权力发布禁诉令各界的分歧尤为激烈。所谓禁诉令，原本是英美民事诉讼立法中的一项特有制度[2]。国际商事仲裁中的禁诉令则指仲裁庭发布一项命令或裁定，用以禁止当事人就特定案件所涉争议向法院提起诉讼或在其他仲裁庭进行仲裁[3]。有观点认为，禁诉令的性质仅仅是仲裁庭针对当事人下达的指令，鉴于其初衷是维护仲裁管辖权和保障仲裁程序正常进行，故而并不存在干预其他司法或仲裁机构管辖权的嫌疑[4]。与此相反，另一些学者则指出，尽管禁诉令是针对当事人发布，但禁诉令对法院或其他仲裁庭的管辖权有着直接的消极影响[5]。在国际商事仲裁中已经确立了仲裁庭自裁管辖权原则，即应由仲裁庭自行决定自身的管辖权，但是并没有授权仲裁庭否定其他司法或仲

---

[1] Ilias Bantekas et al., *UNCITRAL model law on international Commercial Arbitration: A Commentary*, Cambridge University Press, 2020, p.343.

[2] 张建：《国际商事仲裁中禁诉令的适用问题研究：兼论我国仲裁禁诉令制度的立法构建》，《国际法学刊》，2021年第3期，第55页。

[3] 翟颖：《仲裁禁诉令的合理性、可操作性及其在我国的应用前景》，《商事仲裁与调解》，2021年第5期，第117页。

[4] Ewelina Kajkowska: Anti-suit injunctions in arbitral awards: enforcement in europe, *The Cambridge Law Journal*, Vol.74, Issue 3, 2015, p.412.

[5] Nicholas Poon: The use and abuse of anti-arbitration injunctions: a way forward for singapore, *Singapore Academy Law Journal*, Vol.25, No.3, 2013, p.244.

裁机构的管辖权①。基于国际礼让，每个仲裁庭都应当尊重其他仲裁庭和法院的管辖权②。

在 UNCITRAL 第 37 届大会上，与会者曾就禁诉令是否应当纳入仲裁庭的权限范围之内展开了辩论。正方对《国际商事仲裁示范法》第 17 条授予仲裁庭发布禁诉令的权力持肯定意见，并提出禁诉令在国际仲裁中正日益成为普遍现象且在国际贸易中具有独特的功能。通过签发禁诉令，可以有效地维护仲裁庭的管辖权，保障仲裁程序的正常推进。换言之，仲裁庭签发禁诉令，只不过是阻止当事人将关于仲裁协议效力方面的异议提交至法院解决，但是并没有剥夺当事人的诉权，因为相关争议仍可通过仲裁庭加以解决③。反方对《国际商事仲裁示范法》第 17 条直接或间接地允许仲裁庭发布禁诉令持保留意见，主要原因是禁诉令并没有成为国际仲裁中的通行实践，而仲裁庭发布禁诉令在全球范围内尚属罕见。禁诉令被某些国家的法律体系所不容，有观点认为，仲裁庭发布的禁诉令在不容许此类实践的国家将构成对当地公共政策的违反，因此难于得到承认和执行④。甚至有观点认为，仲裁庭发布禁诉令制约了当事人依据宪法所享有的诉权⑤。经过反复商讨，UNCITRAL 最终通过的《国际商事仲裁示范法》第 17 条对仲裁庭能否签发禁诉令的问题没有给出明确的规定，既未明确授权亦未明文禁止，从而给实践留下了灵活的裁量空间。

概言之，各国的仲裁立法及不同机构的国际仲裁规则在仲裁庭发布临时措施的权限方面往往没有特别严格的限制，而是采取了相对宽松、灵活的制度设计。譬如，运用"适当的"或"必要的"等措辞，允许仲裁庭自身在个案中加以酌定和把握，或者采取非穷尽式列举的方式对仲裁庭有权发布的临

---

① John J. Barceló Ⅲ: Who decides the arbitrators' jurisdiction? separability and competence - competence intransnational perspective, *Vanderbilt Journal of Transnational Law*, Vol. 36, 2003, p. 1115.

② Emmanuel Gaillard: Coordination or chaos: do the principles of comity, lis pendens, and res judicata apply to international arbitration, *American Review of International Arbitration*, Vol. 29, No. 3, 2018, p. 205.

③ 任明艳:《国际商事仲裁中临时性保全措施研究》，上海交通大学出版社 2010 年版，第 97 页。

④ Emily Seiderman: The recognition act, anti-suit injunctions, the DJA, and much more fun: the story of the chevron-ecuador litigation and the resulting problems of aggressive multinational enforcement proceedings, *Fordham Urban Law Journal*, Vol. 41, No. 1, 2013, p. 265.

⑤ Jorge L. Contreras and Michael A. Eixenberger: The anti-suit injunction—a transnational remedy for multi-jurisdictional SEP litigation, *Cambridge Handbook of Technical Standardization Law - Patent, Antitrust and Competition Law*, Vol. 5, 2017, p. 3.

时措施类型加以明确，同时也没有排除清单以外的临时措施。还有的仲裁规则（如《伦敦国际仲裁院仲裁规则》），则泛泛规定仲裁庭可采取任何临时救济，但不应违反裁决中的最终认定，这实际上赋予了仲裁庭在临时措施方面较大的自由裁量权。特别是仲裁庭发布的临时措施不仅可针对仲裁地领土内的财产或证据，还可及于仲裁地以外的域外财产或证据。就临时措施的类型而言，尽管各个仲裁机构稍有差异，但其中亦不乏共性，有三类临时措施被普遍规定在不同的仲裁规则中：为便于仲裁程序的进行所采取的措施；避免损失或损害扩大所采取的措施，以及旨在解决争端之前维持现状的措施；便于裁决以后能够顺利执行而采取的措施。当然，尽管仲裁庭在临时措施方面享有较为充分的裁量权，但此种权限的行使仍然受到来自仲裁程序准据法方面的限制。譬如，《英国仲裁法》第38条规定，仲裁员的权力主要是针对当事人所拥有或占有的物件，或在其托管或控制范围内的证据，此类限制反映出仲裁庭在行使临时措施方面受到约束①。鉴于仲裁庭的权力源自争议双方当事人的授予，其权限及权力的边界不能超出仲裁协议，故而仲裁庭发布的临时措施原则上只能及于当事人而不能延伸至第三人。

三、国际商事仲裁庭发布临时措施的形式

在国际商事仲裁中，对于仲裁庭发布临时措施的形式并没有达成统一的通例，不同国家的做法各具特色（见表6-2）。仲裁庭在决定发布临时措施时，常见的形式主要包括：指令或者命令（order）、中间裁决（interim award）、建议（recommendation）、指令（directive）、决定（decision）等。

表6-2　国际商事仲裁中临时措施的不同表现形式

临时措施的形式	相关法律依据
指令或命令	《比利时仲裁与调解中心仲裁规则》（2020年修订）第28条；《大韩商事仲裁院仲裁规则》（2000年修订）第41条；《新加坡国际仲裁中心仲裁规则》（2016年修订）第30条；《德国仲裁协会仲裁规则》（2021年修订）第25条；《意大利仲裁协会仲裁规则》（2016年修订）第17条

---

① 罗楚湘：《英国仲裁法研究》，武汉大学出版社2012年版，第161页。

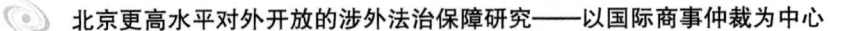

续表

临时措施的形式	相关法律依据
中间裁决	《UNCITRAL仲裁规则》（2013年修订）第26条；《美国仲裁协会国际争议解决中心国际仲裁规则》（2021年修订）第27条；《芬兰中央商会仲裁院仲裁规则》（2020年修订）第38条；《荷兰仲裁协会仲裁规则》（2015年修订）第44条；1996年《英国仲裁法》第47条；2000年《美国统一仲裁法》第8条
命令或裁决	《国际商会仲裁规则》（2021年修订）第28条
建议	1965年《关于解决国家与他国国民间投资争端公约》第47条；《ICSID仲裁规则》（2006年修订）第39条
指令	《印度仲裁委员会仲裁规则》（2016年修订）第57条；《毛里求斯国际仲裁中心仲裁规则》（2018年修订）第26条
决定	《波兰商会仲裁院仲裁规则》（2019年修订）第30条

通过对不同仲裁规则和仲裁立法的比较可以发现，目前世界上对于国际商事仲裁临时措施最常用的形式是"裁决"和"命令"两种。这两种形式各有利弊：一方面，将临时措施称之为"命令"，更加突出临时措施属于仲裁程序中的内部环节，仲裁庭在发出命令方面比作出仲裁裁决更加高效便捷，且可以有效防止临时措施受到法院的事后审查和撤销；另一方面，将临时措施称之为"裁决"，则可以使临时措施具有更加正式的外观，对当事人而言更具威慑力、说服力，且在域外承认和执行时将面临更少的障碍，但却可能受到法院的司法审查和监督，有可能会被法院撤销。尽管二者存在这些区别，但在实践中采取不同的形式颁布临时措施，并不会产生实质性的差别待遇。正因为如此，2006年修订的《国际商事仲裁示范法》采取了相对灵活的制度设计，《国际商事仲裁示范法》第17条第1款规定："临时措施是任何采用裁决书形式或另一种形式的短暂措施。"这实际上表明，仲裁庭在发布临时措施时究竟采取裁决抑或裁决以外的形式，完全取决于当事人的请求和仲裁庭的自由裁量。至于仲裁庭发布的临时措施，无论是以仲裁裁决的正式形式抑或以非正式的形式呈现，在一方拒不履行时，都需要由法院予以协助并强制执行。在依据法院地的仲裁裁决撤销制度或不予执行制度对临时措施进行监督时，临时措施究竟是否构成裁决并不取

决于此类命令的名称或形式,而应当取决于相关临时措施决定的具体内容和法律性质。为了实现仲裁程序的自治性和灵活性,应当允许仲裁庭在充分考虑争议解决成本、当事人心理预期、临时措施可执行性等因素的基础上,自行决定临时措施的法律形式。

四、国际商事仲裁临时措施的中止、更改、撤销

临时措施的特殊性体现为其法律效力的临时性,即在仲裁庭作出最终裁决之前,结合案件审理的具体情况和推进仲裁程序的特殊需要,如果一项已经发布的临时措施不再具有必要性,或者需要予以修改,则仲裁庭可以视情况决定对临时措施进行审查、修改、撤销或发布新的临时措施。实践中,有些临时措施对当事人的权利义务具有十分重要的影响,可能导致无法扭转的重大结果。这种临时措施一旦作出,即使该项措施后来根据最终裁决作出了变更或被撤销,也无济于事。故而,仲裁庭在决定是否作出某项临时措施时,必须本着谨慎的态度,在衡量双方权利义务关系的基础上,以符合比例原则和必要性原则作为审查的主要标准。

在国际商事仲裁实践中,如果仲裁庭在发布临时措施时采取的形式是命令或其他非裁决的形式,那么仲裁庭通常可以较为灵活地通过新的命令对其加以修改或撤销。很多仲裁规则都明确了仲裁庭对其发布的临时措施命令拥有修改权。《国际商事仲裁示范法》第17条第5款规定:"仲裁庭可以在任何一方当事人提出申请时修改、中止或终结其准予采取的临时措施或初步命令,在非常情况下并事先通知各方当事人后,亦可自行修改、中止或终结其准予采取的临时措施或初步命令。"但是如果临时措施是以裁决的形式作出的,如要进行修改时则受到更加严格的约束,不能过于随意,而必须符合裁决更正的相关要件。

五、仲裁庭所作临时措施的域外承认及执行

在国际商事仲裁中,当事人所选择的仲裁地常常较为中立,与当事人本身及仲裁标的物并无实际联系。这就意味着仲裁庭所作出的临时措施可能需要在其他国家或地区的法院申请承认及执行,此即临时措施的域外承认及执行问题。由于仲裁的有效性正日益依赖于临时措施的执行的可能性,自1999

年以来，UNCITRAL 即启动了对于仲裁临时措施跨国执行问题的研究①。与仲裁裁决的域外执行一样，临时措施的域外执行既可能依据执行法院所属国的国内法予以审查，也可能依据多边或双边国际公约的规定予以审查。这里主要涉及两个具体问题：首先，并不是所有国家的国内立法都对本国法院承认和执行仲裁地位于境外的仲裁庭所作的临时措施持积极立场，实际上只有极少数国家和地区的仲裁立法规定了法院应当承认和执行域外仲裁庭发布的临时措施，如德国、澳大利亚、中国香港；其次，《纽约公约》是国际商事仲裁领域最具影响力的国际公约，它对于促进仲裁裁决的域外承认及执行具有重要意义。但是《纽约公约》适用范围主要针对外国仲裁裁决，是否适用于外国的仲裁临时措施尚且存疑，各国的实践也互有矛盾，没有形成普遍一致的态度，故而有必要分析和探讨该公约对于临时措施的可适用性。

就国内立法而言，德国是世界上第一个明确在立法中要求法院执行仲裁庭所发布的临时措施的国家，所执行的对象不仅涵盖德国境内的仲裁庭所发布的临时措施，也包括仲裁地在德国境外的仲裁庭所发布的临时措施。《德国民事诉讼法》第 1041 条先规定了德国法院应当对仲裁提供协助，执行仲裁庭所发布的临时措施；第 1062 条又进一步规定了执行仲裁临时措施的管辖法院，即通常由仲裁协议所指定的地区高等法院负责执行，在仲裁协议中没有对执行法院作出约定时，则由仲裁地的地区高等法院执行；当仲裁地不在德国境内但是需要德国法院予以执行时，则可由被申请人住所地、营业所所在地、惯常居所地或临时措施所涉及的财产所在地的法院予以执行。当这些与案件有联系的地点均不在德国境内时，则由柏林地区高等法院负责执行。由此可见，德国立法对于本国法院执行境外仲裁庭发布的临时措施采取了高度支持和非常宽容的态度②。与德国相似，我国香港特别行政区颁布的《香港仲裁条例》第 609 章第 43 条亦明确规定，香港法院应当执行香港或香港以外地区的仲裁庭作出的临时措施命令或指示③。除此之外，《澳大利亚仲裁法》第

---

① 池漫郊：《国际仲裁体制的若干问题及完善：基于中外仲裁规则的比较研究》，法律出版社 2014 年版，第 240 页。
② 韩赤风：《德国仲裁临时措施制度及其借鉴》，《商事仲裁与调解》，2021 年第 3 期，第 33 页。
③ 王泽左：《2011 年香港仲裁条例第 609 章：评论及指南》，洪亮、许伊音译，法律出版社 2015 年版，第 69 页。

22 条、《瑞士联邦国际私法》第 183 条亦对国内法院执行境外仲裁庭发布的临时措施持肯定立场。相比之下，世界上绝大多数国家对该问题保持沉默，这在一定程度上反映出本国法院在决定是否对境外仲裁提供协助时犹疑不决的现实。毋庸置疑的是，当仲裁地所属国与法院地所属国缺乏相互执行仲裁临时措施的多边合作时，采用单边方法殊为必要，这意味着法院地法在某种程度上扮演着主导性角色[1]。尤其是考虑到仲裁地常常在涉案当事人及财产所在地以外的第三国进行，如果不授予临时措施以域外执行力，将导致临时措施的实际效果大打折扣[2]。

从国际立法来看，虽然在一缔约国领土内作出的仲裁裁决能够依据《纽约公约》在另一缔约国法院顺利得到承认和执行，但仲裁临时措施能否得到域外承认和执行，则欠缺多边公约的保障。如上所述，除了少数国家的国内立法对这一问题作出明确规定外，大多数国家的仲裁立法对此采取了回避的方式，再加上缺乏统一的多边公约予以规制，导致临时措施在域外法院的承认与执行面临更为复杂的法律障碍。具体而言，仲裁庭发布的临时措施在仲裁地法院的承认与执行，是相对确定的，但仲裁庭发布的临时措施在境外法院的承认与执行则充满不确定因素。为了解决这一法律困境，少数国家通过双边或三边条约的方式，在小范围内确立了相互承认及执行对方仲裁临时措施的互惠协议。譬如，阿塞拜疆、格鲁吉亚、土耳其三国城签订东道国政府协议，其中第 18 条第 11 款就三国之间相互承认和执行其他缔约国领土内仲裁庭发布的临时措施作出了明确规定[3]。但是，毕竟大多数国家并没有缔结此类专门针对临时措施承认及执行的协定，故而有不少学者将视野投放在《纽约公约》的适用范围上，希冀借此探求临时措施在《纽约公约》框架内实现跨国承认及执行的可能性[4]。支持者认为，由于《纽约公约》本身并没有给

---

[1] 黄凯绅：《仲裁临时保全措施及法院本位主义：法制变革上的建议》，《交大法学》，2019 年第 3 期，第 142 页。

[2] 邹晓乔：《国际商事仲裁中的临时措施域外执行研究》，武汉大学 2016 年博士学位论文，第 166 页。

[3] Ali Yesilirmak: Provisional Measures in International Commercial Arbitration, *Kluwer Law International*, 2005, p. 350.

[4] 唐奥平：《国际商事仲裁中临时措施的域外执行问题研究》，《延边党校学报》，2016 年第 6 期，第 53 页。

仲裁裁决作出精确的定义，也没有排除临时措施的适用，故而该公约实际上是可以适用于临时措施的域外承认及执行的。对此，有学者注意到，尽管《UNCITRAL 仲裁规则》第 26 条第 2 款明确仲裁庭可以通过仲裁裁决的形式作出临时措施，但是《纽约公约》本身无论在条款上还是在起草公约的历史性文件中，都没有提及临时措施问题，如果强行将临时措施解释为《纽约公约》项下的仲裁裁决，可能因超出文义射程而构成不合理的扩大解释[①]。为此，有观点提出鉴于《纽约公约》第 5 条第 1 款 e 项之规定，如果仲裁裁决对当事人尚无拘束力，或者裁决已被裁决作出地或裁决适用的法律所属国的司法当局撤销或停止执行，则裁决将不具有可执行力，而临时措施正是尚未产生最终拘束力的临时性命令，故而不具有可执行力[②]。但亦有观点对此种表述持怀疑态度，毕竟，《纽约公约》本身并没有解释如何去确认一份仲裁裁决是否具有拘束力，拘束力的有无应当结合仲裁地及法院地的国内法加以甄别和审查，故而单纯从《纽约公约》中无法直接得出一个确凿无疑的或肯定或否定的答案，这一问题需要综合考虑国际法与国内法加以判定[③]。通过概括不同的观点，分歧的关键聚焦于两个方面：其一，仲裁庭发布的关于临时措施的仲裁裁决是否构成《纽约公约》项下的仲裁裁决？其二，仲裁庭发布的关于临时措施的仲裁裁决是否具有约束力和终局性，从而可以适用《纽约公约》在其他国家得到承认和执行？（见表 6-3）

表 6-3 对国际商事临时措施是否构成仲裁裁决的主要分歧

分歧点	主张临时措施构成仲裁裁决	反对临时措施构成仲裁裁决
对裁决的界定	对仲裁裁决这项基本概念应采取扩张解释，临时措施并不是纯粹的程序事项，其功能旨在规制当事人的关系、维持现状、保障裁决执行，构成对当事人实体权利义务的分配	裁决应当是仲裁庭对实体争议的裁断，而临时措施的本质是程序性命令，且不具有终局性，仲裁庭得以任意更改、中止、撤销，故临时措施并非仲裁裁决

[①] 张聪聪：《论〈纽约公约〉项下仲裁临时措施决定的承认与执行》，《黑龙江省政法管理干部学院学报》，2015 年第 3 期，第 118 页。
[②] 加里·博恩：《国际仲裁法律与实践》，白麟等译，商务印书馆 2015 年版，第 282 页。
[③] 张镭：《国际商事仲裁裁决既判力制度》，《仲裁研究》，2021 年第 1 期，第 25 页。

续表

分歧点	主张临时措施构成仲裁裁决	反对临时措施构成仲裁裁决
《纽约公约》的目的与宗旨	《纽约公约》并未对终局性作出规定,仅要求可执行的裁决应具有约束力,将裁决限定为终局裁决有悖于《纽约公约》的本意和宗旨	仲裁裁决应当与程序性命令、临时措施区分开来,只有狭义的实体裁决方可适用《纽约公约》得到承认及执行
《纽约公约》的适用范围	《纽约公约》的目的涵盖了旨在保障裁决的临时措施的承认及执行	《纽约公约》的适用范围应当限于实体裁决的域外承认及执行
代表性法域的典型案例	美国法院在 Sperry 案①中明确临时措施属于仲裁裁决,原因是临时措施是为实体裁决服务的,尽管在特定时间内是临时的,但对于所解决的事项是最终的	澳大利亚法院在 Resort 案②中明确否定临时措施属于仲裁裁决,原因是仲裁庭发布的禁令本质上具有中间性、程序性,从根本上不能促进争议的最终解决

通过上述表 6-3 的对照不难发现,无论是在学术观点还是在不同国家的仲裁司法审查实践中,对于仲裁临时措施是否构成仲裁裁决都存在争议。主要的分歧在于如何理解《纽约公约》所适用的仲裁裁决。对此,需要明确的是《纽约公约》没有对仲裁裁决给出特别具体的界定,而仅仅规定不具有约束力的裁决不应得到承认及执行。事实上,《纽约公约》将不裁决不具有约束力列入拒绝承认及执行的理由,这被视为对 1927 年《日内瓦公约》的重大改进。1927 年的《日内瓦公约》要求申请人举证证明裁决在原作出国已成为终局的裁决,这就产生了"双重执行许可制度",即裁决的执行力取决于裁决作出地法律和执行地法律的双重审查,导致申请执行的一方当事人承担较为繁重的证明义务,而《纽约公约》将"终局的"一词改为"有约束力",并改为由被执行人在提出抗辩时予以举证,实现了证明责任由执行申请人向被执行人的转变。但是,《纽约公约》并未对"有约束力"一词给出更加具体的

---

① Sperry Intern. Trade, Inc. v. Government of Israel, 532 F. Supp. 901 (1982).
② Resort Condominiums International Inc. v. Ray Bolwell and Resort Condominiums, Pty. Ltd., Supreme Court of Queensland, Australia, 29 October 1993, XX Y. B. Com. Arb. (1995).

阐释，也未规定适用何种法律来判断仲裁裁决的约束力。从《纽约公约》的立法史来看，裁决有约束力应解释为裁决已经不存在诉诸普通追索（如上诉或申请再审）的可能性[1]。实践中，大多数的仲裁裁决只要遵守了相关的法律，一经作出即产生了约束力。因《纽约公约》各成员国关于裁决承认及执行的国内规则各有不同，特别是有些国家的法律将司法核准裁决和裁决的执行相互区分，这就导致以临时措施为内容的仲裁裁决在执行阶段同样存在不确定因素。

与此同时，许多仲裁规则允许仲裁庭以裁决的形式作出临时措施，并赋予此类临时措施以约束力，《国际商会仲裁规则》《UNCITRAL仲裁规则》均有此类规定。那么，如果仲裁庭在适用此类仲裁规则的基础上作出关于临时措施的仲裁裁决，不排除一些国家的国内法院适用《纽约公约》得到承认及执行。事实上，尽管在《纽约公约》制定时没有对临时措施给出特别的关注，但是，对临时措施的承认与执行总体上是符合该公约的宗旨的。这是因为临时措施的执行，对于提高仲裁的效率，制止当事人的不当行为，从而保障仲裁裁决的切实有效执行具有重要的价值。正如有学者所言，如果仲裁裁决能够依据《纽约公约》得到域外执行，有什么理由拒绝执行为保障裁决执行而发布的临时性决定呢？如果一方面声称支持承认及执行仲裁裁决，另一方面却拒绝执行用于保障裁决执行的临时措施，那无疑是不合乎逻辑的[2]。不过，即便认可《纽约公约》可适用于临时措施的域外承认及执行，但难以否认的是该公约的初衷主要是促进仲裁裁决的跨境承认及执行。故而《纽约公约》核心条款重点围绕仲裁裁决展开制度设计，并不能够解决临时措施的全部问题。譬如，从《纽约公约》的文本中并不能看出法院和仲裁庭在临时措施方面的权限分配，也无法看出临时措施的发布要件。特别是对于实践中存在较大争议的单方面临时措施，由于此类裁决是在另一方当事人不在场的情况下作出的，故而在一定程度上偏离于正当程序原则的基本要求，可能难以在《纽约公约》下得到合法性的确认，遑论依据该公约在域外得到承认及执行。

---

[1] 宋航：《国际商事仲裁裁决的承认与执行》，法律出版社2000年版，第165页。

[2] Tijana Kojovic: Court enforcement of arbitral decisions on provisional relief—how final is provisional?, *Journal of International Arbitration*, Vol.18, No.1, 2001, p.471.

因此，必须承认《纽约公约》只能作为缔约国法院审查是否承认及执行域外临时措施的参考，但其作用是相对有限的。结合《纽约公约》的规定及当前国际商事仲裁的主流实践，在下列情形下法院有权拒绝承认及执行境外的临时措施：第一，临时措施的发布超越了仲裁庭的权限或仲裁庭对涉案争议无管辖权；第二，临时措施的申请、审查、决定、发布违反正当程序原则；第三，当事人未按照仲裁庭的要求和仲裁规则的规定提供相应的担保；第四，该临时措施已被仲裁庭撤销、修改或终结，或者被仲裁地所在国的法院予以撤销、中止或终结；第五，当事人请求执行的域外临时措施不符合执行地法律赋予法院的执行权限；第六，承认或执行该临时措施有悖于法院地的公共政策。

第二节 国际商事仲裁中的禁诉令

一、问题的提出：国际民商事诉讼竞合及其规制路径

仲裁、调解、诉讼被公认为是国际商事争议解决中的"三驾马车"。在相当长的一段历史时期内，仲裁被视为诉讼之外的替代性纠纷解决方式，但考虑到国际商事仲裁在当事人意思自治、仲裁程序灵活、商业信息保密、裁决跨国执行等方面具有较强的优势，越来越多的当事人选择将跨境商事纠纷交付仲裁解决。仲裁逐渐从替代发展为主流解纷方式。这固然有助于提升仲裁在化解国际商事争议中的地位，但也引发了大量的法律问题。当一国司法机关的诉讼管辖权与另一国仲裁庭的仲裁管辖权之间互有重合且彼此冲突时，平行程序（parallel proceedings）现象便产生了[1]。因各国的冲突法、实体法、证据法存在差异，平行程序难以避免不同国家会作出对立裁决，故极易引发"同案不同判"的现实矛盾，既不利于国家间相互承认及执行仲裁裁决，也不利于对当事人实体权利提供稳定保护[2]。

---

[1] 张戈：《国际商事仲裁平行程序探微：附平行程序解决机制构建的建议》，《中国国际私法与比较法年刊》，2015年第1期，第222页。

[2] 刘乃忠、顾崧：《国际民商事诉讼竞合问题研究》，社会科学文献出版社2016年版，第24页。

故此，各国采取多种途径规制平行程序现象，具体包括：第一，签订国际条约协调缔约国之间的管辖权，避免就同一争议重复行使管辖权。例如，欧盟在2001年制定的《民商事案件管辖权及判决的承认与执行的条例》（以下简称《布鲁塞尔条例Ⅰ》）确立了先系属优先原则（principle of lis alibi pendens），强化管辖权的确定性与稳固性，此后又于2012年《布鲁塞尔条例Ⅰ修订案》中突出了当事人排他性管辖协议优先于先系属优先原则的适用，防范"鱼雷诉讼"（torpedo actions）对国际司法秩序的冲突[①]。同时，基于促进欧盟国家司法互信的需要，《布鲁塞尔条例Ⅰ》总体上反对成员国法院之间相互发布禁诉令[②]。第二，完善国内关于涉外民事诉讼管辖权的立法，或对涉外民事案件的司法管辖权提供指引，合理确定本国管辖权的行使范围。例如，扩大协议管辖以允许当事人通过合意达成法院选择的安排，限缩专属管辖以弱化各国竞相行使管辖权所引发的对立裁决风险，在司法上贯彻谦抑、礼让的理念，运用一事不再理原则、未决诉讼原则、不方便法院原则等制度对管辖权予以合理的自我约束[③]。

不过，这些现有的解决方案主要针对国际民事诉讼领域的平行诉讼问题，即各国国内法院的司法管辖权之间的冲突，而忽视了仲裁管辖权与司法管辖权之间亦存在平行程序。事实上，国际商事仲裁中的平行程序因关涉当事人意思自治的事项和法院司法监督职能的落实，兼及司法权、仲裁权、当事人意思自治权等多种权力的博弈，故而处理起来需要更为慎重。随着此类实践的凸显，越来越多的国家试图对国际商事仲裁领域的平行程序提出应对方案，这些方案主要分为两类：其一，以瑞士为代表的大陆法系国家采取类似于《布鲁塞尔条例Ⅰ》的先系属优先原则及可预期执行原则，侧重于对先受案机关之管辖权的维护。如果当事人先提起仲裁，则应由仲裁庭对其自身管辖权予以裁断，法院应尊重仲裁庭对其自身管辖权所作出的裁定，从而增强争议解决方式的可预见性。其二，以英国为代表的英美法系国家主要是通过由法

[①] 黄志慧：《欧盟协议管辖制度实施之保障研究》，《现代法学》，2017年第6期，第142页。

[②] Nicholas Pengelley: The European Court of Justice, English Courts and the continued use of the anti-suit injunction in support of agreements to arbitrate: through Transport v. New India, *Journal of Private International Law*, Vol. 2, 2006, p. 397.

[③] Kermit Roosevelt, *Conflict of Laws*, New York Foundation Press, 2010, p. 185.

院或仲裁庭颁布禁诉令（anti-suit injunction）的方式,对仲裁庭的管辖权加以强化,阻止当事人违反仲裁协议而向境外法院提起诉讼[①]。相较之下,中国现行国内立法对仲裁与司法管辖权之间的关系虽然有所规范[②],但是其预设的前提是国内法院对当事人约定本国仲裁的仲裁协议效力有审查和确认的权力,并不涉及跨境仲裁与司法管辖的平行程序。严格来讲,中国在解决国际商事仲裁平行程序方面的立法几乎处于空白状态,但是中国当事人已经在多起国际商事案件中遭遇外国法院签发的禁诉令。鉴于此,深入研究国际商事仲裁中禁诉令制度的法理,并探讨中国未来仲裁禁诉令立法的构建,显得尤为迫切。

从国际商事仲裁视角审视禁诉令,需要依次探讨以下问题:首先,仲裁中应当引入禁诉令制度吗? 从学理来看,考虑到禁诉令属于具有对抗色彩的制度工具,已有学者对禁诉令机制本身提出了批判意见,主张应当采取合作互信、交流对话的模式解决平行程序问题[③]。那么,禁诉令是否存在合法性基础?

其次,禁诉令在国际商事仲裁中可应用于哪些场合? 由法院发布禁诉令,是否构成对仲裁协议的违反和对仲裁程序的干预? 换言之,如果肯定仲裁中有必要引入禁诉令,那么在何种条件和限度内运用禁诉令是适当的? 具体而言,一国法院是否有权力基于对仲裁协议的维护而签发禁诉令? 如果答案是肯定的,那么法院签发此类禁诉令应受到哪些条件的约束?

再次,禁诉令滥觞于诉讼,禁诉令在仲裁中的运用原本属于概念转借,那么国际商事仲裁中的禁诉令在发布主体、审查条件、承认执行方面有何特殊性? 特别是法院为维护仲裁协议所签发的禁诉令,是否会遭到另一国法院的反制? 反禁诉令在法律效力上应作何种评价?

这些问题,是国际民商事争议解决过程中难以回避的现实问题,但从目前的学术研究和国际立法来看,还远远不能满足实践需要。基于此,本节将

[①] 高薇:《仲裁抑或诉讼?:国际商事仲裁平行程序及其解决机制》,《河北法学》,2011年第5期,第84页。

[②] 《中华人民共和国仲裁法》第二十条、第二十六条;1998年《最高人民法院关于确认仲裁协议效力几个问题的批复》第3条;2006年《最高人民法院关于适用〈中华人民共和国仲裁法〉若干问题的解释》第13条。

[③] 刘敬东:《大国司法:中国国际民事诉讼制度之重构》,《法学》,2016年第7期,第3页。

结合相关实践，对国际商事仲裁中的禁诉令这一问题展开分析，以期为中国当事人利用和应对这一制度提供借鉴和参考。值得一提的是，由于一国法院为支持仲裁管辖权所签发的禁诉令与仲裁庭为维护自身管辖权所签发的禁诉令在实践中面临的阻力有差异，本章对这两类国际商事仲裁中的禁诉令分别进行了探讨。

二、法院审查与签发仲裁禁诉令的理据与实践

（一）域外法院签发仲裁禁诉令的规范依据

相比于大陆法系国家，英美等普通法系国家的禁诉令制度更为成熟，相关实践也更为丰富。通常认为，在双方当事人订有仲裁协议的前提下，彼此均负有将争议提交仲裁解决的义务，如果一方就有关争议在外国法院提起诉讼，应被视为对仲裁协议的违反，从而使受害方有权获得相应的金钱损害赔偿，且有权要求违约方予以实际履行。在英国审理的多起禁诉令案件中，法院明确指出，将已经约定通过仲裁解决的纠纷在外国提起诉讼，构成对仲裁协议的违反，无论此类外国诉讼程序是由仲裁协议的当事人提起，抑或由非仲裁协议签字方的第三人提起[1]。相应地，对于期望遵守仲裁协议的一方而言，其因对方的起诉行为而遭受了侵害，故而有权获得相应的救济。这种救济包括向法院申请发布禁诉令，从而阻却原告方继续实施有害于仲裁的外国诉讼行为，这就是法院发布仲裁禁诉令的正当性所在。

从立法和实践来看，英国对仲裁禁诉令采取了肯定的立场[2]。依据1981年《英国最高法院法》（*Seniors Courts Act* 1981）第 37 条，英国高等法院有权签发禁诉令以支持仲裁。实践中，高等法院在行使这一权力时通常较为谨慎，并将充分考虑 1996 年《英国仲裁法》（*Arbitration Act 1996*）的相关规定。具言之，在当事人双方订有仲裁协议时，如果一方违背仲裁约定，试图将涵盖在仲裁协议中的争议向某一国内法院提起诉讼，此时英国法院亦将对违背一方签发禁诉令，阻止其在域外的诉讼行为。例如，在俄罗斯乌斯季-卡缅诺戈

---

[1] Dimitrios Katsikis: Breach of the agreement to arbitrate due to third party conduct, *Arbitration International*, Vol. 37, 2021, p. 97.

[2] 杨良宜：《论英国法院的止诉禁令》，《中国海商法年刊》，2009 年第 3 期，第 86 页。

第六章
北京更高水平对外开放中的仲裁程序优化及协调

尔斯克水电站诉美国爱依斯思乌斯季-卡缅诺戈尔斯克水电站有限公司案（以下简称"JSC 诉 AES 案"）中，英国高等法院的曼斯勋爵（Lord Mance）明确指出：只有在一方当事人违反仲裁协议的情况下法院才会签发禁诉令，从而限制违约方在外国法院的诉讼程序，而无论仲裁程序是否已经实际启动①。至于法院与仲裁庭究竟谁有权优先发布禁诉令，《英国仲裁法》第 44 条第 5 款规定，在任何情况下法院只有在仲裁庭没有权力或暂时无法有效行动的情况下才能行动。但是，这并不意味着仲裁庭组成后法院便无权为了支持仲裁的管辖权而签发禁诉令（见表 6-4）。在"诺里股份有限公司等诉银行金融集团案"中，双方当事人之间已在合同中约定了在英国伦敦以仲裁方式解决相关争议，被告却分别向俄罗斯和塞浦路斯的国内法院提起诉讼。为了阻却外国的诉讼程序，原告遂向英国高等法院申请签发禁诉令。在案件审理过程中，被告抗辩称，考虑到该案仲裁庭已经组成，法院应驳回原告的禁诉令申请，从而允许仲裁庭自行决定是否批准禁诉令。主审该案的马莱斯（Males）法官则指出：即使是在仲裁庭组成后，法官仍然毋庸置疑地享有发布禁诉令的权力，被告所称的《英国仲裁法》第 44 条第 5 款事实上废止了《英国最高法院法》第 37 条的主张，令人难以接受②。换言之，仲裁庭已经组成以及仲裁庭享有发布禁诉令的权力，并非法院拒绝签发禁诉令的正当理由。

表 6-4 国际公约与英国国内法对法院发布仲裁禁诉令的规定

规范名称及条款	对法院发布仲裁禁诉令的立场	与禁诉令相关的规定
2001 年《布鲁塞尔条例Ⅰ》第 21 条	对禁诉令总体上持否定态度	欧洲法院通过"埃里希加瑟诉米萨特案"③ 与"特纳诉格罗维特案"④ 阐明，《布鲁塞尔条例Ⅰ》确立的先系属优先原则是解决欧盟成员国间管辖权冲突的首要准则，成员国即使出于保护仲裁程序的目的，亦无权签发禁诉令

---

① *Ust-Kamenogorsk Hydropower Plant JSC v. AES Ust-Kamenogorsk Hydropower Plant LLP*, Case 35 UKSC (Judgment) [2013].
② *Nori Holdings Ltd v. Bank Financial Corp*, Case 1343 EWHC (Judgment) [2018].
③ *Erich Gasser G. M. B. H. v. MISAT SRL*, Case C-116/02 (Judgment) [2004].
④ *Turner v. Grovit*, Case C-159/02 2 Lloyd's Rep. 169 (Judgment) [2004].

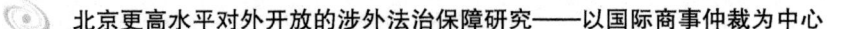

续表

规范名称及条款	对法院发布仲裁禁诉令的立场	与禁诉令相关的规定
1958年《纽约公约》第2条第3款	对禁诉令持默认态度	《纽约公约》明确，各缔约方应承认当事人之间签订的书面仲裁协议，只要仲裁协议有效，缔约方法院应拒绝有关起诉并命令当事人将争议提交仲裁解决。这表明，法院有权为执行仲裁协议而签发禁诉令，但无权签发禁止仲裁令
2008年《鹿特丹规则》第75条第2款	允许缔约方作出保留	《鹿特丹规则》规定，仲裁程序的进行地点应按照对承运人提起索赔的一方的选择确定，包括仲裁协议约定的仲裁地、承运人住所地、合同约定的收货地、交货地、货物的最初装运港或最终卸货港。但是，第十五章只对明确接受本章的缔约方具有约束力，如果接受本章规定，则法院将无权针对其他有管辖权的法院签发禁诉令
2006年《国际商事仲裁示范法》第8条第1款、第9条	对禁诉令持默认态度	《国际商事仲裁示范法》明确，一方当事人就已约定仲裁的标的向法院起诉时，如果对方及时提出异议，法院应命令当事各方诉诸仲裁。第9条规定，在仲裁之前或仲裁当中，一方请求法院采取临时措施及法院授予此种措施并不违反仲裁协议。这客观上默认了仲裁禁诉令的合法性
1981年《英国最高法院法》第37条	允许签发禁诉令且限制较少	明确在任何情况下，只要法院认为公正且方便，高等法院得以命令的形式签发禁令
1996年《英国仲裁法》第44条	允许签发但设定限制	第44条规定了法院支持仲裁程序可行使的权力，就法院针对仲裁签发禁诉令的权力作出更为具体、详细的规定，一定程度上限制了英国法院签发仲裁禁诉令

实践当中，尽管法院在作出禁诉令方面十分慎重，但是为了维护合同中的仲裁条款，法院仍然倾向于依据当事人的申请、视情况的必要性而签发禁诉令。在"安婕莉珂海事公司诉帕尼安案"[①]中，双方当事人在租船合同中

---

① *Aggeliki Charis Compania Maritima SA v Pagnan SpA*, Case C-2793 1 Lloyd's Rep. 87 (Judgment) [1995].

第六章
北京更高水平对外开放中的仲裁程序优化及协调

明确约定争议应提交英国伦敦仲裁解决，但一方当事人却就仲裁条款范围内的诉求向意大利法院提起了诉讼。为此，英国上诉法院应申请人的请求签发了禁诉令，阻止对方当事人在意大利的起诉。法院特别强调在英国法院依据英国仲裁条款签发禁诉令，据此阻止当事人向意大利法院寻求司法救济，并没有违反国际礼让原则。

当然，既然存在实质审查，英国法院并不会总是一如既往地应当事人的申请而签发禁诉令，而往往会综合案件有关情况，基于必要性和国际礼让方面的考虑作出决定。因此，实践中不乏驳回当事人禁诉令申请的案例。在"威利克斯诉罗莎海事公司案"[1]中，船舶所有人与托运人签订租船合同，由前者负责将一批钢材从乌克兰运往波兰，承运人签发的康金提单中载明"与租船合同一并使用"。后双方因货损发生争议，双方就是否存在有效的提单并入条款存在分歧，罗莎（Rosa）依据合同中的仲裁条款在英国伦敦提起仲裁，同时向英国上诉法院申请签发禁诉令，阻止威利克斯（Welex）在波兰法院提起诉讼。经审查，英国上诉法院认为，尽管《英国仲裁法》第44条明确授予法院签发中间禁令的权力，但一旦签发禁诉令，威利克斯则面临丧失司法救济的风险，且英国法院能否签发禁诉令以阻却《卢加诺公约》或《纽约公约》缔约国的司法管辖权，仍处于存疑状态。基于种种考量，英国法院在该案中拒绝签发禁诉令。

除英国外，其他的英美法系国家也具有同样的传统，其中以美国最为典型。在美国，禁诉令不仅用于处理州际和国际诉讼管辖权冲突，也常作为对违反仲裁协议的救济。这在实践中的体现是仲裁协议的当事人不仅有权向美国法院申请命令，将争议提交仲裁解决，还可以申请法院签发禁诉令，从而阻止对方当事人在外国提起诉讼[2]。但是，美国不同法院在签发仲裁禁诉令的实践方面具有较强的不一致性[3]。在美国各联邦上诉法院签发仲裁禁诉令的判例中，逐渐形成了自由主义与保守主义两种路径的分野。所谓自由主义路径，即法院在审查并决定是否签发禁诉令时，仅审查三个方面：第一，双方当事

---

[1] Welex A. G. v. Rosa Maritime Ltd, Case C-2035 2 Lloyd's Rep. 701 (Judgment) [2002].
[2] 李庆明：《美国仲裁背景下的禁诉令制度》，《商事仲裁》，2008年第2期，第1页。
[3] George A. Bermann: *International Arbitration and Private International Law*, Brill Nijhoff, 2017, p. 285.

人之间订有仲裁协议；第二，外国的诉讼程序与仲裁协议的当事人及争议事项高度一致；第三，外国诉讼程序的进行将构成对仲裁协议的违反且有损于仲裁的高效进行。只要满足这三方面构成要件，法院就会依照当事人的申请签发禁诉令。相比之下，采取保守主义路径的法院更突出对国际礼让的尊重，重点审查外国的诉讼程序是否对美国本土的公共政策产生重大威胁。如果不构成重大威胁，则即便当事人违反仲裁协议并在外国提起缠讼或滥诉并对仲裁构成拖延，法院也不会轻易签发禁诉令。

(二) 法院签发仲裁禁诉令的典型案例及其反思

在"深圳市粮食集团有限公司提单运输纠纷案"中，美景伊恩伊公司与日内瓦邦基公司于2003年10月签订了定期租船合同，约定将前者拥有所有权的船舶"美景轮"号期租给邦基公司。2004年3月，邦基公司与新加坡来宝粮食私人有限公司（以下简称"来宝公司"）签订船舶转租合同，将"美景轮"号转租给来宝公司。转租合同第17条、第74条分别约定了仲裁条款，明确由该合同引起的所有争议应根据伦敦海事仲裁员协会的小额索赔仲裁规则予以仲裁解决。2004年4月，来宝公司代表船长签发了一份提单，提单背面载明："租船合同中的所有条款，包括法律适用和仲裁条款，均并入本提单。"2004年7月，"美景轮"在中国青岛靠泊后，深圳市粮食集团有限公司（以下简称"深圳公司"）向承运人来宝公司递交了提单并办理了提货手续。随后，深圳公司经检验发现所提取的大豆因运输过程中受热而存在货损，于是在2004年8月向青岛海事法院对来宝公司提起索赔诉讼，同时申请扣押涉案船舶并提交了担保[①]。在案件审理过程中，来宝公司以提单背面业已并入了租船合同中的仲裁条款为由提出管辖权异议，主张涉案争议应当提交英国伦敦以仲裁方式加以解决。与此同时，来宝公司于2004年8月向英国法院提出了禁诉令申请并得到支持，英国法院签发的禁诉令要求深圳公司限期撤回在青岛海事法院的诉讼，并及时参加伦敦的仲裁程序，逾期将被判以藐视法庭罪并处以罚金和监禁。与此相反，深圳公司的代理律师分别向来宝公司与伦敦的仲裁庭发函称，提单中是否并入仲裁条款的问题事关当事人之间是否存在仲裁协议，这不仅涉及法院对仲裁协议成立及效力的审查，而且直接影响

---

① 青岛海事法院（2004）青海法海商初字第245号民事裁定书。

当事人的诉权和受诉法院的管辖权，故该问题实质上属于诉讼程序事项，应当适用法院地法，即中国法。依据中国最高人民法院一贯的立场[①]，该案提单并未有效并入租约中的仲裁条款，故双方之间不存在有效的仲裁协议，青岛海事法院对该案拥有合法的管辖权。

2004年9月，位于英国伦敦的仲裁庭作出了管辖权裁决，认定该案所涉提单纠纷应系属于英国伦敦仲裁管辖，深圳公司应即刻停止在中国青岛海事法院的诉讼程序。不过，深圳公司并未履行该裁决，仍然继续在青岛海事法院参加并推进该案诉讼，来宝公司遂向中国广州海事法院申请承认并执行该英国仲裁裁决。该案是一起典型的英国法院基于对英国仲裁管辖权的维护所签发的禁诉令案件，案件先后在中国法院、英国法院、英国仲裁庭产生了多起平行程序，并引发了外国仲裁裁决在中国的承认与执行问题。从案件的审查结果来看，广州海事法院经报请广东省高级人民法院、最高人民法院核准后，最终认定，租约中的仲裁条款能否并入提单，属于提单法律关系成立和生效的问题，应适用提单自身的准据法。该案提单背面载明的格式条款并不能使租船合同中的仲裁条款有效并入提单，故双方之间不存在有效的仲裁条款。根据《纽约公约》第5条第1款a项之规定，中国法院最终裁定拒绝承认及执行英国仲裁裁决[②]。该案折射了外国禁诉令在中国法院的执行困境，以及中国法院对英国禁诉令总体上持排斥态度。究其原因，主要是考虑到禁诉令的签发虽然是针对在外国起诉的私人，但是客观上却涉嫌对他国司法主权和管辖权的干预和触犯。即便是存在有效仲裁协议的语境下，大陆法系国家对禁诉令的敌意也并没有消解，更何况在该案中的中国法院对提单中的并入式仲裁条款总体上持否定态度。

在"轩辉国际物流有限公司与智利南美轮船有限公司海上货物运输合同纠纷案"[③]中，提单中载明有关纠纷应提交仲裁解决，仲裁地在英国伦敦。后由于承运人智利公司在无正本提单的情况下进行放货，对轩辉公司造成了经

[①] 关于租船合同中的仲裁条款能否有效并入提单，我国已有多起典型案例，学理上也有诸多探讨。高升、曾祥军：《航次租船合同仲裁条款并入提单有效性的认定标准》，《山东科技大学学报（社会科学版）》，2018年第3期，第55页。

[②] 广州海事法院（2004）广海法他字第1号民事裁定书。

[③] 宁波海事法院（2013）甬海法商初字第515号民事裁定书。

济损失，轩辉公司遂诉至宁波海事法院，智利公司一方面以双方存在仲裁协议为由向宁波海事法院提出管辖权异议，同时向英国法院提出了禁诉令申请。后中国法院终审裁定驳回智利公司的管辖权异议，英国法院则批准了智利公司的申请并签发了仲裁禁诉令，要求轩辉公司撤回在宁波海事法院的起诉并在英国伦敦予以仲裁①。因轩辉公司未遵守该禁诉令并继续在中国法院推进诉讼程序，英国法院依据智利公司的申请，判处轩辉公司董事长为期三个月的监禁，同时对轩辉公司签发了全球资产冻结令（worldwide freezing order）②，以迫使轩辉公司执行禁诉令。

在"意兰服装有限公司与阿玛尼公司等侵权责任纠纷案"中，合同中明确约定发生争议应提交中国香港特别行政区仲裁解决。2018年8月，意兰服装有限公司在中国内地法院以侵权为由提起涉外民事诉讼，阿玛尼公司则依据仲裁协议向香港国际仲裁中心就涉案争议提起仲裁。2018年10月，为了促使意兰公司遵守仲裁协议之约定，阿玛尼公司向香港高等法院申请发布仲裁禁诉令。法院经审查后，准允了阿玛尼公司的禁诉令请求，并发布了一项有效期至2018年11月2日的仲裁禁诉令，禁止意兰公司继续在中国内地法院继续参加诉讼程序，并要求意兰公司撤回起诉在香港参加仲裁。该案是一起典型的法院以禁诉令方式维护仲裁管辖权并禁止当事人在另一法域起诉的案例。值得一提的是，中国内地法院在一审程序中驳回了意兰公司的诉讼请求，重申仲裁协议的妨诉抗辩效力，且仲裁协议的约束力并不会因原告对诉因的"包装"而被合法规避③。后意兰公司提起上诉，双方在二审审理阶段达成和解协议，一致同意通过在香港进行仲裁的方式解决争议，最终以意兰公司撤回起诉的方式结案④。换言之，在该案中，无论是中国内地法院抑或香港法院，均采取了支持仲裁协议、维护契约精神、捍卫诚信原则的立场，而法院

---

① 曾二秀：《中英选择管辖协议效力及执行比较研究：基于轩辉国际物流有限公司与智利南美轮船有限公司三法域诉讼案的分析》，《中国海商法研究》，2018年第4期，第15页。

② 全球资产冻结令被称为国际商事争议解决领域的"核武器"，特指法院或仲裁庭在案涉实体争议最终判决之前，为确保判决或裁决的执行所颁布的旨在冻结被告在全球范围内的任何资产的禁止性命令，此类措施具有全球效力，且对被告的财产权具有较强的威慑及限制效果。郭玉军、陈文璨：《国际商事争议解决视域下全球资产冻结令的执行问题研究》，《求是学刊》，2018年第5期，第72页。

③ 山东省高级人民法院（2018）鲁民初125号民事裁定书。

④ 最高人民法院（2019）最高法民终2007年民事裁定书。笔者系本案合议庭成员之一。

第六章
北京更高水平对外开放中的仲裁程序优化及协调

所发布的禁诉令无疑是仅针对意兰公司这一个体，而并未直接针对内地法院的司法管辖权，故而并未引起过多的纷争和矛盾。

除了常见的仲裁禁诉令之外，有些国家的法院还创造性地引入了反禁诉令、禁止仲裁令等制度。禁诉令用于阻止当事人向外国法院提出禁诉令申请，反禁诉令则用于阻止当事人依据明显无效的仲裁协议向境外申请仲裁。例如，在"喀拉哈博达有限公司（以下简称"KBC公司"）诉印尼国家石油公司案"中，双方当事人为了在印度尼西亚开发、建设和运营地热电站而签署了两份合作协议，协议中均订有仲裁条款，约定合同履行中所发生的争议应提交仲裁庭在瑞士仲裁解决，仲裁程序适用《联合国国际贸易法委员会仲裁规则》。1998年，印尼政府命令停止项目建设，KBC公司遂撤回出资，并以印尼国家石油公司违约为由向瑞士提起仲裁。2000年，仲裁庭作出裁决，认定KBC公司胜诉。2002年，印尼国家石油公司向印度尼西亚雅加达中央地区法院提起仲裁裁决撤销之诉，并申请法院签发禁诉令以制止KBC公司申请承认及执行瑞士仲裁裁决。印度尼西亚法院以仲裁裁决违反《纽约公约》及印度尼西亚的国内仲裁法为由，裁定撤销仲裁裁决，并签发禁诉令严格制止KBC公司申请承认及执行该裁决。与此同时，KBC公司亦向美国联邦地区法院提出反禁诉令的申请，美国法院依申请作出反禁诉令，要求印尼国家石油公司撤回在印尼法院的禁诉令申请。不过，印尼国家石油公司向美国第五巡回法院提起上诉，以联邦地区法院作出的反禁诉令违背国际礼让原则为由申请予以撤销。经过仔细的论证和讨论，第五巡回法院最终认定该反禁诉令没有较好地协调国际司法主权与国际礼让的关系，故而予以撤销[1]。

通过对上述案例的观察可以总结出仲裁究其本质而言是一种私人安排。法院的干预本应尽可能降至最低，但法院发布禁诉令的初衷是排除当事人对仲裁管辖权的妨碍，故而从本质上来说是一种司法支持与协助。不过，各国国内法及司法实践中对于仲裁协议的有效性和可执行性存在较大的差异，这决定了在相同的情况下，禁诉令在不同国家法院的正当性可能会会受到不同

---

[1] Karaha Bodas Co., L.L.C. v. Perusahaan Pertambangan Minyak Dan Gas Bumi Negara, 2003 WL 21027134, 5th Cir. March 5, 2003; Anthony C. Piccirillo: Sisyphus meets icarus: the jurisdictional and comity limits of post-satisfaction anti-foreign-suit injunctions, *Fordham Law Review*, Vol. 80, 2011, p.1407.

评价。归根结底,法院发布的禁诉令仍然是代表国家司法权力的公共措施,这种措施一旦不当域外适用,可能会受到外国当事人乃至官方的抵制和阻断,严重者恐将使法律上的抵触和利益上的冲突升级,被外国法院发布反禁诉令,由此转变为禁诉令与反禁诉令发布国两个国家之间司法命令的碰撞①。故而,法院在决定是否发布仲裁禁诉令时,仍然应当采取相当审慎的态度。基于必要性原则,在遵守国际礼让、利益平衡的基础上为受损者提供相应的救济。

三、仲裁庭审查与签发禁诉令的理据与实践

(一)域外仲裁庭签发禁诉令的规范依据

在早期的立法和实践中,禁诉令是专属于法院的权力。但是,随着国际商事仲裁的发展,普通法系国家的禁诉令制度开始被仲裁(尤其是首席仲裁员来自普通法系国家的情形)所接纳,越来越多的国际条约和国内立法开始赋予仲裁庭以签发禁诉令的权力(详见表6-5)。如当事人向仲裁庭申请签发禁诉令,仲裁庭是否具有此种权限?应当重点审查哪些方面?禁诉令的效力如何?对于藐视禁诉令者又该如何处理?对于这些问题,《国际商事仲裁示范法》、部分国家的仲裁立法及仲裁规则作出了相应的规定,使禁诉令的签发具备了坚实的法治保障。

表6-5 国际公约与国内法对仲裁庭发布禁诉令的规定

规范名称及条款	授权仲裁庭发布禁诉令的相关规定
2006年《国际商事仲裁示范法》第17条第2款b项	除非当事人另有约定,应一方当事人请求,仲裁庭可准予采取临时措施,从而命令一方当事人不得采取对仲裁程序可能造成损害或影响的行动,禁诉令即属于为防止对仲裁程序造成损害或影响而禁止采取诉讼行动的措施
1965年《华盛顿公约》第47条	仲裁庭如果认为情况需要,得建议采取任何临时措施,以维护任何一方的权利。该条的措辞虽规定是"建议",但在具体案件中,仲裁庭认为自身有权据此直接签发禁诉令②

---

① 黄旭:《国际商事争议解决中的禁止仲裁令制度研究》,《北京仲裁》,2020年第2期,第97页。
② Holiday Inns S. A. and others v. Morocco, ICSID Case No. ARB/72/1, Decision on Provisional Measures, July 2, (Judgment) [1972].

续表

规范名称及条款	授权仲裁庭发布禁诉令的相关规定
2020年《新加坡国际仲裁法》第12条第1款i项	为了不影响本法及《示范法》所规定的仲裁庭的权力,仲裁庭有权向当事任何一方发出命令或指示:临时禁令或其他临时措施
2016年《新加坡国际仲裁中心仲裁规则》第30条第1款	当事人申请禁令或者提出其他任何临时救济的,仲裁庭可以发出命令或者作出裁决,给予其认为适当的救济。仲裁庭作出禁诉令的方式可以是命令或者裁决
《香港仲裁条例》第61条第1款	仲裁庭就仲裁程序而作出的命令或指示,不论是在香港或香港以外地方作出的,均可犹如具有同等效力的原诉法庭命令或指示般,以同样方式强制执行,但只有在原诉法庭许可下,方可如此强制执行

理论上,仲裁庭签发禁诉令的权力来源于仲裁协议和仲裁庭自裁管辖权原则。从仲裁法治架构来看,仲裁协议是商事仲裁制度的基石,当事人通过仲裁协议将争议提交仲裁解决,就意味着当事人将仲裁条款所能涵盖的任何事项的决定权授予仲裁庭。就仲裁法律制度而言,仲裁庭自裁管辖权原则是国际商事仲裁制度公认的原则,仲裁庭有权力决定自身的管辖权,对当事人提出的管辖权异议作出认定。相应地,对于那些旨在妨碍仲裁庭行使管辖权的行为,仲裁庭应有权予以纠正。一方当事人违反仲裁协议而在境外法院提起诉讼,既是对当事人意思自治的漠视,也是对仲裁庭管辖权的公然挑衅。为了捍卫仲裁程序的正常推进,仲裁庭理应有权签发禁诉令,要求起诉方中止或撤回诉讼。

从公开的资料来看,国际投资仲裁中较早产生了由仲裁庭签发禁诉令的实践。其中很重要的原因是相比于普通的国际商事仲裁,国际投资仲裁更具中立性,符合"非内国化"的发展趋势,且国内法院对投资仲裁的司法审查和介入程度较低。故仲裁庭程序自治的权限更为突出,其中便包括签发禁诉令的权力。例如,在1972年的"假日饭店诉摩洛哥案"中,仲裁庭指令双方不得采取任何与合同不符的行动措施,并且要确保已经采取的行动不能与合同相违背[1]。这一指令实际上是一种典型的预防性禁诉令,排除了当事人违反合同在国内法院起诉的可能性。另外,在1984年的"国际航运公司诉几内亚

---

[1] *Holiday Inns S. A. and others v. Morocco*, ICSID Case No. ARB/72/1, Decision on Provisional Measures, July 2, (Judgment) [1972].

案"中,仲裁庭所发布的禁诉令更为严厉。在该案中,仲裁庭认定国际航运公司在美国提起诉讼的行为违反了国际投资争端解决中心(ICSID)仲裁条款,故"建议"国际航运公司立即撤回并在国内法院永久终止未决诉讼案件并不得发起新的诉讼,如果不遵守仲裁庭的建议,则将会在裁决书中予以考虑①。除国际投资仲裁外,伊朗-美国求偿法庭特别申明其享有签发禁诉令的权力,只要仲裁庭认为该等措施对争议而言是适当的②。

在国际商事仲裁中,限于保密,难以确切获悉仲裁庭签发禁诉令的真实情况。但从公开的报道来看,确有仲裁庭曾向当事人签发禁诉令,以确保仲裁程序顺利进行。例如在国际商会仲裁院的一起案件中,一家法国建造商针对伊朗政府的代理机构提起索赔,被申请人根据贷款银团出具的履约保函,指示伊朗银行向申请人担保合约义务的履行③。仲裁庭出具中间裁决称:"仲裁庭有义务推荐或者提出合理的措施防止双方争议进一步恶化……双方应杜绝任何可能不利于随后仲裁裁决执行的任何行动,并杜绝实施任何可能使争议加剧或者延长的行为,不论行为何种性质。④"

相比于法院为支持仲裁而签发的禁诉令而言,仲裁庭为捍卫自身的管辖权而签发的禁诉令在理论和实务中具有更强的争议性。反对者称,不同于行使司法职权的法官,仲裁庭系商事争议的私人裁判者,因此仲裁庭无权直接就某一国家国内法院的司法管辖权进行干涉或限制⑤。如果仲裁员通过签发禁诉令限制当事人的诉权,这实际上相当于仲裁员为了谋求管辖权而充当了自身的法官,有损于仲裁员的独立性和公正性,有可能导致裁决陷入被法院撤销或不予执行的风险⑥。从实务层面来看,情况恰恰相反,由于仲裁员是双方共同选任且信任的争议裁断者,故其所签发的禁诉令比法院更为和缓,不会

---

① *Maritime International Nominees Establishment v. Government of Guinea*, ICSID Case ARB/84/4, Interim Order, August 12, 1988.

② Jason P. Waguespack: Anti-suit injunctions and admiralty claims: the american approach, *U. S. F. Maritime Law Journal*, Vol. 24, 2011, p. 293.

③ *Framatame SA v. Atomic Energy Organisation of Iran*, ICC Case No. 3896 (Judgment) [1982].

④ Richard Garnett: National court intervention in arbitration as an investment treaty claim, *International & Comparative Law Quarterly*, Vol. 60, 2011, p. 485.

⑤ Geoffrey Fisher: Anti-suit injunctions to restrain foreign proceedings in breach of an arbitration agreement, *Bond Law Review*, Vol. 22, 2010, p. 1.

⑥ Laurent Lévy: *Anti-suit Injunction Issued by Arbitrators*, Staempfli Bern, 2005, p. 115.

直接导致国家之间司法权力的相互竞争和博弈，更能被当事人所接纳。尽管欧洲法院在多起案件中禁止欧盟成员国法院对当事人签发禁诉令，但并没有禁止仲裁庭签发禁诉令[1]。

（二）仲裁庭签发禁诉令的条件及其反思

在域外的国际商事仲裁实践中，已有多起仲裁庭签发禁诉令的典型案例。就其权属的性质而言，多数国家将禁诉令发布权归为一种特定类型的临时性救济措施。事实上，允许仲裁庭在必要时发布临时措施，已逐渐成为域外仲裁立法的通例[2]。从另一个角度来看，禁诉令的发布，归根结底是为了维护仲裁庭的管辖权和当事人在仲裁协议中达成的仲裁合意。根据国际通行的自裁管辖权原则，仲裁庭有权力对当事人提出的管辖权异议和对一方违反仲裁协议所引发的后果进行管辖，这可以为仲裁庭签发禁诉令提供充分的正当理由[3]。不过，如前所言，并非所有国家的仲裁立法都允许仲裁庭签发禁诉令，国际公约、仲裁规则的立场亦迥然有别。即使英国、美国、新加坡等均允许仲裁庭发布禁诉令，各国成文法和判例法中确立的法定条件亦各有不同。因此，有待解决的先决问题是涉案仲裁协议和仲裁程序应适用哪一法域的仲裁立法作为准据法，而这本身就是一个难以解决的命题[4]。相比之下，法院发布禁诉令原则上只需满足法院地法的约束，而确定仲裁庭发布禁诉令的条件则取决于准据法，这往往需要借助于冲突规范的指引[5]。冲突规范的正确援用取决于对禁诉令的定性：禁诉令究竟是一个实体问题，还是一个程序问题[6]？禁诉令的法律适用，应援引关于涉外仲裁协议的冲突规范、涉外合同的冲突规范，抑或援引关于仲裁程序的冲突规范？对这些问题的探讨，实属国际私法

---

[1] Chukwudi Paschal Ojiegbe: From West Tankers to Gazprom: anti-suit injunctions, arbitral anti-suit orders and *The Brussels I Recast*, *Journal of Private International Law*, Vol. 11, 2015, p. 267.

[2] 赵秀文：《〈国际商事仲裁示范法〉对临时性保全措施条款的修订》，《时代法学》，2009 年第 3 期，第 3 页。

[3] 宋连斌：《国际商事仲裁中的"管辖权之管辖权"原则析评》，《国际商法论丛》，2001 年第 3 期，第 741 页。

[4] 宋连斌：《比照适用抑或特别规定：从国际商事仲裁的法律适用谈起：兼及中国国际私法立法及研究的"诉讼中心主义"》，《时代法学》，2004 年第 5 期，第 31 页。

[5] 廖雪钰：《国际商事仲裁协议法律适用规则的最新发展：基于英国与新加坡的实证研究》，《商事仲裁与调解》，2021 年第 3 期，第 107 页。

[6] 崔相龙：《论冲突法中实体与程序的区分》，《武大国际法评论》，2008 年第 2 期，第 182 页。

中的识别现象。而识别冲突本身即存在多元解决方案，过多进行逻辑追问往往会陷入无边无际的冲突法"泥潭"中难以自拔[1]。换言之，单纯从国际私法视角对禁诉令进行探讨很难得出具有参考价值的普遍标准，更好的方式是从实证视角进行观察、分析和评判。

由于仲裁庭发布的禁诉令常被用作阻止当事人向外国提起诉讼的一种举措且在适用效果上可能会对国家间的司法互信产生消极影响，故国际普遍的趋势是对禁诉令的签发采取审慎的立场，设定严格的条件[2]。结合域外仲裁庭签发禁诉令的实证观察，可将签发条件概括如下：首先，外国法院诉讼中的主体、争议事项、诉讼请求等与国际商事仲裁高度一致或密不可分，向外国提起诉讼的原告受仲裁协议的约束，且存在有意破坏或规避仲裁管辖权的行为。譬如，《瑞士国际私法法案》第183条赋予仲裁庭签发禁诉令的权力，其中最关键的条件是仲裁庭对涉诉争议具有管辖权，且当事人提出了临时措施的请求[3]。其次，外国诉讼对国内重要公共政策的实施具有消极影响，对国际商事仲裁协议涵盖范围内的争议解决造成压迫性、困扰性的后果，同时禁止当事人滥用禁诉令制度给对方形成威慑[4]。再次，对于向仲裁庭申请发布禁诉令的一方当事人而言，其不存在被仲裁立法或仲裁规则界定为弃权的相关行为。譬如当事人未在法定的仲裁时效期限之内提起仲裁索赔、以自己懈怠对待仲裁的行为放弃了仲裁管辖权或仲裁程序异议权、以自己在外国法院主动起诉或进行实体答辩等行为实质性地放弃了仲裁权，一旦当事人存在此类情形，则仲裁庭便丧失了对涉诉争议进行裁断的权力，禁诉令发布权亦仿如"无源之水""无本之木"，无从谈起。最后，即便前述要件均已满足，仲裁庭仍然拥有一定的自由裁量空间，裁量的因素包括国际礼让、利益平衡等。譬如，一旦签发禁诉令，受到消极影响的外国法院是否会针对仲裁庭发出禁

---

[1] 齐湘泉：《论识别的对象与依据》，《清华法学》，2002年第1期，第222页。

[2] 颜杰雄：《国际商事仲裁中禁诉令的运用：从欧洲法院West Tankers Inc.案谈起》，《北京仲裁》，2009年第2期，第109页。

[3] Matthias Scherer and Werner Jahnel: Anti-suit and anti-arbitration injunctions in international arbitration: a swiss perspective, *International Arbitration Law Review*, Vol. 12, 2009, p. 66.

[4] Nicholas Poon: The use and abuse of anti-arbitration injunctions: a way forward for singapore, *Singapore Academy Law Journal*, Vol. 25, 2013, p. 244.

止仲裁令或采取其他报复性行动①？总之，仲裁庭在签发禁诉令前需要更为周密的通盘考虑。

四、中国关于仲裁禁诉令制度的立法构建与实施路径

(一) 构建中国仲裁禁诉令立法的规制重点

禁诉令不仅已在英美法系国家广泛适用，在德国、法国等大陆法系国家也逐步得到认可。近年来，中国当事人频频遭遇境外法院或仲裁庭签发的禁诉令。而国内关于禁诉令的立法几乎处于空白状态，即使已有部分法院在涉外平行诉讼中签发了禁诉令，也主要是依托《民事诉讼法》中的行为保全制度，这不仅难以满足国际商事仲裁的独特需求，也与中国进一步扩大对外开放所必要的法治保障相去甚远②。对于国际民商事争议，在当事人明确选择由中国仲裁机构解决争议或者约定以中国内地作为仲裁地进行仲裁解决时（即仲裁机构所在地或仲裁地二者之一位于中国内地），出于对仲裁协议的维护和对仲裁管辖权的协助，中国亟待构建符合本国国情的仲裁禁诉令制度。如果外国法院有权签发仲裁禁诉令，而中国没有相关制度，必然会使得中国当事人在维权方面及中国法院在管辖权争夺方面处于不利的地位。建立仲裁禁诉令制度，不仅有助于丰富我国的涉外经贸法治"工具箱"，而且对国际商事仲裁庭维护当事人合意、将争议解决的主阵地留在我国本土方面颇有裨益。落实到行动层面，我国应该在涉及仲裁司法协助的国内立法（如《仲裁法》及《民事诉讼法》）对仲裁禁诉令的发布权予以明确，进而借助最高人民法院的司法解释，对法院及仲裁庭发布禁诉令所遵循的原则、签发禁诉令的具体条件、申请、审查、发布及执行禁诉令的程序等细节予以完善，构造一套完整的、既符合国际趋势又考虑中国国情的仲裁禁诉令制度，为我国法院和公民适用仲裁禁诉令提供清晰的法律依据。

就具体的制度设计而言，中国关于国际商事仲裁禁诉令的立法构建应当从两个角度入手：其一，中国法院出于保护当事人约定在中国仲裁的仲裁协

---

① Jennifer L. Gorskie: US courts and the anti-arbitration injunction, *Arbitration International*, Vol. 28, 2012, p. 295.
② 李晓枫：《论以我国行为保全制度实现禁诉令功能》，《法学杂志》，2015年第7期，第132页。

议而签发禁诉令时，应当符合哪些条件，当事人违反此类禁令时应当承担哪些责任和后果。其二，中国法院在面对外国法院或仲裁庭签发的禁诉令时所采取的应对措施，具体包括签发反禁诉令从而禁止当事人遵守外国的禁诉令，以及外国禁诉令在中国获得司法协助所应当满足的条件。相较之下，前者属于中国有关机关主动发布的禁诉令，属于狭义的仲裁禁诉令制度；后者属于中国就境外禁诉令的法律应对，即通常所理解的反禁诉令制度。在立法构建过程中，应以前者作为重点，以后者作为补充。

(二) 发布仲裁禁诉令所遵循的基本原则

作为适用仲裁禁诉令制度的先决问题，首先应予明确，国际商事仲裁禁诉令的签发主体既包括法院，也包括仲裁庭。究其本质而言，禁诉令是为了维护仲裁庭的管辖权及仲裁程序的顺利进行所作出的禁止或限制当事人在外国法院起诉的中间措施，因而禁诉令兼具救济功能与制裁功能。对于国际商事仲裁中间措施发布权的归属问题，理论与实务界的争论由来已久。问题的核心在于究竟应将该项权力赋予法院抑或授予仲裁庭？综观各国的仲裁立法，现已形成三种主要的模式，即法院专属权力、仲裁庭排他行使、法院与仲裁庭并存权力[①]。笔者认为，究竟由法院还是仲裁庭行使禁诉令发布权，归根结底取决于对当事人意思自治的阐释。事实上，禁诉令在效果上是对争议解决管辖权的分配，即禁诉令最终可用以决定案件应由仲裁庭管辖抑或由外国法院管辖。故而此项权力的行使实际上与仲裁协议效力认定的管辖权分配规则异曲同工。在中国现行仲裁法律体系下，司法拥有最终认定权，但如果在当事人寻求司法机关之前，仲裁庭已依据自裁管辖权原则对管辖权之争作出了裁断，则法院原则上不宜再推翻此种认定。在禁诉令发布权的归属方面，仍应遵循这一现有模式，即该项权力的归属应由法院与仲裁庭共同享有。但出于对仲裁的支持与尊重，一旦在法院受理禁诉令申请前，仲裁庭业已作出禁诉令或驳回禁诉令申请，为避免司法资源的浪费，防范当事人采取拖延策略，法院理应拒绝就相关申请予以重复审查。

当然，无论是法院抑或仲裁庭，在审查并决定是否发布禁诉令时应遵循

[①] 杜新丽：《国际商事仲裁中间措施发布决定权的归属趋向》，黄进：《中国国际私法与比较法年刊》（第十五卷），北京大学出版社 2013 年版，第 502 页。

第六章
北京更高水平对外开放中的仲裁程序优化及协调

以下基本原则：第一，支持仲裁原则。学界公认，仲裁最本质的特征即尊重当事人的意愿，当事人意思自治原则是国际商事仲裁的基本原则，也是仲裁这一纠纷解决方式最为核心的特点[1]。作为国际商事仲裁的基石，仲裁协议是当事人合意的集中体现。相应地，仲裁协议既具有积极效力也具有消极效力，它在将争议解决的管辖权赋予仲裁庭的同时也排除了司法的干预[2]。就权力结构而言，仲裁权与司法权在横向维度上具有一定竞争性与排斥性[3]。但同时，法院也必须对仲裁提供必要的支持与协助，在当事人之间订有仲裁协议的情况下，由法院签发禁诉令以维护仲裁协议的妨诉抗辩效力正是支持仲裁原则的体现。事实上，在英美等国家，支持仲裁已经被提升到国内公共政策的高度，没有国家会以放弃本国重要公共政策为代价而去追求国际合作。第二，国际礼让原则。从理论上分析，有学者反对在国际商事仲裁中签发禁诉令，其理由是认为禁诉令本身对国际礼让造成了冲击和破坏。不容质辩的是，为了确保国际商事交易的当事人对其行为的法律后果拥有可预见性，各国之间彼此开展合作、相互尊重、给予礼让无疑是必要的。然而，禁诉令的签发并不会当然地破坏当事人对行为后果的可预见性，相反，在国际商事仲裁中确立禁诉令制度恰恰有助于增强当事人对争议解决方式的可预见性。如果法院或仲裁庭拒绝签发禁诉令，则在一定程度上纵容了对方当事人恶意规避仲裁条款，通过在外国法院提起滥诉而造成程序拖延。故而，在禁诉令立法中引入国际礼让原则，并不等于从根本上否认法院及仲裁庭签发仲裁禁诉令的权限[4]。换言之，双方当事人既然已经在彼此信任的基础上共同签订了仲裁协议，如果仅仅因为一方在外国的诉讼行为就轻易无视仲裁管辖权，则对争端解决方式的可预见性将消失殆尽[5]。

---

[1] 肖建国：《仲裁法学》，高等教育出版社2021年版，第27页。
[2] 韩平：《中英仲裁法比较研究》，厦门大学出版社2019年版，第37页。
[3] 毛晓飞：《仲裁的司法边界：基于中国仲裁司法审查规范与实践的考察》，中国市场出版社2020年版，第284页。
[4] Cameron Sim: Choice of Law and Anti-Suit Injunctions: Relocating Comity, *International & Comparative Law Quarterly*, Vol. 62, 2013, p. 703.
[5] 魏求月：《禁诉令：解决国际商事仲裁平行程序的利剑：基于〈布鲁塞尔条例Ⅰ〉的最新研究》，《澳门法学》，2017年第3期，第107页。

（三）法院发布仲裁禁诉令的程序、条件与救济

第一，一方当事人向法院或仲裁庭提出了禁诉令申请。原则上，基于对当事人仲裁合意的尊重和对仲裁管辖权的支持，法院原则上应当秉持司法谦抑立场，不宜依职权主动签发禁诉令。同时，仲裁协议在本质上属于合同，基于契约相对性原理，不宜赋予仲裁协议当事人以外的第三方申请签发禁诉令的权利。故而，只能由当事人申请签发禁诉令。

第二，就禁诉令的性质而言，禁诉令不是直接针对境外法院签发的，而是针对违反仲裁协议并在境外起诉的当事人签发的。为了使禁诉令的签发具备充分的合法性与正当性，同时也为了使禁诉令作用的发挥建立在有效制裁的基础上，原则上一国法院在签发仲裁禁诉令时，需要确保本国对被申请人具有属人管辖权及控制权。落实到仲裁场合下，特指当事人之间订立的仲裁协议选择在中国仲裁，由此使中国法院与案件之间满足了仲裁司法审查方面最密切联系的要求。

第三，申请人必须向法院或仲裁庭初步证明自身在仲裁案件中具有胜诉可能性。否则一旦签发禁诉令，当事人既无法通过在外国的诉讼寻求救济，也丧失了在内国获得仲裁救济的机会，从而导致投诉无门，造成有违实质公正的结果。这并不符合禁诉令制度设计的初衷。

第四，禁诉令的签发不得违反中国根据条约所承担的国际义务。具体体现在如果依据中国缔结或参加的国际条约，外国法院或仲裁庭对案件具有管辖权，而条约本身并未明确允许缔约方签发禁诉令，则不得签发禁诉令[①]。

有必要特别明确的是对于遵守仲裁协议的当事人而言，立法除了赋予当事人权利向法院或仲裁庭申请发布禁诉令以避免境外诉讼之外，还应赋予当事人相应的救济及索赔请求权。具言之，如果对方当事人不仅违反仲裁协议在境外法院提起诉讼，而且违反法院发布的仲裁禁诉令继续在外国诉讼，则此种不法行为的性质已经从违反私人契约升级为违反司法决定。当境外法院在此种诉讼程序中作出了不利于禁诉令申请人的判决时，此类判决无疑是对仲裁管辖权及禁诉令效力的进一步违背。为了强化仲裁禁诉令的妨诉效力，

[①] 张利民：《国际民诉中禁诉令的运用及我国禁诉令制度的构建》，《法学》，2007年第3期，第122页。

应当赋予禁诉令申请人就其不得不在外国诉讼所产生的开支、诉讼费乃至判决其承担的金额以追索权。事实上，由一国法院发布的禁诉令是国家司法机关通过行使公权力捍卫仲裁协议私权利的结果，其他国家法院要求当事人撤回此种禁诉令申请的反禁诉令，则具有阻断和反制效力。透过现象看本质，不难发现，一国对违背禁诉令的私人设定的处罚效果和惩戒措施具有单边经济制裁的属性。由此，禁诉令与反禁诉令可以归入制裁与反制裁的范畴，而一国仲裁禁诉令的域外效力很可能受到其他国家的阻断。相应地，在国家公权力博弈的背后，需要保障的是私人当事方的索赔权，而中国仲裁禁诉令立法的构建，应当做好与反制裁立法、阻断立法的衔接①。具体而言，当对方违反仲裁禁诉令时，需要考虑两方面效果：其一，对于遵守协议一方的保护和救济，具体体现为允许遵守协议方以侵权或违约为诉因就其扩大的损失要求赔偿；其二，对于违反协议一方的惩戒和制裁，具体体现为视情节之轻重对违法者追究相应的民事、行政及刑事法律责任。

（四）仲裁庭发布禁诉令的方式、执行与后果

如前所述，除了法院以外，仲裁庭亦有权对其自身的管辖权作出认定，此即符合当事人意思自治的基本原理，也与国际主流实践相契合。故而，有必要将仲裁庭也列为禁诉令的发布主体。在设计仲裁庭发布禁诉令的具体制度方面，需要明确以下基本问题。

首先，禁诉令的发布形式。禁诉令应以命令（指令）抑或以裁决的方式作出，直接关系禁诉令的送达或执行。仲裁庭究竟应采取何种形式发布禁诉令，本质上取决于禁诉令的具体内容。从新加坡及中国香港的仲裁立法和仲裁规则来看，更多的是将禁诉令理解为临时措施的一种，属于程序事项，以

---

① 例如，《中华人民共和国反外国制裁法》第十二条第二款规定：组织和个人违反前款规定，侵害我国公民、组织合法权益的，我国公民、组织可以依法向人民法院提起诉讼，要求其停止侵害、赔偿损失。第十四条规定：任何组织和个人不执行、不配合实施反制措施的，依法追究法律责任。《阻断办法》第九条第二款规定：根据禁令范围内的外国法律作出的判决、裁定致使中国公民、法人或者其他组织遭受损失的，中国公民、法人或者其他组织可以依法向人民法院提起诉讼，要求在该判决、裁定中获益的当事人赔偿损失。第十三条规定：中国公民、法人或者其他组织未按照规定如实报告有关情况或者不遵守禁令的，国务院商务主管部门可以给予警告，责令限期改正，并可以根据情节轻重处以罚款。

命令或指令的名义更为适宜①。此外，还需要考虑，仲裁庭应选择以中间禁令抑或最后禁令的方式发布禁诉令。就其功能而言，中间禁令的主要作用是在仲裁还没有告一段落之前保持现状，而保持现状的原因避免因一方当事人的破坏行动或违反仲裁协议的行为导致仲裁裁决最终丧失执行可能性。相比之下，最终禁令则旨在以禁令的方式永久性地禁止某些行为的继续作出。由此观之，中间禁令以命令（指令）的形式作出为宜，而最后禁令以裁决书的方式作出为宜②。

其次，禁诉令的送达与执行。仲裁庭作出的禁诉令，对象是仲裁协议的当事人，并非法院。除了让当事人签收外，不涉及法律意义上的法律文书涉外送达，因此本身不涉及跨境送达的问题。但如果仲裁庭作出的禁诉令转化为法院的禁诉令则另当别论。仲裁庭若以仲裁裁决的名义发布禁诉令，还涉及此类裁决在《纽约公约》体系下的跨境承认与执行可行性问题③。鉴于中国在加入《纽约公约》之际提出了互惠保留，故中国仲裁庭所发布的禁诉令裁决获得域外执行的前提被请求执行的法院所属国系《纽约公约》成员国④。

再次，违反禁诉令的法律后果。如前所述，仲裁庭签发禁诉令的对象是当事人，为了促使当事人遵守禁诉令，应当通过立法设定相应的制裁举措。如当事人不遵守禁诉令，可以按照拒不履行判决、裁定罪予以惩戒，或者由仲裁庭在作出仲裁裁决时对违反者施以相应的惩罚性赔偿。此外，对于外国法院违反中国禁诉令而作出的判决、裁定，中国法院可以通过公共政策例外的适用予以拒绝承认和执行，从而以间接方式提升中国禁诉令的域外效力。

特别值得一提的是在中国香港特别行政区，仲裁庭作出的禁诉令可以转化为法院的禁诉令。因此，如果不遵守香港特别行政区仲裁庭签发的禁诉令，与不遵守法院命令一样，会面临藐视法庭的危险。若不遵守其他仲裁地的仲

---

① Lee Michelle: Anti-suit injunctions in aid of international arbitrations: a rethink for singapore, *Singapore Academy of Law Journal*, Vol. 27, 2015, p. 438.

② Kajkowska Ewelina: Anti-suit injunctions in arbitral awards: enforcement in europe, *The Cambridge Law Journal*, Vol. 74, 2015, p. 412.

③ Paweł Marcisz, Aleksandra Orzeł-Jakubowska: The right to be unheard: recognition and enforcement of anti-suit injunctions issued by arbitrators in the EU", *Journal of International Dispute Settlement*, Vol. 10, 2019, p. 22.

④ 截至2023年8月1日，《纽约公约》已有172个成员国。

第六章
北京更高水平对外开放中的仲裁程序优化及协调

裁庭签发的禁诉令,有何法律后果?这取决于其他国家法律的具体规定。在仲裁实践中,的确存在仲裁庭对当事人不遵守仲裁庭命令而对其作出惩罚性赔偿的先例。需要指出的是,尽管禁诉令是仲裁庭针对当事人作出的,但客观上会限制或者剥夺他国法院行使管辖权的机会。仲裁庭若签发禁诉令不适当,则可能面临着法院的报复,法院可以签发禁止当事人参与仲裁或者暂停仲裁程序的禁诉令,该等禁诉令即为之前所述及的反仲裁令。

概言之,在禁诉令的具体设计方面,需要认真构思管辖法院、签发条件、审查流程、禁诉令的救济等多重细节问题。这又具体涵盖两个方面内容:其一,中国法院在满足何种条件的前提下方可签发禁诉令,如何优化禁诉令的申请与审查程序;其二,在中国当事人遭遇外国法院发布的禁诉令或者禁止仲裁令时,如何优化现有的海事强制令和行为保全制度,从而实现有效的应对和救济。对此,尤其应当强调的是禁诉令的发布绝非常态,仅在出于对仲裁管辖权的维护且外国的诉讼程序对本国的仲裁当事人构成不合理的压制时才具有必要性。与此同时,对禁诉令的审查应突出法院的自由裁量权和仲裁庭的自由裁量管辖权,避免对法律规范的机械化解读。

第三节 国际商事仲裁与破产程序的冲突及协调

当今世界正经历百年未有之大变局,新冠肺炎疫情引起的经济困境对全球的商事从业者造成了剧烈影响,并导致大量公司被迫考虑在法院内及法院以外的债务重组。由于新冠肺炎疫情的影响具有长期性、持久性,故企业在处置债务纠纷时将不得不从长计议[1]。尤其是对于在商事合同中订有仲裁条款的企业一旦进入了法院破产程序,破产程序的进行是否会对其仲裁管辖权(包括正在进行的仲裁、未来将要启动的仲裁)造成影响,颇有争议。

从理论层面梳理可知,学术界对于破产程序与仲裁程序之间交叉关系的探讨由来已久[2]。这两类程序虽同属于纠纷处置机制,但在理念与制度上却存

---

[1] Shana A. Elberg et al.: When arbitration meets bankruptcy: considering arbitration options in the wake of a growing rise in corporate insolvencies, https://www.skadden.com/insights/publications/2020/09/quarterly-insights/when-arbitration-meets-bankruptcy. October 26, 2020 last visited.

[2] 赵健:《国际商事仲裁的司法监督》,法律出版社 2000 年版,第 182 页。

在显著差异：破产程序旨在对破产债务人的债权债务纠纷进行集中清理，而破产法院奉行社会本位理念，肩负着平衡各方当事人利益、维护社会公共利益的职能。仲裁程序是在充分尊重当事人意思自治与仲裁庭自由裁量权的基础上所形成的诉讼外私人纠纷解决机制。仲裁庭是在个人本位的基础上逐步推进程序运转的，当事人在订立仲裁协议、择取仲裁机构、选任仲裁员、制定程序规则、确定准据法方面拥有自主权[①]。从实践视角进行分析，因破产与仲裁的交叉所衍生的困境体现在三个层面：其一，双方当事人在破产之前已经签订仲裁协议但尚未提起仲裁申请时，一方当事人破产是否会否定仲裁管辖权；其二，双方当事人在破产之前已经签订仲裁协议且一方已提起仲裁申请后，一方当事人破产是否会导致仲裁程序的中止；其三，双方当事人在破产之前并未签订仲裁协议，破产管理人在破产程序启动之后签订仲裁协议，此类仲裁协议是否具有可执行性。笔者将围绕因破产程序与仲裁程序的交叉所面临的困境，在参考域外学理与裁判意见的基础上，重点结合我国现行立法及典型案例对具体问题展开分析和探讨。

破产与仲裁同属于纠纷处置机制，但前者系通过破产法院集中管辖与债务人有关的诉讼，涉及社会公共利益的平衡；后者则通过仲裁庭在当事人仲裁合意基础上就个别债务纠纷进行审理，着眼于双方当事人之间的私权争议。当订有仲裁协议的债务人发生破产时，便会产生仲裁程序与破产程序的协调与交叉，具体包括：破产前订立的仲裁协议在破产启动后能否约束双方、破产前正在进行的仲裁程序在破产启动后是否自动中止、破产管理人在破产启动后能否解除原有的仲裁协议等问题。处理上述问题应厘清仲裁协议签订的时间点与效力，明确"自动中止规则"在我国破产程序与仲裁程序中的价值与功能，确立破产程序中申请撤销仲裁的具体制度，力求在尊重当事人意思自治的基础上兼顾破产法集中清偿目标的实现。

[①] 在1987年美国马萨诸塞州破产法院审理的一起涉及破产争议可仲裁性的案件中，法官述及其在裁判中所处的两难境地：破产政策强有力地导向一种中心化的争议解决，而仲裁政策则支持去中心化的争议解决，联邦仲裁法的政策在国际案件中强于破产法的政策。欧明生：《民商事纠纷可仲裁性问题研究》，浙江大学出版社2013年版，第54页。

第六章
北京更高水平对外开放中的仲裁程序优化及协调

一、问题的提出：破产程序与仲裁程序的冲突

新冠肺炎疫情给世界经济带来了严重的挑战和冲击。各国贸易、金融、航运业经历了一次破产、倒闭的高潮。据报道，美国因疫情冲击遭遇了十年来最严峻的破产潮，仅半年期间就有四百多家大型企业宣布破产①。2020年，新冠肺炎疫情致使日本企业宣告破产的案件累计逾900起。尽管政府多措并举地采取了包括无息贷款在内的多重官方支持，但未能有效纾解企业的负债。其中，经营基础薄弱的中小微企业破产案件有增无减②。详细数据显示，在2019年底至2021年底，德国的企业破产数量将会增长12%，法国的企业破产数量将会增长21%，西班牙的企业破产数量更是会上涨22%，迄今已有约8.5万家西班牙企业破产倒闭③。值得关注的是，大量企业宣告破产还只是疫情给全球造成经济冲击的"冰山一角"，外界经济环境的突变还引发了一系列国际商事争议。

鉴于国际商事仲裁具有保密性、高效性、中立性、专业性及裁决跨境执行的便利性等多重优势，许多国家纷纷制定仲裁法，在满足双方意思自治的条件下肯定并鼓励当事人约定以仲裁方式解决商事争议。作为一种独立的诉讼外争议解决机制，商事仲裁以当事人的合意为本位，仲裁协议堪称商事仲裁的基石。为了保障当事人仲裁意愿的实现，各国仲裁立法通常赋予仲裁协议以妨诉抗辩效力，明文规定有效的仲裁协议具有排除法院诉讼管辖权的效力④。之所以赋予仲裁协议排除司法管辖的效力，是要维护仲裁协议当事人对争议解决方式作出的约定，并促使诚实信用原则在仲裁程序中贯穿始终。具言之，当事人既然协议选择了仲裁这一纠纷解决方式，便意味着放弃了就仲

---

① 程雪："美国现十年来最大破产潮 经济急剧萎缩"，载中国网：http://henan.china.com.cn/news/2020-08/16/content_41258079.htm，最后访问日期：2021年1月3日。
② 史明磊：《日本900家公司因新冠疫情破产！餐饮业遭打击最大》，《南方都市报》，2021年1月19日，第1版。
③ 佚名："第二波疫情冲击欧洲，企业倒闭潮风险加剧，或超9千万人失业"，载搜狐网：https://www.sohu.com/a/427045196_120082100，最后访问日期：2021年1月3日。
④ 例如，《仲裁法》第五条规定："当事人达成仲裁协议，一方向人民法院起诉的，人民法院不予受理，但仲裁协议无效的除外。"第二十六条规定："当事人达成仲裁协议，一方向人民法院起诉未声明有仲裁协议，人民法院受理后，另一方在首次开庭前提交仲裁协议的，人民法院应当驳回起诉。"

裁事项提交法院解决的诉权。这种放弃是基于双方自愿所作出的一种合意安排，亦是程序处分权的体现①。为此，当事人必须对自己基于理性作出的选择负责，约定仲裁后便不应当再通过向法院起诉解决纷争，否则另一方可以凭据仲裁协议对司法管辖权提出抗辩，从而保证"有仲裁协议即不得诉讼"这一原则②。

值得一提的是，仲裁协议的妨诉抗辩效力不仅体现在诉讼程序启动阶段，而且贯穿于诉讼程序进行阶段。具言之，部分国家的仲裁立法引入了"自动中止"或"强制中止"条款（mandatory stay provision），即当存在仲裁协议的情况下，如果一方将纠纷提交至法院寻求诉讼解决，另一方可以依据立法中确立的自动中止条款使诉讼程序暂时中止，直到该纠纷通过仲裁方式得到裁决，从而保障仲裁妨诉抗辩效力的实现。然而，仲裁的妨诉抗辩效力及仲裁立法规定的"自动中止"规则是否也适用于破产程序引发的诉讼？当濒临破产或已处在破产程序之中的企业面临仲裁、正处于仲裁的过程之中或面临裁决的承认与执行时，应如何协调好仲裁的妨诉抗辩效力与破产程序的司法集中救济关系，理论上存在不同的认识。鉴于此，本节试图以跨境破产与国际商事仲裁的冲突及协调入手，通过比较法上的分析和论述，就破产程序在仲裁程序中的嵌入方式、内在原理及实践路径加以分析、阐释，以期为我国企业应对跨境破产与国际商事仲裁的冲突提供解决思路。

二、国际商事仲裁中规制跨境破产的比较法分析

（一）美国法下仲裁债权在破产程序中的确认

《联邦破产程序规则》要求债权人必须在破产法院对其债权申请进行登记，并提供债权证明。无论该债权争议将会在破产法院以诉讼方式解决抑或按照仲裁协议以仲裁方式解决，均须在法院履行债权登记。经法院审查，有关债权请求可能获得登记也可能未获得登记。如果该债权未获登记，并不意味着当事人放弃仲裁协议。在债权登记申请遭到法院否决后，债权人可以向法院主张解除对仲裁程序的中止，并继续推进仲裁程序，在仲裁中解决有关

---

① 占斌：《仲裁协议妨诉抗辩效力评析》，《长沙大学学报》，2010年第4期。
② 常英：《仲裁法学》（第三版），中国政法大学出版社2013年版，第76页。

第六章
北京更高水平对外开放中的仲裁程序优化及协调

债权债务纠纷。当然，通过运用挑拣履行权，作为债务人的破产管理人也可以综合考虑与案件有关的各方面因素，抉择是否提出解除中止的申请。破产管理人所考虑的因素包括破产程序自身的性质、仲裁程序预计的时间和金钱成本。例如，在法院的破产前重组中，普通的无担保债权（包括仲裁中尚未确定的债权）并不会因债务人的重组计划而遭受损失，对方当事人将被允许在债务人进入破产程序后继续推进仲裁。再如，在债务人启动破产程序时，如果有关仲裁程序尚未开启，则债权人、债务人均可初步推断仲裁程序能否快速进行，以及经由仲裁程序能否在破产法院作出判决前得到对己方有利的裁决，在权衡各种可能性的基础上再决定是在破产法院通过诉讼集中处置有关债务纠纷，抑或通过仲裁在私人程序中解决有关债务纠纷。

在根据《美国破产法典》第十一章进行的典型破产程序中，所有未被管理人确认及未经法院裁判确认的债权请求均被视为有争议的无担保债权，法院将对这些债权的价值进行预估。而对于仲裁申请人而言，如果在仲裁裁决作出之前债务人进入法院破产程序，则申请人可在考虑有关债权性质及胜诉可能性的基础上决定是否继续参与仲裁抑或参与破产诉讼。实践中，如果债权人未向破产法院申请解除对仲裁的中止，或者债权人虽然提出此种申请但被法院驳回，则此类债务纠纷将由法院予以解决。在审理此种债权债务关系是否成立及确定债权数额时，法院可以举行证据听证会，通过开庭程序对有关事实予以判定并对债权数额进行清理。而如果此类债权请求业已通过仲裁方式解决，则债权人向破产法院申报债权时，可以在仲裁裁决的基础上提出修正债权的主张并予以证明。债务人亦可在这一阶段通过向法院申请撤销仲裁裁决或不予执行裁决而阻却仲裁裁决载明的债权在破产清算程序中的实现。如果不存在仲裁法所规定的撤销裁决或不予执行裁决的法定事由，则仲裁裁决所认定的债权将被破产法院确认为无争议的债权并被纳入可清偿债权的范畴。

美国第二巡回上诉法院于1975年审理的福托公司诉科宝公司案至今仍具有深远的意义。该案中，法院最终执行了仲裁庭在违背破产法自动中止规则的情况下所作出的仲裁裁决，法院认为：只有在对外国当事人具有对人管辖权的前提下，美国破产法院才有权力发布命令中止国际仲裁。在福托公司提起的国际商事仲裁程序中，仲裁地位于日本东京的国际仲裁庭已经收到美国破产法院发布的中止命令,却拒绝遵循该项命令,而是继续推进仲裁程序并最终作出了一份实体上有利于日本公司(债权人)而不利于美国公司(破产债务人)的仲裁裁决。由于该案中的日本公司与美国并不具备充分的最低联系,故第二巡回法院认定破产法院无权中止在日本进行的国际商事仲裁程序,亦无权对违反中止令作出的仲裁裁决宣告无效,因此涉案裁决应予承认并执行①。

除此之外,在与破产有关的债权债务发生纠纷后,如果一方当事人寻求仲裁解决的意图与债务人在美国以外其他国家所参与的破产程序相抵触时,也会产生类似的国际仲裁裁决执行的问题。在美国,只有当外国的破产程序依据《美国破产法典》第十五章之规定得到美国法院的承认时,才会在美国境内产生域外效力,进而对美国境内的诉讼及仲裁程序产生中止效果。换言之,外国破产程序获得美国法院的承认是债务人依据《美国破产法典》第362条在美国境内寻求破产救济(包括自动中止其他程序)的前提。

(二)印度破产法下仲裁与司法的角色冲突及协调

1996年《印度仲裁与调解法》于2015年经历了重要修订,在修正案于2015年10月23日生效后,《印度破产法》于2016年5月获得印度议会上下两院的通过。尽管破产法与仲裁法具有不同的立法宗旨和目标,但法院却频频在个案争议的裁断中面临相关具体法律问题,而对这些问题的妥善解决要求法院对两项立法之间的管辖范围及其相互作用进行审查。

在《印度破产法》的适用中,有关合同中订立的仲裁条款的效力以及破产债权人根据《印度破产法》第9条向印度国家公司法法庭提起索赔的未决仲裁程序对破产程序的影响得到了较好的解决。在摩比洛克诉基律纳案中,印度最高法院充分地论证了破产程序(尤其是与正在运转中的债权人有关的破产程序)不能用于逾越或规避其他成文法中关于债务的审理和执行程序②。言外之意,依据《印度破产法》,并不因为债务人启动破产程序而当然地使合同中的仲裁协议归于无效,正在进行中的未决仲裁程序也不因为一方陷入破产局面而自动中止,债务人更不能因为自身在法院进入破产程序而逃避业已

---

① Fotochrome, Inc. v. Copal Company, Limited, 517 F. 2d 512 (1975).
② Mobilox Innovations Pvt. Ltd. v. Kirusa Software Pvt. Ltd., 1 SCC 353 (2018).

作出的仲裁裁决的执行。但是这些论断适用的前提是在一方进入破产程序之前仲裁协议、仲裁程序、仲裁裁决业已存在，即事后出现的破产事项不对先前既存的仲裁事项构成根本性障碍。

此外，在基尚诉维贾伊案中，印度最高法院认定，如果在债务人破产前，双方之间已经存在就有关债权债务关系进行审理的未决仲裁程序，则禁止债权人依据《印度破产法》第9条提出索赔诉讼[1]。据此，根据《印度仲裁与调解法》第21条启动的仲裁程序将导致阻却债权人依据《印度破产法》第9条启动诉讼程序，这是基于有效的仲裁协议具有排除法院司法管辖权的妨诉抗辩效力，这一点在普拉莫德诉迪万案中再次得到了印度最高法院的确认[2]。

在信实公司诉维德案中，法院认定仲裁程序的未决性并不构成禁止依据《印度破产法》第7条启动破产和解程序的法律障碍[3]。然而，鉴于印度国家公司法法庭是作为司法机关履行职责[4]，但当根据《印度破产法》第7条展开的债务诉讼程序正处于启动之际尚未作出判决时，《印度仲裁与调解法》第8条却赋权仲裁庭基于相应的债权债务关系审理债权人的仲裁请求。这就产生了仲裁与司法之间的角色冲突及矛盾。

三、破产与仲裁程序的协调：兼论自动中止规则的具体适用

（一）跨境破产与国际仲裁平行协调的域外经验

由于经过仲裁裁决确定的债权无须再经债权确认程序即可取得执行名义，当事人如果对经仲裁裁决确认的债权持有异议，只能通过启动审判监督程序等特殊程序予以提出，而不能在与破产债权有关的专门异议程序或普通的民事诉讼程序中提出，故仲裁程序的进行对破产程序起着举足轻重的作用[5]。实践中，如何在两类程序的管辖权之间作出合理的分配较为棘

---

[1] K. Kishan v. Vijay Nirman Company Pvt. Ltd., Civil Appeal No. 21824 (2017).
[2] Pramod Yadav v. Divine Infracon Pvt. Ltd., Company Appeal (AT) (Insolvency) No. 251 (2017).
[3] Reliance Commercial Finance Limited v. Ved Cellulose Limited, (2017) C. P. No. (IB) -156 (PB).
[4] Thota Gurunath Reddy v. Continental Hospitals Pvt. Ltd., (2017) Company Appeal (AT) No. 160.
[5] 刘明尧：《破产债权制度研究》，中国社会科学出版社2018年版，第145页。

手。尤其是如果跨境破产程序在一国进行而国际商事仲裁在另一国进行时，分处于两地的平行程序之间的协调将更趋复杂，并且还受到破产程序域外效力承认与否的影响。世凯公司诉维旺迪案深刻揭示了处理这种情况的难度。

在世凯公司诉维旺迪公司案中，债务人波兰电气集团公司是一家波兰公司，是波兰移动电信公司 PTC 的股东。2001 年 9 月，波兰电气集团公司同法国的维旺迪公司签署了一份股权转让协议，约定波兰电气集团公司将其在 PTC 公司的股权转让给维旺迪公司。后因债务人波兰电气集团公司违约，债权人维旺迪公司依据股权转让协议中的仲裁条款，于 2003 年 8 月在 LCIA 提起仲裁。2006 年 3 月，争议双方就股权转让的争议解决事宜达成补充协议，约定"本协议项下的所有争议，包括协议的产生、存续、有效性、可执行性、履行、解释、违约或终止，由 ICC 在瑞士日内瓦仲裁解决"。2006 年 4 月，债权人维旺迪公司向 ICC 申请仲裁。至此，对同一股权转让纠纷，位于英国伦敦的 LCIA 仲裁庭和位于瑞士日内瓦的 ICC 仲裁庭形成了两起同时进行的平行仲裁程序。在两起国际商事仲裁程序进行期间，债务人波兰电气集团公司于 2007 年 8 月向波兰华沙地方法院申请破产。破产程序启动后，华沙地方法院于 2008 年 2 月指定约瑟夫担任债务人的破产管理人，代表法院监督并处置波兰电气集团公司的破产财产和破产债务。被指定为管理人后，世凯公司随即向两仲裁庭递交申请，对仲裁庭的管辖权提出疑问，根据《波兰破产与重整法》第 142 条要求中止两起仲裁程序。对于世凯公司提出的中止申请，英国与瑞士的仲裁庭在处理上大相径庭。

在 LCIA 仲裁程序中，世凯公司根据《波兰破产与重整法》第 142 条主张该案中签订的仲裁协议无效，仲裁程序应当终止[①]。但 LCIA 仲裁庭认定，涉案仲裁协议系基于双方当事人真实意思表示所签订，并不会因为债务人进入破产程序而无效，故仲裁庭对该案拥有管辖权，并裁决波兰电气集团公司违反股权转让协议。世凯公司对 LCIA 仲裁庭的认定不满，遂根据 1996 年《英

[①] 《波兰破产与重整法》第 142 条规定："自破产宣告之日起，破产债务人所签订的任何仲裁协议归于无效，任何未决仲裁程序应当终止。"

国仲裁法》第 69 条第 1 款规定，上诉至英国高等法院①。世凯公司称：根据《欧盟破产条例》第 4 条第 2 款 e 项的规定，当事各方的仲裁协议属于合同，应适用波兰法律来确定破产程序之启动对仲裁协议的效力②。然而，英国高等法院并未采纳世凯公司的主张，而是根据《欧盟破产条例》第 15 条规定，认定破产程序对未决诉讼的效力应当适用诉讼所在国法律，即英国法律而非波兰法律③。英国高等法院特别指出《欧盟破产条例》第 15 条所规定的未决诉讼涵盖未决仲裁，而根据《英国仲裁法》，该案仲裁协议应属有效，仲裁庭的管辖权应予支持。英国上诉法院亦维持了英国高等法院的认定，支持仲裁庭继续行使管辖权。

在 ICC 仲裁程序中，世凯公司同样根据《波兰破产与重整法》第 142 条主张破产程序的启动已经使仲裁协议归于无效，仲裁庭应当终止程序。因瑞士并非欧盟的成员国，故维旺迪公司辩称该案不适用《欧盟破产条例》第 15 条之规定，而应当适用仲裁地法，即瑞士法律作为判定仲裁庭管辖权的准据法。根据《瑞士国际私法法典》第 154 条、第 155 条第 3 款的规定，ICC 仲裁庭认定：关于公司的主体资格及行为能力问题，应当适用公司注册地法律，即波兰法律④。鉴于《波兰破产与重整法》第 142 条已经终止了债务人波兰电气集团公司作为仲裁当事人的主体资格，故该案 ICC 仲裁程序应予终止。维旺迪公司上诉至瑞士最高法院，瑞士最高法院基于同样的逻辑维持了 ICC 仲裁庭的意见，认定仲裁程序应让位于波兰的破产程序。该案中，波兰法院的破产程序对英国和瑞士的仲裁程序产生了截然不同的效果，折射出涉及仲裁的跨境破产争议处理的复杂性，同时也提出了新的问题：国际社会对于自动中止规则的适用是否存在国际共识？在适用自动中止规则时重点考量哪些因素？

---

① 1996 年《英国仲裁法》第 69 条第 1 款规定："除非当事人另有约定，仲裁程序的一方当事人（经通知其他当事人和仲裁庭）可就仲裁程序中所作的裁决的法律问题向法院上诉。"

② 2002 年《欧盟破产条例》第 4 条第 2 款 e 项规定："启动破产程序所在国的法律应当支配破产程序的启动、进行及其终止，其中包括破产程序对于债务人作为当事人的合同的影响。"

③ 2002 年《欧盟破产条例》第 15 条规定："破产程序对于涉及债务人财产或权利的未决诉讼的影响，应当仅受到该未决诉讼所在成员国的法律支配。"

④ 1987 年《瑞士国际私法法典》第 154 条规定："公司如果符合公告或符合登记的规定的，可以适用依其成立的国家的法律。"第 155 条第 3 款规定："调整公司问题的法律，可以适用于以下事项：公司的权利能力和行为能力。"

(二)"自动中止规则"的适用基础

所谓自动中止规则,也称自动冻结规则,是各国破产法中的通行规则,特指当债务人进入法院破产程序后、被法院宣告破产前,涉及该债务人的所有民事诉讼、商事仲裁、强制执行等程序均暂时中止的规则[1]。这一规则的确立有利于防止破产财产的减损,以保障破产债权的平等受偿,同时也为债务人和破产管理人预留缓冲期间,从而为之后的重整或清算做好充分准备。从功能上看,自动中止规则的适用对保护债权人利益具有重要价值,避免个别清偿的同时也对债务人形成规束,不允许债务人在破产后对财产进行转移或对债务加以逃避。但是,各国破产法所规定的自动中止规则往往与仲裁法规定的妨诉抗辩效力存在冲突。

所谓仲裁协议的妨诉抗辩效力,是指法律明文规定有效的仲裁协议具有排除法院诉讼管辖权的效力[2]。之所以赋予仲裁协议排除司法管辖的效力旨在维护仲裁协议当事人对争议解决方式作出的约定,并促使诚实信用原则在仲裁程序中贯穿始终。此类规定的合理性在于当事人既然协议选择了仲裁这一纠纷解决方式,便意味着放弃了就仲裁事项提交法院解决的诉权。这种放弃是基于双方自愿所作出的一种合意安排,亦是程序处分权的体现[3]。为此,当事人必须对其基于理性作出的选择负责,约定仲裁后便不应当再通过向法院起诉解决纷争,否则另一方可以凭借仲裁协议对司法管辖权提出抗辩,从而保证"有仲裁协议即不得诉讼"这一原则[4]。实践中,仲裁协议的妨诉抗辩效力不仅体现在诉讼程序启动阶段,而且贯穿于诉讼程序进行阶段。具言之,部分国家的仲裁立法引入了自动中止或强制中止条款。即当存在仲裁协议的

---

[1] 例如,我国《企业破产法》第二十条规定:"人民法院受理破产申请后,已经开始而尚未终结的有关债务人的民事诉讼或者仲裁应当中止;在管理人接管债务人的财产后,该诉讼或者仲裁继续进行。"该条系我国首次通过立法方式解决仲裁程序与破产程序的冲突,该条款所确立的自动中止规则无疑具有强制性,据此,破产程序启动后,与债务人及其财产有关的所有诉讼及追债行为都必须立即中止。

[2] 例如,《中华人民共和国仲裁法》第五条规定:"当事人达成仲裁协议,一方向人民法院起诉的,人民法院不予受理,但仲裁协议无效的除外。"第二十六条规定:"当事人达成仲裁协议,一方向人民法院起诉未声明有仲裁协议,人民法院受理后,另一方在首次开庭前提交仲裁协议的,人民法院应当驳回起诉。"

[3] 占斌:《仲裁协议妨诉抗辩效力评析》,《长沙大学学报》,2010年第4期。

[4] 常英:《仲裁法学》(第三版),中国政法大学出版社2013年版,第76页。

情况下，如果一方将纠纷提交至法院寻求诉讼解决，另一方可以根据立法中确立的自动中止条款使诉讼程序暂时中止，直到该纠纷通过仲裁方式得到裁决，从而保障仲裁妨诉抗辩效力的实现。然而仲裁的妨诉抗辩效力及仲裁立法规定的自动中止规则是否也适用于破产程序引发的诉讼？破产法规定的自动中止规则是否适用于尚未启动的仲裁？对此，需要从实践视角加以分析。

在非洲移动公司诉华为科技有限公司案中，上诉人非洲移动公司是一家在非洲象牙海岸提供电讯服务的公司，该公司与被上诉人华为公司对破产程序因是否存在仲裁协议而中止产生分歧。该案中，华为公司向美国东加勒比上诉法院提起诉讼，要求对非洲移动公司启动破产清算程序。法院向非洲移动公司送达了关于债务是否到期的法定追偿书后，非洲移动公司向法院申请撤销这一追偿书，理由之一是其货物供应合同中存在仲裁协议，故涉案债务纠纷应通过仲裁方式解决，而不应在法院的破产程序中进行审理①。

一审法院拒绝了非洲移动公司的撤销申请，认为：对于自动中止规则的适用，法院拥有自由裁量权，而法院在决定是否行使自由裁量权中止破产程序时，应当考虑五项原则：①法院应该考虑案件的所有情况；②中止是例外，而非一般规则；③寻求中止的一方必须提供令人信服的证据，证明除非准予中止，否则上诉将被压制或无效；④在行使自由裁量权时，法院适用的实际上是损害平衡的检验标准，其中必须审慎考虑对胜诉方的可能损害。⑤法院还应考虑上诉成功的可能性，只有在上诉理由充分或上诉极有可能成功的情况下，中止才会得到批准。该案中，非洲移动公司若想中止其债务诉讼，需要证明破产清算将对公司的运营产生重大影响。在审理中止申请时，一审法官认定破产清算程序并非一项可以通过仲裁协议同意提交至仲裁解决的争议，故与破产有关的债务不在仲裁协议的适用范围内。

之后非洲移动公司提起上诉，声称：华为公司逾越当事人双方一致选定的争议解决方式径直向法院提起破产清算申请，是完全错误的。为了支撑其主张，非洲移动公司援引了英国上诉法院审理的索尔福德案②。在索尔福德案

---

① C-Mobile Services Ltd v Huawei Technologies Co Limited, BVIHCMAP 2014/0006 and BVIHCMAP 2014/0017.

② Salford Estates Ltd v Altomart Ltd, 3 WLR 491 [2015].

中，英国大法官认定：尽管清算程序属于《英国仲裁法》第 82 条规定的法律程序，但是根据 1986 年《英国破产法》第 122 条第 1 款 f 项的规定，当清算的理由是公司无法清偿到期债务时，《英国仲裁法》第 9 条第 1 款关于强制性中止的规定并不适用于此类清算申请。关于法院作出清算命令的自由裁量权问题，索尔福德案的法官指出：除非存在特殊情况，法院应当在尊重《英国仲裁法》立法政策的前提下行使裁量权。尽管东加勒比上诉法院完全同意索尔福德的裁判意见，但其在非洲移动公司案中提出了三点不同意见：首先，该案供货合同中的仲裁条款仅限于"产生于合同的成立、解释及履行或与此有关的纠纷"，这一表述在适用范围上比索尔福德案中的仲裁条款要窄得多，索尔福德案的仲裁条款涵盖了"出租人与承租人之间关于各自权利义务关系的任何分歧或纠纷"。其次，一审法院已经就该案所涉债务是否存在实质争议作出了审理，并认定不存在实质争议。据此，非洲移动公司向法院提出撤销法定偿债书的请求是根据 2003 年《英国破产法》第 157 条第 1 款规定的强制性理由，而非根据《英国破产法》第 157 条第 2 款规定的裁量性理由。最后，非洲移动公司所声称的仲裁程序并不在进行中，故无法对破产程序中的债务清偿产生中止效果。据此，二审法院同意了一审法院的处理结论，即认定涉案破产争议不在仲裁条款范围内，因此不能强制当事人进行仲裁，从而驳回了当事人的上诉[①]。该案判决从仲裁协议适用的争议范围入手，就仲裁程序对破产程序产生的影响进行了澄清：一方面，基于仲裁协议的妨诉抗辩效力，如果双方当事人协议选择仲裁方式解决争议，则一方不得规避仲裁协议而直接向法院就债务纠纷提起诉讼；另一方面，破产程序的中止包括强制性中止与裁量性中止，如果有关债权债务纠纷不存在实质性争议，则属于强制性中止，如果有关债权债务纠纷尚未得到终局性结论，则法院可通过行使自由裁量权的方式对仲裁与破产间的关系进行协调。

(三) 我国《企业破产法》第 20 条的理解与适用

与其他国家处理平行仲裁与破产程序的总体思路一致，我国立法和实践对仲裁采取了较为友好的立场。具言之，《中华人民共和国企业破产法》（以

---

① Harneys, "Arbitration Agreements and Insolvency Proceedings", https://www.lexology.com/library/detail.aspx? g=ab24339d-eb9f-4a5f-9a7a-305049333f49#3. December 16, 2020 last visited.

下简称《企业破产法》）第二十条规定，当债务人的破产申请被法院受理后，已经开始的未决诉讼或仲裁应当中止，待法院指定的管理人接管债务人财产后，该诉讼或仲裁恢复进行。由此可见，对于破产受理前已经启动的未决仲裁程序，并不因破产程序的启动而归于终止，而仅仅是进入"暂停"状态。待管理人就位后，由管理人接管债务人处理破产受理前的未决仲裁程序。此外，《企业破产法》第二十一条规定，法院受理破产申请后，有关债务人的民事诉讼，只能向受理破产申请的法院提起。据此，在破产程序启动后，如果当事人提起新的涉及债务人的诉讼，将由受理破产程序的法院予以集中管辖。相比于第二十条所用的"诉讼或仲裁"，第二十一条仅针对"诉讼"。由此便产生了一定的法律"真空"地带，即当债务人进入破产程序后，债权人能否以债务人破产前所订立的仲裁协议就有关合同纠纷申请仲裁，抑或只能向破产法院提起诉讼？对此，《最高人民法院关于适用〈中华人民共和国企业破产法〉若干问题的规定（三）》（以下简称《破产法司法解释（三）》）第八条已经作出了明确规定，即当事人之间在破产申请受理前订立有仲裁条款或仲裁协议的，应当向选定的仲裁机构申请确认债权债务关系。由此可见，《企业破产法》确立的破产法院专属管辖权并不能排除仲裁协议的效力，在当事人之间订有有效仲裁协议的情况下，应当通过仲裁方式解决争议，而并非一味地提交破产法院进行诉讼。

不过，对于《破产法司法解释（三）》第八条所确立的处理方案，亦不乏批判意见。有观点称《中华人民共和国仲裁法》（以下简称《仲裁法》）第五十八条虽然确立了针对错误仲裁裁决的司法审查和监督机制，但是法院的监督仅限于仲裁中的程序性错误。如果仲裁审理不存在程序瑕疵但在实体处理方面有误，则缺乏有效救济方案[1]。与此同时，存在实体错误的生效仲裁裁决仍然可以作为据以申报破产债权的依据，这无疑将影响其他债权人的利益，故而有必要对破产申请受理后的仲裁予以必要的规制。依《承认及执行外国仲裁裁决公约》第5条第1款甲项，当事人根据对其适用的法律为无行为能力者，法院可拒绝承认及执行该裁决。由此，在分析破产程序启动后债权人还能否依赖债务人破产前订立的仲裁协议申请仲裁时，有必要对债务人

---

[1] 刘经涛：《跨国破产程序与国际商事仲裁程序的冲突》，李曙光、郑志斌：《破产与并购》（第1辑），法律出版社2020年版，第234页。

的行为能力进行探讨。意即当涉及债务人的破产清算案件被法院受理后,债务人是否还具备与破产前一致的行为能力。事实上,《企业破产法》已对这一问题给出了回应,根据该法第十三条,法院在受理破产案件时,应当同时指定破产管理人,管理人接受法院的指定后,有权接管债务人财产并决定债务人的内部管理事务。这便不难理解债务人本身的行为能力因破产程序的启动而暂时进入"冷冻"状态,退出公司的日常经营管理①。相应地,与公司有关的经营管理事务处于管理人的职权之内,且管理人在行使管理权时受到来自法院、债权人会议和债权人委员会的共同监督。从破产管理人的职权来看,管理人所采取的行动包括保持破产财产、处理破产债务等,而对于债务人在破产前所签订的仲裁协议,管理人有权根据《企业破产法》第十八条选择解除或履行。这就意味着,仲裁协议并不必然具备优先于破产法院专属管辖的绝对效力,这在一定程度上取决于管理人的决策。

四、破产程序中仲裁裁决的撤销及管辖

(一)我国破产程序中仲裁裁决撤销及管辖的立法实践

之前探讨了因破产程序与仲裁程序交叉所产生的债权确认问题,事实上,在仲裁裁决作出后,如债权人根据仲裁协议向管理人申报债权遭到拒绝时,还可能产生管理人能否申请撤销仲裁裁决及此类案件的管辖问题。在我国,《企业破产法》《仲裁法》《破产法司法解释(二)》《破产法司法解释(三)》对此都作出了相应的规定(见表6-6),但这些规定之间并不完全一致,因此在实践中产生了新问题。

表6-6 我国法律及司法解释中涉及破产债务人仲裁裁决撤销案件管辖权的规定

法律法规名称	生效日期	相关规定	未决问题
《仲裁法》	1995年9月1日	第五十八条规定:"当事人提出证据证明裁决有下列情形之一的,可以向仲裁委员会所在地的中级人民法院申请撤销裁决。"	《仲裁法》与《企业破产法》之间是否存在特别法与一般法的关系,尚存争议

---

① Jason Chuah: Resolving unresolved relationship problems: the case of cross border insolvency and pending arbitrations, *European Company and Financial Law Review*, Vol. 8, No. 4, 2011, p. 440.

续表

法律法规名称	生效日期	相关规定	未决问题
《企业破产法》	2007年6月1日	第二十一条规定:"人民法院受理破产申请后,有关债务人的民事诉讼,只能向受理破产申请的人民法院提起。"	法院以裁定方式审查撤销仲裁裁决的事项是否属于民事诉讼的范围,尚存争议
《破产法司法解释(二)》	2013年9月16日	第四十七条第三款规定:"受理破产申请的人民法院,如对有关债务人的海事纠纷、专利纠纷、证券市场因虚假陈述引发的民事赔偿纠纷等案件不能行使管辖权的,可以根据《民事诉讼法》第三十七条的规定,由上级人民法院指定管辖。"	破产法院不能行使管辖权的例外情形是否可以扩张至仲裁案件;在上级法院未行使指定管辖的情况下,管辖法院是否可以根据《仲裁法》第五十八条确定为仲裁委员会所在的中级人民法院,尚存争议
《破产法司法解释(三)》	2019年3月28日	第七条第二款规定:"管理人认为债权人据以申请债权的生效法律文书确定的债权错误,或者有证据证明债权人与债务人恶意通过诉讼、仲裁或者公证机关赋予强制执行力公证文书的形式虚构债权债务的,应当依法通过审判监督程序向作出该判决、裁定、调解书的人民法院或者上一级人民法院申请撤销生效法律文书,或者向受理破产申请的人民法院申请撤销或者不予执行仲裁裁决、不予执行公证债权文书后,重新确定债权。①"	该条款确立的由破产法院专门管辖的原则是否适用于根据《仲裁法》第五十八条申请撤销仲裁裁决的各类情形,尚存争议

---

① 《山东省高级人民法院企业破产案件审理规范指引(试行)》第110条第2款规定:"债权人、债务人或者管理人认为债权人据以申报债权的生效法律文书确定的债权错误,或者有证据证明债权人与债务人恶意通过诉讼、仲裁或者公证机关赋予强制执行力公证文书的形式虚构债权债务的,应当……向受理破产申请的人民法院申请撤销或者不予执行仲裁裁决、不予执行公证债权文书后,重新确定债权。"该条款与《破产法司法解释(三)》第七条第二款相类似,但是撤裁主体更为宽泛,包括债权人、债务人及管理人。

通过比较上述规定,有观点指出《破产法司法解释(三)》第七条明确肯定了破产管理人申请撤裁的诉讼主体资格,并规定管理人申请撤裁的管辖法院为破产法院。这一规定在一定程度上突破了《仲裁法》第五十八条关于申请撤裁案件管辖的规定[①]。但是《破产法司法解释(三)》的新规定也引发了新问题:首先,破产管理人申请撤裁的法律地位是什么?这是否为案外人申请撤销仲裁裁决提供了制度基础?其次,破产管理人申请撤销仲裁裁决的法定情形是否与当事人申请撤销仲裁裁决一致?最后,由破产法院管辖撤裁案件,是否会产生造成地域管辖、级别管辖的冲突?

(二) 管理人申请撤销仲裁的主体地位及理由

对于前述第一个问题,通常认为破产管理人是指破产案件中,在法院的指挥和监督之下全面接管破产财产并负责对其进行保管、清理、估价、处理和分配的专门机构[②]。至于破产管理人究竟是以自己名义还是以债务人代表的身份申请撤销仲裁裁决,取决于其据以撤销仲裁裁决的理由,以及破产管理人提出撤销仲裁裁决申请的行为是出自哪一方利益保护的考虑。如果管理人是根据《破产法司法解释(三)》第七条第二款规定的"据以申报债权的生效法律文书确定的债权错误"而申请撤裁,则可认定管理人此时是维护债务人的利益,体现债务人的意志,自然应当作为债务人的代表人提出申请。与此相反,当债务人与个别债权人通过恶意仲裁虚构债权债务、借助于偏颇行为或欺诈行为擅自处分破产财产时,债务人本身即属恶意串通行为的当事方,其虚假仲裁多是为了自己、关联方或个别债权人的利益。此时管理人申请撤裁是依据自己的判断,为了维护破产财团及其他债权人的利益所开展的追回行为,并非为债务人利益[③]。如此时仍将管理人视为债务人的代表人,在逻辑上便存在悖论,故有认可管理人独立法律

---

① 朱华芳:《2019年度仲裁司法审查实践观察报告:申请撤销仲裁裁决制度实践观察》,载搜狐网,https://www.sohu.com/a/385905653_159412,最后访问日期:2020年4月6日。

② 根据《企业破产法》第十三条、第二十二条、第二十五条,人民法院裁定受理破产申请的,应当同时指定管理人,管理人的职责之一是代表债务人参加诉讼、仲裁或者其他法律程序。

③ 孙兆晖:《破产撤销权制度研究:制度功能视角下的一种比较法进路》,中国政法大学出版社2019年版,第196页。

第六章
北京更高水平对外开放中的仲裁程序优化及协调

地位的必要。相应地，对于前述第二个问题，管理人独立申请撤销仲裁裁决制度的确立，为案外人申请撤销仲裁裁决提供了可能性，而这无疑是对我国过往立场的重要调整。

事实上，在过去，无论是《联合国国际商事仲裁示范法》第 34 条抑或我国最高人民法院的复函，都仅允许仲裁案件的当事人提出撤销仲裁裁决的申请，而不允许案外人申请撤销裁决[1]。这种情况对于虚假仲裁情形下的案外人利益保护形成了制度性障碍，故已有部分法院就案外人申请撤销或不予执行仲裁裁决作出了尝试[2]。2018 年《最高人民法院关于人民法院办理仲裁裁决执行案件若干问题的规定》第九条首次确立了案外人申请不予执行虚假仲裁裁决制度，这为案外人申请撤销仲裁裁决制度提供了前车之鉴。鉴于现代仲裁法律制度对欺诈和虚假仲裁都可采取"零容忍"的态度，将欺诈和恶意造假行为纳入实体性公共政策的视界和范围之内予以审查和反制确有必要。根据《破产法司法解释（三）》第七条第二款，管理人申请撤销仲裁裁决有两种情形：一是"据以申报债权的生效法律文书确定的债权错误"，二是"债权人与债务人恶意通过仲裁虚构债权债务"。不可否认的是这两项撤裁理由涉及对仲裁裁决实体错误的审查与认定，范围较《仲裁法》第五十八条列明的法定情形要更为宽泛。但是并不能认为该条款扩大了撤销裁决的法定事由，而应当仅限于管理人所提出的撤销申请，且必须提供充分的证据证明。原则上，债权人或债务人作为仲裁当事人申请撤裁的理由仍应限定为《仲裁法》第五十八条所列情形，即便债权人或债务人认为裁决确定的债权存在错误，也不能通过撤裁程序否定仲裁裁决的效力。

当然，《破产法司法解释（三）》第七条的规定，显然并非完全开放

---

[1] 《最高人民法院关于对崇正国际联盟集团有限公司申请撤销仲裁裁决人民法院应否受理的复函》（〔2001〕民立他字第 36 号）已经明确，"《仲裁法》第七十条规定的'当事人'是指仲裁案件的申请人或被申请人，崇正国际联盟集团有限公司并非 V19990351 号仲裁案件的申请人或被申请人，该公司不具备申请撤销该仲裁裁决的主体资格，故对该申请人民法院不予受理。"

[2] 例如，《陕西省高级人民法院关于审理涉及国内民商事仲裁案件若干问题的规定（试行）》（陕高法〔2010〕374 号）第 23 条规定："案外人对仲裁裁决书、调解书确定的执行标的物主张权利，可以在知道或者应当知道仲裁裁决作出之日起 3 个月内，向仲裁机构所在地的中级人民法院申请撤销。"

案外人申请撤销仲裁裁决,而仅针对破产管理人进行有限制地缓和。何况,设立案外人就虚假仲裁申请撤销仲裁的裁决制度并非唯一的方案。即便不设立此类制度,法院在审理当事人的撤裁申请或者执行申请时亦可主动依职权审查裁决是否违反了社会公共利益。因此,有观点指出如果对《破产法司法解释(三)》第七条进行扩张解释从而认为所有案外人均可就仲裁程序是否违规、实体裁决是否存在瑕疵等事由申请撤销仲裁裁决,将导致抱薪救火,既与国际通行做法不符,也会对仲裁的发展造成不利冲击①。

(三) 管理人申请撤销仲裁的管辖

对于前述第三个问题,破产管理人应向受理破产申请的人民法院申请撤裁,这是基于《企业破产法》第三条关于破产案件集中管辖的考虑,但可能由此引发级别管辖的冲突。《仲裁法》第五十八条规定,撤裁案件的管辖法院为仲裁机构所在地中级人民法院;若受理破产申请的法院为基层人民法院,破产管理人申请撤裁的,该基层人民法院是否具有管辖权?对此,考虑到撤裁案件根据《仲裁法》的规定应由中级人民法院管辖,应当认为基层法院原则上不应直接受理此类撤裁申请,应当根据《破产法司法解释(二)》第四十七条之规定,由破产法院的上一级人民法院提审。对于破产法院或破产法院的上级法院拟撤销仲裁裁决的案件,亦应根据《最高人民法院关于仲裁司法审查案件报核问题的有关规定》进行报核。

与此同时,在破产法院与仲裁委员会所在地法院之间,究竟由哪一法院管辖破产管理人的撤裁申请更为适当,这一问题在实践中存在不一致性(见表6-7)。从我国法院的案例来看,既有仲裁委员会所在地法院管辖的案例,亦不乏由破产法院管辖的案例。这在一定程度上反映了因破产与仲裁的程序交叉所导致的仲裁裁决撤销制度本身的定位问题。

---

① 王生长:《司解新突破:赋权管理人撤销仲裁裁决》,载微信公众号"破产法快讯",https://mp.weixin.qq.com/s/lrcl1OZJ4LLkVA9m8rhKnw,最后访问日期:2019年7月8日。

表 6-7　申请撤销仲裁裁决之管辖权异议纠纷的典型案例

案件名称	案号	管辖法院	管辖权异议	法院观点	裁判要旨
佛山市南海圣城仓储有限公司、简某某申请撤销仲裁裁决案	（2017）粤01民特1284号	广东省广州市中级人民法院	广东省佛山市中级人民法院已于2016年9月26日裁定受理破产重整申请，并于2017年8月裁定债务人破产清算，并根据《企业破产法》第二十一条指定广东省佛山市南海区人民法院办理	涉案仲裁裁决由广州仲裁委员会作出，根据《仲裁法》第五十八条应由仲裁委员会所在地中级人民法院管辖，广州中院有管辖权	本案为当事人申请撤销仲裁裁决纠纷，应根据《仲裁法》第五十八条进行审查。《企业破产法》第二十一条是针对进入破产清算程序的企业的民事诉讼所作的相关规定，而仲裁案件并非民事诉讼
陕西嘉亨实业发展有限公司破产管理人申请陕西黄河工程建设有限公司撤销仲裁裁决案	（2017）陕01民特135号	陕西省西安市中级人民法院	涉案仲裁裁决由西安仲裁委员会于2006年7月18日作出，在此之前，陕西省西安市中级人民法院已于2016年3月29日受理了债权人对嘉亨公司的破产重整申请，仲裁程序应当根据《企业破产法》第二十条中止而未中止	在仲裁委受理仲裁申请后，仲裁程序终结前，人民法院已经受理了债权人对嘉亨公司的破产申请，但本案仲裁委并未中止仲裁，且管理人成立后仍然由债务人的法定代表人进行仲裁，程序违法，裁决应予撤销	根据《企业破产法》第20条，债务人破产后，已经开始而尚未终结的有关债务人的仲裁应当中止；在管理人接管债务人的财产后，该仲裁继续进行。西安中院既是本案破产法院，也是仲裁机构所在地的法院，享有撤销权

续表

案件名称	案号	管辖法院	管辖权异议	法院观点	裁判要旨
山东沂通石化有限公司破产管理人、山东省显通安装有限公司申请撤销仲裁裁决案	（2017）鲁09民特10号	山东省泰安市中级人民法院	涉案仲裁裁决由泰安仲裁委员会作出，山东省泰安市沂水县人民法院于2017年2月10日作出裁定，受理了债权人对山东沂通石化有限公司的破产清算申请	根据《仲裁法》第五十八条，泰安作为仲裁委员会所在地，本案法院有权管辖撤裁申请。破产管理人具有诉讼主体资格，其自身可提出撤销申请。本案不存在《仲裁法》第五十八条规定的情形，裁定驳回撤销申请	本案系申请撤销仲裁裁决纠纷，该类纠纷的审查范围仅限于仲裁裁决是否存在法定的撤销情形，并不以解决当事人的民事权利争议为直接目的，破产管理人属于适格当事人
运城东晟关公文化交流有限公司管理人与李某某等申请撤销仲裁裁决案	（2018）京04民特161号	北京市第四中级人民法院	山西省运城市中级人民法院已裁定受理运城公司的破产清算申请，中城投公司在债权申报期限内向破产管理人申报债权，仲裁的事项不属于仲裁协议的范围或者仲裁委员会无权仲裁，应由破产法院集中管辖	本案争议不具有涉外因素，应根据《仲裁法》第五十八条，由仲裁委员会所在地的中级人民法院进行审查，并非破产法院集中管辖	《企业破产法》关于破产案件集中管辖的规定，是针对民事诉讼而言。本案当事人约定的仲裁条款有效，一方依据仲裁条款申请仲裁，合法有据

324

续表

案件名称	案号	管辖法院	管辖权异议	法院观点	裁判要旨
深圳市利盛通实业有限公司、中铁十一局集团建筑安装工程有限公司普通破产债权确认纠纷案	（2019）最高法民申2565号	最高人民法院	涉案合同约定：如因欠付工程款引发纠纷，由武汉仲裁委员会仲裁解决。2015年8月17日，武汉仲裁委受理了涉案建设工程施工合同纠纷。2017年5月11日，法院受理了凯通公司的破产重整申请，根据《企业破产法》第二十条，债务人进入破产程序后，应中止仲裁程序等待管理人接管	本案仲裁在一审法院受理破产申请后，未中止待破产管理人接管财产，其程序与《企业破产法》第二十条不符。但根据原审查明的事实，管理人在仲裁调解书送达后，对相关程序、实体问题进行了审查，并未表示异议，故程序上虽有不当，但管理人已经履行了职责，并无不当	仲裁程序并未因公司破产而中止，程序上虽有瑕疵，但如果管理人已经对相关程序及实体问题进行确认，则并不会导致仲裁裁决被撤销
亿阳集团股份有限公司与纳斯特投资管理有限公司、亿阳信通股份有限公司申请撤销仲裁裁决案	（2019）粤民辖终324号	广东省高级人民法院	黑龙江省哈尔滨市中级人民法院已作出裁定受理亿阳集团股份有限公司的破产重整申请，根据《企业破产法》第二十一条，本案诉讼破产重整申请被法院受理之后，应由破产法院集中管辖	涉案仲裁裁决由广州仲裁委员会作出，广东省广州市中级人民法院作为该仲裁机构所在地的中级人民法院，受理撤销涉案仲裁裁决的申请合法有据，驳回上诉，维持原裁定	综合《企业破产法》第二十一条、《破产法司法解释（二）》第四十七条第三款、《仲裁法》第五十八条，在上级法院未指定管辖的情况下，应由仲裁委员会所在地的中级人民法院受理撤裁申请

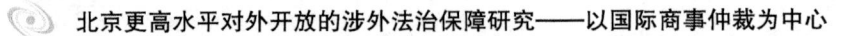

续表

案件名称	案号	管辖法院	管辖权异议	法院观点	裁判要旨
亿阳集团股份有限公司、深圳前海海润国际并购基金管理有限公司申请撤销仲裁裁决案	（2019）粤民辖终325号	广东省高级人民法院	黑龙江省哈尔滨市中级人民法院已作出裁定受理亿阳集团股份有限公司的破产重整申请，根据《企业破产法》第二十一条，本案诉讼破产重整申请被法院受理之后，应由破产法院集中管辖	涉案仲裁裁决由广州仲裁委员会作出，广东省广州市中级人民法院作为该仲裁机构所在地的中级人民法院，受理撤销涉案仲裁裁决的申请合法有据，驳回上诉，维持原裁定	综合《企业破产法》第二十一条、《破产法司法解释（二）》第四十七条第三款、《仲裁法》第五十八条，在上级法院未指定管辖的情况下，应由仲裁委员会所在地的中级人民法院受理撤裁申请
罗某某、台山市威宏建材有限公司申请撤销仲裁裁决案	（2019）粤民辖终500号	广东省高级人民法院	申请撤销仲裁裁决是既有仲裁程序的延续，不属于《企业破产法》第二十一条"有关债务人的民事诉讼"范畴，不应适用集中管辖；《破产法司法解释（三）》第七条仅限于债权错误及虚构债权债务，其他撤裁申请应适用《仲裁法》第五十八条，由仲裁委员会所在地的中级人民法院管辖	一审法院已作出裁定，受理案外人对威宏公司的破产清算申请。后威宏公司破产管理人以仲裁裁决在程序上和实体上存在错误为由，向受理破产申请的一审法院申请撤销仲裁裁决，符合《企业破产法》第二十一条之规定，一审法院对本案具有管辖权，驳回上诉，维持原裁定	根据《企业破产法》第二十一条，人民法院受理破产申请后，有关债务人的民事诉讼，只能向破产法院提起。根据《破产法司法解释（三）》第七条第二款，管理人认为债权人据以申请债权的生效法律文书确定的债权错误，应当向破产法院申请撤销仲裁裁决

续表

案件名称	案号	管辖法院	管辖权异议	法院观点	裁判要旨
山西国益生物发电有限公司因与江苏新中环保股份有限公司、晋能电力集团有限公司买卖合同纠纷管辖权异议案	（2019）苏05民辖终48号	江苏省苏州市中级人民法院	根据涉案合同第18.1款和第18.2款的约定，本合同的争议应由临汾仲裁委员会管辖；涉案合同第18.3款关于"如对仲裁结果不服，可向临汾市中级人民法院提起诉讼"的约定仅是对于提起仲裁不予执行案件或者撤销仲裁案件管辖法院的明确，并非或裁或诉条款	涉案合同第18条的约定前后衔接、逐层递进，应理解为双方已经达成合意，以仲裁方式解决双方争议，后可向仲裁委员会所在地的中级人民法院申请撤销仲裁裁决。因此，双方当事人理应受涉案合同中订立的仲裁条款的约束，故裁定撤销一审裁定，驳回起诉	根据《企业破产法》第二十一条，人民法院受理破产申请后，有关债务人的民事诉讼，只能向受理破产申请的人民法院提起。该规定针对的是有关债务人的民事诉讼，并不涉及仲裁，人民法院受理破产申请后，有关债务人的仲裁不受此限
湖北力欧复合石材科技有限公司诉佘某某、姜某某申请撤销仲裁裁决案	（2019）鄂11民特12号	湖北省黄冈市中级人民法院	本案为申请撤销仲裁裁决纠纷，各方对裁决确定的债权并无争议，《破产法司法解释（三）》第七条仅适用于债权错误或者债权人债务人虚构债权债务的情形，在本案中并不适用。本案应适用《仲裁法》第五十八条移送至东莞市中级人民法院管辖	黄冈中院已于2019年4月23日作出裁定，受理湖北力欧复合石材科技有限公司的破产清算申请。力欧公司作为债务人，与其有关的民事诉讼只能向破产法院提起，黄冈中院对力欧公司的撤裁申请具有专属管辖权，驳回管辖权异议	根据《企业破产法》第二十一条，人民法院受理破产申请后，有关债务人的民事诉讼，只能向受理破产申请的人民法院提起

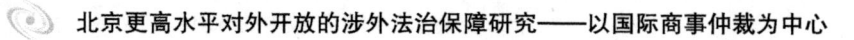

续表

案件名称	案号	管辖法院	管辖权异议	法院观点	裁判要旨
四川集奥建筑工程有限公司与成都信城置业有限责任公司、四川双杰长枫房地产开发有限公司建设工程施工合同纠纷管辖案	（2019）川民辖63号	四川省高级人民法院	涉案仲裁裁决由成都仲裁委员会作出，被告向四川省成都市中级人民法院申请撤销裁决被驳回，遂向四川省资阳市中级人民法院请求不予执行。原告诉至四川省成都市郫都区人民法院，请求返还履约保证金。期间，资阳中院受理被告的破产申请，郫都法院请求移送管辖	资阳中院已经裁定批准被告的重整计划，现正在重整计划执行期。重整计划执行期间，与债务人有关的诉讼应当根据普通民事案件的管辖原则确定管辖，本案系建设工程施工合同纠纷，工程所在地在四川省成都市郫都区，应由郫都法院管辖	在破产重整计划执行期间，与债务人有关的民事诉讼应当根据普通民事案件的管辖原则确定有管辖权的法院
北京海文众益商贸有限责任公司与北京市农工商开发贸易公司申请撤销仲裁裁决案	（2019）京04民特602号	北京市第四中级人民法院	当事人在收到中间裁决后的法定期限内提出了撤销申请，但因农工商开发公司被北京市第二中级人民法院宣告破产，该案管辖发生争议，最终于2017年9月27日由北京市第三中级人民法院立案受理。涉案纠纷属于破产案件，应当由破产法院专属管辖	综合《企业破产法》第二十条、第二十一条及《破产法司法解释（三）》第八条，当事人之间在破产申请受理前订立有仲裁协议的，应当通过仲裁确认债权债务关系。经审查，本案不存在《仲裁法》第五十八条规定的撤销情形，故裁定驳回撤销申请	从《企业破产法》第二十一条的文义解释及体系解释出发，根据民事诉讼与仲裁系两种不同的纠纷解决机制，不能得出有关债务人的仲裁案件亦由破产法院集中管辖的结论

续表

案件名称	案号	管辖法院	管辖权异议	法院观点	裁判要旨
黄某某、安顺市钢固达房地产开发有限公司管理人申请撤销仲裁裁决案	（2020）黔民辖终15号	贵州省高级人民法院	根据《仲裁法》第五十八条，申请撤销仲裁裁决只能是仲裁裁决的当事人，钢固达公司并未提出撤裁申请，钢固达公司管理人无权以自己的名义提出撤裁申请。当《仲裁法》与《破产法司法解释（三）》存在冲突时，应适用《仲裁法》第五十八条，由厦门市中级人民法院管辖	本案中，贵州省安顺市中级人民法院已于2015年6月受理债务人的破产重整申请，故本案管辖根据《企业破产法》第二十一条和《破产法司法解释（三）》第七条第二款规定予以确定，由受理破产申请的人民法院管辖，驳回上诉，维持原裁定	关于申请撤销仲裁裁决案件的管辖，根据《企业破产法》第二十一条，应由受理破产申请的法院管辖。《企业破产法》第二十一条是关于破产衍生诉讼专属管辖的规定，其相对于《仲裁法》属于特别条款，在破产程序中应当优先适用
北京炎隆歆韵国际贸易有限公司与韩某申请撤销仲裁裁决案	（2020）京01民特57号	北京市第一中级人民法院	涉案仲裁调解书由北海国际仲裁院作出，后北京市第一中级人民法院裁定受理债权人对炎隆歆韵公司的破产清算申请，炎隆歆韵公司提出撤裁申请，韩某称北京市第一中级人民法院对本案无管辖权，应由仲裁机构所在地法院管辖	根据《企业破产法》第二十一条及《破产法司法解释（三）》第七条第二款，北京市第一中级人民法院已于2020年3月13日裁定受理债权人对炎隆歆韵公司的破产清算申请，故对本案有管辖权	涉及破产债务人的仲裁裁决撤销申请属于破产衍生诉讼，应根据《企业破产法》第二十一条确定管辖，但对于撤销仲裁裁决的法律依据、审查范围及标准应适用《仲裁法》第58条，不因债务人进入破产程序而有所区别

五、对破产程序与仲裁程序交叉的协调方案

破产程序与仲裁程序之所以发生交叉,缘于破产法院的集中管辖与仲裁协议的妨诉抗辩效力之间的冲突。这突出表现为仲裁立法对当事人进入破产后的程序效果界定不清、破产法对自动中止规则的适用范围存在扩张趋势、据以确认破产债权的仲裁裁决在撤销环节缺乏有效规制等问题。究其根源对交叉问题的妥当处理应以仲裁与破产关系的厘清作为最终落脚点。通过比较国内外立法和典型案例可以发现,很难说仲裁法与破产法之间存在一般法与特别法之间的关系,也很难"一刀切"式地确立二者在法律适用过程中的优劣顺序。以我国为例,《仲裁法》与《企业破产法》在调整对象及适用范围上各有侧重:《仲裁法》所解决的交叉问题一方面是争议事项可仲裁性的界定,另一方面是明确当事人申请撤销仲裁裁决案件的管辖和条件;而关于破产程序启动后能否对仲裁程序产生中止效力并进而允许破产管理人重新对仲裁裁决所确定的债权加以确认,则是《企业破产法》的规制范畴。由此可见,试图单纯从某一法律体系得出问题的全部答案是不现实的,交互式思维相较于单线条思维更有助于问题的厘清。固然,根据《仲裁法》第五十八条有权管辖申请撤销仲裁裁决案件的法院为仲裁委员会所在地的中级人民法院,此类法院在审理仲裁司法审查案件方面具有较为丰富的经验,可较好地保证案件质量,避免对立裁决。但是破产程序关乎社会公共利益的实现,破产程序所确立的集中统一清偿的理念排除了个别债权人依据仲裁协议寻求的救济[①]。相应地,由破产法院对申请撤销作为确认债权依据的仲裁裁决案件进行专门管辖,更有利于维护公正价值。因此,在法院受理申请后作出裁定前,所涉债权即为待定债权,暂缓认定;若法院驳回撤裁申请,则破产管理人应根据生效裁决确认债权;若法院裁定撤销涉案裁决,破产管理人应依法确认或不予确认该债权;异议人有权对此提起债权确认之诉以寻求救济。

[①] 破产法的价值基础在于公平和效率,公平价值要求除具有物上担保的债权或基于公共政策衍生的优先权外,普通破产债权应当公平清楚;效率价值要求从经济学视角将破产程序作为社会成本最小化的工具。马更新:《破产程序与民刑交叉的衔接与协调》,陈夏红、闻芳谊:《破产重整实务指南》,法律出版社2019年版,第283页。

第六章
北京更高水平对外开放中的仲裁程序优化及协调

本 章 小 结

国际商事仲裁临时措施的审查、签发、承认与执行是当前国际社会在跨国民商事争议解决方面面临的重大挑战。有些国家将临时措施的决定权交由法院行使，有些国家将此权力交予仲裁庭，还有些国家将此种权力交由法院与仲裁庭并行行使，这背后折射出国际商事仲裁庭是否享有程序上的自治权以及权力的边界。特别是由于只有极少数国家在国内立法中解决了域外临时措施在本国的承认与执行问题，故最理想的方案是在国际商事仲裁临时措施的承认与执行方面构建多边的仲裁司法协助公约。然而这一构想虽然完美，但并不现实。更具有可行性的路径是：在现有的《纽约公约》框架下或者在《示范法》的条款中探讨临时措施跨境承认及执行规则的建构及完善。由此，一方面有必要对仲裁裁决的含义进行适当的扩张解释；另一方面也有必要对公约现有的拒绝承认及执行外国仲裁裁决的规定进行必要的调适，使之符合临时措施承认及执行的制度需求。

在维护公共利益的破产程序和维护当事人意思自治的仲裁程序之间无疑存在着冲突。有些当事人为规避仲裁程序而恶意提起破产程序的同时，不排除有一方为了规避破产程序而故意申请仲裁。因此，法院应该依照各个案情而定，查清债务是否有实质争议，以及仲裁协议是否有效。值得一提的是在拟订仲裁协议的时候或许可以根据当事人协议清楚明确规定破产和清算程序是否申请仲裁。

对于破产程序与仲裁程序发生冲突时的解决对策，应当区分不同的情况。对于仲裁协议签订在先、破产受理在后的情况，有学者在管理人选择说基础上进一步提出可以依据仲裁协议中的事项是否属于债务人可处分事项、是否适用破产法的特别规定等要素进行类别型考察，参照破产法框架下待履行合同的处理规则，允许破产管理人单独解除或履行仲裁协议。笔者较为认同此观点，如此一来，仲裁有利于全体债权人利益和破产财产价值最大化的，破产管理人可以决定履行仲裁协议；而对于那些不利于破产债权人全体利益的仲裁，破产管理人应当解除仲裁协议并把纠纷付诸诉讼。同时，因仲裁协议的解除或继续对全体债权人有重要影响，破产管理人在行使选择权时负有勤勉忠实义务，并应作为债权人委员会报告事项进行报告。

对于破产受理在先、仲裁协议签订在后的情况，当个人本位与社会本位发生冲突时，可以优先适用破产规则。利用破产程序由国家公法介入私法领域的企业救济措施，协调不特定利益相关者的权益，保护社会公共利益；当个体本位的实现有助于社会本位的实现或与社会本位的实现不相冲突时，应在特定情形下尊重当事人的意思自治，允许破产管理人选择通过仲裁或诉讼方式解决争议。同时，可将破产程序中涉及的各类事项进行区分，对于涉及众多债权人利益或社会公共利益的核心事项，可以从立法层面作出封闭的列举式规定，排除仲裁管辖。

第七章
北京更高水平对外开放中的国际经贸争端解决机制

本章提要

联合国贸易与发展会议（UNCTAD）发布的《2021年世界投资报告》统计，中国现已成为全球第二大外国直接投资输入国，同时也是全球第一大外国直接投资输出国，投资总额达1 330亿美元[1]。与此同时，根据商务部的统计，我国已成为全球第一货物贸易大国、世界第二大经济体[2]。面对新冠肺炎疫情对世界经济的严重冲击，我国不但没有停止对外经贸合作的脚步，而且积极参与国际竞争与合作，在国际贸易、国际投资、国际商事等领域实现了平稳、健康且有序的发展。2022年1月1日，《区域全面经济伙伴关系协定》（*Regional Comprehensive Economic Partnership*，RCEP）正式生效实施，这是东亚区域合作收获的极具标志性意义的成果，为世界经济复苏注入了新动力。在我国立足新发展阶段、贯彻新发展理念、构建新发展格局的关键期，RCEP的实施无疑是具有里程碑意义的重大事件。如何把握好、利用好这个占世界人口数量最多、成员结构最多元、经贸规模与发展潜力最大的自由贸易协定，

---

[1] UNCTAD, *World Investment Report 2021: Investing in Sustainable Recovery*, Geneva: United Nations Publications, 2021, p. 5.

[2] 高虎城：“从贸易大国迈向贸易强国”，中华人民共和国商务部官网：http://www.mofcom.gov.cn/article/ae/ai/201403/20140300504229.shtml，最后访问日期：2022年1月20日。

迎接其带来的机遇、应对其带来的挑战，从而减少区域经济复杂所带来的不确定性，已成为我国持续推进更高水平对外开放、全力构建国内国际双循环相互促进的新发展格局所不容忽视的重要议题。在实施RCEP的过程中，区域内的国际投资贸易纠纷势必增加。深入研究RCEP的争端解决机制，有助于推动形成更加公正合理的全球治理体系。

第一节 RCEP的国际贸易争端解决机制

一、RCEP国际贸易争端解决机制的出台背景

（一）争端解决机制是自由贸易体系不可或缺的重要内容

国际贸易的发展有赖于具有明确性、权威性、可操作性的国际贸易规则体系，其中就包括国际贸易争端纠纷解决规则体系[1]。无论是对于以世界贸易组织（World Trade Organization，WTO）为主导的多边自由贸易体系，还是对于区域贸易协定（Regional Trade Agreement，RTA）等其他形式的自由贸易体系，争端解决机制都是不可或缺的重要内容。争端解决机制常被誉为"WTO皇冠上的明珠"[2]。WTO第一任总干事鲁杰罗曾提出：如果不提及争端解决制度，任何对WTO的评论都是不完整的，在许多方面讲，争端解决机制是多边贸易体制的核心支柱，也是WTO对全球经济稳定作出的最为独特的贡献[3]。

就性质而言，RCEP属于典型的RTA。但是对于RTA的界定，学术界尚未形成统一的认识。目前，主要存在五分法与四分法两类主流观点。其中，五分法基于成员方之间经济整合程度及相互依存关系的不同，将RTA区分为优惠性贸易安排、自由贸易区、关税同盟、共同市场和经济同盟五类；而四分法则将优惠性贸易安排排除在RTA的范畴之外，理由是按照WTO的统计

---

[1] 汤维建：《完善涉外法治体系 增强对外贸易综合竞争力》，《光明日报》，2022年1月15日，第5版。

[2] 赵骏：《"皇冠上明珠"的黯然失色：WTO争端解决机制利用率减少的原因探究》，《中外法学》，2013年第6期。

[3] 韩立余：《既往不咎：WTO争端解决机制研究》，北京大学出版社2009年版，第3页。

方法，优惠性贸易安排与 RTA 是两个并行不悖的概念①。换言之，在 WTO 框架体系中，RTA 特指两个或更多的贸易伙伴之间签订的互惠贸易协定，最具典型意义的代表莫过于自由贸易区和关税同盟两种形式。无论如何归类，不容否认的是，RCEP 缔约方的目标是一致的，即旨在共同建立一个现代、全面、高质量以及互惠共赢的经济伙伴关系合作框架，以促进区域贸易和投资增长。

值得一提的是，RCEP 的 15 个缔约方均为 WTO 的成员方，各缔约方可以在 WTO 框架内《关于争端解决规则与程序的谅解》（Understanding on Rules and Procedures Governing the Settlement of Disputes，DSU）解决彼此间的贸易争端，为何仍然要在 RCEP 内部重新构造新的争端解决机制？通过分析 RCEP 文本及其缔约过程中的准备资料，不难发现其原因主要有以下三个方面：第一，RCEP 的覆盖面及其适用对象并不完全拘泥于 WTO 中的已有议题，而是在诸多新兴议题上取得了新的共识和突破。例如，电子商务、竞争、中小企业、技术合作等，这些内容无法为 WTO 所涵盖，也无法在 WTO 的争端解决机制下寻求解决，故而不得不在 RCEP 中构建起专门的争端解决机构、规则和程序。第二，虽然 RCEP 中的许多议题与 WTO 中存在重合，譬如货物贸易、服务贸易、知识产权、政府采购、贸易救济等，但是从实体规则的保护程度与保护标准来看，RCEP 在诸多领域已经超过 WTO，从而形成了"超 WTO 义务"。WTO 争端解决机构对于因这些义务的履行与否及其被违背后产生的赔偿所引发的争端并无管辖权，故而需要在 RCEP 自身的争端解决机制内寻求解决出路。第三，除了前述两个方面的原因之外，在 RCEP 内部构建起争端解决机制也是进一步深化缔约方彼此之间经贸联系的重要举措。为此，有学者专门进行了实证统计，自 1995 年 WTO 成立以来，直至 RCEP 于 2020 年 11 月正式获得签署之前，这段期间内，RCEP 的所有缔约方共计在 WTO 争端解决机构内提起了 125 起案件，其中 RCEP 缔约方相互在 WTO 争端解决机构内提起的案件有 25 起②。这事实上表明了无论是从法律规则之间的传承与创新角度来看，还是从争端解决机构在事实上的利用率来看，RCEP 缔约方都

---

① 钟立国：《区域贸易协定争端解决机制：理论及其条约法实践》，上海人民出版社 2014 年版，第 4 页。
② 孔庆江：《RCEP 争端解决机制：为亚洲打造的自贸区争端解决机制》，《当代法学》，2021 年第 2 期，第 35 页。

对专门化的争端解决机构存在现实需求,创设专门的争端解决机制是 RCEP 所不可或缺的重要内容。

(二) 现有的 WTO 争端解决机制受挫是构建 RCEP 争端解决机制的直接原因

如前所言,为了有效解决国际贸易争端,WTO 缔约方乌拉圭回合谈判中达成了 DSU,该协定被视为 WTO 法律制度中的程序性保障。在国际公法上独树一帜的是,DSU 赋予了争端解决机构以强制性管辖权。结合 DSU 第 3.2 条的规定来看,在为自由贸易体制提供可靠性和可预测性方面,WTO 争端解决机制是一个重要因素[①]。从历史的角度来看,WTO 争端解决制度的形成与运行是对关税与贸易总协定 (GATT) 争端解决机制的革命性继承和发展。其中,WTO 争端解决程序的准自动化、上诉机构的常任制、争端解决机构决策程序的一票通过规则最具影响力,这些规则可避免任何成员通过自己的力量阻碍争端解决程序的运行,同时对专家组在审理案件过程中可能出现的法律错误进行审查和救济。与 GATT 相比,WTO 争端解决机制从一开始就表现得更有力、更自动、更可靠。

经过长达二十多年的运转,WTO 争端解决机构 (Dispute Settlement Body, DSB) 被验证为是一个高效且有强制力的裁决机制。WTO 所作出的案件裁决,在潜移默化中推动着国际贸易法治及各国经贸体制趋于透明、公正、合理。然而自 2017 年以来,由于美国的单方面阻挠,DSB 在两年时间内动用 29 次"一票否决权",直接导致 WTO 上诉机构的法官遴选屡屡受挫[②]。对于聘期已经届满的法官席位迟迟未能选出继任者,部分法官的连任也宣告失败。截至 2019 年 12 月,WTO 上诉机构的法官人数从 7 人减少至 1 人,这直接导致 WTO 上诉机构自设立 25 年以来首次面临停摆危机,并彻底陷入瘫痪。

2020 年 3 月,为破解 WTO 争端解决机构面临的危机,包括中国、欧盟等在内的 19 个 WTO 成员方发布部长声明,决定建立"多方临时上诉仲裁安排"(Multi-Party Interim Appeal Arbitration Arrangement,MPIA)。该安排将在 WTO 上诉机构停摆期间,利用 DSU 第 25 条规定的仲裁程序,审理各参加方提起上

[①] 戴维·帕尔米特等:《WTO 中的争端解决:实践与程序 (第二版)》,罗培新等译,北京大学出版社 2005 年版,第 13 页。

[②] 杨国华:《WTO 上诉机构的最后五年:基于 WTO 争端解决机构会议记录的回忆》,《中国法律评论》,2019 年第 4 期。

诉的争端案件①。各参加方在就 MPIA 的案文达成一致后，成立了由 10 名仲裁员组建的专家库，通过仲裁的方式为维护世界贸易法治提供了坚实基础。在 MPIA 下，参加方可援引 DSU 第 25 条的仲裁机制替代 DSU 第 16.4 条和第 17 条提起上诉，从而解决因上诉机构的停摆所导致的案件久拖不决的状态②。MPIA 的建立有利于维持 WTO 争端解决机制的运转，维护以规则为基础的多边贸易体制，显示了国际社会对多边贸易体制的信心和支持。但是 MPIA 并非长久举措，MPIA 是在上诉机构停摆期间的临时措施和过渡机制，最终目标仍是启动上诉机构成员遴选，恢复上诉机构的正常运转。参加方在部长声明中承诺，将继续坚定、积极地推动解决上诉机构遴选僵局，并将其作为优先事项。

（三）RCEP 争端解决机制为全球贸易治理注入新活力

2020 年 11 月，RCEP 在历经八年谈判后终获签署。该协定由东盟（Association of Southeast Asian Nations，ASEAN）十国与中国、日本、韩国、澳大利亚、新西兰五国参加。作为一项区域性自由贸易协定，RCEP 旨在通过各缔约方之间彼此削减关税、取消非关税壁垒，从而建立起集 15 国为一体的统一市场。较之于其他自由贸易协定（Free Trade Agreement，FTA），RCEP 的制度设计全面贯彻了互联互通的共商理念、权责共担的共建理念、互利共赢的共享理念，是"构建人类命运共同体"理念在国际经贸领域的伟大实践③。在 RCEP 谈判期间，缔约国围绕争端解决机制的设计曾经提出过不同的主张，有学者将其概括为政治解决模式、司法解决模式、混合解决模式，这些模式在争端解决程序的适用范围、磋商机制、时效、透明度等方面存在显著差异④。在充分评估各成员方经济联系程度、相对实力差距、成员方意愿等因素的基础上，RCEP 最终采取了混合解决模式。在 RCEP 第十九章专门规定争端解决的同时，借助于东盟现有的"10+1" FTA，对不同的优势领域又单

---

① 2020 年 4 月 30 日，包括中国、欧盟在内的 19 个世贸组织成员正式向 WTO 提交通知，呼吁依据 DSU 第 25 条建立 MPIA，以暂时替代为美国所阻挠而陷入停摆的原上诉机构。经过多轮磋商，19 个成员国中遴选出的 10 个仲裁员的名单于 2020 年 7 月 31 日正式确认，并在当年 8 月 3 日公布。

② 杨国华：《WTO 上诉机构危机中的法律问题》，《国际法学刊》，2019 年第 1 期。

③ 马忠法、谢迪扬：《"构建人类命运共同体"理念下的〈区域全面经济伙伴关系协定〉》，《上海对外经贸大学学报》，2022 年第 1 期，第 5 页。

④ 王茜、高锦涵：《RCEP 争端解决机制构建研究》，《国际展望》，2018 年第 2 期，第 134 页。

独设计了个性化的争端解决程序,形成了一般规则与特殊规则相结合、争端解决与争端预防相辅相成的鲜明特点。研究并分析 RCEP 的争端解决章节,能够从中窥见国际贸易争端解决机制的发展趋势与演进动态,从而更好地为中国政府和企业参与国际贸易及投资活动提供有效的指引。鉴于此,本节主要从 RCEP 第十九章的规范文本出发对规范的含义进行解构,并在此基础上与现有的国际贸易争端解决机制加以比较,探析国际贸易争端解决中的权力配置。

二、RCEP 争端解决章节的适用范围与制度架构

(一) 消解 RCEP 与 WTO 管辖权冲突的场所选择条款

多边贸易体制在实现全球贸易自由化的同时允许成员方基于核心利益或公共政策目标援引例外条款,采取多边规制以外的单边、双边、区域贸易措施,客观上进一步强化了国际法的碎片化[1]。与此同时,RTA 的大量缔结对传统的以 WTO 为基础的多边国际贸易法治形成了严重的冲击,也导致国际贸易争端解决机制在趋于多元的同时增加了更多的不确定性。作为全球贸易大国,中国亦采取了加入 WTO 与签订 RTA 双管齐下的模式。除了 RCEP 之外,中国还对外缔结了其他数量众多的 RTA 和双边自由贸易协定。相较于传统的以削减进出口关税、取消非关税贸易壁垒、推行贸易自由化为特征的 RTA(如关税同盟、自由贸易区、过渡协议),RECP 等新兴区域协定在调整范围上已经远远超出传统的贸易领域,逐步拓展为涵盖国际投资、金融合作、竞争政策、知识产权、环境问题、贸易便利化等诸多事项的综合性经贸协定[2]。

2021 年 9 月,中国正式申请加入《全面与进步跨太平洋伙伴关系协定》(CPTPP)。通过比较不难发现,CPTPP 与 RCEP 的成员方具有较高的重合度。具言之,在 CPTPP 的总共 11 个成员方之中,有 7 个同时属于 RCEP 的成员方。且这 7 个同为两协定成员方的国家在经济发展水平方面不尽一致,既有日本、澳大利亚、新西兰、新加坡等发达国家,也有文莱、越南、马来西亚

---

[1] 翟语嘉:《多边贸易体制中单边措施适法性问题研究》,《中国政法大学学报》,2020 年第 4 期,第 67 页。

[2] 刘彬:《RTAs 涌现背景下国际贸易法治秩序的重构:一种外在的法社会学视角》,厦门大学出版社 2012 年版,第 2 页。

第七章
北京更高水平对外开放中的国际经贸争端解决机制

等发展中国家。这就意味着 WTO 争端解决机制、RCEP 争端解决机制、CPTPP 争端解决机制、ASEAN 争端解决机制等,彼此存在交叠共存的关系,相互之间的管辖权冲突是不可避免的。早在 1995 年,美国经济学家巴格沃蒂就注意到了国际贸易协定之间这种"碎片化"和"不成体系化"的现状,并生动地将其比喻为"意大利面碗效应"(spaghetti bowl phenomenon),突出此类协定之间剪不断、理还乱的交织关系[1]。这意味着当产生争端的当事国彼此同为 WTO 和 RTA 的缔约国,或者同为多项 RTA 的缔约国时,就面临选择争端解决场所的问题。

作为防范国际贸易争端解决管辖权积极冲突的制度性工具,RCEP 第十九章第 5 条明文规定了场所选择条款[2]。具言之,此类条款具有选择其一,排除其他的功能,即一旦争端当事方选择通过 RCEP 解决争端,便意味着排除了在其他条约下的争端解决机构就同一争端提出申诉的权利[3]。值得一提的是作为国际民商事诉讼管辖权冲突的解决方案,协议管辖的基础是尊重当事人意思自治原则,并在效果上涵盖排他性法院选择协议与非排他性法院选择协议。排他性法院选择协议具有排除非指定法院管辖权的功能和效果,而非排他性法院选择协议仅具有授予指定法院以管辖权的积极功能,但并不能排除其他的管辖权机构依据准据法确定和行使法定管辖权[4]。由于享有场所选择权的一方是先提起申诉的争端当事方,故场所选择条款在法律效果上不同于国际民事诉讼中当事人协议确定管辖权的法院选择条款,而是更类似于单方当事人挑选法院的行为。对于挑选法院这种普遍存在的现象,学术界的评价可谓褒贬不一。反对者认为,挑选法院客观上破坏了法律秩序所追求的三大目标:当事人的道德、效力和法律的社会控制。赞成者则认为,挑选法院是基于理性人的自然选择本身无可厚非,且作为一种诉讼策略,挑选法院既没有背离

---

[1] Anne Meryl M. Chua et al. The Spaghetti Bowl Phenomenon in Free Trade Agreements (FTAs) among APEC economies, *Journal of Global Business and Trade*, Vol. 14, No. 2, 2018, p. 45.

[2] 《全面与进步跨太平洋伙伴关系协定》(CPTPP)第 28 条第 4 款亦规定了场所选择条款,旨在为多边贸易协定与 RTA 重叠时确定争端解决管辖权提供依据。张建:《TPP 协定中的场所选择条款及其价值取向》,《上海商学院学报》,2016 年第 1 期,第 22 页。

[3] 陈儒丹:《TPP 中选择性排他管辖权条款的效力研究》,《政法论坛》,2016 年第 5 期,第 58 页。

[4] 史晓丽:《北美自由贸易区贸易救济法律制度研究》,法律出版社 2012 年版,第 235 页。

法律的约束和规制，也没有违反律师职业道德操守，总体上符合经济原则，恰恰是一种对起诉方人权和诉权的尊重和保障[1]。对此，笔者认为，挑选法院本身是一个中性的概念，场所选择条款也是在这一概念基础上构造起的法律制度，其功能便是在相互冲突的管辖权规则体系中寻求恰当的定位，使原本处于不确定状态的争端解决场所固定下来。故而在RCEP中确立这一机制，并无不妥。相较于其他RTA中的场所选择条款，RCEP的场所选择条款将选择权赋予起诉方，选择权利的行使可以通过申请设立专家组的方式得以实现，且争端各方可以通过书面形式一致同意排除将该条款适用于特定争端。这体现了场所选择条款本身的灵活性和自治性元素。

概言之，在解决WTO或其他RTA与RCEP争端解决机制的管辖权冲突时，应重点从三个层面着手：首先，审视RCEP或其他RTA中是否规定了可资利用的场所选择条款，同时还要考察该类条款在具体个案的争端中是否适用，从而在尊重争端当事方（尤其是起诉方）真实意愿的基础上，择定适格的争端解决机构；其次，如果第一类方案无法满足实践需求，譬如RCEP与其他RTA中均规定了场所选择条款，但彼此之间互斥，进而导致此类条款无法适用时，可以参酌并借鉴国际民事诉讼中用于化解和规制管辖权冲突的各类具体制度，例如不方便法院原则、未决诉讼原则、一事不再理原则等；最后，如果第一类方案与第二类方案均无法满足解决管辖权冲突的需要，此时可以考虑援用国际法中的一般法律原则，如禁止权利滥用原则、禁反言原则、国际礼让原则等[2]。

(二) 关于RCEP与WTO争端解决机制适用的比较

WTO争端解决机制的目的是确保对争端提出积极的解决办法。鉴于此，WTO鼓励争端解决机构和争端当事方尽可能地优先采取那些能够被各方所自愿接受并且符合WTO协定的解决方案，如果争端当事方无法达成一致意见，则专家组及上诉机构在解决争端时要确保摒弃并撤除那些与WTO协定不一致的被诉措施。只有当撤除有关措施不具有现实可行性时，方可诉诸利益补偿

---

[1] 李晶：《国际民事诉讼中的挑选法院》，北京大学出版社2008年版，第66页。
[2] 曾炜：《WTO与RTA争端解决管辖权冲突与调和研究》，武汉大学出版社2020年版，第19页。

条款，且补偿作为救济方式，主要是作为撤换不符措施的临时性、替代性、辅助性手段[①]。基于以上分析，在WTO争端解决的规则与实践中要区分"违反性申诉"与"非违反性申诉"：前者是指某一成员方没有履行WTO的义务或采取的措施违反了WTO的义务，导致另一成员方利益被抵消或遭受损害；后者是指某一成员方采取的措施没有违反WTO义务，但却导致另一成员方的利益受到抵消或损害[②]。对比之下，RCEP适用的国际贸易争端类型仅限于"违反性申诉"，而不包括"非违反性申诉"。具言之，RCEP涵盖的争端可以归为两类：第一，RCEP缔约方因本协定的解释所产生的国际争端；第二，RCEP缔约方因其他缔约方违反本协定下的义务而产生的国际争端。与此同时，RCEP第十九章也明确规定了某些不适用本章争端解决机制的特殊情况，所排除的争端范围包括：第一，RCEP缔约方之间因反倾销、反补贴等贸易救济措施方面的国际义务引发的争端；第二，RCEP缔约方之间因投资便利化方面的义务是否得到履行、违反此类义务的法律后果及责任引起的争端；第三，RCEP缔约方的国内主管机关（如外国投资准入、审批及管理机关）因拒绝另一缔约方投资的准入或设定不合理的限制性条件所引发的争端；第四，RCEP缔约方就服务贸易领域的透明度清单所引发的争端；第五，RCEP缔约方因违反本协定下关于电子商务、竞争、中小企业、经济技术合作、政府采购方面的国际义务所引发的争端[③]。由是观之，尽管RCEP第十九章确立的争端解决机制能够在很大程度上解决因该协定的执行和违反所引发的国际争端，但是因受到例外规则的拘束，故而其属事管辖权是受到约束的，并非无所不包。

相比之下，WTO争端解决机构的管辖权虽然也受到限制，但其管辖权基本能够涵盖DSU附录一所列明的各类WTO多边协定引发的国际争端。通过体系解释可以发现，WTO各项多边及诸边协定中均设有争端解决条款，大部分条款只是简单援引DSU，例如《原产地规则协定》第7条、第8条；有的协定在争端解决条款中提及GATT第22条、第23条，如《保障措施协

[①] 黄进：《国际商事争议解决机制研究》，武汉大学出版社2010年版，第344页。
[②] 葛壮志：《WTO争端解决机制法律和实践问题研究》，法律出版社2013年版，第79页。
[③] 袁星：《RCEP争端解决机制及对中国的意义》，《对外经贸》，2021年第8期，第51页。

定》第 14 条、《与贸易有关的知识产权协定》第 64 条；有的协定专门规定了特殊的、附加的争端解决条款，DSU 附件二中列举了这些条款，例如《反倾销协定》第 17 条、《补贴与反补贴协定》第 4 条、第 6 条、第 7 条、第 8 条等①。

就目标定位而言，RCEP 争端解决章节旨在以有效、高效和透明的规则与程序解决 RCEP 项下产生的争端。RCEP 争端解决机制适用于缔约方之间与 RCEP 解释和适用相关的争端解决以及一缔约方认为另一缔约方的措施与 RCEP 项下的义务不相符或者另一缔约方未履行本协定项下的义务。从属人管辖权来看，RCEP 的争端解决机制适用于缔约方之间，比如日本和韩国之间；对于一缔约方和另一缔约方的企业、个人之间的争端并不适用。譬如，RCEP 一缔约方与另一缔约方之间因 RCEP 投资章节产生的国际争端可以诉诸 RCEP 争端解决机制，但是一缔约方的投资者与另一缔约方政府之间的国际投资争端则不在 RCEP 的属人管辖范围内。

在确定适用 RCEP 争端解决机制的前提下，应进一步明确 RCEP 所适用的案件范围与争端类型。从文本来看，RCEP 第十九章"争端解决"共计 21 个条款，充分涵盖了总则、磋商、斡旋、调解、调停、第三方、专家组的设立和重新召集、专家组的职能、专家组程序、程序的中止和终止、最终报告的执行、执行审查、补偿和中止减让或其他义务、最不发达国家缔约方的特殊和差别待遇、费用、联络点、语言等具体内容。相较于 WTO，RCEP 在争端解决原则、适用争端类型、争端解决方式、管辖权、争端解决程序等方面与 WTO 存在显著的差异，笔者特将内容差异整理如下（见表 7-1）。

表 7-1 RCEP 争端机制与 WTO 争端解决机制的比较

比较条目	RCEP 争端解决机制	WTO 争端解决机制
争端解决原则	有效性；高效性；透明度	平等；迅速；有效；双方合意
适用争端类型	不适用于非违反性申诉，仅适用于违反性申诉	既适用于违反性申诉，也适用于非违反性申诉

---

① 葛壮志：《WTO 争端解决机制法律和实践问题研究》，法律出版社 2013 年版，第 46 页。

第七章 北京更高水平对外开放中的国际经贸争端解决机制

续表

比较条目		RCEP 争端解决机制	WTO 争端解决机制
争端解决方式		斡旋；调解；调停；合作；磋商；专家组审查	斡旋；调解；调停；磋商；专家组审理；上诉机构审理
管辖权		适用于解决缔约方因 RCEP 产生的各类经贸争端，但不适用于因 RCEP 第五章（卫生与植物卫生措施）、第六章（标准、技术法规和合格评定程序）产生的争端。	适用于 DSU 附录一所列协定产生的争端，包括：《建立世界贸易组织协定》、13 个货物贸易协定、《服务贸易总协定》（GATS）、《与贸易有关的知识产权协定》（TRIPS）及两个诸边协定
争端解决程序	第一阶段：磋商	被诉方应在收到磋商请求后 7 天内作出答复；各方应在提出磋商请求后 30 天内进行磋商（紧急情况下，15 天内）	被要求磋商成员应在接到磋商请求后 10 天内作出答复，并应在接到请求后 30 天内进行磋商（紧急案件中，10 天内）；磋商应在被要求方接到磋商请求后 60 天内完成
	第二阶段：斡旋；调解；调停	各方自愿，可在任何时间开始、可由任何争端当事方在任何时间终止，可在专家组审查的同时继续进行	各方自愿，可在任何时间开始、可由任何争端当事方在任何时间终止，可在专家组程序进行的同时继续进行；如在收到磋商请求后 60 天内开始，请求方在申请设立专家组之前，应给予收到磋商请求之日起 60 天的时间；WTO 总干事可依职权提供此类程序
	第三阶段：设立专家组	如被诉方在收到请求后 7 天内不作出答复，或未能在规定期限内通过磋商解决争端（通常 60 天，紧急情况下 20 天），起诉方可以请求设立专家组审理该争端	如争端对方在收到请求后 10 天内不作答复，或在接到请求后 30 天内没有进行磋商，或在接到磋商请求后 60 天内未能达成一致，起诉方可申请设立专家组

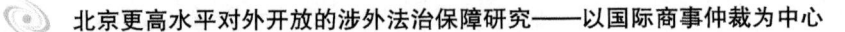

续表

比较条目	RCEP 争端解决机制	WTO 争端解决机制
专家组的选任	每一争端当事方可分别任命一位专家组成员，就第三名专家组成员（主席）人选，双方应达成一致意见；如双方无法达成一致意见，可以请求 WTO 总干事在 30 天内任命余下的专家组成员；如 WTO 总干事向争端各方通报其不能履行，或者在 30 天内没有任命，任何争端方可以请求常设仲裁法院秘书长迅速任命余下的专家组成员	如起诉方提出请求，则专家组应最迟在该请求首次列入 DSB 议程的会议之后设立，除非在此次会上 DSB 经协商一致决定不设立专家组；如双方无法达成一致意见，则总干事应在任一当事方请求下，经与 DSB 主席和有关委员会或理事会主席磋商，在与争端各方磋商后，决定专家组的组成
争端解决的终局性	专家组结论是终局的，对争端各当事方具有约束力	除非达成一致意见，专家组报告将在 60 天内成为 DSB 裁决或建议，当事方可对专家组报告提起上诉
争端上诉机制	RCEP 不存在上诉机制，遵循一裁终局原则	WTO 存在常设上诉机构，上诉程序的审限为 60 天（特殊情况为 90 天），目前陷入"停摆"状态
争端解决的执行与审查	如对裁决的执行产生分歧，需重新召集专家设立执行审查专家组，在 90 天内发布中期报告，其后 30 天内发布最终报告，可延迟但最长不得超过 150 天	对最终报告的执行措施出现分歧，争端当事方需求助原专家组，在 90 天内作出执行审查报告，可延迟，但未规定最长期限

三、RCEP 争端解决机制的特色与创新

（一）RCEP 高度重视磋商在化解国际争端方面的独特功能

与 WTO 一脉相承的是，RCEP 争端解决机制同样将磋商作为必经程序。依据 RCEP 第十九章第 4 条第 4 款，鼓励各方充分沟通、互谅互让，在遵循善意原则的基础上，尽最大努力就争端的解决达成一致意见。在任何争端当事方打算将特定的国际贸易争端诉诸专家组审理之前，先要与打算控诉的对方当事方展开磋商。为了使磋商能够切实有效地发挥争端预防的作用，RCEP 规定了争端当事双方的善意磋商义务，这突出体现在以下几个方面：首先，被诉方应对起诉方的磋商请求予以适当考虑并认真对待，从而促成磋商的有序

启动；其次，提出磋商请求的一方应当就其请求提供相应的理由，在将案件所涉的争议措施界定清楚的基础上阐明磋商请求所依据的事实基础和法律依据，从而保障措施在有效对话的框架内逐步推进；再次，参与磋商的各方应本着诚信原则，在磋商过程中提供充分的信息，以便检视涉争事项，包括所涉的措施如何影响协定的执行或适用；从次，对于在磋商过程中所获知的保密信息或财产性信息，磋商对方应当保密，并承诺此种信息的披露不妨碍未来程序的进行，促使磋商各方开诚布公，在磋商中放心地表达观点；最后，磋商各方应当秉持真诚沟通的原则，在派遣和安排参与磋商的相关人员时，尽量从涉案争端相应事项的主管政府部门或者具有处理能力部门的人员参与。值得一提的是，RCEP 所确立的磋商程序并非绝对封闭的内部程序，如果争端各方以外的其他缔约方认为磋商对其有实质性的贸易利益，可以第三人的身份加入磋商，但应不迟于收到磋商请求副本后的七天内通知争端各方加入磋商。该通知方应同时给协定其他各方发送该通知的副本。如果争端各方同意，通知方可以参与磋商。

（二）RCEP 争端解决机制充分彰显自治性与高效性

通过对 WTO 与 RCEP 争端解决机制的比较可以发现，二者在负责解决争端的机构方面，居于核心和主导地位的裁判者均为专家组。但有所不同的是，WTO 设置了常设上诉机构，在当事方认定专家组报告存在法律错误时可以提起上诉，以寻求监督、救济和纠错，客观上形成了两审终审的程序塑造，因而具有司法性色彩。这种司法性较强的争端解决机制，由于引入了针对初审结果的外在监督，因而在公正性方面具有优势，但是却不可避免地拉低了国际贸易争端解决机制的整体耗时，因此在效率方面大打折扣。特别是由于 WTO 上诉机构法官的任命与部长级会议、政府代表会议等存在密切的牵连，以致其在一定程度上预埋了政治冲突的隐患。

相较之下，RCEP 的争端解决程序不存在上诉机构的审查，因而更加类似于建立在契约性基础上的国际仲裁。为了吸取 WTO 上诉机构因个别国家的单方面阻挠和蓄意破坏而陷入"停摆"的教训，RCEP 在设计和构造争端解决机制的过程中，特别注重于遵从争端当事方自身的内部意愿，突出自治性，彰显高效性，排除来自其他缔约方的干预、介入和妨碍。

具体而言，RCEP 的自治性与高效性重点体现在以下方面。

首先，依据RCEP第十九章第5条第3款，争端当事方对于RCEP争端解决机制的适用拥有排除权。只要争端各方以书面形式达成一致，可以选择将特定争端排除在RCEP的管辖之外，此即国际争端解决中的opt-out模式。此模式客观上使当事方可在合意的基础上决定将争端提交至何处解决，借鉴的是国际商事仲裁中的契约性原理。

其次，前已述及，依据RCEP第十九章第5条第1款，当具体个案中的国际贸易争端同时在RCEP与WTO、CPTPP或其他国际争端解决机构的管辖权范围内时，为解决此类管辖权冲突，RCEP授权先行提起申诉的争端当事方（即起诉方）有权按照自己的意志对争端解决的场所作出选择，这客观上赋予争端当事方择地行诉的自由。

再次，只要争端当事方彼此达成合意，当事方可以在程序进行的任何阶段选择通过斡旋、调停、调解等替代性纠纷解决方法（Alternative Dispute Resolution，ADR）达成解决方案，在强调争端解决高效性的同时，合理地强化程序的灵活性、自主性、便利性。

最后，即使在专家组审理中，争端当事各方也享有充分的自主权，这突出体现为，各方有权就专家组的职能范围、专家资质及成员组成、解决争端的时限等达成一致意见。

RCEP缩短了争端解决各个阶段的审限，如磋商时间降至30日，又如专家审理时间一般为150日，最长不超过180日。这些时限要求与CPTPP基本一致，比WTO所规定的9个月减少了30天，大大提升了争端解决的效率。特别是RCEP的专家组最终报告自动生效，无须大会批准。这些举措显著提升了专家组在争端解决中的独立性及其核心地位。

（三）RCEP凸显争端解决各阶段之间的衔接

RCEP争端解决机制主要包括三个阶段：第一阶段，磋商。一缔约方可以提出磋商，另一缔约方应在7日内答复。在紧急情况下，应该在提出磋商请求之日后15天内进行磋商，其他情况下则30天内进行磋商。第二阶段，申请成立专家组。如果被诉方没有对磋商请求作出答复、没有进行磋商或者磋商未能在期限内解决争端，起诉方可以通报被诉方，请求设立专家组。第三阶段，成立专家组。若起诉方申请成立专家组，专家组应按照RCEP规定的程序设立；专家组一般由3名专家组成。在紧急情况下，专家组应在90天内发布中期报告；一般情况下，120 天内发布中期报告。中期报告发出之日起 30 天内，专家组应向争端各方发布最终报告。专家组的裁定和决定为终局性，不能上诉，且对各方具有约束力。

相较于斡旋与调停，调解在解决国际贸易争端方面运用得更为成熟。鉴于调解可以使中立的第三方介入，为争端当事方之间确定争议焦点、找出不同的可行方案、达成纠纷解决的协议提供协助，故而兼具灵活性与自主性，融合了自愿与中立等特征，受到高度重视①。根据 RCEP 第十九章第 7 条，ADR 程序的启动须经争端各方达成合意，且只要争端各方同意，即使在专家组审理期间，ADR 程序仍可继续进行，二者并非互斥关系，而是可以平行展开。

四、RCEP 争端解决机制的运行与协调

（一）专家组的设立

专家组审理程序是 RCEP 与 WTO 的共性之处。但是，WTO 中的专家组报告须提交至争端解决机构经协商讨论通过方可生效，且如专家组报告的确存在法律适用错误，争端方仍可求诸常设上诉机构或 MPIA 仲裁庭寻求救济②。相比之下，RCEP 采取的是"一裁终局"原则，并未设置上诉审查环节。这虽然在整体上提升了争端解决的效率，但同时也意味着专家组程序将会更加重要，专家组报告将直接关系到争端的裁判走向和执行标的，故而 RCEP 在专家组的设立及审理方面更加慎重。

根据 RCEP 第 8 条，在被诉方对磋商请求未予答复、不配合磋商，或者双方虽然经过磋商但是未在法定期限③内解决争端时，起诉方可以在通报被诉

---

① 尹力：《国际商事调解法律问题研究》，武汉大学出版社 2007 年版，第 15 页。

② DSU 第 19 条第 1 款是有关 WTO 专家组程序审理结果的规定，当专家组或上诉机构认定某一措施与协定不一致时，应建议有关成员使该措施符合该协定。除建议外，专家组或上诉机构还可就有关成员国如何执行建议提出办法。当争端解决机构依据"反向一致"原则通过专家组或上诉机构报告后，裁决的执行将成为案件焦点。为此，DSU 第 21 条规定了争端解决机构的执行监督、第 22 条规定了补偿和中止减让，这与 RCEP 具有共性。J. G. 梅里尔斯：《国际争端解决（第五版）》，韩秀丽等译，法律出版社 2013 年版，第 269 页。

③ 根据 RCEP 第 8 条第 1 款，当争端涉及易腐货物等紧急情况时，磋商的期限为自被诉方收到起诉方的磋商请求之日起 20 天；在非紧急情况下，磋商的期限为自被诉方收到起诉方的磋商请求之日起 60 天。

方后请求设立专家组,通过专家组审理的方式解决争端。RCEP 第 8 条详细规定了专家组的设立程序、任命方式、专业资质、职业操守等具体问题。根据 RCEP 第 8 条第 2 款,除非当事人另有约定,原则上专家组应当由三名专家组成,且专家应当符合第 8 条第 10 款、第 8 条第 13 款规定的要求。就选任程序而言,除非双方另有特别约定,原则上应当按照 RCEP 第 8 条第 5 款、第 6 款、第 7 款之规定进行专家组的选任,这一选任程序规则可概括如图 7-1 所示。

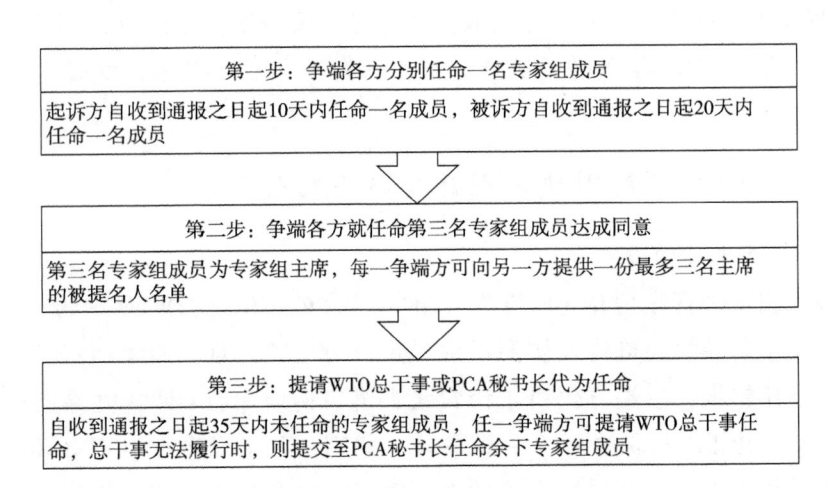

```
第一步:争端各方分别任命一名专家组成员
起诉方自收到通报之日起10天内任命一名成员,被诉方自收到通报之日起20天内任命一名成员
        ↓
第二步:争端各方就任命第三名专家组成员达成同意
第三名专家组成员为专家组主席,每一争端方可向另一方提供一份最多三名主席的被提名人名单
        ↓
第三步:提请WTO总干事或PCA秘书长代为任命
自收到通报之日起35天内未任命的专家组成员,任一争端方可提请WTO总干事任命,总干事无法履行时,则提交至PCA秘书长任命余下专家组成员
```

图 7-1　RCEP 专家组成员的选任机制

值得一提的是经不同方式选任的专家组成员,他们所应当具备的资格条件不尽一致（见图 7-2）。相较之下,专家组主席较其他专家组成员具有更高的要求（见表 7-2）。此外,当某一争端当事方不配合选任仲裁员时,由 WTO 总干事代为选任相关专家组成员。当 WTO 总干事声明其无法担任此职责时,应当由常设仲裁法院（Permanent Court of Arbitration, PCA）秘书长代行专家组成员指定的权限。相较于争端当事方选任的专家组成员,由 WTO 总干事及 PCA 秘书长代为选任的专家组成员需要满足更高的标准,通常需要具备在 WTO 专家组或上诉机构进行国际贸易争端解决的实践经验方可担此重任。为了保障专家组成员的独立性和公正性,RCEP 还规定所选任的专家组成员不得具有任何一方争端当事方的国籍或在该国具有经常居住地,以免专家组成员

因为国籍或住所等系属而产生裁判偏私。这在一定程度上有益于预防可能的利益冲突,从而将专家组成员的角色定位在中立方的视角,无疑可强化 RCEP 争端解决活动的公信力。

依据第11条第12款,PCA 秘书长任命仲裁员应遵循特定程序。

依据第11条第11款,WTO 总干事及PCA秘书长任命的仲裁员应具备的条件。

依据第11条第10款,所有专家组成员均应具备的条件。

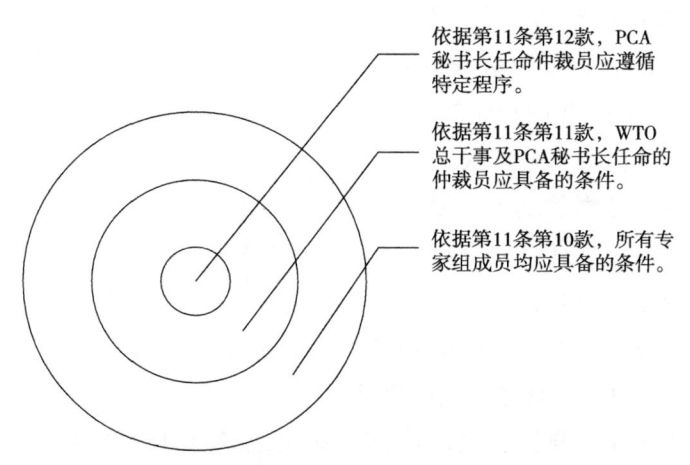

图 7-2　经不同方式选任的专家组成员的资格要件比较

表 7-2　专家组成员应具备的资质条件

各类情形	应具备的资质条件	
所有专家组成员	1. 具有法律、国际贸易、RCEP 协定涵盖的事项或者国际贸易协定项下的争端解决专业知识或经验; 2. 在客观性、可靠性、合理判断力的基础上严格挑选; 3. 独立于并且不与任何缔约方相关联或者接受任何缔约方指示; 4. 未以任何身份处理过涉案事项; 5. 向争端各方披露可能引起独立性或公正性合理怀疑的信息; 6. 遵守《程序规则》所附的《行为准则》	
WTO 总干事及 PCA 秘书长任命的专家组成员	任何专家	1. 具有法律专业知识,包括国际公法、国际贸易以及国际贸易协定下产生的争端解决; 2. 是资深的政府或非政府个人,曾在 WTO 专家组或 WTO 上诉机构或 WTO 秘书处任职,或曾讲授或出版国际贸易法或政策著作,或曾担任 WTO 成员高级贸易政策官员的个人
	专家组主席	1. 曾在 WTO 专家组或 WTO 上诉机构任职; 2. 具有与争端中的事项相关的专业知识或经验; 3. 主席不得为任何争端方或第三方的国民,并且不得在任何争端方拥有经常居住地

（二）专家组的审理

在案件审理程序方面，专家组原则上应遵守 RCEP 第十九章第 13 条之规定，除非争端各方另有特别约定。对于根据第 16 条负责执行审查和根据第 17 条负责补偿和中止减让或其他义务审查而重新组建的专家组而言，在与争端各方磋商的基础上亦可酌情采纳第 13 条之规定，同时构建起与第十九章及《程序规则》不相抵触的程序规则。换言之，RCEP 的专家组审理程序在很大程度上借鉴了国际商事仲裁模式，即对于程序问题充分尊重当事人意思自治，在维护争端各方合意的基础上赋予专家组以自由裁量权。专家组程序应保证足够的灵活性，在保证高质量报告的同时，尽量避免各种可能的不适当延误。这实际上兼顾了整个争端解决程序的高效性、灵活性及自治性。

为了对专家组展开审理程序提供具有可操作性的指引，RCEP 第十九章第 13 条、第 14 条规定了具体的程序要求。

首先，专家组应自设立之日起 15 天内确定专家组程序的时间表，在制定时间表之前须与争端各方进行磋商。为了使争端能够在当事各方可预见的合理期限内得到解决，时刻表的确定应以 7 个月为限，即自专家组设立之日起至专家组向各方发布最终报告的时间跨度最长不得超过 7 个月。

其次，专家组应当以协商一致的方式作出裁定和决定。如果专家组无法取得一致意见，则以投票方式按照多数意见作出裁定和决定。实践中，专家组成员可以对未协商一致的事项提出不同意见或单独意见。为了增强争端解决程序的透明度和民主性，此类反对意见或单独意见应当以匿名方式呈现于专家组报告中。

再次，为了充分贯彻平等理念和正当程序原则，专家组应当确保争端各方享有平等的机会以书面形式陈述其案件事实、论点和反驳论点。在专家组所制定的时间表中，应当将争端各方及第三方提交陈述的最后期限明确下来，以使程序的进行在各方可以合理预期的时间内有序展开。

RCEP 第十九章第 13 条对争端解决程序的保密性、附加信息或技术建议作出了明文规定。在专家组审理程序中，争端各方及第三方向专家组提交的各类书面陈述原则上应视为保密资料。然而，RCEP 的保密性条款并不妨碍一争端方或第三方向公众披露关于其自身立场的陈述，但以不披露其他当事方或第三方已经指定为保密的陈述或信息为限。

最后，在专家组作出中期报告或最终报告之前的任何时间内，如果争端各方有意通过和解方式解决争端，则可以在双方一致同意的前提下使专家组审理暂时中止。为了避免因中止期限过长而导致程序陷入无休止的停滞，故中止期限自双方达成中止合意之日起不超过12个月，在中止期内，应任何一方的请求，专家组审理程序将予恢复。

（三）第三方的参与

RCEP第十九章第10条以较为详细的方式规定了非争端当事方的缔约方以第三方身份参与争端解决的程序和规则。该条款的确立事实上为争端当事方以外的其他RCEP缔约方充当法庭之友（Amicus curiae）提供了法律依据。所谓法庭之友，特指案件当事人以外的主体对法庭或仲裁庭存有疑问的事实或法律问题通过提交书面报告或参加庭审的方式善意地提醒法官或仲裁员加以注意的人，其内涵随着实践的发展而不断丰富，现在也包括非诉讼当事方但对案件实质问题有重大利害关系，主动申请或应法庭的要求而提交意见或参与审理的第三人[①]。作为一项制度，法庭之友滥觞于罗马法，发展于英国普通法，后被移植到美国法中。法庭之友在美国宪法和环境法的历史演进中扮演着重要角色。近些年来法庭之友通过欧洲人权法院和WTO的实践而在国际贸易争端解决中逐渐确立下来，法庭之友影响力日渐提升。在《北美自由贸易协定》等区域性贸易和投资争端解决实践中，非争端缔约方以法庭之友或第三方身份参与案件审理并不罕见，这项制度客观上使得利益受到影响的非争端当事方有机会表达诉求，有助于克服法官或仲裁员在相关认知上的局限。然而，在为争端解决机构提供有益信息的同时，社会各界对法庭之友制度的运用也表达了隐忧。有学者将非争端缔约方的参与带来的负面评价概括为如下三个方面：其一，非争端缔约方参与审理的门槛较为随意，客观上导致程序阻滞，争端解决效率低下；其二，部分非争端缔约方的中立地位颇受质疑，他们可能在某种程度上与其中一方当事人立场一致或利益相近，因此客观上打破了争端解决中原有的平等状态；其三，专家组过多地接受法庭之友陈述，

---

① 王春婕：《区域贸易争端解决机制比较研究》，法律出版社2012年版，第184页。

可能给审判效率带来消极影响，也可能使争端解决机构的独立性受损①。鉴于此，要使非争端缔约方能够以合理的方式参与争端解决，需要从以下方面加以改进和完善：首先，对非争端缔约方的参与权加以必要的规制，如果其确定以法庭之友或者第三方的身份参与进来，必须服从专家组对整个程序的控制权；其次，非争端缔约方发表意见的范围应当严格限于条约解释，而不宜插手或干预专家组对证据的认定和对事实的判断；最后，非争端缔约方参与案件审理，应以不破坏争端当事方之间的利益平衡为限，如果允许第三方参与审理将明显地导致争端当事方之间的利益平衡受到破坏，则不应当再准许第三方参与其中。

RCEP第十九章第10条明确了非争端当事方的缔约方以第三方身份参与争端解决的条件、程序、途径等具体问题。值得肯定的是该条款在制度设计上借鉴了WTO及NAFTA等争端解决实践的经验，汲取了教训，在明确第三方权利的同时也为第三方设定了应当遵循的信息保密义务。该条第4款规定，在遵循保护保密信息的前提下，在中期报告发布前，在向专家组提交书面陈述、书面形式的口头陈述和书面答复同时，每一争端方应当使每一第三方可获得该争端方向专家组提交的书面陈述、书面形式的口头陈述以及对问题的书面答复②。

（四）最终报告的执行与审查

依据RCEP第十九章第15条第1款之规定，专家组所作出的最终报告具有终局性，最终报告对各当事方具有约束力。除非最终报告驳回了起诉方的请求，否则，被诉方有义务在本国的领土内执行最终报告所载的义务。具体而言，最终报告为被诉方确立的义务可能包括两类情况：如专家组报告认定被诉方采取的相关措施不符合RCEP的规定，则被诉方应当停止或修改此类措施，使之符合于RCEP的实体规则；如专家组报告认定被诉方的不作为构成对RCEP义务的违反，则被诉方应当积极采取相关措施，以实际行动切实

---

① 梁丹妮：《〈北美自由贸易协定〉投资争端仲裁机制研究》，法律出版社2007年版，第162页。

② Jingyuan Zhou, An Important Step Forward and a Delicate Balance - Observations on the Regional Comprehensive Economic Partnership, *American Society of International Law Insights*, Vol. 24, Issue 30, 2020, p. 2.

地履行 RCEP 的相关义务。为了敦促被诉方及时、有效地执行最终报告，RCEP 要求被诉方在最终报告发布之日起 30 天内向专家组通报其执行意愿。如果被诉方认为自身已经执行了最终报告确立的义务，则必须向其他争端当事方以及专家组通报自身是如何予以履行的。相反，如果被诉方认为最终报告载明的义务在规定的期限内无法按期履行，应及时确定一个合理的期限，通报自身将在何时履行、具体如何履行最终报告载明的义务。

在对最终报告的约束力及其执行作出明确规定之外，RCEP 第十九章第 16 条专门针对最终报告的执行设定了审查机制。具言之，如果被诉方认为自己并没有采取最终报告所认定的不法措施，或者认为自己虽然采取了此类措施但是并没有像最终报告所认定的那样违反 RCEP 的规定，被诉方可以提起执行审查程序，重新召集新的专家组对原专家组所作出的最终报告进行客观评估和审查。但是，如果被诉方在败诉后，明确表示自己将拒绝履行最终报告，或者其自认为业已履行了最终报告确立的义务，但是起诉方认为被诉方采取的履行措施与 RCEP 协定及最终报告确立的义务并不相符，则会进入到针对最终报告的执行所启动的谈判程序。被诉方应当积极地予以回应并配合开展谈判，从而尽可能通过此种谈判达成补偿方案。当谈判未能达成一致时，将会重新召集专家组对被诉方是否业已履行最终报告进行审查。如果经审查被诉方并未充分执行最终报告确立的义务，则起诉方有权利采取措施，中止对被诉方给予 RCEP 项下的减让。就性质而言，补偿具有自愿性，是否接受补偿以及接受何种程度的补偿，取决于争端当事双方谈判的结果。而中止减让则具有类似于 WTO 项下贸易报复的属性，具有强制性和威慑力，能够充分地保障 RCEP 争端解决机制具有法定约束力。在被诉方拒不执行或执行不符合最终报告的要求时，RCEP 赋予起诉方以中止减让的权利。这事实上为 RCEP 争端解决机制装上了"牙齿"，强化了制裁效果，从而有助于从反面塑造强有力的国际贸易争端解决机制。

（五）最不发达国家缔约方的特殊和差别待遇

尽管从形式上讲，RCEP 的任何缔约方均有权平等地利用该协定项下的程序和规则解决国际贸易争端，但从现实情况看，RCEP 各缔约方的参诉能力、争端解决经验、法治水平、财政支出并不平衡，所以事实上极易形成非均衡的利用状态①。特别是一些发展中缔约方，尤其是最不发达缔约方，他们虽然同属于 RCEP 缔约方，但在客观上缺乏参与争端解决的资源、财力、能力。即便 RCEP 第十九章第十八条规定了特殊与差别待遇条款，但在具体个案的争端解决中，专家组如何在利益受损方与不法行为实施方之间寻求利益平衡，并非易事。一旦作出对最不发达缔约方不利的解释，可能会使特殊与差别待遇条款被"架空"；一旦作出对最不发达缔约方有利的解释，又可能会使利益受损的起诉方受到过度的克制，从而减损 RCEP 争端解决机制本身的公允性乃至公信力。故而，专家组需要审慎地讨论和决定如何在争端解决中有效地考虑到实质公平，估计 RCEP 对最不发达缔约方的基本保障，同时又能确保不法者得到应有的惩戒，确保国际法治的有序运行。

第二节 CPTPP 的国际投资争端解决机制

一、CPTPP 关于 ISDS 管辖权的规定及其适用例外

涉外法治工作是全面依法治国的重要组成部分，而随着对外开放的不断深入，中国涉外事务的领域不断拓宽，对涉外法治工作提出了新的要求。《法治中国建设规划（2020—2025）》中明确提出，要适应高水平对外开放需要，完善涉外法律和规则体系。为此，中国要深度参与国际经贸交往，必须统筹国内法治与涉外法治建设，从内在与外在两个方面协同发力：一方面，致力于优化自身的营商环境，从而为不断融入世界贸易体系奠定坚实的基础；另一方面，全方位参与国际经贸规则的谈判、制定与争端解决中，从对外贸易的政策型开放向整体性构建市场化、法治化、国际化营商环境方向发展。鉴于以缔结国际条约为基础进而将条约义务转化为国内法的涉外法治实施模式与以自由贸易试验区或自由贸易港为基础主动探索涉外法治建设的模式存在显著的差异，有学者将两个模式分别概括为"条约驱动型法制/法治建构模式"和"自主推动型法制/法治建构模式"，且进行了鞭辟入里的分析，并对

---

① 娄卫阳：《RCEP 争端解决机制中特殊与差别待遇条款：意义、挑战与路径》，《太平洋学报》，2021 年第 11 期，第 26 页。

各自的利弊与优劣展开了独到的评述,具有较强的启发意义①。

2021年9月16日,中国向《全面与进步跨太平洋伙伴关系协定》(CPTPP)保存方新西兰提交了中国正式申请加入CPTPP的书面信函,两国贸易部长还就中方正式申请加入CPTPP的后续工作进行了沟通。毫无疑问,申请加入CPTPP彰显了中国推进高水平开放的信心和决心。与此同时,在CPTPP的加入程序、关键章节和外部环境等方面,中国仍然面临着挑战。投资者与国家间争端解决机制(Investor-State Dispute Settlement, ISDS)是现代国际经贸规则的重要组成部分,也是中国在推动共建"一带一路"、深度开展对外经贸交往、全面参与国际法治建构过程中所不容忽视的关键环节。本节旨在以CPTPP为框架,聚焦于其中的ISDS机制,重点就ISDS机制的适用范围、仲裁程序、制度特色进行研究,试图从中归纳并总结中国为融入CPTPP的ISDS所应当作出的准备,为更好地服务于涉外投资争端的法治化解决提供建议。

厘清ISDS管辖权的范围及其例外,对于限定投资保护的对象,进而在保护投资者权益与维护东道国利益之间寻求平衡点至关重要。相比于其他的国际经贸协定,CPTPP分别从正面和反面两个层次设定了仲裁庭可予管辖的投资争端范围,并允许缔约方通过冻结条款和双边换文等形式进一步约束仲裁庭的管辖权。

(一)投资章节的制度架构及其核心内容

作为国际经济法的重要分支,国际投资法是国家对于跨越国界的私人直接投资关系进行管理和调整的各种法律规范的总和,在体系上主要涉及国际投资的内容、效力,对外投资的保护、鼓励和限制,关于解决投资争端的程序和规则,以及海外投资保险等。国际投资法既包括国内法规范,也包括国际法规范,是统筹国内法治与涉外法治的生动范本②。就结构而言,国际投资法中既涵盖实体规则,也囊括程序规则,二者如同鸟之两翼、车之双轮,不可或缺。其中,国际投资法中的实体规则主要规范外国投资者与东道国政府之间关于外资保护的权利义务,譬如,外资准入与设立(市场准入、设业权

---

① 陈利强:《中国特色自贸区(港)法治建构论》,人民出版社2019年版,第22页。
② 吕岩峰、何志鹏、孙璐:《国际投资法》,高等教育出版社2005年版,第32页。

等)、外资待遇(国民待遇、最惠国待遇、公正公平待遇、充分保护及安全等)、征收及其补偿(直接征收、间接征收、国有化及补偿标准等)、外资保护的例外(不可抗力、紧急状态、危急情况)、投资者的社会责任(环境、劳工、人权、公共健康等)。而关于国际投资争端解决的程序规则侧重于管辖权、仲裁程序、条约解释、仲裁员行为规范、仲裁裁决撤销及执行等。

通过对比,不难发现,传统的国际投资协定在ISDS条款的设计及其实践中,偏重于强调投资者的权利保护和东道国的义务承担,对东道国社会公共利益的考虑不足[①]。为此,CPTPP在第九章B节部分(第9.17条至第9.29条)具体规定了ISDS的相关程序规则。作为美国主导下制定的区域性投资安排,CPTPP框架下的ISDS机制在很大程度上沿袭和借鉴了美国《2012年双边投资条约范本》,但在一定程度上又有所创新和调整,反映出各缔约方之间以及投资者与东道国之间在利益方面的博弈与平衡[②]。

从结构来看,CPTPP第九章的投资条款涵盖A部分和B部分,前者主要是关于外资保护的实体规则,后者则是专门的ISDS条款[③]。除此之外,CPTPP第九章还包括10个用于澄清有关规则的附件、一个有关"同类情形"的解释、两个用于列明负面清单的附件、若干个缔约方之间的双边换文。

纵观CPTPP第九章B节关于ISDS的规定(见表7-3),不难发现,其制度设计体现出了保障与限制并存、利益与权力平衡的鲜明特点。其中,第9.19条规定了申请人提起仲裁请求的具体条件,第9.20条和第9.21条规定了缔约方同意将争端提交仲裁的条件及限制。第9.22条至第9.30条是对其他仲裁程序的规定,包括了仲裁员的选任及其条件、仲裁庭的权限、仲裁过程及其透明度、合并审理、准据法、裁决、送达等。其中,突出强调了缔约方对仲裁庭的指导和控制,特别是包括了缔约方对仲裁员行为准则的指导、CPTPP委员会对协定的解释对仲裁庭具有约束力、对仲裁庭解释附件Ⅰ和附件Ⅱ的限制等。

[①] 张建:《国际投资争端全球治理体系的变革与中国因应》,《理论视野》,2021年第11期。
[②] 廖凡:《妥协与平衡:TPP中的投资者与东道国争端解决机制》,《暨南学报(哲学社会科学版)》,2016年第9期。
[③] 葛顺奇、万淑贞:《TPP透视:"投资"议题分析与对策选择》,《国际经济合作》,2015年第12期。

第七章 北京更高水平对外开放中的国际经贸争端解决机制

表 7-3 CPTPP 第九章涉及 ISDS 的附件及其规范要旨

CPTPP 附件	规范要旨
附件 9-G	针对国债和债务重组问题对仲裁庭的权力作出了约束，并明确了将来针对 CPTPP 框架内的投资仲裁设立上诉机构的可能性。仲裁庭作出的仲裁裁决在性质上属于补偿性的，而非惩罚性的。至于仲裁裁决的执行，按照申请人所选择仲裁规则进行
附件 9-F	在一定期限内排除了对智利《外国投资法》的适用
附件 9-H	列出了部分缔约方的特定义务不适用 ISDS 的例外，包括澳大利亚对外国投资的审批决定、加拿大对外国投资的审查决定、墨西哥对外国投资的审查决定、新西兰对外国投资的审查决定，由此引发的争端均不适用 ISDS
附件 9-J	针对秘鲁、智利、越南、墨西哥提起的仲裁申请作出了进一步的具体规范
附件 9-K	专门针对马来西亚政府将政府采购合同引发的争端同意提交 ISDS 解决作出了限制，具言之，自 CPTPP 生效的三年内，低于规定合同金额的政府采购争端不适用 ISDS
附件 9-L	对投资协议争端提交 ISDS 作出了限制，同时就秘鲁、墨西哥、加拿大另外作出了单独规定
附件 9-D	列出了各缔约方的文书送达地址，便于在国际投资仲裁程序中向争端当事方送达涉案通知和证据材料

除了以上附件之外，CPTPP 第九章还附带了若干双边换文，用以规范 ISDS 在部分缔约国之间的适用，主要包括澳大利亚分别与秘鲁、墨西哥、越南的双边换文。其中，澳大利亚与秘鲁、墨西哥各自签署的换文涉及的是双方之间在 CPTPP 签署之前已存在的双边投资协定的终止问题，澳大利亚与越南签署的换文有两个，分别涉及两个国家之间关于航空领域的投资问题、双边投资协定在 CPTPP 生效后的终止问题①。

（二）正反两方面规制 ISDS 的属人及属物管辖权

就适用范围而言，B 部分旨在专门调整一争端当事方与另一争端当事方之间因协定内涵盖的适格投资所引发的争端。从属人管辖权来看，CPTPP 第九章规定的 ISDS 仅适用于一缔约方与另一缔约方的适格投资者之间引发的争

---

① 韩立余：《〈跨太平洋伙伴关系协定〉全译本导读》，北京大学出版社 2018 年版，第 213 页。

端。对于一缔约方与另一缔约方国家之间的投资争端,则不适用 CPTPP 第九章的规定,而是适用 CPTPP 第二十八章关于争端解决程序的规定。所谓适格投资者,包括另一缔约方、另一缔约方的国民或企业,在另一缔约方领土内试图作出、正在作出或已经作出投资。但是,如果某一自然人事实上同时拥有双重或多重国籍,则他原则上应当仅被视为拥有居住国国籍和有效国籍所属国的国籍①。

从属物管辖权来看,CPTPP 第九章规定的 ISDS 仅适用于适格投资因东道国采取了违反国际义务的不法措施所引发的争端。所谓适格投资,有其特定的法律含义,具体指的是一缔约方的投资者在另一缔约方的领土内作出的投资,该投资在 CPTPP 生效之日业已存在,或 CPTPP 生效之后设立、取得、随后扩大而产生的投资②。该投资必须满足合法性要求,即根据投资所在的东道国当地的国内法律或法规而设立,才可受到 CPTPP 的实体保护。至于国际投资仲裁申请人所指控的不符措施,指的是被诉东道国政府(包括中央政府、区域政府、地方政府和当局)采取或维持的相关措施,包括但不限于征收、授予许可、批准商业交易、规定配额或费用等。为进一步明确术语所代表的含义,政府职权包括立法性的授予、政府命令、指令或其他行为转移给国有企业或其他个人或授权国有企业或其他个人行使的职权。

除了采取抽象概括与具体列举相结合的方式从正面界定 ISDS 的适用范围,CPTPP 还采取负面清单的方式排除了某些原本可能被纳入管辖范围的投资争端的适用,其中包括:①争端当事方之间因政府采购引发的争端(不包括国民待遇和最惠国待遇);②争端当事方之间因补贴或赠与产生的争端(不包括国民待遇和最惠国待遇);③CPTPP 生效前已经采取的投资措施引发的争端;④当 CPTPP 投资章节与其他章节相冲突时,其他章节优先适用;⑤金融

---

① CPTPP, Chapter 9 Section B: Investor-State Dispute Settlement, Article 9.1: investor of a Party means a Party, or a national or an enterprise of a Party, that attempts to make, is making, or has made an investment in the territory of another Party; CPTPP Chapter 28: Article 28.1: Definitions for the purposes of this Chapter, complaining Party means a Party that requests the establishment of a panel under Article 28.7.1 (Establishment of a Panel); consulting Party means a Party that requests consultations under Article 28.5.1 (Consultations) or the Party to which the request for consultations is made.

② 石静霞、马兰:《〈跨太平洋伙伴关系协定〉(TPP)投资章节核心规则解析》,《国家行政学院学报》,2016 年第 1 期。

服务、支付平衡有关的保障措施引发的投资争端,其中涉及公共债务、重建债务的投资争端可采取有限制的仲裁;⑥争端所涉事项业已超过三年的仲裁时效;⑦有关最惠国待遇的规定;⑧明确声明不适用于 CPTPP 第九章 ISDS 机制的争端,如澳大利亚对 ISDS 整体提出了保留,智利则强调其本国中央银行在货币稳定方面的主导作用等。①

(三) 冻结条款与双边换文进一步限定 ISDS 的适用

与《跨太平洋伙伴关系协定》(Trans-Pacific Partnership Agreement, TPP)相比,CPTPP 在投资争端解决机制方面变化比较大。它允许成员方通过冻结条款和换文等方式进一步限制可以提交投资仲裁的争端范围。

1. 冻结条款

CPTPP 在投资章节设计上沿袭并借鉴了《北美自由贸易协定》和美国双边投资条约范本的规定。通过文本的比对,TPP 投资章节中有多达 81% 的文本与 2006 年《美国—哥伦比亚自由贸易协定》高度吻合。美国在投资条约缔结实践中,特别明确因东道国政府违反投资协议和投资授权而产生的争议可以提交国际投资仲裁。不过,CPTPP 却冻结了与投资协议和投资授权有关的规定。这些规定体现在投资定义、提交仲裁请求、仲裁员的选择和准据法等条款以及专门规定投资协议的附件。

从法律效果来看,冻结条款的纳入在很大程度上意味着外国投资者不能因成员国政府违反了自然资源的开发利用协议或者基础设施建设等投资协议而提出投资仲裁。这实际上使单纯的合同争议排除在了 CPTPP 的 ISDS 管辖权之外。从国际投资仲裁的已有实践来看,虽然以条约为基础的投资争端占据了较大的比例,但是涉及投资协议或授权的争端并不罕见。作为国际投资仲裁领域最具影响力的仲裁机构之一,国际投资争端解决中心(ICSID)于 2022 年 2 月针对 2021 年全年受理的投资仲裁案件进行了数据统计。ICSID 数据显示,大多数新案件的申请人基于双边投资条约(58%)主张 ICSID 行使管辖权,其次是投资者与东道国之间的投资合同(10%)和《能源宪章条约》(8%),常见的管辖依据还包括各种双边/区域贸易投资协定,如《北美自由

---

① 龚柏华:《TPP 协定投资者—东道国争端解决机制评述》,《世界贸易组织动态与研究》,2013 年第 1 期。

贸易协定》(6%)、《美国—墨西哥—加拿大协定》(6%),此外还有3%的案件是根据东道国国内投资法向ICSID提起仲裁的①。由此可见,将投资合同排除在CPTPP的投资仲裁管辖范围之外,实际上将使案源更多地集中于条约争端。

此外,CPTPP也冻结了金融服务一章中有关公平与公正待遇(Fair and Equitable Treatment,FET)的相关规定,据此,外国投资者不能主张缔约国的金融服务措施违反FET而提起投资仲裁。这可能考虑到实践中FET是投资者在提起仲裁时援引次数最多的待遇标准,且在多数投资者胜诉的案件中,仲裁庭都认定东道国政府违反了FET②。在已有的一些案件中,如Saluka诉捷克共和国案中,仲裁庭也认定东道国政府在金融服务领域的措施违反了FET③。

2. 双边换文及互惠协定

新西兰和澳大利亚签署互惠协定,规定CPTPP中的ISDS机制在两国之间不适用④。新西兰与秘鲁通过换文的方式明确排除ISDS机制适用于两国⑤。此外,新西兰也分别与文莱、马来西亚和越南签署换文,明确要求每一个投资争端在提交仲裁前需要获得东道国政府的同意⑥。新西兰与文莱的换文还特别规定,如果东道国没有对投资仲裁表示同意,那么投资者的母国应当与东道国依据双方签署的有关双边磋商的协定进行磋商⑦。新西兰政府表示,当国际投资争端产生后,新西兰将会积极地谋求与其他缔约国进行磋商,以期尽

---

① ICSID, ICSID Releases 2021 Caseload Statistics, available at https://icsid.worldbank.org/news-and-events/comunicados/icsid-releases-2021-caseload-statistics., February 27, 2022 last visited.

② 左海聪、闫旭:《论国际投资协定中公平公正待遇的义务要素》,《中国高校社会科学》,2022年第1期。

③ Saluka Investments B. V. v. The Czech Republic, UNCITRAL, Partial Award, March 17, 2006.

④ Agreement between Australia and New Zealand regarding Investor State Dispute Settlement, Trade Remedies and Transport Services, available at https://www.dfat.gov.au/sites/default/files/sl15-australia-new-zealand-isds.pdf., April 11, 2022 last visited.

⑤ Side Letter between New Zealand and Peru on ISDS, available at https://www.mfat.govt.nz/assets/Trade-agreements/CPTPP/New-Zealand-Peru-ISDS.pdf., April 11, 2022 last visited.

⑥ Side Instruments Signed by New Zealand and Other Parties, available at https://www.mfat.govt.nz/jp/trade/free-trade-agreements/free-trade-agreements-in-force/comprehensive-and-progressive-agreement-for-trans-pacific-partnership-cptpp/comprehensive-and-progressive-agreement-for-trans-pacific-partnership-text-and-resources/#bookmark4., April 11, 2022 last visited.

⑦ Side Letter between New Zealand and Brunei on ISDS, available at https://www.mfat.govt.nz/assets/Trade-agreements/CPTPP/New-Zealand-Brunei-ISDS.pdf., April 11, 2022 last visited.

可能以友好的方式化解双方对投资者与东道国争端解决机制的担忧①。此外，加拿大在有关文化的换文中表示，它可以针对"加拿大内容"的发展，作出一些歧视性安排或者限制公众对在线外国影视文化内容的访问②。秘鲁政府也通过换文明确外国投资者不能针对其通过的烟草控制措施提起投资仲裁。如果秘鲁政府作出此类决定前有关仲裁案件尚在进行中，那么这样的仲裁程序应当终止③。

从目的来看，冻结条款和换文都是为了限制 CPTPP 投资者与东道国争端机制的受案范围。但是，由于各缔约方往往不仅都签署了 CPTPP，还签署了其他的国际投资协定，这样的限制性规定不一定能完全实现其预期效果。CPTPP 的 11 个缔约国在双边层面还签署了不少投资协定和包含投资章节的自由贸易协定，投资者即使不能依据 CPTPP 提起投资仲裁，也可以利用其他条约中包含的 ISDS 机制针对东道国提出诉请。比如，新西兰、澳大利亚和东盟国家在 2009 年曾签署自由贸易协定④，其中的投资章节允许外国投资者将争议提交投资仲裁而无须东道国的逐案同意。而新西兰在与其他国家的换文中也明确规定 CPTPP 应尽最大可能与《澳大利亚—新西兰—东盟自由贸易协定》等协定在解释方面保持一致，而且外国投资者可以在 CPTPP 或《澳大利亚—新西兰—东盟自由贸易协定》中选择更为优惠的待遇。这很可能导致文莱和越南等外国投资者在与新西兰政府发生争端后，会直接依据《澳大利亚—新西兰—东盟自由贸易协定》提起仲裁，而无须遵守 CPTPP 换文中的东道国逐案同意规定。澳大利亚的做法略有不同，它虽然也与秘鲁、越南和墨

---

① Brenda Horrigan and Vanessa Naish, "New Zealand Signs Side Letters with Five CPTPP Members to Exclude Compulsory Investor State Dispute Settlement", available at https：//hsfnotes.com/arbitration/2018/05/09/new-zealand-signs-side-letters-with-five-cptpp-members-to-exclude-compulsory-investor-state-dispute-settlement/., April 11, 2022 last visited.

② Agreement between Australia and Canada regarding the Canadian Cultural Industries Sector, available at https：//www.dfat.gov.au/sites/default/files/sl1-australia-canada-cultural-industries.pdf., April 11, 2022 last visited.

③ Agreement between Australia and Peru to maintain TPP bilateral agreements, available at https：//www.dfat.gov.au/sites/default/files/sl16-australia-peru-rollover-tpp12-treaty-letters.pdf., April 11, 2022 last visited.

④ ASEAN-Australia-New Zealand Free Trade Agreement, available at https：//www.mfat.govt.nz/jp/trade/free-trade-agreements/free-trade-agreements-in-force/asean-australia-new-zealand-free-trade-agreement-aanzfta, May 2, 2022 last visited.

西哥等国家签署了换文，但在换文中明确规定 CPTPP 签署后，澳大利亚与这些国家签署的双边投资协定将终止，如果投资在 CPTPP 生效前开始，且与投资协定终止前发生的行为或事实，或终止前存在的情形有关，那么投资协定可以自终止日起继续生效 3 年或 5 年①。

二、CPTPP 体系下国际投资仲裁程序的制度特色

国际投资仲裁是以仲裁的方式解决投资者与国家间争端的有效手段，而仲裁的启动及其进行需要依托于一整套程序机制，从而使争端当事方及仲裁员能够参与其中，在认定事实、适用法律的基础上作出裁决。CPTPP 的规则体系为投资争端提供了多重解决途径以供当事方选择适用，允许申请人以四类方式启动仲裁程序，彰显了灵活性。在仲裁员选任方面，CPTPP 以保障仲裁员的独立性与公正性作为出发点。在仲裁程序进行过程中尽可能增强透明度。在仲裁准据法的确定方面，CPTPP 以国际法规则为主，辅之以国内法规则，重视争端当事方关于仲裁准据法的合意。此外，在仲裁裁决作出与赔偿额的确定上，CPTPP 充分考虑到了滥诉一方在费用分担方面的责任与义务。

（一）争端解决的途径

根据 CPTPP 第九章 B 节，如果一国投资者与另一缔约国政府间发生投资争端，应首先寻求通过磋商和谈判的方式解决争端，可采取的具体方式包括但不限于采用斡旋、调停、调解等不具有约束力的第三方程序。对于申请人一方而言，其有义务向被申请人及时递送书面磋商请求，列出涉案争议的具体措施、事实和理由，且磋商和谈判的启动并不能够视为当事方接受了国际投资仲裁庭的管辖权。依据第 9.19 条，如果在被申请人收到书面的磋商请求后 60 天内双方没有达成一致的解决方案，则申请人可以提起国际投资仲裁②。

相比于其他的国际投资协定，CPTPP 取消了对用尽当地救济的强制性要求，这堪称对既有国际经贸协定最为激进的变革。所谓用尽当地救济，是指在用尽东道国的国内行政或司法程序解决争端之前，投资者不得将争端提交

---

① Agreement between Australia and Mexico regarding Termination of Investment Promotion and Protection Agreement, available athttps://www.dfat.gov.au/trade/agreements/in-force/cptpp/official-documents, May 2, 2022 last visited.

② CPTPP, Article 9.19.1.

仲裁。用尽当地救济体现出对东道国主权的尊重，同时避免投资者对 ISDS 机制的滥用。CPTPP 并无此类规定，实质上将东道国当地救济或运用 ISDS 机制寻求救济的选择权交由提起争端的一方（通常是投资者）。

（二）仲裁请求的提起

依据 CPTPP 第 9.18 条第 4 款之规定，在运用国际投资仲裁方式解决投资争端时，结合案件的具体情况和仲裁机构的受案范围，申请人可以在四种方式之间作出选择。

第一，如果申请人与被申请人所属的缔约国均为《华盛顿公约》缔约国，则可以向 ICSID 提出仲裁请求，仲裁程序适用《ICSID 仲裁规则》。

第二，如果申请人与被申请人所属的缔约方之一为《华盛顿公约》缔约方，仍可向 ICSID 提出仲裁请求，仲裁程序适用《ICSID 附加便利规则》。

第三，申请人可依据《联合国国际贸易法委员会仲裁规则》申请临时仲裁，并同时由常设仲裁法院（PCA）担任案件管理机构或仲裁员指定机构。

第四，在申请人与被申请人达成一致意见的基础上，申请人可根据此种合意向其他的仲裁机构申请仲裁，只要所约定的仲裁机构将投资争端纳入受案范围即可①。

值得一提的是在这四类仲裁方式选项中，前三项属于典型的"无默契仲裁"，申请人可以直接提出仲裁申请并启动仲裁程序，无须在 CPTPP 规则以外再另行征得东道国的个案同意。而第四项则属于合意仲裁，要求双方就仲裁机构达成一致意见。

另外，申请人在提出仲裁请求时，需要满足申请仲裁的条件。依据第 9.19 条，申请仲裁的条件包括，被申请人违反 CPTPP 第九章 A 节项下的义

---

① CPTPP, Article 9.18.4: The claimant may submit a claim referred to in paragraph 1 under one of the following alternatives: (a) the ICSID Convention and the ICSID Rules of Procedure for Arbitration Proceedings, provided that both the respondent and the Party of the claimant are parties to the ICSID Convention; (b) the ICSID Additional Facility Rules, provided that either the respondent or the Party of the claimant is a party to the ICSID Convention; (c) the UNCITRAL Arbitration Rules; or (d) if the claimant and respondent agree, any other arbitral institution or any other arbitration rules.

务、一项投资授权或一项投资协定，而申请人因此遭受了损失[1]。在谈判过程中，澳大利亚因为担心美国投资者过于频繁地提出仲裁请求，故而其对纳入宽泛的 ISDS 条款持保留态度。作为折中方案，最终 CPTPP 第 9.19 条第 1 款以脚注的方式规定，在不影响申请人诉诸仲裁的权利的前提下，申请人不得针对附件 9-H 所涵盖的东道国（澳大利亚、加拿大、墨西哥、新西兰）就投资授权引发的争端提起投资仲裁[2]。这相当于这四个国家对于仲裁的范围作出了保留，对同意国际投资仲裁管辖的争端对象进行了限制。

（三）仲裁员的选任

国际投资仲裁机制的有效运转关键取决于仲裁员。仲裁员是否具备审理案件所需要的专业知识、仲裁经验，能否遵行职业操守，在个案中能否做到以独立和公正的方式对具体争端进行审理和裁断都至关重要。为此，CPTPP 第 9.22 条对仲裁员的选任确立了明确的规则。

就人数而言，原则上仲裁庭应由三名仲裁员组成，除非双方当事人另有其他约定。至于这三位仲裁员的选任方式，CPTPP 的规定与国际商事仲裁中的惯常做法基本一致，原则上每一方当事人有权各自指定一名仲裁员，而第三名仲裁员则须由双方当事人共同指定，并作为首席仲裁员。为了避免因为仲裁员没有及时地指定而对仲裁程序的进行造成妨碍，防范仲裁庭组庭僵局等情况的发生，CPTPP 将 ICSID 秘书长规定为默认的仲裁员指定机构。这就意味着，如果任何一方当事人没有在规定时限（仲裁申请提出之日起 75 日）内指定仲裁员，或者双方当事人无法就首席仲裁员的人选达成一致意见时，将由 ICSID 秘书长代为指定仲裁员。

为了避免因为国籍的原因导致仲裁员的中立性遭受质疑，CPTPP 要求秘书长在确定仲裁员人选时，既不得指定具有东道国国籍的国民，也不得指定

---

[1] CPTPP, Article 9.19.1. (a) the claimant, on its own behalf, may submit to arbitration under this Section a claim: (i) that the respondent has breached: (A) an obligation under Section A; (B) an investment authorisation; or (C) an investment agreement; and (ii) that the claimant has incurred loss or damage by reason of, or arising out of, that breach.

[2] CPTPP, Article 9.19 Footnote 31: Without prejudice to a claimant's right to submit to arbitration other claims under this Article, a claimant shall not submit to arbitration a claim under subparagraph (a) (i) (B) or subparagraph (b) (i) (B) that a Party covered by Annex 9-H has breached an investment authorisation by enforcing conditions or requirements under which the investment authorisation was granted.

与投资者具有相同国籍的国民。

值得一提的是 CPTPP 第 9.22 条第 5 款专门针对仲裁员的专业性作出了明确规范。依据该条款的要求，无论是当事人自行任命的仲裁员，还是由 ICSID 秘书长所指定的仲裁员，都应当具备裁判涉案争端所要求的专业知识和相关经验，并对相关准据法有充分的了解。

与此同时，CPTPP 第 9.22 条第 6 款则针对仲裁员的行为守则作出了安排且特别强调，仲裁员应当在案件审理全程中保持独立性与公正性。① 鉴于各国仲裁立法和职业伦理关于仲裁员利益冲突的评价标准不尽一致，为了尽最大可能地消解分歧、追求统一，CPTPP 要求各缔约方应当提供适用有关国际仲裁中利益冲突的准则的指引，如国际律师协会所制定的《国际仲裁利益冲突指引》。对仲裁员而言，他应当严格遵循《争端解决程序行为守则》及 ISDS 仲裁员所适用的行为指南，从而在根本上维护国际投资仲裁机制的公信力，确保 CPTPP 第九章的投资实体规则得以切实有效的贯彻和实施②。

（四）仲裁程序的进行及其透明度

在国际商事仲裁中，仲裁地是关系到仲裁程序法律适用、仲裁裁决籍属认定、仲裁裁决撤销及执行的重要法律概念③。CPTPP 第 9.23 条第 1 款明确规定，争端各方当事人可以依据仲裁规则的授权，对仲裁地达成合意，这实际上将法律意义上的仲裁地交由当事人意思自治决定。实践中，或因当事人疏忽或是双方在谈判后无法达成一致意见，故而经常出现当事人没有约定仲裁地的情况。此时，则由仲裁庭依据仲裁规则来确定仲裁地。为了保障仲裁裁决能够实现全球范围内的自由流通，减少裁决在跨境承认及执行中的法律障碍，CPTPP 特别要求仲裁庭在确定仲裁地时只能从《纽约公约》缔约国境

---

① CPTPP，Article 9.22.6.

② Code of Conduct for ISDS Under Chapter 9 of the CPTPP，available at https：//www.mfat.govt.nz/assets/Trade-agreements/CPTPP/Code-of-Conduct-for-ISDS.pdf.，April 11, 2022 last visited.

③ 韩健：《现代国际商事仲裁法的理论与实践（修订本）》，法律出版社 2000 年版，第 84 页。

内中加以选择①。

相比于平等主体之间进行的国际商事仲裁,透明度原则是国际投资仲裁所特有的要求。透明度原则背后折射的是对东道国社会公共利益的维护,以及对非争端当事方的其他 CPTPP 缔约方在条约解释与适用方面发表意见权利的尊重②。为了确保仲裁过程的透明和高效,提供公众参与的机会,防止仲裁机制被滥用,CPTPP 设置了一系列程序性保护措施,这其中包括法庭之友意见书、非争端当事方意见书、无理滥诉快速审理、可要求赔偿律师费、中期审核和挑战裁决、有约束力的联合解释、专家报告、合并仲裁等③(见表7-4)。

CPTPP 第9.23条明确规定,非争端方可以通过口头或书面形式向仲裁庭提交有关 CPTPP 条约解释的意见,从而为争端当事方以外的其他缔约方参与到仲裁程序中提供了可行的渠道和客观上的便利④。

除了其他缔约方之外,一些非政府组织也常常以法庭之友的身份向仲裁庭提交自己对于涉案争端的意见,从而提出某种诉求,希望仲裁庭加以酌情考虑。CPTPP 在仲裁程序的设计方面也充分考虑到了这种现实情况,但鉴于国际投资仲裁的审理结果归根结底与争端当事双方最为关切,故而应否准许法庭之友提交意见,以及仲裁庭应否全面或部分地采信法庭之友的意见,仍然需要与争端双方进行必要的沟通⑤。从法庭之友所提交书面意见的对象来看,其既可针对涉案投资争端的事实认定问题,亦可针对涉案投资争端的法律适用问题,但是其可被采信的前提条件是这些意见必须有助于仲裁庭对案

---

① CPTPP, Article 9.23.1 Conduct of the Arbitration stipulates that: The disputing parties may agree on the legal place of any arbitration under the arbitration rules applicable under Article 9.19.4 (Submission of a Claim to Arbitration). If the disputing parties fail to reach agreement, the tribunal shall determine the place in accordance with the applicable arbitration rules, provided that the place shall be in the territory of a State that is a party to the New York Convention.
② 齐湘泉、姜东:《国际投资争端解决中的透明度原则》,《学习与探索》,2020年第2期。
③ 中国社会科学院世界经济与政治研究所国际贸易研究室编:《〈跨太平洋伙伴关系协定〉文本解读》,中国社会科学出版社2016年版,第99页。
④ 杜焕芳、郭诗雅:《投资条约仲裁中法庭之友的局限性及其改进》,《浙江工商大学学报》,2021年第6期。
⑤ 张茜:《CPTPP 争端解决机制比较研究:以 WTO 争端解决机制改革为视角》,《大连海事大学学报(社会科学版)》,2018年第6期。

件的审理,尤其是,法庭之友不宜明显地偏袒或倾向于一方,而能够以非争端当事方的立场出发,秉持一种相对客观的第三方视角发表意见,从而使仲裁庭能够合理地评估争端当事双方所提交的材料和发表的论点。为了避免法庭之友制度被滥用,CPTPP 特别要求每一份法庭之友意见,无论采用与否,均必须明确地标识出真实的作者身份,且法庭之友必须披露其与争端当事方所具有的直接或间接的附属关系,并向仲裁庭指明自身在准备意见时受到的任何来自私人、政府或实体的帮助,无论这些帮助是经济性的还是其他方面的①。

表 7-4　CPTPP 对 ISDS 仲裁程序的具体制度及其功能

CPTPP 仲裁程序制度	制度功能
仲裁程序的透明度	确保仲裁听证会和仲裁文件对公众公开
法庭之友意见书	保障利益相关方(如国际环保组织、劳工组织)提交书面意见
非争端方意见书	保障投资者母国政府或其他缔约方就条约解释发表意见
无理滥诉快速审理及律师费赔付	确保仲裁庭高效审查无理滥诉,避免浪费争端解决资源,提升争端解决的效率
中期审核和挑战裁决	保证争端当事方能够在裁决前就拟议裁决发表意见及在裁决后就正式裁决提起挑战
有约束力的联合解释	确保各缔约方组成的委员会可以对协定条款进行有约束力的解释
专家报告	保证仲裁庭可以指定一个或多个专家就争端各方所提专业问题给出专业的书面意见
合并仲裁	确保那些具有共同法律问题或事实基础且起因于相同争端的诉求可寻求联合解决

(五) 仲裁准据法的确定

ISDS 中的准据法是指仲裁庭在对具体个案中的争端进行裁断时所适用的

---

① 闫旭:《国际投资仲裁中法庭之友意见书接受标准的完善》,《政法学刊》,2021 年第 5 期。

法律规则。CPTPP 第 9.25 条针对 ISDS 准据法作出了清晰的规范，根据该条第 1 款，对于仲裁申请人所提出的仲裁请求及被申请人提出的反请求，仲裁庭应当适用 CPTPP 协定本身以及可适用的国际法规则对涉案争端进行裁断。该条款特别强调，根据 CPTPP 第 27.2 条第 2 款 f 项设立的条约解释委员会就有关条款的具体含义作出的解释性意见具有约束力，仲裁庭作出的任何裁决不应当与此类条约解释意见相违背。

仲裁庭可适用的准据法范围不仅包括适用于相关投资授权的法律规则或相关投资授权或投资协议中规定的法律规则，还包括争端双方另行商定的法律规则。如果争端方没有另行商定或指定应适用的法律规则，则准据法包括被申请人所属国的国内法及其冲突规范，以及可予适用的国际法规则[1]。相较于其他的国际仲裁规则，CPTPP 关于仲裁准据法的规范更加全面、具体，且更具可操作性[2]。

（六）仲裁裁决的作出及赔偿的认定

为了防范投资者滥用 ISDS 机制对东道国行使外资规制权造成"寒蝉效应"，CPTPP 第 9.29 条对赔偿范围作出了限制，并对费用分担和滥诉惩罚作出了规定。其中第 2 款、第 3 款明确，申请人诉请的赔偿只能基于实际遭受的损失加以计算，而仲裁庭可以依据仲裁规则对仲裁费、律师费等争端解决成本的分担及计算作出裁决[3]。依据第 4 款，如果有确切的证据表明申请人所遭受的损害是因为被申请人违背国际法的不法行为所造成的，且东道国的措施构成投资损害的近因时，则仲裁索赔请求将获得支持；反之，如果申请人的仲裁申请不仅不成立，而且有明显的迹象表明其诉请构成无理滥诉、明显不具有事实和法律依据的缠讼、恶意索赔时，仲裁庭还可据此裁定申请人承担仲裁费用和对方应诉所支付的律师代理费等[4]。

---

[1] CPTPP, Article 9.25.3 Governing Law stipulates that: A decision of the Commission on the interpretation of a provision of this Agreement under Article 27.2.2 (f) (Functions of the Commission) shall be binding on a tribunal, and any decision or award issued by a tribunal must be consistent with that decision.

[2] 杨国华：《〈跨太平洋伙伴关系协定〉规则研究》，上海人民出版社 2020 年版，第 49 页。

[3] CPTPP, Article 9.29.3.

[4] CPTPP, Article 9.29.4.

第七章
北京更高水平对外开放中的国际经贸争端解决机制

三、CPTPP 投资争端解决机制对中国的潜在影响及对策

中国在 2021 年 9 月已正式申请加入 CPTPP，故有必要全面评估和预测 CPTPP 投资者与国家间争端解决机制对中国的潜在影响，从而能够找准 CPTPP 与中国现有国内立法及适用于中国政府和中国投资者的其他投资者与国家间争端解决机制之间的差距，为国际投资争端的预防与解决寻求最佳方案。之前述及，相比于 TPP，CPTPP 中纳入了冻结条款，其冻结对象涵盖了投资协定的定义、投资仲裁、特定国家的例外条款等内容，对投资者与国家间争端解决机制的适用范围形成了有效的约束。在评估 CPTPP 对中国的影响时，冷冻条款及其产生的法律效果是不容忽视的重要因素。

首先，CPTPP 第 9.1 条对"投资协定"给出了定义，明确了有权缔结投资协定的中央政府主管机关的范围，就 CPTPP 的溯及力予以规制，同时排除了那些具有普遍适用效力的、非歧视的投资授权和投资许可[1]。这些条款不仅可以对关键概念进行合理的框定，而且也可以对投资者与国家间争端解决机制的属人范围、属物范围、属时范围等设定约束。搁置上述条款，不仅会降低缔约国投资的明确性、透明度，增加投机风险，而且缔约国的投资行为还会随着条款约束范围的增加，在更为广泛的区域内受到该条款的影响。

其次，CPTPP 中对国际投资仲裁程序的部分规定也在冻结条款的搁置范围内[2]。这些条款的初衷是对争端当事双方的权利义务、仲裁庭如何适用法律、仲裁员应具备何种资质等予以规范。冻结此类条款虽然短期内降低了 CPTPP 的谈判难度，但却可能对国际投资争端解决中效率和公平价值目标的事项产生负面影响。从长远来看，这些冻结条款无益于保护仲裁当事人的合理预期，亦无益于对仲裁员职业操守的强化。

再次，CPTPP 附件 9-L 给予一些国家适用投资者与国家间争端解决机制的特殊例外[3]。此类制度安排的初衷是在凝聚共识的基础上缓和冲突，降低谈

---

[1] CPTPP, Article 9.1.
[2] Christopher Corr et al., "The CPTPP Enters into Force: What Does it Mean for Global Trade?", available at: https://www.whitecase.com/publications/alert/cptpp-enters-force-what-does-it-mean-global-trade, May 2, 2022 last visited.
[3] CPTPP, Chapter 9 Annex 9-L: Investment Agreements.

判的难度,促进协定的顺利达成,打消潜在缔约方加入 CPTPP 时的顾虑和担忧。但是这类条款本身不利于维护国民待遇原则和贸易公平。冻结上述条款有利于维护国民待遇原则和促进贸易公平,免除特定国家的利益会导致上述三国谈判难度加大,但对于其他缔约国而言更为公平,更容易被接受①。

除此之外,CPTPP 对投资者与国家间争端解决机制的规定与中国现行法律之间还存在其他差异,具体包括:①CPTPP 所管辖的投资争端范围宽泛,与中国民事诉讼法中的专属管辖、属地管辖、属人管辖等规定内容产生冲突,怎样弥合此类冲突,是否有必要在加入之际提出相应的保留,需要审慎评估;②相较于 WTO 争端解决机制,CPTPP 采取一裁终局制,取消了上诉机制,但中国现行诉讼程序采取两审终审制,此种不一致可能导致某一主体在中国司法审判或仲裁体系内胜诉但在 CPTPP 框架下却败诉的相互矛盾的局面;③其他创新可能带来的风险。CPTPP 确立的 ISDS 机制赋予投资者以诉权,使投资者得以直接对东道国提起仲裁索赔,这无疑是保护投资者利益的有力武器。但是,中国既是资本输出国,也是资本输入国,不宜仅仅从保护投资者的角度评估 ISDS 的制度设计,还应适当兼顾东道国的公共利益通过 ISDS 来维护。

为了有效应对 CPTPP 投资争端解决机制的潜在影响,中国可以重点从以下方面着手加以应对。

首先,在总体上接受 CPTPP 投资者与国家间争端解决机制管辖权的同时,设置必要的前置程序,譬如,要求投资者在与东道国发生争端后,有义务先行诉诸东道国当地的司法机关或行政机关寻求救济。事实上,允许投资者直接申请国际投资仲裁,且仲裁机构和规则有多元选择,这对东道国司法权威构成了重大挑战。完全拆除用尽当地救济规则,可能会导致司法救济系统的紊乱,造成司法资源的严重浪费。

其次,鉴于中国既是资本输出大国,也是资本输入大国,故而在保护投资者私人利益的同时,也要维护东道国的社会公共利益,并在二者之间寻求平衡。落实到争端解决层面,可以向 CPTPP 的其他缔约方提出纳入等待期条款,即要求投资者应当先行用尽当地救济,但如果在规定的等待期内投资者

---

① 白洁、苏庆义:《CPTPP 的规则、影响及中国对策:基于和 TPP 对比的分析》,《国际经济评论》,2019 年第 1 期。

并未获得应有的司法保护，则可依据 CPTPP 启动国际投资仲裁。

再次，中国业已制定《外商投资法》，这部立法旨在集中解决外商来华投资的法律问题，却未考虑中国投资者向海外投资的法律问题，故未来有必要考虑制定《对外投资法》，用以完善包括海外保险、海外租赁、海外基础救济等在内的一系列法规、司法解释，实现投资法律制度的集成化架构。为推进 CPTPP 的国内实施，中国可适时出台《CPTPP 与国内法律法规适用衔接指南》，将有关 CPTPP 与国内法律法规的矛盾、冲突以及不协调的制度、途径等予以统一适用，在发挥 CPTPP 争端解决机制创新性优势的同时，建立 ISDS 机制项下的滥诉过滤机制，创设可供争端当事方选择的任择性 ISDS 上诉机制，适当引入友好协商和行政复议等前置程序。

本 章 小 结

　　国际贸易争端的妥当解决不仅关系争端当事国依据国际条约所享有的权利的实现，而且是全球经济治理法治化的具体呈现。北京更高水平对外开放，既需要强化国内法层面的涉外法治保障，也需要利用好国际法当中的经贸争端解决机制，特别是在 RCEP 和 CPTPP 中的国际贸易及投资争端解决机制。RCEP 的出台给 WTO 为基础的多边贸易体制下争端解决机制所面临的危机提供了"一剂良药"。相比于 WTO 争端解决机制，RCEP 视野下的国际贸易争端解决机制注重于裁决的效率，以"一裁终局"作为基本范式。同时，RCEP 争端解决机制的程序设计在很大程度上强化了争端各方的自主参与，对专家组成员的选任设定了严格的资质要件。这些元素的融入在一定程度上折射出新一代区域性贸易协定在争端解决机制现代化方面的推进。正如习近平总书记所言，在单边主义、保护主义蔓延的态势下，世界经济充满了不确定性和不稳定性因素，然而中国进一步深化改革、对外开放的步伐并不因此止步。在对 RCEP 争端解决机制进行深入研究的基础上可知，区域一体化趋势的强化并非对多边主义的冲击，而是在现有多边主义的基础上以开放、合作、共赢的姿态共同为世界经济发展注入新的活力。CPTPP 投资规则除了搁置有关投资协议、投资授权的定义和 ISDS 机制外，几乎全盘接受了其前身 TPP 的投资条款。虽然 CPTPP 的投资自由化标准不及原本的 TPP 文本，但仍不失为"全面且进步"的高标准投资规则，且由于 CPTPP 对其他国家和独立关税区的开放性，该协定的未来影响力不容小觑。中国作为世界外商投资的重要接受国和来源国，亟须根据国际投资环境、国内吸引外资和对外投资需求调整自身相关政策和措施，以便为中国经济的持续增长和转型升级保驾护航。值得一提的是，尽管美国最终并没有参与 CPTPP，但 CPTPP 仍然获得其他缔约方的成功签署。这表明当代国际投资的立法已经由 21 世纪初期的美国主导日益朝着更加多元化的方向发展。2021 年，中国正式申请加入 CPTPP，彰显了中国努力实现更高水平对外开放的决心。有观点认为，申请加入 CPTPP 具有极为重要的意义，如同"二次入世"。CPTPP 确立的投资者与国家间争端解决机制，在一定程度上旨在回应 WTO 争端解决机制所面临的危机。因此，在申请加入 CPTPP 之际，中国应高度关注争端解决机制，与国际最高水平接轨，让这一机制在经济全球化进程中发挥应有的作用。

结　语

　　国际仲裁是兼具自治性与准司法性的一种纠纷解决方式，其生存之本在于仲裁当事人的合意选择，因此国际仲裁中心成功与否取决于其能否满足国际商事主体对公正、高效解决纠纷的根本需求，而要实现这一目标存在多种路径模式，并非只有"华山一条路"，是需要不同国家与地区根据自身情况挖掘本土资源优势，紧贴仲裁发展趋势，营造出本土适于国际仲裁法律活动的优质生态系统。在互联网与大数据的时代，突如其来的新冠肺炎疫情更是使得一度处于"安逸之境"的国际仲裁面临新的挑战与变革，它不仅触动国际仲裁立法及机构规则因时而变，同时也为包括我国在内的国家与地区发展新兴国际仲裁中心创造了时代契机。

　　自《仲裁法》颁布实施以来，我国共设立了277家仲裁机构，受案当事人涉及100多个国家和地区，涉案标的额近六万亿元，中国已然成为世界上运用仲裁解决商事纠纷最多的国家之一。当前，全面深化改革，推进高水平对外开放，加强涉外法治体系建设，对中国商事仲裁的现代化和国际化发展提出了新的更高要求，而良善的仲裁制度与国际化的仲裁机构是解决国际经贸投资争端、塑造一流营商环境、推进国际法治建设的必备要素。北京积极引进境外仲裁机构在中国设立办事机构并开展仲裁业务，切实反映了当下仲裁以合作促发展的新趋势，充分展现了北京仲裁立足首都、辐射京津冀、面向全国、放眼世界，对标一流、追求卓越的大格局。北京仲裁事业的发展及其国际化的增强，将成为国内、国际了解中国仲裁的重要窗口，亦将成为北京仲裁和中国仲裁走向世界的重要平台。

众所周知，无论是区域的还是国际的商事仲裁中心的成就必须同时具备一流的法治环境、完善的仲裁法律制度、优良的仲裁管理服务和知名的仲裁品牌机构。这意味着这一中心的建设与形成需要依靠立法、执法、司法、守法以及相关法律服务的多方支持乃至全社会的合力。这些要素是其竞争力与影响力的主要来源，也是获得当事人认可、信赖与选择的必备要件。关于北京打造国际商事仲裁中心，需要从以下五个方面予以加强：

第一，从法律制度看，仲裁地的竞争首先体现为法律制度的优越性。仲裁的基本制度应尽可能与国际接轨。《仲裁法》是规定仲裁程序制度的基本法，在考虑和设计这些制度时应尽可能跟国际接轨，其意义不仅是让中国仲裁更容易赢得境外用户的认可，还在于让中国用户在境内积累的实战经验在境外开展商务活动和解决纠纷时也能游刃有余。具体需要特别关注的基本制度包括：赋予仲裁庭作出临时措施的权力；统一国内和涉外仲裁案件的司法审查标准，取消仲裁裁决不予执行制度；探索建立投资仲裁裁决的承认与执行机制；采用仲裁地的标准对境外仲裁机构在华开展业务进行规范等。

第二，必要的政府政策支持能够发挥积极的引导作用。政策的支持力度也是境外仲裁机构决定是否在北京设立分支机构的主要考虑因素之一，主要包括是否有免费或者提供补贴的经营场址、优惠的签证条件、灵活的员工聘用条件和便捷的外汇汇款流程等。从仲裁机构实际开展业务活动的经验出发，在税收、外事审批、国际交流活动申报、签证办理、国际联网等配套机制上可能寻求政府政策的支持。

第三，一地司法系统对仲裁的支持程度也是当事人选择该仲裁地的重要因素之一。就北京建设国际仲裁中心的司法协助问题而言，除仲裁法修订中就司法审查程序的建议外，为进一步发挥仲裁一裁终局以及高效的制度优势，还建议研究建立法院可先期驳回明显不成立的撤销仲裁申请、确认仲裁协议效力案件的具体情形及程序、确保仲裁协议依法履行问题。

第四，北京推进国际仲裁中心建设，需要培育一批国际一流的仲裁机构，这首先体现在培育已有相当知名度及公信力的位于北京的仲裁机构。组织因素的体制机制往往是仲裁制度有效发挥作用的基础。其次建议积极推进仲裁机构内部治理结构综合化改革，按照中央明确的市场化法治化改革方向，建立健全仲裁机构决策权、执行权、监督权相互分离、有效制衡、权责对等的治理机制，赋予仲裁机构在决策、人事、薪酬等方面更大的自主权，激发仲裁发展活力。

第五，推进国际仲裁中心建设给争议解决从业者提出了更高的要求。从建立思维模式与理念的视角出发，涉外法律人才培养的核心路径在于系统学习国际商业法律的基础与核心学科知识，包括合同法（特别是英国合同法）、证据法与争议解决的程序法，从而理解支撑整个西方社会运行体系的规则与理念。涉外人才培养的责任除传统角色高校外，也离不开政府及社会各界的支持。

参 考 文 献

一、中文著作

［1］任再萍.上海更高水平对外开放的战略研究［M］.北京：中国社会科学出版社，2018.

［2］董涛.北京国际交往中心建设法治保障研究［M］.北京：社会科学文献出版社，2020.

［3］黄进.中国涉外法治蓝皮书［M］.北京：法律出版社，2022.

［4］黄进.宏观国际法学论［M］.北京：法律出版社，2022.

［5］张世君等."首都法"前思：首都治理的法律保障［M］.北京：中国法制出版社，2022.

［6］游婧.区域性国际贸易中心研究：全面对外开放的新探索［M］.成都：四川大学出版社，2018.

［7］迟福林.高水平开放的中国与世界［M］.北京：中国工人出版社，2021.

［8］沈伟.国际金融中心因何不同？港沪金融市场规制比较研究［M］.北京：法律出版社，2020.

［9］张建.北京"两区"建设下境外仲裁机构准入的法治保障研究［M］.北京：首都经济贸易大学出版社，2022.

［10］张建.国际投资仲裁管辖权研究［M］.北京：中国政法大学出版社，2019.

［11］张建.国际投资仲裁法律适用问题研究［M］.北京：中国政法大学出版社，2020.

［12］李伟芳.涉外法治人才培养机制的反思与创新［M］.上海：上海人民出版社，2022.

［13］李泮桦.中国双边投资条约中 ICSID 管辖权条款的完善：基于"一带一路"倡议的分析［M］.北京：对外经济贸易大学出版社，2022.

［14］汪祖兴，郑夏. 自治与干预：国际商事仲裁当事人合意问题研究［M］. 北京：法律出版社，2016.

［15］林一. 国际商事仲裁中的意思自治原则：基于现代商业社会的考察［M］. 北京：法律出版社，2018.

［16］侯登华. 仲裁协议法律制度研究－意思自治视野下当事人权利程序保障［M］. 北京：知识产权出版社，2012.

［17］史飚. 商事仲裁监督与制约机制研究［M］. 北京：知识产权出版社，2011.

［18］杨秀清. 协议仲裁制度研究［M］. 北京：法律出版社，2006.

［19］于湛旻. 国际商事仲裁司法化问题研究［M］. 北京：法律出版社，2017.

［20］宋朝武. 中国仲裁制度：问题与对策［M］. 北京：经济日报出版社，2002.

［21］寇丽. 现代国际商事仲裁法律适用问题研究［M］. 北京：知识产权出版社，2013.

［22］黄进. 国际商事争议解决机制研究［M］. 武汉：武汉大学出版社，2010.

［23］赵秀文. 国际商事仲裁现代化研究［M］. 北京：法律出版社，2010.

［24］刘晓红. 国际商事仲裁专题研究［M］. 北京：法律出版社，2009.

［25］张春良. 中国涉外商事仲裁法律实务［M］. 厦门：厦门大学出版社，2019.

［26］张圣翠. 中国仲裁法制改革研究［M］. 北京：北京大学出版社，2018.

［27］陈福勇. 未竟的转型：中国仲裁机构现状与发展趋势实证研究［M］. 北京：法律出版社，2010.

［28］梁堃. 英国1996年仲裁法与中国仲裁法的修改：与仲裁协议有关的问题［M］. 北京：法律出版社，2006.

［29］姜霞. 仲裁司法审查程序要论［M］. 湘潭：湘潭大学出版社，2009.

［30］杜新丽. 国际商事仲裁理论与实践专题研究［M］. 北京：中国政法大学出版社，2009.

［31］齐湘泉. 外国仲裁裁决承认及执行论［M］. 北京：法律出版社，2010.

［32］杨玲. 国际商事仲裁程序研究［M］. 北京：法律出版社，2011.

［33］石现明. 国际商事仲裁当事人权利救济制度研究［M］. 北京：人民出版社，2011.

［34］石现明. 东盟国家国际商事仲裁法律制度研究［M］. 昆明：云南大学出版社，2013.

［35］李莉，乔欣. 东盟国家商事仲裁制度研究［M］. 北京：中国社会科学出版社，2012.

［36］钟澄. 国际商事仲裁中的弃权规则研究［M］. 北京：法律出版社，2012.

［37］池漫郊. 国际仲裁体制的若干问题及完善：基于中外仲裁规则的比较研究［M］. 北京：法律出版社，2014.

［38］宋建立. 涉外仲裁裁决司法审查原理与实践［M］. 北京：法律出版社，2016.

［39］毛晓飞. 仲裁的司法边界：基于中国仲裁司法审查规范与实践的考察［M］. 北京：中国市场出版社，2020.

［40］马占军. 仲裁法修改新论［M］. 北京：法律出版社，2011.

［41］陈正健. 投资者-国家争端解决：理论与实践［M］. 北京：当代世界出版社，2019.

［42］孙佳佳，李静. "一带一路"投资争端解决机制及案例研究［M］. 北京：中国法制出版社，2020.

［43］刘梦非. 国际投资争端解决的平行程序研究［M］. 北京：法律出版社，2020.

［44］罗楚湘. 英国仲裁法研究［M］. 武汉：武汉大学出版社，2012.

［45］王芳. 英国承认与执行外国仲裁裁决制度研究［M］. 北京：中国政法大学出版社，2012.

［46］韩平. 中英仲裁法比较研究［M］. 厦门：厦门大学出版社，2019.

[47] 梁堃. 英国 1996 年仲裁法与中国仲裁法的修改：与仲裁协议有关的问题 [M]. 北京：法律出版社，2006.

[48] 杨良宜，莫世杰，杨大明. 仲裁法：从 1996 年英国仲裁法到国际商务仲裁 [M]. 北京：法律出版社，2006.

[49] 丁颖. 美国商事仲裁制度研究：以仲裁协议和仲裁裁决为中心 [M]. 武汉：武汉大学出版社，2007.

[50] 马其家. 美国证券纠纷仲裁法律制度研究 [M]. 北京：北京大学出版社，2006.

[51] 赖晨野. 哈萨克斯坦国际商事仲裁法律制度研究 [M]. 乌鲁木齐：新疆人民出版社，2015.

[52] 李钦. 印度仲裁法精要 [M]. 北京：中国法制出版社，2020.

[53] 傅攀峰. 法国国际商事仲裁制度研究：以 2011 年《法国仲裁法》为中心 [M]. 北京：中国社会科学出版社，2019.

[54] 傅攀峰. 仲裁裁决既判力问题研究 [M]. 北京：中国社会科学出版社，2020.

[55] 黄世席. 投资者-国家争端解决机制的发展与应对 [M]. 北京：法律出版社，2021.

[56] 伍穗龙，林惠玲，梅盛军. 从 NAFTA 到 USMCA：投资争端解决机制 [M]. 上海：上海人民出版社，2021.

[57] 张正怡. "一带一路"沿线国家与投资者争端解决问题研究 [M]. 上海：上海社会科学院出版社，2019.

[58] 田海. 最惠国条款适用于国际投资争端解决程序问题研究 [M]. 北京：中国社会科学出版社，2017.

[59] 袁小珺. 国际投资仲裁透明度改革 [M]. 武汉：武汉大学出版社，2020.

[60] 高峰. 国际投资仲裁机制之改革路径研究 [M]. 武汉：华中科技大学出版社，2022.

[61] 魏彬彬. 国际投资条约仲裁司法审查制度研究 [M]. 天津：天津人民出版社，2022.

[62] 李尊然. 国际投资争端解决中的补偿计算 [M]. 武汉：武汉大学出

版社，2019.

[63] 肖灵敏. 投资者与东道国争端解决机制的改革模式研究［M］. 北京：中国政法大学出版社，2020.

[64] 宁红玲. 投资者—国家仲裁与国内法院相互关系研究［M］. 北京：法律出版社，2020.

[65] 杨桦. 国际商事仲裁裁决效力研究［M］. 上海：上海三联书店，2021.

[66] 黄进. 国家及其财产豁免问题研究［M］. 北京：中国政法大学出版社，1987.

[67] 龚刃韧. 国家豁免问题的比较研究：当代国际公法、国际私法和国际经济法的一个共同课题［M］. 北京：北京大学出版社，2005.

[68] 黄德明. 现代外交特权与豁免问题研究［M］. 武汉：武汉大学出版社，2005.

[69] 夏林华. 不得援引国家豁免的诉讼：国家及其财产管辖豁免例外问题研究［M］. 广州：暨南大学出版社，2011.

[70] 陈雅丽. 豁免权研究：基于宪法的视域［M］. 北京：中国法制出版社，2011.

[71] 李颖. 国家豁免例外研究［M］. 北京：知识产权出版社，2014.

[72] 齐静. 国家豁免立法研究［M］. 北京：人民出版社，2015.

[73] 王佳. 国家侵权行为的管辖豁免问题研究［M］. 北京：世界知识出版社，2016.

[74] 陆寰. 国家豁免中的商业例外问题研究［M］. 武汉：武汉大学出版社，2016.

[75] 刘元元. 国家财产执行豁免问题研究［M］. 厦门：厦门大学出版社，2016.

[76] 纪林繁. 不得援引国家豁免的商业交易诉讼研究［M］. 北京：法律出版社，2016.

[77] 伍利斌. 国际刑事管辖与国家官员的豁免问题研究［M］. 北京：中国法制出版社，2017.

[78] 徐宏. 国家豁免国内立法和国际法律文件汇编［M］. 北京：知识产

权出版社，2019.

[79] 严文君. 主权债务违约的国家豁免问题研究［M］. 北京：中国政法大学出版社，2020.

[80] 石育斌. 国际商事仲裁第三人制度比较研究［M］. 上海：上海人民出版社，2008.

[81] 何晶晶，石绍良. 临时仲裁制度的国际比较研究［M］. 北京：中国社会科学出版社，2021.

[82] 彭丽明. 仲裁员责任制度比较研究［M］. 北京：法律出版社，2017.

[83] 马占军. 中国内地与澳门地区商事仲裁法律制度比较研究［M］. 广州：广东人民出版社，2007.

[84] 詹礼愿. 中国内地与中国港澳台地区仲裁制度比较研究［M］. 武汉：武汉大学出版社，2006.

[85] 王鹏. 论国际混合仲裁的性质：与国际商事仲裁和国家间仲裁的比较研究［M］. 北京：人民出版社，2007.

[86] 赵生祥. 海峡两岸商务仲裁制度比较研究［M］. 北京：法律出版社，2010.

[87] 张志. 仲裁立法的自由化、国际化和本土化：以贸法会仲裁示范法为比较［M］. 北京：中国社会科学出版社，2016.

[88] 李剑强. 中国内地与香港地区承认与执行仲裁裁决制度之比较及实例分析［M］. 北京：人民法院出版社，2006.

[89] 乔欣. 比较商事仲裁［M］. 北京：法律出版社，2004.

[90] 李贤森. 国际商事仲裁当事人意思自治保障与限制问题研究［M］. 北京：法律出版社，2022.

二、中文论文

[1] 姜秋菊. 美国仲裁协会新修订之仲裁员行为规范评介［J］. 北京仲裁，2004（1）.

[2] 王琼妮. 关于仲裁员行为规范的探讨［J］. 仲裁研究，2005（2）.

[3] 宋连斌. 中国现行仲裁员制度存在的主要问题［N］. 人民法院报，

2002-10-07（3）.

［4］杜焕芳，李贤森. 国际商事仲裁当事人程序自治边界冲突与平衡［J］. 法学评论，2020（2）.

［5］张立平. 论首席仲裁员之职业道德［J］北京仲裁，2006（4）.

［6］黄雁明. 特许仲裁员学会会员职业与行为道德准则［J］. 北京仲裁，2007（3）.

［7］萧凯. 从富士施乐仲裁案看仲裁员的操守与责任［J］. 法学，2006（10）.

［8］金鑫. 论法国刑事规范对国际商事仲裁的影响［J］. 青海社会科学，2018（5）.

［9］李铁喜. 论商事仲裁员的责任及其在我国的制度完善［J］. 湖南工程学院学报（社会科学版），2018（2）.

［10］王小莉. 仲裁员的监督和保护问题探讨［J］. 仲裁研究，2013（2）.

［11］温晓. 商事仲裁民事赔偿法律定位的研究［J］. 东南大学学报（哲学社会科学版），2018（1）.

［12］傅攀峰. 单边仲裁员委任机制的道德困境及其突围：以 Paulsson 的提议为核心［J］. 当代法学，2017（3）.

［13］孙南翔. 国际商事仲裁员资格特征研究：兼评我国贸仲委选聘仲裁员之实践［J］. 国际经济法学刊，2013（1）.

［14］张利兆. 仲裁员职业道德探讨［J］. 北京仲裁，2012（4）.

［15］张戈，宋禹倩. 浅论仲裁员的价值与作用：仲裁法律实务"三员一桥"论［J］. 仲裁研究，2017（1）.

［16］刘晓红，冯硕. 论国际商事仲裁中机构管理权与意思自治的冲突与协调：以快速仲裁程序中强制条款的适用为视角［J］. 上海政法学院学报（法治论丛），2018（5）.

［17］陈福勇. 我国仲裁机构现状实证分析［J］. 法学研究，2009（2）.

［18］陈忠谦. 论仲裁裁决的撤销与不予执行：兼谈中国《仲裁法》的修改［J］. 仲裁研究，2006（2）.

［19］何其生. 国际商事仲裁司法审查中的公共政策［J］. 中国社会科学，2014（7）.

[20] 黄文艺. 新《民事诉讼法》对不予执行仲裁裁决事由修改的理解与适用 [J]. 北京仲裁, 2012 (3).

[21] 孔媛. 从仲裁诉讼化看仲裁法的修改 [J]. 北京仲裁, 2004 (2).

[22] 金鑫. 国际商事仲裁自治性强化背景下的弱势方保护：法国的经验及启示 [J]. 时代法学, 2022 (1).

[23] 朱玥. 自治与效率：仲裁员开放名册制实施路径研究：兼论仲裁员名册之完善 [J]. 西部法学评论, 2020 (3).

[24] 林一飞. 中国仲裁机构改革初论 [J]. 仲裁研究, 2006 (3).

[25] 马占军. 论我国仲裁裁决的撤销与不予执行制度的修改与完善 [J]. 法学杂志, 2007 (2).

[26] 马占军. 我国仲裁协议效力异议规则的修改与完善 [J]. 法学评论, 2011 (2).

[27] 石育斌、史建三. 运用"刺破公司面纱原则"引入仲裁第三人：兼论对我国《仲裁法》的完善 [J]. 法学, 2008 (10).

[28] 宋连斌. 司法与仲裁关系的重构："民诉法"有关仲裁新规定之解析 [J]. 仲裁研究, 2013 (3).

[29] 孙巍. 联合国贸法会《快速仲裁规则》第 16 条评注 [J]. 国际法研究, 2022 (1).

[30] 张建. 国际商事仲裁中禁诉令的适用问题研究：兼论我国仲裁禁诉令制度的立法构建 [J]. 国际法学刊, 2021 (3).

[31] 张建, 李希文. 律师仲裁员利益冲突的司法审查：现状、问题、对策 [J]. 商事仲裁与调解, 2021 (5).

[32] 张建. 南非商事仲裁法律体系：制度现状与发展趋势 [J]. 北京仲裁, 2019 (3).

[33] 宋连斌. 理念走向规则：仲裁法修订应注意的几个问题 [J]. 北京仲裁, 2004 (2).

[34] 宋连斌, 杨玲. 我国仲裁机构民间化的制度困境：以我国民间组织立法为背景的考察 [J]. 法学评论, 2009 (3).

[35] 宋连斌, 黄进. 中华人民共和国仲裁法（建议修改稿）[J]. 法学评论, 2003 (4).

[36] 宋连斌,赵健. 关于修改1994年中国《仲裁法》若干问题的探讨[J]. 国际经济法论丛,2001(1).

[37] 宋明志. 仲裁协议若干问题研究：兼评《仲裁法司法解释》及《仲裁法》修改[J]. 北京仲裁,2008(1).

[38] 王红松.《仲裁法》存在的问题及修改建议[J]. 北京仲裁,2004(2).

[39] 王小莉. 关于修改《仲裁法》的若干意见[J]. 仲裁研究,2015(1).

[40] 韦伟强.《仲裁法》的修改与完善：从一起仲裁执行异议之诉案件所进行的实证分析. 社会科学家[J],2018(5).

[41] 肖永平、邹晓乔. 论我国国际商事仲裁规则的新发展[J]. 武大国际法评论,2018(1).

[42] 谢新胜. 论国际商事仲裁实现程序自治的路径[J]. 法学评论,2012(6).

[43] 张圣翠. 强行规则对国际商事仲裁的规范[J]. 法学研究,2008(3).

[44] 张圣翠. 我国涉外仲裁法律制度之完善[J]. 法学,2013(5).

[45] 郑金波.《中华人民共和国仲裁法》修改建议稿[J] 仲裁研究,2009(3).

[46] 于群,李娜. 我国标准必要专利许可费纠纷中禁诉令的适用研究[J]. 长春工程学院学报（社会科学版）,2021(3).

[47] 刘枫欣. 国际民事司法合作视野下外国禁诉令之应对[J]. 河南财经政法大学学报,2021(5).

[48] 刘仁山,陈杰. 我国面临的国际平行诉讼问题与协调对策[J]. 东岳论丛,2019(12).

[49] 赵威. 论国际诉讼管辖权冲突中的禁诉令制度：以标准必要专利诉讼案为例[J]. 理论探索,2021(4).

[50] 傅攀峰. 国际商事仲裁中的禁诉令：特殊性及其应对[J]. 河北法学,2021(8).

[51] 张先焉,殷越. 知识产权国际竞争背景下禁诉令制度探索与构建

[J]．法律适用，2021（8）．

[52] 梁雯雯，李韶华．中英禁诉令的适用比较研究[J]．长江论坛，2020（6）．

[53] 沈红雨．我国法的域外适用法律体系构建与涉外民商事诉讼管辖权制度的改革：兼论不方便法院原则和禁诉令机制的构建[J]．中国应用法学，2020（5）．

[54] 祝建军．我国应建立处理标准必要专利争议的禁诉令制度[J]．知识产权，2020（6）．

[55] 伊鲁．论中国反禁诉令制度的构建[J]．中国海商法研究，2020（2）．

[56] 黄旭．国际商事争议解决中的禁止仲裁令制度研究[J]．北京仲裁，2020（2）．

[57] 杨文贵，罗依，肖钧天．论外国法院判决和裁定在中国的承认与执行[J]．中国海商法研究，2019（1）．

[58] 曹志勋．论国际商事仲裁的最新发展[J]．法治现代化研究，2018（5）．

[59] 丁文严，韩萍．标准必要专利保护的中国路径："标准必要专利保护法律问题研究"研讨会综述[J]．法律适用，2018（19）．

[60] 姚宇．仲裁协议随债权转让的价值平衡方法：对债务人保护的再审视[J]．中国政法大学学报，2022（3）．

[61] 齐飞．《纽约公约》主要内容及发展趋势述评[J]．民事程序法研究，2011（1）．

[62] 龙威狄．国际商事仲裁协议的妨诉效力：以我国立法司法实践为中心[J]．政治与法律，2010（11）．

[63] 陈卫佐．国际性仲裁协议的准据法确定：以仲裁协议的有效性为中心[J]．比较法研究，2016（2）．

[64] 阎冰，任伟哲．破解域外禁诉令困境的一次尝试及思考[J]．上海法学研究，2019（2）．

[65] 王亚丽．民法典编纂视阈下知识产权禁令救济的制度安排[J]．内蒙古师范大学学报（哲学社会科学版），2017（4）．

[66] 曾二秀. 中英选择管辖协议效力及执行比较研究 [J]. 中国海商法研究, 2018 (4).

[67] 李晓枫. 论以我国行为保全制度实现禁诉令功能 [J]. 法学杂志, 2015 (7).

[68] 赵景顺, 周兢. 对英国禁诉令制度的思考 [J]. 人民司法, 2015 (7).

[69] 姚建军. 英美法系国家（地区）的禁诉令制度及对我国的借鉴 [J]. 人民司法, 2011 (1).

[70] 徐昶. 我国不宜在涉外民商事审判中引入禁诉令制度-以禁诉令的目标与效果为视角 [J]. 南京工业大学学报（社会科学版）, 2009 (3).

[71] 黄晓敏. 国际商事仲裁语境下的禁诉令问题研究 [J]. 商业文化, 2011 (7).

[72] 宋建立. 关于涉外商事诉讼管辖权冲突解决的几个问题 [J]. 人民司法, 2011 (19).

[73] 彭奕. 我国内地适用禁诉令制度探析 [J]. 武汉大学学报（哲学社会科学版）, 2012 (5).

[74] 颜杰雄. 国际商事仲裁中禁诉令的运用：从欧洲法院 West Tankers Inc. 案谈起 [J]. 北京仲裁, 2009 (2).

[75] 张利民. 非排他性管辖协议探析 [J]. 政法论坛, 2014 (5).

[76] 陶诗雯. 论禁诉令在我国区际私法的适用 [J]. 前沿, 2013 (8).

[77] 周婷婷. 仲裁条款的独立性问题 [J]. 仲裁研究, 2008 (14).

[78] 杨彩霞. 论欧盟法对仲裁协议效力保障之弱化：兼评欧盟法院 West Tankers 案 [J]. 政治与法律, 2010 (11).

[79] 张淑铀. 涉港民事管辖权冲突解决机制的重构 [J]. 法学论坛, 2011 (6).

[80] 高薇. 仲裁抑或诉讼？国际商事仲裁平行程序及其解决机制 [J]. 河北法学, 2011 (5).

[81] 董秋红. 国际商事仲裁中禁诉令问题研究 [J]. 学术理论与探索, 2011 (10).

[82] 陈安妮. 禁诉令制度若干问题探析 [J]. 东南司法评论, 2010

（10）.

［83］冷霞. 衡平法的胜利：大法官法院与普通法法院的管辖权冲突［J］. 南京大学法律评论，2009（2）.

［84］谢烨，张可心. 论海事强制令的适用范围［J］. 人民司法，2008（11）.

［85］秦男. 论选择境外仲裁机构仲裁协议效力的司法审查路径［J］. 法律适用，2021（10）.

［86］李贤森. 国际商事仲裁意思自治的保障与限制问题：兼评《仲裁法》的修改［J］. 法学，2022（4）.

［87］姜丽丽. 论我国仲裁机构的法律属性及其改革方向［J］. 比较法研究，2019（3）.

三、英文著作

［1］FOURET. The ICSID convention, regulations and rules［M］. Cheltenham：Edward Elgar Publishing，2019.

［2］KINNEAR. Building international investment law：the first 50 years of ICSID［M］. Netherland：Kluwer law international，2016.

［3］PARRA. The history of ICSID［M］. Oxford：Oxford university press，2017.

［4］REED. Guide to ICSID arbitration［M］. Netherland：Kluwer law international，2011.

［5］SCHREUER. The ICSID convention：A commentary［M］. Cambridge：Cambridge University Press，2021.

［6］BISHOP. Annulment under the ICSID convention［M］. Oxford：Oxford University Press，2013.

［7］DOLZER. Principles of international investment law［M］. Oxford：Oxford University Press，2012.

［8］KANTOR. Valuation for arbitration：compensation standards, valuation methods and expert evidence［M］. Netherland：Kluwer Law International，2008.

［9］MARBOE. Calculation of compensation and damages in international investment law［M］. Oxford：Oxford University Press，2017.

[10] MCLACHLAN. International investment arbitration: substantive principles [M]. Oxford: Oxford University Press, 2017.

[11] BUNGENBERG. International investment law: a handbook [M]. Bloomsbury: T&T Clark, 2015.

后　　记

　　本书是我在近些年来持续开展国际商事仲裁教学与科研的基础上写成的。
　　近年来，随着互联网通信技术的快速发展，仲裁资讯的传播越来越普及。典型的国际商事仲裁案例与新近颁布或修订的仲裁立法和仲裁规则能够借助各类自媒体平台及时地进入公众视野，这为新时代开展仲裁教学与研究提供了极大的便利。作为法律人，最重要的特质之一是时刻保持对前瞻性理论、立法、案例的敏感度，始终存有强烈的求知欲和探索欲，但又必须尽量使头脑保持理性、冷静和客观。面对浩如烟海的资讯、茫无涯际的信息，要拿出孜孜不倦的精神和持之以恒的态度攻坚克难。但是，也要以批判性的态度去审视他人的观点。古罗马著名的法学家乌尔比安提出，法治所要追求的目标是达到三重境界，即正直地生活、无害他人、各得其所（Iuris praecepta sunt haec：honeste vivere, alterum non laedere, suum cuique tribuere）。在国际商事仲裁领域，当事人意思自治是仲裁的基石，而效率则是仲裁的优势。两者一般情况下相互协调，但在司法对仲裁实施干预时以及仲裁机构对仲裁庭的程序性权力进行介入时，国际商事仲裁的程序自治将会受到一定的破坏。从架构上讲，要实现国际商事仲裁的程序自治，必须协调意思自治与效率的关系，这需要法院、仲裁机构以及当事人的共同努力，而这正是本书的写作初衷，即透过合并仲裁、临时措施、仲裁与破产交叉与融合这三个较为具体的问题，对仲裁与司法的关系加以重构。同时，对仲裁员的独立性与公正性设置必要的制度安排和规则保障，使仲裁庭能够最大限度地行使程序上的自由裁量权，以充分尊重当事人的意思自治。
　　感谢我在首都经济贸易大学法学院的领导和同事，尤其是张世君院长、金晓晨教授、谢海霞教授、翟业虎教授，他们对于我开展仲裁教学与研究提供了大力的支持。此外，感谢我的母校中国政法大学，很庆幸自己在这所国内外法学界都享有盛誉的学府度过了人生中最美好、最宝贵的青春。在这九年时光中，我得到了诸多老师的热切关怀和热情扶助。我时常回忆起在军都山下，我在史飚教授的引领下初次领略仲裁法的独特魅力；在晓月河畔，我在导师杜新丽教授和霍政欣教授的指导下撰写学位论文。恩师们总是鼓励我在前进道路上取得的每次的小成功，并以博大胸怀和宽容之心原谅、包容我的莽撞与冒失，自始至终尽心尽力、无微不至地帮助我、关爱我。我在法大学习的法律知识、领会的法律理念、形成的法律信仰，必定将在未来留下深深的烙印。

最后还要深深地感谢我的家人：父亲、母亲和弟弟的支持。他们一直是我心底最坚定、最强大的力量。多年以来，他们对我的工作和生活给予了坚强的支持和不断的鼓励，这是我不断前进的强大后盾。

希望本书的出版可以在一定程度上提高我国在国际商事仲裁研究的理论水平，并对我国国际商事仲裁的立法和实践起到一定的指导作用和参考价值。

张建
2022 年 11 月于北京